国家出版基金项目
NATIONAL PUBLICATION FOUNDATION

中国人民大学学术品牌支持项目

◀中国共产党思想史丛书▶

中国共产党文化思想史

中国人民大学中共党史党建研究院　组编

杨凤城　主编

杨凤城　耿化敏
吴起民　谢春涛　著

中共党史出版社

图书在版编目（CIP）数据

中国共产党文化思想史 / 杨凤城等著 . -- 北京：中共党史出版社，2023.9

ISBN 978-7-5098-5759-5

Ⅰ . ①中… Ⅱ . ①杨… Ⅲ . ①中国共产党－文化理论－思想史 Ⅳ . ① D261

中国国家版本馆 CIP 数据核字（2023）第 164257 号

书　　名：中国共产党文化思想史

作　　者：杨凤城　耿化敏　吴起民　谢春涛

出版发行：中共党史出版社

责任编辑：王鸽子

责任校对：申宁

责任印制：段文超

社　　址：北京市海淀区芙蓉里南街 6 号院 1 号楼　邮编：100080

网　　址：www.dscbs.com

经　　销：新华书店

印　　刷：北京中科印刷有限公司

开　　本：710mm × 1000mm　1/16

字　　数：390 千字

印　　张：30

版　　次：2023 年 9 月第 1 版

印　　次：2023 年 9 月第 1 次印刷

书　　号：ISBN　978-7-5098-5759-5

定　　价：73.00 元

此书如有印装质量问题，请联系中共党史出版社读者服务部 电话：010-83072535

丛书总序

出版一套中国共产党思想史丛书，是中国人民大学中共党史系的夙愿。这夙愿源于两个方面，一是中国人民大学中共党史学科的传统，一是寻求中共党史研究新的学术增长点。

就前者而言，无论是作为中共党史学科奠基人的何干之教授、胡华教授，还是后继者何沁教授、王顺生教授等，无论是从中共党史系的整体学术上看，还是就教师个体的研究成果与旨趣上看，重理论关照下的历史，重史论结合，都是一大特点。何干之教授的民族资产阶级研究著作，改革开放后党史系集体撰著的中共党史专题系列著作，进入21世纪后党史系组织出版的中共党史研究丛书、执政经验研究丛书等，均体现着这一特色。为什么会形成这一特色和传统？这主要是由中共党史进入高校后的定位和中共党史系的自我定位决定的。中共党史作为专业而不仅是一个研究领域，作为一个学科而不仅是专门史，自始至终承担着党和国家赋予的资政育人的使命，具有很强的政治性要求。20世纪80年代高校政治理论课程之一就是中共党史，后来开设的中国革命史、毛泽东思想概论、中国近现代史纲要等课程，中共党史均构成其主要内容。2010年《中共中央关于加强和改进新形势下党史工作的意见》，明确要求中共党史为“中国近现代史纲要”等课程提供学理支撑。自1956年开始，作为独立建制的学系（1958年由“历史系”改为“中共党史系”），中国人民大学中共党史系便自觉担起高校政治课和为相关政治课提供学理支撑的使命，在这一过程中形成自己的学术和学科特点，那就是在厘清史实和历史过程的基础上，重理论与经验总结，重宏观问题、重要问题，重历史长时段中延续性强且有现实意义的问题。熟谙马克思主义基本理论，深研中国共产党历史，善于打通历史与理论、历史与现实，做有思想意义有理论启发性的研究，可以说一直是中国人民大学中共党史学科的追求，也是其与普通历史学系研究中共党史的不同。

就寻求新的学科增长点而言，主要是出于现实考量和突破研究困境的努力。中共党史研究如果从延安时期算起，已走过半个多世纪，进入改革开放新时期后一度颇为兴盛，因此收获了大量学术成果，其中不乏精品。在一定意义上讲，中国共产党历史上几乎所有重大问题都有了程度不同的研究，甚至有了基本结论。党史研究要有突破，一要提出新问题，二要有新史料。更关键的是，中共党史不管如何定位，毕竟是历史，历史研究首要的是史料尤其是档案资料。现实是，许多重要历史档案并不开放，这样一来，发现新问题或深化已有研究便难上加难。然而，不管困难有多大，学术研究还是要继续，要继续就要寻找和培育新的学术增长点。于是，我们逐步定位于中国共产党思想史研究。相对而言，思想史对于具体史料尤其是档案史料的依赖没有一般历史研究那样强，更重要的是，思想史关注的是历史长时段，挖掘的是历史背后的深层结构，揭示的是历史走到今天所带来的启示。无论是从中共党史系的学术传承而言，还是从现实考量出发，中国共产党思想史均值得我们努力耕耘。

实际上，从21世纪之初，我们便有意引导党史专业的教师向思想史研究聚焦。自2004年起，中共党史系组织出版的《中国共产党与多党合作制度》《中国共产党与马克思主义中国化》《中国共产党与国家统一》《中国共产党与当代中国文化发展》《中国共产党与当代中国外交》《中国共产党的文化自觉》《中国共产党的知识分子理论与政策》《中国共产党的宗教理论与政策》《中国共产党的政党学说》《人民公社分配制度研究》等著作，以及发表的大量学术论文，均呈现从专题研究入手，重思想沿革，史论结合的研究取向。自 2015 年起，我们开始酝酿并逐步落实思想史研究的分工、撰写和结集出版，期间得到学校的大力支持，被列入中国人民大学学术品牌项目。丛书原计划就是要在中国共产党成立 100 周年之际推出，现在说来是如期实现。

在写作过程中，我们深感研究难度之大。撇开各卷框架结构反复讨论、调整不论，就具体撰述而言，也有些颇深的感触。

首先，如何厘定思想史的边界，更具体而言，思想和政策的关系如何处理才科学、可取。思想应是政策和做法背后的理念理论，着重于是什么和为什么的思考，具有持续性强、站位高、宏观而深层的特点，是实践和过程的主观意识支撑。但是，在具体写作中，我们普遍感到符合上述标准的原始文献并不多，大量的是政策性文件，是部署工作，讲怎样做。这也符合中国共产党的性质和地位：党要领导革命建设改革事业，不是一个学术团体，不需要哲思连连，时时想着撷取思想桂冠。实际上，中国共产党的一些思想恰恰是通过政策通过具体实践体现出来的。完全不写方针政策既不可能也未必可取。但是，思想史毕竟不是方针政策史、不是策略史，如何从思想史的高度处理政策材料，如何从实践中透视思想、提炼思想，这就对作者的学养和专业水准提出了考验。我们在这个问题上一再研判，确立的原则是，宁可失于全，不要失于碎；宁可意犹未尽，不可将思想稀释。当然，原则是原则，各卷的落实程度是不可能等一的。

其次，如何站在新时代高度，凝练具有创新性较强的核心命题和问题意识，呈现新的研究趣向和深度。中国共产党思想史研究领域的成果是比较多的，无论经济、政治、文化、社会、国防、外交、党建等，均有大量成果存在，其中不乏通史性著作，尤其是马克思主义中国化理论史研究，成果海量。虽然说思想史和理论史不能等同，思想史的视野更宽、关注的对象更多维、挖掘和分析更深更客观，但是对于中国共产党而言，思想史和理论史是融合在一起的。换言之，中国共产党理论史和思想史研究关注的对象基本上是一致的，只不过研究方法、范式和旨趣有所不同而已。迄今为止，在百年的时间段内，观察和分析中国共产党思想演变的通史类著作尚少见，这就给我们学术创新提供了前所未有的支点。这里所言的创新，主要不是指我们的研究关注的时间段增加了 10 年或 20 年，而是指在百年的长时段内，从大历史观出发，对一些问题会有新的看法，或者会发现一些新的有意义的命题，或者校正已有的判断与评价等，这是一个方面。另一个方面，把中国共产党最新的思想成果置于百年的历史时段中观察和分析，更能发现其中的继承性和创新性，看到一些深层次理念、思维方式的延续，看到时代带来的调整和创新程度，从而更深刻地认识其历史意义和现实价值。

中国共产党的思想与理论研究成果，经常为人诟病的是，从领导人讲话到讲话、从文件到文件、从结论到结论的写法，缺乏分析和独到见解，缺乏历史纵深，缺乏宽阔的视野和纵横比较。我们在研究和写作中，力求克服这一痼疾。然而，说起来容易做起来难，如何在准确概括元思想的同时避免引文繁复，如何在厘清思想演进的同时恰到好处——既不琐碎又不过于宽泛地分析思想形成和演变的历史背景、实践制约因素，如何恰如其分地将某一思想放在国际比较中审视，看其渊源、特性，等等，均非轻而易举之事，其中的甘苦，“如鱼饮水，冷暖自知”。至于实际上做到了怎样的地步，暂且不论，聊以自慰的是，我们已经充分意识到并尽最大努力力图解决这一问题。当然，难关不止这些，例如，如何平衡好学术评价和政治要求的关系，也颇费脑筋，由于该问题在党史研究中是一个具有普遍意义的老问题，此处不再赘言。

另外，需要说明的是，本丛书作者不乏青年才俊。“江山代有才人出”是自然规律，但需要有意识培养和提携。在组织研究队伍之际，老中青结合，通过研究带队伍，也是我们的一个重要考量。希望通过此套丛书，引致更多的青年学者加入中国共产党思想史研究队伍中来。今天摆在读者面前的仅是丛书的第一批，我们还会组织出版第二批、第三批乃至更多，因为还有些重要的思想史缺席，更重要的是，还会有新的思想史课题生成。

本套丛书是集体合作的成果。由于每卷作者处理的主题不同，学养和治学风格各异，因而，我们在已定的思想史基本框架和研究规范内，允许且鼓励展示各自的研究特色，文责自负。由于水平所限，不足之处敬待读者批评指正。

杨凤城

2020 年 8 月记于北京西山美墅馆

目录

导论：从“行向社会主义文明”到建设社会主义文化强国

文化是一个众说纷纭的概念，有学者统计，共有二百余种界定，是社会科学领域又一个存在诸多争议与模糊项的概念。在此，我们不准备做概念上的讨论，只是要说明，我们的研究对象是中国共产党的文化思想，而在中国共产党的视野与话语中，文化始终是与经济、政治、社会相对应意义上的文化，即狭义的文化、精神文化，此其一。其二，研究中国共产党文化思想史，我们遵循的基本逻辑是要回答“为什么”“是什么”“怎样做”的问题。进一步言之，依照中国共产党革命、建设、改革的历史进程，考察中国共产党在不同阶段对文化的地位与功能、文化建设的目标与任务、文化发展道路的认识。根据上述界定和思路，我们可以看到中国共产党文化思想变迁的清晰轨迹和图谱。下面，就此做一俯瞰和素描。

一、关于文化的本质与功能、地位与作用

中国共产党以马克思主义为指导，那么，马克思主义在文化问题上能为其提供多少理论资源？如果不拘泥于细节的话，其实问题并不复杂。因为马克思和恩格斯的著作，没有对文化问题做过系统的专门探讨，除了辩证唯物主义和历史唯物主义作为一种世界观和方法论体系对于文化研究的宏观意义以外，从对中共构成深刻而长远的基础性影响的角度看，主要是两个方面：其一，经济基础制约着整个上层

建筑包括纯粹的精神活动。用马克思本人的话讲，即“物质生活的生产方式制约着整个社会生活、政治生活和精神生活的过程。”“随着经济基础的变更，全部庞大的上层建筑也或慢或快地发生变革。”[①] 另一个方面，文化对经济基础及上层建筑的其他部分具有反作用。恩格斯指出：“政治、法、哲学、宗教、文学、艺术等等的发展是以经济发展为基础的。但是，它们又都互相作用并对经济基础发生作用。”[②] 其二，在阶级社会文化是有阶级性的，并且“统治阶级的思想在每一个时代都是占统治地位的思想。这就是说，一个阶级是社会上占统治地位的物质力量，同时也是社会上占统治地位的精神力量”[③]。概言之，马克思主义在文化问题上提出的决定论、能动论、阶级论，构成了中国共产党人看待文化本质与功能的理论基础。

中国共产党成熟于抗日战争时期，其文化观亦然，代表作是毛泽东的《新民主主义论》《在延安文艺座谈会上的讲话》以及张闻天的《抗战以来中华民族的新文化运动与今后任务》等，其基本观点为：文化是一定政治经济的反映同时反作用于一定的政治与经济；“在现在世界上，一切文化或文学艺术都是属于一定的阶级，属于一定的政治路线的”；因而，革命文化是无产阶级整个事业的一部分，必须为无产阶级政治服务，必须成为“团结人民、教育人民、打击敌人、消灭敌人的有力的武器”[④]。

上述关于文化本质与地位、作用的核心观点在中华人民共和国成立后第一个 30 年间几乎是完整地延续下来。毛泽东在社会主义革命和建设过程中，反复强调随着经济基础的变动思想文化亦必须进行革命性变革；另一方面，思想文化作为整个社会主义革命和建设事业

①《马克思恩格斯选集》第 2 卷，人民出版社 1995 年版，第 32、33 页。
②《马克思恩格斯选集》第 4 卷，人民出版社 1995 年版，第 732 页。
③《马克思恩格斯选集》第 1 卷，人民出版社 1995 年版，第 98 页。
④《毛泽东选集》第 3 卷，人民出版社 1991 年版，第 865、848 页。

的一部分，应该促进和配合经济、政治等方面的社会主义革命和建设事业。党的十一届三中全会后，在改革开放的新时期，中国共产党对文化本质与地位、功能的认识逐渐发生变化。其特点是视野更宏阔更具时代感。一方面，文化与政治经济关系的基本原理依然坚持，文化的阶级性原则也没有放弃，但是作为理论支撑退隐到更深层的基础地位上，不再经常提起和突出。另一方面，突破了过去主要强调文化的配合作用、配角定位和政治功能的思路和框架，高度重视文化自身的主动性、独立性和在整个中国特色社会主义事业战略布局中的作用，明确提出社会主义精神文明是社会主义的重要特征，只有物质文明与精神文明都搞好，只有中国特色社会主义经济、政治、文化全面发展，才是有中国特色社会主义；社会主义精神文明或中国特色社会主义文化，为改革开放与现代化事业提供思想保证、精神动力和智力支持；文化是综合国力的重要组成部分；等等。

进入新世纪后，中共中央对社会主义文化建设的认识，其突出特点是放到经济全球化、科技迅猛发展以及由此导致的综合国力竞争日趋激烈的国际背景下，放到世界范围各种思想文化相互激荡的时代背景中来看待。党的十六大指出：“当今世界，文化与经济和政治相互交融，在综合国力竞争中的地位和作用越来越突出。文化的力量，深深熔铸在民族的生命力、创造力和凝聚力之中。”[①] 党的十七大则用三个“越来越”进行概括，即“当今时代，文化越来越成为民族凝聚力和创造力的重要源泉、越来越成为综合国力竞争的重要因素，丰富精神文化生活越来越成为我国人民的热切愿望。”[②] 十七届六中全会在此基础上，增加了“越来越成为经济社会发展的重要支撑”一项，变

① 中共中央文献研究室编：《十六大以来重要文献选编》(上)，中央文献出版社2005年版，第29页。

② 中共中央文献研究室编：《十七大以来重要文献选编》(上)，中央文献出版社2009年版，第26页。

成了四个“越来越”。四个“越来越”集中表达了中共中央在进入新世纪后对文化建设重要地位与作用的新认识。党的十八大报告进一步指出:“文化是民族的血脉，是人民的精神家园。全面建成小康社会，实现中华民族伟大复兴，必须推动社会主义文化大发展大繁荣……发挥文化引领风尚、教育人民、服务社会、推动发展的作用。”

党的十八大拉开了中国特色社会主义新时代的序幕，新时代的中国正迎来从富起来到强起来的伟大历史性飞跃，正日益走近世界舞台中央。站在新时代高度，从世界文明、全球视野和中国历史“长时段”审视当代中国文化，习近平作出了一系列新言说新判断，这突出表现在对文化于民族和国家的根基、灵魂、标识，于经济社会的引领性作用等认识上，特别是把文化自信提升到与道路自信、理论自信、制度自信并列的地位，并指出文化自信是更基础、更广泛、更深厚的自信，是一个国家、一个民族发展中最基本、最深沉、最持久的力量；文化兴国运兴，文化强民族强；没有高度的文化自信，没有文化的繁荣兴盛，就没有中华民族伟大复兴。这些论断代表了中国共产党对文化地位与作用的最新认知。

二、关于文化建设与发展的目标

中国共产党早在成立初期，便提出了中国文化的出路，既不在崇古复古，也不在皈依西化，而是通过反帝反封建的民主革命，“行向社会主义文明”(瞿秋白语)。中国共产党创立前后，正是中西文化孰优孰劣论战正炽之时，早期的共产党人超越东方文化派隆古抑西式的崇古和西化派隆西抑中式的崇洋，阐述了中国文化发展的新路。他们认为，中国旧有文化反映和维护封建宗法制度和伦理纲常，并且已经成为西方列强借以愚弄中国人民的工具，所以主张复活旧有文化，无异于为反动势力张目；同时，西方资本主义文化已经百病丛生，而新兴的健康的文化是无产阶级革命文化，即社会主义文明，我们应当欢迎和建设的是这种文化。当然，从民主革命的实际出发，中国共产党在延安时期明确了建设反帝反封建的、民族的科学的大众的新民主主义文化目标。

中华人民共和国成立后，行向“社会主义文明”可以付诸实践了。那么，什么是社会主义文化？对此，没有专门文件说明。但通过当年的相关文献还是能够梳理出主要之点，概括言之，即以马克思主义为指导，彰显阶级性、革命性和人民性，为无产阶级政治服务、为工农兵服务，将文化普及摆在首位，以培养具有共产主义精神的革命事业接班人为目标。从历史的角度看，改革开放前的新中国文化建设可以用“革命文化”“文化革命”八个字概括，进一步言之，从战争年代成功的“革命文化”理念和实践出发，通过破旧立新的“文化革命”，实现以“革命文化”为基础为底色、参照苏联样板的社会主义新文化。

1978 年，党的十一届三中全会开启了改革开放的伟大历程。在实现了全党工作重心转移到社会主义现代化建设上来之后，在集中精力发展经济的同时，中共中央及时提出了建设社会主义精神文明的任务和战略目标。原因很清楚：物质文明建设需要精神文明建设提供思想保证、精神动力和智力支持。物质文明与精神文明协调发展，整个社会的进步才是健康的。此外，曾经持续十年的“文化大革命”造成了人们理想信念的扭曲、道德与社会风气的滑坡、文化教育的破坏。改革开放和社会主义现代化建设事业需要培育或塑造与之相适应的道德观念和知识文化水平。

1982 年召开的中共十二大，令人瞩目的内容之一是关于“社会主义精神文明”的阐述。精神文明被界定为社会主义的重要特征之一，是社会主义制度优越性的重要体现。正如十二大报告所言，过去讲社会主义特征是没有这样的说法的。十二大的报告将社会主义精神文明建设明确区分为“文化建设和思想建设两个方面”。1986 年，中共十二届六中全会专门作出《中共中央关于社会主义精神文明建设指导方针的决议》，系统阐述了社会主义精神文明建设的战略地位、指导思想、主要内容和任务，成为精神文明建设的指导性纲领。1996年中共十四届六中通过了党的历史上第二个关于精神文明建设决议。该决议从社会主义市场经济和全方位对外开放的时代要求出发审视精神文明建设，出发点和落脚点十分明确，那就是如何在经济建设为中心的前提下，使物质文明和精神文明建设相互促进、协调发展，防止和克服一手硬、一手软；如何在建立社会主义市场经济体制的条件下，形成有利于现代化建设的共同理想、价值观念和道德规范；如何在扩大开放的情况下，在吸收外来优秀文明成果的同时，抵制腐朽反动思想、防止和消除文化垃圾的传播等。与第一个精神文明建设决议相比，该决议有了更全面更清晰更具体的方针和要求。如果说1986年的决议只是建构起社会主义精神文明建设的基本框架、基本原则，甚至在某些方面还只是草图，那么1996年的这个决议则在内容上更周全更丰满更明确。

1991年，江泽民在庆祝中国共产党成立70周年大会上的讲话中，提出了建设有中国特色社会主义经济、政治和文化的战略目标，1997年党的十五大加以郑重确认和阐述。十五大的政治报告指出："建设有中国特色社会主义的文化，就是以马克思主义为指导，以培育有理想、有道德、有文化、有纪律的公民为目标，发展面向现代化、面向世界、面向未来的民族的科学的大众的社会主义文化。"① 此后，"建设有中国特色社会主义文化"成为舆论宣传中的热词，并视不同的语境与社会主义精神文明建设交替使用。因为，两者的内涵基本上是相同的，均包括思想道德建设和文化建设两个方面。区别在于，文化相对于政治、经济而言。精神文明相对于物质文明而言。当

---

① 中共中央文献研究室编：《十五大以来重要文献选编》（上），人民出版社2000年版，第19页。

然，言说精神文明时，偏重于理想信念和道德建设（实际上，在邓小平思想中，很多情况下精神文明建设就是思想道德建设的代名词。此外，作为社会活动的“精神文明建设”主要也是指向群众性的道德文明行为），言说文化建设时更集中于文化事业本身。

世纪之交，“三个代表”重要思想得到系统阐述。中国共产党要始终代表先进文化的发展方向，这一重要思想为党的十六大阐述发展“社会主义先进文化”奠定了理论基础和出发点。十六大的政治报告指出：“在当代中国，发展先进文化，就是发展面向现代化、面向世界、面向未来的，民族的科学的大众的社会主义文化，以不断丰富人们的精神世界，增强人们的精神力量”。十七大报告进一步提出“提高国家文化软实力”，促进中华文化大发展大繁荣的任务。到中共十七届六中全会则明确提出了“建设社会主义文化强国”的奋斗目标，党的十八大和十九大均重申了这一目标。党的十九届五中全会展望，到2035年建成文化强国、教育强国、科技强国。党的十九届六中全会要求，建设社会主义文化强国，激发全民族创新创造活力，更好地构筑中国精神、中国价值、中国力量。党的二十大报告指出：“全面建设社会主义现代化国家，必须坚持中国特色社会主义文化发展道路，增强文化自信，围绕举旗帜、聚民心、育新人、兴文化、展形象建设社会主义文化强国。”①

文化强国的内涵或标志何在？从中共中央的相关文件和领导人讲话看，从当今世界文化强国的特征看，以下内容不可或缺：一是文化创造的源泉充分涌流，文化创造活力持续迸发。二是拥有丰富的从内容到形式均多种多样的文化作品，尤其是拥有一批享誉世界的一流作品，一流文学家、思想家、科学家。三是健全的覆盖城乡的公共文

① 习近平：《高举中国特色社会主义伟大旗帜，为全面建设社会主义现代化国家而团结奋斗——在中国共产党第二十次全国代表大会上的报告》（2022年10月16日），人民出版社2022年版，第42—43页。

化服务体系。四是具有强大国际竞争力的文化产业。五是高素质的包括科学文化素养、现代意识和道德规范的国民。六是世界一流的文化吸引力和影响力。

党的十九大对中国特色社会主义文化建设作出新阐述："中国特色社会主义文化，源自中华民族五千多年文明历史所孕育的中华优秀传统文化，熔铸于党领导人民在革命、建设、改革中创造的革命文化和社会主义先进文化，植根于中国特色社会主义伟大实践。发展中国特色社会主义文化，就是以马克思主义为指导，坚守中华文化立场，立足当代中国现实，结合当今时代条件，发展面向现代化、面向世界、面向未来的，民族的科学的大众的社会主义文化。"党的二十大报告重申了"发展社会主义先进文化，弘扬革命文化，传承中华优秀传统文化，""不断提升国家文化软实力和中华文化影响力"的任务。[①] 由上述文字可以看出其中明显的思想继承，同时也有同样明显的发展，例如，关于中国特色社会主义文化的论述，对于人们更全面深入地理解中国特色社会主义文化与社会主义先进文化的关系提供了新的遵循，明确了中国特色社会主义文化不能大而化之地、简单地等同于社会主义先进文化，它是一个涵盖更广的范畴。再如，强调中国特色社会主义文化发展的中国本位立场，即重视民族文化根基和当代中国的实践源泉等。

三、关于文化发展道路

就中国共产党而言，文化发展道路的命题和自觉意识较为晚出，大体上是在进入新世纪后。自中共十七届六中全会开始，"中国特色社

① 习近平：《高举中国特色社会主义伟大旗帜，为全面建设社会主义现代化国家而团结奋斗——在中国共产党第二十次全国代表大会上的报告》（2022 年 10 月 16 日），人民出版社 2022 年版，第 42—43 页。

会主义文化发展道路”逐渐成为中央文件和领导人讲话的关键用语。

当然，文化发展道路这一命题和鲜明意识晚出，并不意味着中国共产党在此前没有该方面的认识和探索。革命时期毛泽东关于艺术标准与政治标准的关系，关于民族性与阶级性的关系，关于普及与提高的关系，关于对待传统文化“取其精华、去其糟粕”的方针等，实际上回答的就是革命文化的发展道路问题，从这个意义上讲，《在延安文艺座谈会上的讲话》可以被视为探索中国革命文艺发展道路的经典之作。中华人民共和国成立后，毛泽东在上述问题上的进一步思考，以及他提出的“百花齐放、百家争鸣”“古为今用、洋为中用”等方针，也均属于社会主义文化发展道路的探索。

历史地看，对于中国共产党而言，文化发展道路实质上是对几种重要关系的处理。撇开文化发展与经济、政治、社会等外部条件、外部关系不论，就内部而言，主要是如何处理一元与多元、古今中外、社会效益与经济效益、党/政府、社会与市场等重要关系。当然，这些关系在不同的历史时期并非清晰地一一对应和全部均衡地出现，而是有其特殊表现形态和不同重心。鉴于文化发展道路这一命题和自觉意识与中国特色社会主义发展道路的密切关系，下面，我们便以改革开放新时期和中国特色社会主义新时代为重点加以考察。

改革开放之初，困扰当代中国文化发展的最主要问题是如何看待文化与政治的关系问题，其背后隐含的是一元与多元的关系问题。形成于革命战争年代且发挥过巨大历史作用的“为无产阶级政治服务”、文化从属于政治的理念，一方面对于新中国成立后迅速确立马克思主义在思想文化领域的指导地位，迅速完成由旧文化向社会主义新文化的转型起到了巨大促进作用；另一方面也导致频繁的文化批判，导致文化创造与传播的诸多清规戒律，导致文艺作品的概念化公式化，导致思想与学术的沉闷与教条，导致日趋严重的文化泛政治化、泛意识形态化，直至“文化大革命”。在深刻总结历史经验教训的基础上，邓小平从放弃“文艺从属于政治”的理念开始，调整党看待文化的基本态度，一言以蔽之，即文化不能从属于政治，也不能脱离政治①。换言之，即一方面要“百花齐放，百家争鸣”；一方面要坚持四项基本原则。“双百”是愿景，四项基本原则是政治底线。事实上，邓小平在文化与政治关系问题上的认识调整，其主要意义在于给文化“松绑”，给予其相对的独立性、自主性，从而为文化走向活跃和发展打开了大门。有了文化与政治关系方面的上述认识，我们不难发现，过去长期困扰文化发展的诸多老大难问题终于得到解决至少不再具有以往的严重意义，例如文艺创作的概念化、公式化、脸谱化问题，学术艺术问题与世界观问题、政治问题常常混淆，等等。这些问题在过去并非没有认识也并非没有试图加以解决，例如1956年“双百”时期，1960年代初纠“左”、调整社会政治关系时期，但时间短、原则谈论多、具体办法少，而且之后是更猛烈的反弹直至“文化大革命”。从这个意义上讲，邓小平在文化与政治关系上的认识对于当代中国文化发展的意义是巨大的。

进入1990年代后，随着市场经济的迅猛发展、随着中国社会阶层与利益的多元化，随着人们价值追求与审美偏好的多样化，党中央在文化建设与发展问题上提出了“精神文明重在建设”，“以立为

① 1977年邓小平复出后主管科技、教育，即倡导学术观点“百家争鸣”。1979年在第四次文代会的祝辞中重倡“百花齐放”，并指出：“党对文艺工作的领导，不是发号施令，不是要求文学艺术从属于临时的、具体的、直接的政治任务，而是根据文学艺术的特征和发展规律，帮助文艺工作者获得条件来不断繁荣文学艺术事业，提高文学艺术水平。”（《邓小平文选》第2卷，人民出版社1994年版，第213页）不久，他更明确提出：“我们坚持‘双百’方针和‘三不主义’，不继续提文艺从属于政治这样的口号，因为这个口号容易成为对文艺横加干涉的理论根据，长期的实践证明它对文艺的发展利少害多。但是，这当然不是说文艺可以脱离政治。文艺是不可能脱离政治的。”（《邓小平文选》第2卷，人民出版社1994年版，第255页）根据邓小平的讲话精神，1980年7月26日《人民日报》发表社论，明确以“文艺为人民服务，为社会主义服务”作为新时期文艺工作的根本指针。新的“二为”方向实际上也是整个文化建设的指针，它的提出标志着中共中央在文化建设与发展指导思想上的重要调整。

本""弘扬主旋律，提倡多样化"的基本方针[①]。这一方针出台的背景是，改革开放后文化与政治不再绑在一起，而是有了各自的独立空间；进入90年代以后，中共中央提出了不搞"无谓的争论""不搞大批判""正面引导"为主、"以立为本"的方针。至于"弘扬主旋律，提倡多样化"更是适应社会主义市场经济现实的与时俱进精神的体现，它继承了"双百"方针，又体现出为社会主义服务的主旨和方向。必须肯定，上述方针对于党进一步告别旧的理念和做法，面向时代，面向现代化，探寻具有中国特色的社会主义文化发展与繁荣之路所具有的积极意义。

世纪之交，随着中国改革开放的全方位发展，随着中国现代化建设的突飞猛进，中国总体上实现小康。在温饱有余并且走向更加富裕的历程中，民众的精神需求尤其是多样化的精神需求日益增长。然而，文化创造与传播无论从内容、形式还是途径、方式上看，无论从产出总量还是层次性上看，都难以满足现实需要。与此同时，随着经济全球化的迅速发展，随着科技革命的日新月异，不同文化或文明间的交流、交融、交锋日趋频繁，文化与科技的结合日趋紧密，文化的经济功能日趋凸显，国家实力的竞争愈来愈包含着文化上的竞争，发达国家纷纷将文化产业作为全球扩张的利器、传播西方价值观的利器。正是在这一背景下，1997年党的十五大提出文化是"综合国力的重要标志"的论断，2002年党的十六大指出文化"在综合国力竞争中的地位越来越突出"。

此后，党在文化与政治的关系处理上确立"以立为本"的主导思想，解决了一元主导与多样化发展的关系问题，那么，接下来要解决的就是制约文化繁荣发展的体制机制问题了。因为，文化与政治的

① 参见中共中央文献研究室编:《十四大以来重要文献选编》(中)，人民出版社1997年版，第1534页;《江泽民文选》第3卷，人民出版社2006年版，第403页。

关系、一元主导与多元共存的关系等问题，只是文化建设与发展的理念和思想约束，换言之，思想理念观念的约束解除了，而更直接更具体也更有力的约束——体制机制还没有真正触动。对此，中共中央早有认识，1996年中共十四届六中全会通过的精神文明建设决议就明确提出“改革文化体制是文化事业繁荣和发展的根本出路。”[①]然而，改革方案却迟迟未见。究其原因，一方面文化承载着意识形态，具有特殊的敏感性、重要性，“文化资源国家化”“团结人民，教育人民”、社会效益压倒一切等理念根深蒂固；另一方面与体制改革密切相关的国家文化建设与发展的具有战略意义的路径选择尚不清楚。借鉴发达国家的做法，需要时间调研和了解，而且不同制度间的意识形态对立不得不使该方面的借鉴格外谨慎。及至世纪之交，上述问题逐步得到解决，2000年党的十五届五中全会及其通过的“十五”规划建议提出了发展文化产业的问题。2002年党的十六大提出一手抓文化事业，一手抓文化产业，这一符合时代发展要求的战略思想。有了这一思想，文化体制改革的战略方向便明确了，十六大也才要求“抓紧制定文化体制改革的总体方案”。[②]翌年，文化体制改革试点工作会议召开，确定了试点地区和单位；经过试点，2005年12月中央下发《关于深化文化体制改革的若干意见》，扩大试点、由点到面；2009年8月文化体制改革经验交流会在南京召开，之后改革全面推开，到2012年底基本结束，此后进入深化改革阶段。

文化体制改革，包括国有经营性文化单位转企改制，发展文化产业；以文化事业单位为骨干、国家财政为支撑，构建公共文化服务体系；建立健全统一、开放、竞争、有序的现代文化产品与文化生产

① 中共中央文献研究室编:《十四大以来重要文献选编》(下)，人民出版社1999年版，第2061页。

② 中共中央文献研究室编:《十六大以来重要文献选编》(上)，中央文献出版社2005年版，第32页。

要素市场；转变政府职能，健全宏观管理体制，强化政策调解、市场监管、社会管理和公共服务职能，实现由办文化为主向管文化为主转变，由管微观向管宏观转变。文化体制改革所要解决的问题就包括科学认识和处理文化产品的社会效益与经济效益（或意识形态属性与商品属性）的关系，党 / 政府、社会与市场的关系等问题。

在中国改革开放走过 35 年之后，在 21 世纪的第一个 10 年过去后，中国国家实力和民众生活有了巨大提升，中国已经成为第二大经济体，正处在由中等收入国家向高收入国家迈进的关键时期；伴随综合国力挺进世界前列，中国的国际影响力与日俱增，日益走近世界舞台中央。然而，与经济或物质上的巨大成就相比，文化发展相对滞后。这种滞后无论从价值观、道德规范而言还是从文化生产与传播的内容与方式而言，无论从国内民众精神需求的满足与导向而言还是从国际影响力而言均能窥见。如何在加速推进中华民族复兴的进程中，更好地坚持中国特色社会主义文化发展道路，促进中华文化复兴，历史地摆在了十八大以后新的中央领导集体面前。

综观十八大以来党中央治国理政之文化思想，可以清楚地看到，以增强文化自信和文化软实力为显著特征、以建设社会主义文化强国为目标追求的文化建设与发展理念，这突出地表现在两个方面。

首先，在一元与多元的关系问题上，高扬马克思主义旗帜，坚定不移地坚持指导思想的一元；弘扬社会主义核心价值观，坚定不移地高扬主旋律。客观地讲，在改革开放的整个历史进程中，中国共产党始终坚持马克思主义的指导思想地位不动摇，绝不搞指导思想的多元化。当然，由于复杂的原因，马克思主义在一些领域和问题上的失语、失声、缺位或者被边缘化现象一直存在，甚至有愈演愈烈之势，这一现象和趋势必须要改变。党的十九届四中全会明确提出，坚持马克思主义在意识形态领域指导地位的根本制度。此外，改革开放带来了人们思想观念和价值理念的更新与多样化，但同时理想失落、价值失范、道德滑坡也一直如影随形般存在。应该说，对于价值观和道德建设问题中共中央一直高度重视，从以共产主义思想道德“为核心”，到提出把先进性要求与广泛性要求结合起来，再到构建社会主义核心价值体系，探索的脚步一直没有停顿。正是在已有探索的基础上，党的十八大提出和阐述了社会主义核心价值观。十八大以来，弘扬和践行社会主义核心价值观、提供正能量，成为社会主义精神文明建设和当代中国文化建设的最强音之一。当然，坚持以马克思主义为指导、弘扬社会主义核心价值观，并非要用马克思主义取代一切、并非强行要求价值观同一同质，相反，文化的多样化发展，价值追求的多维存在，正是文化发展、思想活跃的体现。一元主导下的多样化发展，类似雁阵式结构，是中国共产党在处理文化一元与多元之间关系上的主要原则，它既是历史经验的总结，也合乎一般文化发展逻辑。

其次，在古今中外的文化关系上，强调中国本土根基，强调立足本来，即立足于中国历史、文化、国情，立足于中国特色社会主义伟大实践，发扬光大中华文化。中国有着悠久的文明史，从孔子算起也已两千多年。由于复杂的历史原因，重估传统文化尤其是传统文化主体——儒学价值及其创造性转化问题始终没有得到充分重视。虽然，80 年代学界已经提出了儒学的创造性转化问题，但是迟至 90 年代党才开始认真对待该问题，党的十八大之后，党中央强调，中华优秀传统文化是中华民族的突出优势，提出了对优秀传统文化进行创造性转化和创新性发展的新要求。高度评价中华优秀传统文化构成习近平文化观的重要内容和特点，他的评价不再停留于一般性的泛化层面，而是深入内里，指出中华优秀传统文化的最核心内容，已经成为中华民族最基本的文化基因、精神标识，积淀着中华民族最深层的精神追求，是我们在世界文化激荡中站稳脚跟的根基等等，这无疑是一种实质性的评价。不仅如此，他对传统文化的当代价值给予了在党的历史上从未有过的厚望，反复强调加强对中华优秀传统文化的挖掘和阐发，通过创造性转化、创新性发展，把跨越时空、超越国度、富有永恒魅力、具有当代价值的文化精神弘扬起来。党的十八大以后，中国共产党对待传统文化的立场和态度，实际上反映了时代的要求。面对市场经济、全球化、信息化的世情国情，继承和弘扬传统优秀文化，对于团结和凝聚十几亿国人实现中华民族复兴的中国梦，其意义不言而喻。

时代和实践是文化创新和发展的不竭动力，立足于中国特色社会主义伟大实践，是发扬光大中华文化的不二选择。中国改革开放数十年的实践波澜壮阔、成就惊人，但对实践的理论总结、学术与文化思考却力不从心甚至苍白无力，往往还是套用源自西方的理论、方法、概念甚至价值观来分析、评判。如何立足于中国，立足于现实与实践，尽快改变这一扭曲的文化现象，创新中华文化，历史地摆在了中国共产党面前。正是由此出发，习近平强调要凝聚、弘扬“中国精神”“当代中国价值理念”；解决中国问题，提出解决人类问题的中国方案，要坚持中国人的世界观、方法论，提出具有主体性、原创性的理论观点，构建具有中国特色的学科体系、学术体系、话语体系，等等。当然，强调中国本原并非要封闭自大，而是同时以海纳百川的胸怀吸收世界一切优秀文明成果，以更好地发展繁荣中华文化。

总之，历史在演进、时代在变化、实践在发展，中国共产党已经走过一百年的历程。从革命文化到社会主义文化再到中国特色社会主义文化，从行向“社会主义文明”到建设社会主义文化强国，在百年的文化建设理论与实践探索中，中国共产党积累了丰富的文化建设思想，对这一思想做一百年回顾和省思，既有学术价值也有现实意义。

上编

新民主主义革命时期（1919—1949年）

导　言①

在革命战争年代，中国共产党如何运用马克思主义认识和改造中国文化？毫无疑问，以毛泽东为主要代表的中国共产党人在《新民主主义论》等经典著作中给出了答案。这些文本集中表达了党对近现代中国文化思想的发展过程及其方向的主张，提供了一个从新民主主义革命角度解释近现代中国文化思想演变的总体性框架：一方面，从理论维度提供认识近现代中国文化问题的阶级革命视角，以阶级论和工具论为基础分析文化的本质、地位、功能等问题；另一方面，从历史维度勾勒近现代中国文化思想的演变图谱，主要包括近现代中国文化思想的性质、形态、阶段、主线索等问题，尤其是新民主主义文化思想的起点、内容、阶段等。若以学术史视角观之，上述内容可以理解为中国共产党对近现代中国文化思想史作出的系统性解释。

在中华人民共和国成立之后，这一解释框架成为知识界诠注中国共产党革命文化史乃至中国近现代文化史的基本依托②。当然，诠释导向也发生数次变化。随着社会主义革命的展开，文化的社会主义过渡成为中共宣教工作的重要导向，《新民主主义论》等文本的解释框架被进一步简单化为无产阶级与资产阶级的文化对抗。这压缩了

① 本部分内容曾公开发表，参见吴起民：《中国共产党新民主主义文化思想研究述评》，《中共党史研究》2017 年第 5 期。

② 如丁守和、殷叙彝：《从五四启蒙运动到马克思主义的传播》，生活 · 读书 · 新知三联书店 1963 年版。

经典文本对中国近现代思想文化史的解释空间，尤其是在“文化大革命”期间，无产阶级文化与资产阶级文化的尖锐对抗成为近现代中国文化史尤其是中国共产党文化史的叙事主线。进入改革开放新时期后，学界从现代化视角重新阐发以《新民主主义论》为核心的文本群，为新时期社会主义文化现代化政策提供历史支撑[①]。这些成果显示，文化现代化导向赋予阶级革命以新的价值。正如邓小平所说，“革命是解放生产力，改革也是解放生产力”[②]。

改革开放以来，学界关于革命战争年代的中国共产党文化思想史的研究主要是新民主主义文化思想研究，从历史脉络、文本考释、政策梳理、人物研究等方面拓展了中共新民主主义文化思想的研究空间，初步构建起中共新民主主义文化思想的知识体系。就具体内容而言，新民主主义文化思想研究的核心议题主要是新民主主义文化的形成（起点、主线索、分期等问题）、结构（性质、体系、来源）、评价（确立与结束、历史地位、现实意义）等问题，相关中共人物的文化思想研究也围绕这些议题展开。从研究方法而言，较多是结合新时期中国共产党文化理论与政策重新释读经典文本。但这一理论的研究也存在一些偏颇。运用经典文本群的理论框架来构建历史过程和实践现场，容易把中共文化思想史的内涵简化为新民主主义文化思想发

① 如朱志敏：《中国共产党与20世纪中国文化》，中国社会出版社2004年版；郑师渠主编：《中国共产党文化思想史研究》，中共中央党校出版社2007年版；杨凤城主编：《20世纪的中国——走向现代化的历程（思想文化卷1949—2000）》，人民出版社2010年版；杨凤城：《中国共产党与当代中国文化发展研究》，中共党史出版社2013年版；等等。

②《邓小平文选》第3卷，人民出版社1993年版，第370页。

展史，忽略理论认识与客观实践的相互作用，遮蔽丰富复杂的历史内涵。

与之同时，以发掘档案史料为特色的中共历史实证研究异军突起，但也存在忽视“理论逻辑”的现象。这一研究取向的特点从中央转向地域，重视通过新史料的发掘进行史实重建；从宏观叙事转向实证分析，注重研究过程对意识形态话语的脱离，成为党史研究领域的学术热点，提供了新史实①。但对中国共产党意识形态话语的脱离也带来实证研究中对行为动机的简单化设定——“追逐利益最大化的理性人”（“权力斗争说”和“利益交换说”）。例如，有学者指出以往土改动员研究所采用的“利益交换论”忽视革命意识形态因素的历史存在，土地改革是一场旨在实现农民经济上“翻身”和思想文化上“翻心”的综合实践。这意味着，实证研究在重建中国共产党革命行为过程的同时，也面临着如何在思想层面解释中国共产党行为动机的问题。

由上可知，1950年代以来尤其是改革开放以来，学界逐步提升中国共产党革命文化思想史研究的学术水平，积淀形成了实事求是的研究理念。但是，就其学术化进程来看，文本逻辑的阐释和行为过程的呈现一度发生分离，近年来又出现再度结合的趋向。中共革命史的实证研究以重建微观行为过程为旨趣，但也面临着行为动机、政策原则的解释乏力的问题，需要进一步探索中国共产党革命实践的思想过

---

① 参见耿化敏：《从宏大叙事到实证分析：“1950年代的中国”研究热述论》，《党史研究与教学》2006年第1期；陈耀煌：《从中央到地方：三十年来西方中共农村革命史研究述评》，《中央研究院近代史研究所集刊》2010年第68期；等等。

程；中国共产党理论研究在梳理理论文本的同时，也更加需要呈现理论产生的实践过程；海外相关研究的问题在于对中国共产党革命文化思想历程进行外在式的简单化评述，缺乏对中国共产党理论逻辑的内在式接洽。从研究内容来看，一方面，中国共产党思想史研究的平面扩展选题的趋向放缓。无论是从政治、经济扩展到文化、社会等专题，还是从中共领袖群体转移到中共理论工作者群体，平面式的选题扩展逐渐接近饱和，已经形成较为全面的中国共产党思想史知识体系；另一方面，思想史研究进入纵深方向的“深耕细翻”阶段。这就要求进一步探究中国共产党革命文化思想活动的问题意识，把“理论与实际”的关系转化为思想史研究的方式。

思想史的基本内涵是指行为主体思考和应对环境的过程。“思想”是指“客观存在反映在人的意识中经过思维活动而产生的结果”①。林同奇曾指出“人的意识、处境和行动之间的三角互动就成为史华慈研究政治史和思想史的一种根本方法”，因为“人的有意识活动并不是在真空中进行的。它是在客观处境所产生的种种问题、压力和制约中展开的”②。由此，中国共产党应对文化问题的过程同样包含着马克思主义（主观认识）、中国共产党（行为主体）和中国文化（客观实际）三种基本要素。考察和书写中国共产党文化思想史，应当着力分析中国共产党运用“马克思主义”（对应具体阶段的马克思

① 中国社会科学院语言研究所词典编辑室编：《现代汉语词典》，商务印书馆 1996 年版，第 1194 页。

② [美] 本杰明 · I. 史华慈：《中国的共产主义与毛泽东的崛起》，陈玮译，中国人民大学出版社 2006 年版，“序言”。

主义认识状态）分析中国文化实际进而确定政策原则和实施政策的过程，展现“理想”与“现实”之间的张力关系。在这个意义上，“理论”与“实际”的相互作用成为提炼中国共产党文化思想和释放中国共产党文化实践活力的可取路径。为此，应从以下三个方面着手确立中国共产党思想史研究的基本规范。

（一）正确处理“经典”与历史的关系，把文本放回到历史环境中，解析文本的历史内涵及其所归属的历史行为过程。

“经典”，主要是指中共领袖群体的文本群。这些具有高度理论权威的文本包含着对历史叙事结构的总体判断，所承载的理论、话语无形中浸润了研究者的知识结构，并成为一种几乎不证自明的习惯意识甚至价值观念。譬如，毛泽东在《新民主主义论》中将20世纪40年代产生的新民主主义文化思想作为中共文化思想发展的主线索，并勾勒五四运动以来的文化统一战线的演变历程。然而，这些文本的产生和流动有其具体的组织环境和问题背景[①]。研究者若不深究毛泽东这种认识的发生机制，就非常容易将中国共产党新民主主义文化思想史等同于新民主主义革命时期中国共产党文化思想史，从而将这一时期文化思想史描述为单线索的线性历史。这种研究往往发生在不知不觉之间，难以穿透而出。因之，研究者应当将《新民主主义论》等经典文本视为一种历史资料而不是历史研究的论证对象，将这些中国共产党领袖群体的文本表述作为研究对象而不是历史书写的现成框架。

① 吴起民：《从文件到文本：试论中国共产党思想史研究的多维史料观》，《中共党史研究》2018年第11期。

正是在这个意义上，通过“去熟悉化”来不断培育问题意识成为中国共产党思想史研究的基础环节。“熟悉是麻醉想象力的鸦片。”[①] 例如，胡绳提出“对五四新文化运动的分化要重新加以解释”，因为马克思主义新事物的产生“不等于旧民主主义就敲起了丧钟”，同时由于新事物力量弱、影响小还需要“和旧民主主义联合”[②]。从历史过程来看，在当时浓厚的思想保守氛围下，陈独秀等人把“新文学”推进到“新文化运动”经历了一个复杂艰难的过程，与我们习以为常的“新文化运动”有着显著差距[③]。这种揭示非但没有贬低五四新文化运动，而且彰显了马克思主义对于当时沉寂的知识界的巨大引力。应当指出，如果简单地重复已有认识甚至根据某种对经典的权威解释进行次级解释，那么实际上回避了中国共产党应对复杂环境和领导革命运动的卓越努力。

在此基础上，研究者应当客观地考察研究对象，并探求符合研究对象特点的研究方法和叙事方式。有学者指出作为学术研究的中共党史“需要客观、严谨的态度，需要将研究对象充分客体化……而不能先认同于对象或与对象合一，或先存有某种价值判断或倾向，然后据此去论证”[④]。也有学者强调“对于研究历史、思想史的人来说，在

---

① ［英］汤因比：《文明经受着考验》，沈辉等译，浙江人民出版社1988年版，第53页。

② “从五四运动到人民共和国成立”课题组：《胡绳论“从五四运动到人民共和国成立”》，社会科学文献出版社2001年版，第18页。

③ 王奇生：《新文化是如何“运动”起来的——以〈新青年〉为视点》，《近代史研究》2007年第1期。

④ 杨凤城：《关于中共党史研究的规范与方法》，《中国人民大学学报》2001年第3期。

必要的地方应该严格引用原本，才不致发生脱离历史、拔高观点、以后为先的毛病”①。可见，研究者唯有自觉更新技术方法、观察视角、价值关怀乃至哲学基础等认识工具，重新梳理思想史脉络与构造叙事结构，从而形成具有全新解释力的学术形态。如郭若平倡导将新文化史理念引入中共历史研究，并以“五四”纪念为思想个案，综合运用概念史、记忆史等阐释方法呈现革命意识形态建构背后的政治生态变迁，彰显文化要素在中共历史解释中的特殊作用②。

（二）正确处理党的政策的文本形态与实践形态的关系，呈现中国共产党思想与实践的交互过程。

在中国共产党思想史研究中，常常出现的现象是割裂同一政策的文本形态和政策形态。前者倾向于为当下的理论创新成果提供“历史表现”，后者专注于重建政策行为过程。应当指出，基于文本的以研究理论逻辑和构造理论体系为内容的纯理论研究并不在此处的讨论范围内。石仲泉指出“政策是理论与实践之间的双向中介”③。这里指明了中国共产党思想过程的两个“显性”要素的互动关系。中国共产党思想史的实证效力应当建基于可以确证的文本表述和实践行为，而不是基于逻辑相似性的缺乏显性证据的古今中外式的比附和想象。理论、政策和政策效能蕴含着中国共产党的思想现场，指明了理论与政

---

① 侯且岸：《中国共产党思想史研究四题》，《北京党史》2005 年第 4 期。

② 参见郭若平：《投石问路：中共党史研究与新文化史的邂逅》，《中共党史研究》2014 年第 12 期；郭若平：《塑造与被塑造——“五四”阐释与革命意识形态建构》，社会科学文献出版社 2014 年版。

③ 石仲泉：《我观毛泽东》（下），济南出版社 2014 年版，第 577 页。

策的演绎关系、实践经验与新理论的归纳关系，这是一个稳定的可以确证的思想动态过程。

贯通中国共产党政策研究的思想与实践两个层面，最为基本的抓手是释放历史活动主体的历史内涵。在以往中国共产党政策研究中，“农民”“国民党”“帝国主义”等语词明显成为历史研究之外的具有固定内涵与价值倾向的符号，其原来丰富的主体性以及活动空间则被简单化。以“帝国主义”为例，何伟亚认为需要从全球性视野审视西方帝国主义侵华问题，因为自由贸易与中国孤立主义、现代与传统等叙事框架扭曲并遮蔽“西方”这一侵华主体的历史内涵。基于这种认识，何伟亚将19世纪英国侵华理解为一个文化侵略过程，即英国试图运用各种文化手段强迫清政府适应以欧洲为基础全球性规范的过程，并揭示这一过程对20世纪中国政治革命和文化超越心态的复杂影响[①]。由此可见，释放活动主体的历史内涵，具有支撑和刷新中国共产党思想叙事结构的重要作用。

贯通党的政策研究的思想与实践两个层面，应当将中共活动置于具体的社会环境中加以考量。李金铮指出党的政权与乡村社会并不是简单的“政策—效果”关系，“而是一个相互排斥、融合乃至转换的互动过程”[②]。韩晓莉、郑立柱等关于中国共产党根据地文化活动的研究显现了传统习俗、文化偏好等地方性文化环境要素对中共文化

① 参见［美］何伟亚：《英国的课业：19世纪中国的帝国主义教程》，刘天路、邓红凤译，社会科学文献出版社2013年版。

② 李金铮：《向“新革命史”转型：中共革命史研究方法的反思与突破》，《中共党史研究》2010年第1期。

决策与实施效能的影响[①]。可以说，发掘和呈现环境要素等隐性的客观条件对中国共产党政策实践和理论认识的影响，能够展现其思想活动的丰富性。此外，应当把革命理论话语纳入中共政策行为的重建过程。革命理论话语是中国共产党革命实践过程中的一种客观性因素，是中共政策决策的重要依据甚至是核心依据。从历史的长时段来看，共产主义即是共产党构建共产主义社会的政策原则；从具体微观的一个政策行为过程来看，某种理论认识也对政策行为发挥着牵引作用。

（三）正确处理中国共产党文化思想研究中人物与政党的关系，构筑中国共产党思想史研究的整体性视野。

所谓中国共产党思想史研究的整体性视野，在横向上主要是指中共历史人物的政党组织属性。与一般学术流派、文化组织或文化人不同的是，中国共产党是以夺取并运用政权改造社会为立党要义的马克思主义政党。因而，人物作为组织的分子具有鲜明的政党组织属性，这种组织属性延伸到人物的文本创作之中。例如，学界在抽离个体的政党组织属性的前提下，通过文本解读来强调毛泽东、张闻天在 1940 年 1 月陕甘宁边区文化协会第一次代表大会上关于新民主主义文化纲领的表述差异，围绕毛泽东是否注重文化的民主性要素产生分歧和争论。然而，毛泽东（政治与文化的关系）、张闻天（政策细节）、王明（文化统一战线）的报告各有侧重点，具有相互补充的特点。并且，这次大会关于文化问题的提法在 1939 年 12 月 13 日的中

① 参见韩晓莉、行龙：《战争话语下的草根文化——论抗战时期山西革命根据地的民间小戏》，《近代史研究》2006 年第 6 期；郑立柱：《华北抗日根据地的敬神活动与政府应对》，《中共党史研究》2015 年第 5 期；等等。

共中央政治局会议上已经确定，会后的宣言亦是采用的已确定的表述。在当时，三个报告文本基本上构成中国共产党文化思想与政策的整体样貌。

在纵向上，人物与政党的关系主要是指党的工作的连续性与人物组织分工的变动性。这一特点反映在目前的中国共产党思想史人物研究中则是分门别类地展现个体关于经济、党的建设或者文化等方面的认识，与人物某一具体时段的组织内分工有关。这种研究形式的优点自不必说，但缺点在于无法通过个体的思想反映出政党的思想状况，也就不能深入地理解人物的思想。从党的工作连续性的角度来看，先后从事同一项工作或者论述同一问题的人物个体均在不同时段传递着党的工作的“问题意识”。譬如，在运用唯物史观重新构造中国历史叙事进而瓦解儒家史观的问题上，李大钊、郭沫若、毛泽东、范文澜、翦伯赞等人均在相互衔接的时段论述过唯物史观与中国历史存在的契合度等问题。尽管从事这一工作的人员不断变化，但是这项工作的问题意识却是连续的，其结果是马克思主义的中国通史叙述体系的诞生。这种连续的问题意识应当纳入中国共产党思想史研究。

因此，进入中国共产党思想现场还必须处理好人物与政党的关系，从整体性视野来分清各种研究形式的功能属性。继续运用人物研究的同时，亦可以探索使用“命题研究”的形式。也即，根据党的工作的连续性特点，把中共实践过程中的持续的问题意识提炼为“命题”。这样，既能够在横向上与其他方面的命题构成中共思想活动的基本命题，以呈现具体阶段中共思想活动的整体概貌；亦能在纵向上展现对于同一命题的不同回应，以呈现党的思想状态与具体从事该项工作的人物个体的思想性格。这就要求从历史长时段审视和定义中共认识和分析外在环境的连续性过程，重置中共思想活动的线索、议程、问题等过程性要素。当然，这并不是在现代化分析范式之外再创造一种线性历史叙事框架，而是根据历史发生顺序和具体的实践环境描述中共思想活动过程，呈现中共思想进路的多歧性和连续性，从而构筑具有实证效力的中共思想史知识体系。

总之，深化和激活中共文化思想史研究必须从上述三个方面全面地、历史地看待中国共产党认识和改造中国文化的行为机制和历史过程。当然，“文化”定义的丰富性容易带来见仁见智的文化史研究方案，这也是学界专门探究新民主主义文化史的动因之一。本书主要从两个方面把握对“文化”之定义。一是《辞海》关于文化的定义，“广义指人类社会历史实践过程中所创造的物质财富和精神财富的总和。狭义指社会的意识形态，以及与之相适应的制度和组织结构”[①]。二是从历史的角度考察和把握中共文化观。本书总体上依从《辞海》关于“文化”的界说，运用经济基础与上层建筑的辩证运动、社会存在与社会意识的相互作用等原理观察和把握“文化”，特别是在具体的研究过程与行文叙述中坚持充分尊重历史当事人认知意见的原则，对相关的“文化”概念展开历史分析；而不是强行从价值系统、制度行为、风俗习惯、符号体系等几个方面界定“文化”概念，并从这几个方面人为地切割研究对象和堆砌史料。

本编结合近代中国文化演变的基本趋向和中共文化实践的基本

①《辞海》编辑委员会编:《辞海》下册，上海辞书出版社1989年版，第4022页。

布局，着重从三个方面考察和书写中国共产党文化思想史。近代中国遭遇欧风美雨后，中国文化的新陈代谢主要体现为三个方面：一是如何构建具有世界解释力和国家整合力的政治文化进而适配和激活新的国家体制。二是如何纾解“历史中国”与“现在中国”之间的文化价值张力，使时代价值进入历史领域，重构中国文化意识进而实现中国文化的古今对接。三是如何消弭中国社会上层和底层民众之间的文化势差，使先进文化获得强固的民众载体进而实现社会文化思想的更新。与之对应，中国共产党文化实践的基本布局表现为：一是如何在党的建设与统一战线中构建新型政治文化，面临着无产阶级意识的规定性与其他政治派别意识之间的矛盾关系；二是如何在历史叙述和阶级分析中构建中国文化演变叙事体系，面临着马克思主义历史发展规律与中国历史客观实际之间的矛盾关系；三是如何在革命宣传与根据地文化建设中构建新型社会文化，面临着马克思主义文化理想与落后民众文化意识实际之间的矛盾关系。这三个矛盾关系构成理论与实际互动的基本维度。

本编以下各章把中国共产党在1921年至1949年之间运用马克思主义进行文化认识和实践的历史过程作为考察对象，并把理论与实际的关系作为考察入口，旨在追踪中国共产党革命文化实践的问题意识。本编具体围绕如下问题展开考察，包括为什么需要理论；为什么形成“理论与实际”的实践机制；文化方面的基本理论设定是什么；客观存在经由“理论”变成“实践对象”后发生何种变化；中国共产党又是如何接纳客观存在的真实属性并调整理论设定；理论、政策与客观存在的连接方式是什么等问题。为回应和深化对上述问题的认识，本编的研究思路是按照历史发生顺序来设计章节结构。第一章通过探究中国文化的近代遭遇来重新审视马克思主义传播中国共产党的文化出场。第二章的主题是土地革命战争时期中国共产党对文化思想的探索历程。第三章所讨论的是延安时期中国共产党文化思想的辩证调适问题。第四章分析和阐述 1946 年至 1953 年之间新民主主义文化思想调适问题。

第一章　马克思主义传播与中国共产党的文化出场

中国共产党并不是诞生在文化真空之中，而是以其特定的方式因应着中国文化的重建问题。中国文化的原初形态和近代遭遇，内在地限定了中国文化重建与现代国家建设之间的关系，构成中国共产党的文化出场方式。中国文化在漫长演变过程中积淀形成了契合国家社会的文化体系，但也存在着内在危机，并在近代欧风美雨的冲击下表现出知识失效、价值失范现象。故而，中国文化的重建不仅是社会价值、科学知识和政治文化的全面更新，以获得认识世界的有效体验；而且是解决社会意识碎片化问题进而有效推进现代中国建设的基础工程。中国共产党的创建便是基于这样的文化背景，马克思主义不仅是重建中国文化的思想方法和价值标准，而且是整合社会意识、确定社会革命目标体系的总体原则，“自从中国人学会了马克思列宁主义之后，中国人在精神上就由被动转入主动”[①]。

一、中国文化在内忧外困中的多重演变

在漫长的古代中国社会，政治、经济的演变发育出稳定自洽且富有弹性的中国文化体系，使之能够在空间结构（比如华夏——朝贡体制）、时间演进（比如王朝更替说）上形成统合超大规模疆域的文化共同体结构和笼罩各个认识领域的观念体系，但也面临着科学理性

①《毛泽东选集》第4卷，人民出版社1991年版，第1516页。

发育不够等内在问题。鸦片战争以后，中国文化在工业文化的冲击下出现整体性危机，在政治文化、社会价值和知识结构等方面出现一系列新问题、新因素。这种文化焦虑在辛亥革命后的共和体制建设中集中表现出来，成为现代中国建设需要优先破解的社会意识碎片化问题。为了引导民众成为共和体制的有效主体，知识群体开始通过小团体、大联合的方式推进社会文化的革新，倡导新文化的大众化。

（一）老问题、新境遇：中国文化的近代遭遇

在当今流行的“传统与现代”分析框架中，鸦片战争前夜的中国文化常常被视为“传统”而被简单否定。林蕴生认为中国古代文化是一种“王权结构”和“儒教一元论”，是现代化的障碍，因此刺激陈独秀、胡适、鲁迅等人产生“全盘性反传统主义”的倾向①。然而，这一论断本身是“自相矛盾”的②。实际上，从内容上来看，中国文化是与农业社会相适应的知识体系和价值观念；但在结构上却具有现代性因素。英国人类学家厄内斯特·盖尔纳认为现代工业社会的文化特征是具有“单一的、占主导地位的文化同一性”，而中国“是国家和文化的现代联系的先行者”，“一种高层次文化更多地与伦理和国家联系在一起”③。金观涛、刘青峰也提出自汉至清的中国农业社会依靠儒家文化将王权、官僚政治、地主权力和家长制组成一个自上而下的体系，形成具有一元道德价值的一体化结构，而在西方，直到法国大革命以后才出现这种通过意识形态认同来实现社会整合的治理结构。

① [美]林毓生：《中国意识的危机——“五四”时期激烈的反传统主义》，穆善培译，贵州人民出版社1988年版，第22、48、49页。

② “反传统主义”的提出者周策纵认为林蕴生把“反传统主义”扩展至“全盘性反传统主义”，既不符合历史事实，又不合于逻辑。林蕴生所提出的陈独秀等人用以全面反传统的思想资源是传统思想资源这一论断自相矛盾。参见[美]周策纵：《五四运动史》，陈永明等译，岳麓书社1999年版，第13—14页。

③ [英]厄内斯特·盖尔纳：《民族与民族主义》，韩红译，中央编译出版社2002年版，第18、185页。

由此，在分析中国文化的现代变迁时，应当辩证地分析其在内容更新、结构转化等方面的特点。

在漫长的演变过程中，中国文化的内部危机不断累积，特别是在晚清进入一个急需变革的临界状态。儒家礼法与治理体制在急剧增加的人口规模面前不堪重负，不能有效地容纳日益活跃的商品经济，在技术创造与理性培育上面临着经验理性和道德教化的意识瓶颈。知识生产与政治运转难以有效互动，“文字狱”等高压政策引发政治冷漠，躲避在故纸堆的知识群体已然失去对国家社会的变革关怀和政治参与路径，更不必说八股考试的教条化倾向等等。这些问题在王朝循环的周期性危机中时常表现出来，而在近代工业文化的比照和冲击下聚合为整体性的文化危机。中国文化的近代遭遇是一个富有辩证特点的历史过程，既有老问题又有新问题，而不是“冲击—回应”的简单过程。

晚清王朝统治的衰朽与鸦片战争的冲击，使经世致用的观念与“今文经学”开始上升。尽管“古文经学”与“今文经学”的演变复杂、流派繁多，但在实质上是一种传统型的学术与政治的关系，反映着中国王朝治理体制变革与保守的观念形态。前者主张考证经典、实事求是、为治学而治学；后者主张微言大义、经世致用、因时而变革。在清代文化专制的高压环境下，“乾嘉之学”在躲避政治的同时高度发展了“古文经学”，却也使政治失去自我变革的思想支撑。在乾隆后期，诸多社会弊病已经引发士大夫群体的反思，加之鸦片战争的冲击，龚自珍、林则徐、魏源等儒家士大夫所倚重和唤醒的是强调关怀现实的经世致用的意识和主张因时而变的今文经学倾向。从“师夷长技以制夷”到“中体西用”，反映了儒家思想体系的自调节功能，试图通过内部思想要素的变化来应对新的时代环境。

从整体上来看，这种应对并没有超出中国文化的传统范围，既没有解决中国文化自身已有的问题，也难以承载工业社会文化的冲击。一方面，尽管晚清政府从“夷夏之辨”过渡到“中体西用”的策略，经世致用和“今文经学”复兴，但在先进工业文化的冲击下，“越来越多的曾经是中国之‘体’的东西，为了维护更深层的内核，而被清除出了中国之‘体’的范围”①。另一方面，在迎受西方新观念、新学说时，今文经学开始出现新内容。譬如，康有为在攻击古文经学、力倡变革图存时，运用儒家的语言表达西方社会的政治文化内容，用“据乱世”“升平世”“太平世”的《春秋》公羊派的概念来表达社会进化论和君主制度变革等内容②。这种尝试不仅说明不断渗入的西方政治、文化等学说使儒学处于“表达形式”的边缘化风险；也表明儒学所能承载的社会变革是有限的，中国文化的弹性调节接近临界点。

这在制度层面上体现为儒家礼法与王朝治理体系的关联开始瓦解。儒学在其创生后的发展变革历程中，逐步成为一种“制度化儒家”。制度化儒家主要包括儒家的制度化和制度的儒家化两个相互促进的动态过程，表现为儒家文本的经学化、孔子圣人化、选举制度的儒家化、政治法律制度的儒家化等方面，形成一个全方位的灌注儒家理念的制度体系③。然而，在外部冲击和内部反抗的倒逼下，晚清政府的制度结构开始与儒家礼法脱钩。最为显著的事件，是夷夏观念和朝贡体制的解体。从马戛尔尼使华到《辛丑条约》，清政府原有宗藩体系、夷夏之防乃至外交礼节发生结构性变革，甚至诸多关键部门直接聘任西方人士进行管理，而西方列强在军事侵略外亦着力引导清政府的观念与制度调整。这种瓦解由外入内，政府机构、军队体制、科举制度乃至皇帝制度、尊孔读经政策相继变革，导致以儒家礼法为纽

① ［美］列文森：《儒教中国及其现代命运》，郑大华、任菁译，中国社会科学出版社 2000 年版，第 154 页。

② 彭明、程歗主编：《近代中国的思想历程》，中国人民大学出版社 1999 年版，第 212 页。

③ 干春松：《制度化儒家及其解体》，中国人民大学出版社 2003 年版，第 17—26 页。

带的文教共同体发生整体危机。

在社会层面，社会文化意识陷入碎片化状态之中。在传统社会体系中，各区域各阶层的观念风俗驳杂不一，但与儒家理念保持着各种各样的价值契合关系。钱穆指出，“如果你要了解中国各地方的风俗，你就会发现各地的差异很大”，但是“无论在哪儿，‘礼’是一样的。‘礼’是一个家庭的准则，管理着生死婚嫁等一切家务和外事”[①]。儒学在工业文明世界的失效，带来了社会意识的瓦解。一方面，传统士大夫阶层的分化与知识更新相互伴随，新与旧的冲突时有加剧，但结果是知识群体的西方知识和现代化程度不断提高。另一方面，由于巨大的人口规模和深重的生存危机，基层社会表现出均贫富、降真主等观念形态，乃至出现排斥西方现代化事物的激进观念，社会上层引自西方的先进文化观念“象油浮在水面上一样地漂浮在广阔的乡土文化带的上空”[②]。这种现象反映了工业生产的输入与农村经济结构瓦解带来的社会阶层之间的矛盾关系，加速了社会离心力，持续地撕裂着以皇帝制等制度安排为要素和以儒学等观念体系为原则的王朝体系。

总的来看，中国文化的近代遭遇集中表现为以儒、释、道为基础要件的中国文化体系逐步丧失对各部分内容的统合功能。儒学的失效不仅带来儒学内部派别的重新调整和相互吸收，而且儒学外部的诸如墨学、法学、兵学等学派也日渐复苏，成为批判儒学、发展儒学的思想支援[③]。然而，儒学常常扮演守旧顽固的角色，不能整合各种价值追求，提供有效认识世界的思想方法；也未充分发挥已有的经验知识、认识工具和表达形式的积极作用。可以说，儒学的统合能力的丧失成为中国文化危机的关键所在，而中国文化的重建探索相应地表

① ［美］邓尔麟：《钱穆与七房桥世界》，蓝桦译，社会科学文献出版社 1995 年版，第 7 页。

② 程歗：《晚清乡土意识》，中国人民大学出版社 1990 年版，第 9 页。

③ 欧阳军喜：《五四新文化运动与儒学》，陕西人民出版社 2001 年版，第 57 页。

现为三个基本问题：一是如何构建具有世界解释力和国家整合力的政治文化进而适配和激活新的国家体制；二是如何纾解“历史中国”与“现在中国”之间的文化价值张力，使时代价值进入历史领域，重构中国文化意识进而实现中国文化的古今对接；三是如何消弭中国社会上层和底层民众之间的文化势差，使先进文化获得强固的民众载体进而实现社会文化思想的更新。

（二）制度病、文化因：共和建制中的文化焦虑

辛亥革命开启了现代国家共和体制的建设进程，却也为之造成了复杂的试验环境。一方面，辛亥革命冲击了原有的政治、文化秩序，把公共议程转移到共和体制的建设问题上；另一方面，地方割据、政党纷争、废止尊孔等问题又加剧了社会碎片化，使得移植而来的共和体制更加难以有效运转，甚至于共和体制本身都面临着存废危机。调适共和体制的讨论进一步聚焦到如何适应民众文化程度的问题上，并引出多种竞争性建制方案。这些方案均在力图规避那些不受约束地追逐私利的行为，强调公共利益只有经过公共理性的内在化才能成为个体或者利益团体的自觉追求。在应对社会碎片化危机的背景下，这些方案的共同问题是如何使公民、政党等共和体制的行为主体能够追求公共利益和形成公共理性，进而建立集体行动的逻辑。因此，辛亥革命后、五四运动前“文化”的登场，是社会碎片化和共和体制空心化问题的因应，是导向“复辟”与“反复辟”斗争的关键环节，而不能简单地视之为这一斗争的产物。

在加速传统体制崩解的过程中，共和建制在短期内却难以确立新体制的权威。1912 年 2 月 23 日，同盟会元老、教育总长蔡元培忧虑地指出，“数千年君权、神权之影响，迄今未沫，其与共和思想抵触者颇多”，因而亟待培育具有“共和思想之要素”的新国民[①]。然

① 高平叔编：《蔡元培全集》第 2 卷，中华书局 1984 年版，第 137 页。

而，蔡元培在此时期的着力点是除旧，主持颁行了《普通教育暂行办法》《大学令》等政策，规定在国民教育过程不再尊孔读经，因为“忠君与共和政体不合，尊孔与信教自由相违”[①]。在文件层面否定儒学的政治文化权威地位是容易的，但在事实层面建立共和体制及其政治文化的权威却是困难的。譬如，在1913年3月出版的第9卷第9号《东方杂志》的广告栏中，一则推销“共和国宣讲书”的广告反映了共和思想传播的迫切性：“承数千年专制之后，一旦改建民国，欲使穷乡僻壤，人人知共和之要义非宣讲不为功。”这也反映出共和体制建设的重破旧、轻立新和重设计、轻实际的外源性特点。

共和建制的新陈代谢失衡客观上加剧了社会碎片化的问题。1912年6月，李大钊认为共和建制面临着“神州粉碎”的社会危机：一是“党私”，“今日之政党，争意见不争政见”；二是“省私”，“用人行政，省自为治”；三是“匪氛”，“愚民不识共和为何物，教育不克立收成效，责以国民义务，群警为苛法虐政，起而抗变”[②]。这在一定程度上反映了公共利益弱化和社会碎片化的治理困境。这是因为，以儒学为纽带的文化共同体要求个体或者团体通过正心诚意、克己复礼来认同公共利益，实现公共理性的内在化、一体化。这种治理模式的轴心落在文化上，通过一种习焉不察的文化氛围和道德修养来完成政治社会治理，与古代中国所面临的治理规模、技术手段、交通状况、农业经济是相适应的。

在共和建制的延展过程中，“碎片化社会”却在吞噬制度试验所需要的秩序。皇帝制的废除削弱了中央对地方的统合能力，儒学的政治文化地位的丧失使公共利益失去“道统”的规训作用，而更加严重的问题是基层民众对舶来的、空降的现代化要素的隔膜甚至反感。由

① 中国第二历史档案馆编：《中华民国史档案资料汇编》第2辑，江苏人民出版社1981年版，第474页。

②《李大钊全集》第1卷，人民出版社2006年版，第2页。

于新体制在短期内难以形成应对社会离心力的替代品，更不必说实现基层社会与上层现代化群体的连接，因而社会碎片化趋势随之加剧，形成一种“碎片化社会”。所谓“碎片化社会”是指社会在组织结构、经济关系、思想形态等方面陷入整合危机，而处于脱嵌状态的个体则容易被裹挟进入各种形态的小群体，以公共利益为内容的集体行动往往低效运转甚至难以存在。由此，可以理解李大钊对社会危机的即时观察，即在领土瓜分、经济崩解、地方割据等直接危机中，更为严重的是一种“私”的观念和行为。

随着共和建制的高涨，关于共和体制、小集团行动和社会分裂问题的批评亦有浮现。1912 年 4 月，康有为指出，“慕共和之名者，几以为一改共和，即可袭得美、法之富强”，而民国以来“号为共和，实则共争共乱；号为统一，实则割据分立”[①]。这是因为辛亥革命“非止革满清一朝之命”，而是“尽中国五千年之旧俗、旧学、旧制而尽革之”，以致“人人彷徨无所依”。在纵向上，制度变革缺乏连续性，“新道德未立，旧道德先亡”。在横向上，共和体制缺乏社会文化心理支撑，“无其教以为人心之本”，变成丧失“心知灵觉”的“蜡人”。在他看来，共和建制应当寻求内在支撑，“今观国者，视政治之结构过重，然政治机制之真价，不在其别有巧妙也，在宜于其民之风气事势，养其性情，形以法律”[②]。由此，康有为仿照英国式君主立宪政制，要求把儒学教化传统转化为“孔教”，使之能够支撑君主立宪政制，免去君主专制之弊而收制度运转、国家统一之效[③]。

虽然康有为的制度与文化的匹配方案招致诸多反对，但也反映了时人对共和建制与社会意识整合问题的关注。1913 年 6 月，袁世凯在《尊崇孔圣令》中试图把儒学嫁接到共和政治上，认为“孔学博

①《康有为全集》第 9 集，中国人民大学出版社 2007 年版，第 289 页。
②《康有为全集》第 10 集，中国人民大学出版社 2007 年版，第 35、86、16、24 页。
③ 参见《康有为全集》第 10 集，中国人民大学出版社 2007 年版，第 269—280 页。

大，与世推移”，共和即是大同之治；如不尊孔，则“法守荡然，以不服从为平等，以无忌惮为自由，民德如斯，国何以立”[①]。袁世凯既认为儒学能够聚拢人心，“政体虽取革新，而礼俗要当保守”，却又强调“尊崇至圣，出于亿兆景仰之诚，绝非提倡宗教可比”[②]。对此，作为袁世凯重要助手的梁启超认为共和体制低效的原因在于缺乏社会阶层支撑，“蔑弃道原，全国信仰之中心，摇动失坠”。[③]他认为一年来的共和建设暴露了国民思想性格：“今之尸国家机关及为各团体员者，皆借团体机关以为达私目的之手段”，“人自为政，地自为域”，“公目的与私目的冲突之际，则以公克私者百不获一”，“愤世之士，至有讴歌专制政治”[④]。

对于共和体制异变为私利工具的问题，时任《东方杂志》主编的杜亚泉提出了调和东西方文化进而适配共和体制的方案。1912 年 11 月，杜亚泉指出共和建制仅是少数先觉者对共和原理的演绎，而“国民对于共和政体之观念，乃歆于事实上之所谓利，非动于原理”，故“不能以纯粹理想的共和政体移殖于其间”[⑤]。否则，其结果是“金钱势力之所在，专制政治可也，共和政治可也”[⑥]。在“二次革命”等事件爆发后，杜亚泉反思了国内流行的达尔文、斯宾塞等人的“弱肉强食主义”，认为“物质竞争之社会”难以“构成真正之共和国家”[⑦]。他认为良序社会“法律制其外，道德制其内”，欧美提倡“爱”的进化新学说与孔子关于“仁”的论述相契合，“道德新旧，其差至

① 中国第二历史档案馆编：《中华民国史档案资料汇编・第 3 辑・文化》，凤凰出版社 1991 年版，第 1、2 页。
② 中国第二历史档案馆编：《中华民国史档案资料汇编・第 3 辑・文化》，凤凰出版社 1991 年版，第 11 页。
③《梁启超全集》第 9 卷，北京出版社 1999 年版，第 2603 页。
④《梁启超全集》第 9 卷，北京出版社 1999 年版，第 2587、2588 页。
⑤ 伧父（杜亚泉）：《共和政体与国民心理》，《东方杂志》第 9 卷第 5 号。
⑥ 伧父（杜亚泉）：《论社会变动之趋势与吾人处世之方针》，《东方杂志》第 9 卷第 10 号。
⑦ 伧父（杜亚泉）：《精神救国论》，《东方杂志》第 10 卷第 1 号。

微”①。由此，杜亚泉主张通过调和东西方文化来应对“众志纷歧而无共循之涂辙”的现状，“以真理正义导诱人民，养成其优美纯一之概念，庶全国合为一体”②。这一文化调和论是当时欧美社会最新思想动态在国内的投射，蔡元培、李大钊等人亦有相关论述。

在上述方案中，共和体制脱离社会主体的空心化现象无疑是共同的“问题意识”。在社会碎片化状态下，社会大众难以有效地内化共和体制的行为规范，而共和体制在失去民众的认同后陷入空心化状态。1913年6月，李大钊指出：“黎庶之患，不患无护法之政制，患在无享权之能力；不患无为之争权之人，患在为之争权者，转而为窃权之人。”③在“二次革命”之后，政治分裂更加恶化，共和体制的空心化现象凸显。梁启超认为：“我国比年来对于制度之大患，在有革而无因”，“无论何种制度，皆不能植深基于社会，而功用无自发生”④。袁世凯指出：“若全国等于散沙，则法令亦无效力。”⑤对此现象，李大钊认为，“盖群云者，不仅人体之集合，乃具同一思想者之总称”，“群之分子，既先天后天受此力之范制，因以成共是之意志，郁之而为风俗，章之而为制度，相维相系以建其群之基”，因而共和体制必须通过相应的“道义中枢”来凝聚群众分子⑥。这就从制度设计层面深入到文化问题。

袁世凯政府掀动的关于国体问题的讨论把共和建制的焦点转移到文化问题上。在通过《中华民国约法》《大总统选举法》等程序获得更多权力的过程中，袁世凯政府强化了关于君主立宪体制的论证，强调只有适应民众程度来调整共和体制才能增强制度效能。譬如，杨

① 高劳（杜亚泉）:《国民今后之道德》,《东方杂志》第10卷第5号。
② 高劳（杜亚泉）:《国民共同之概念》,《东方杂志》第12卷第11号。
③《李大钊全集》第1卷，人民出版社2006年版，第40页。
④《梁启超全集》第9卷，北京出版社1999年版，第2651页。
⑤《袁世凯全集》第24卷，河南大学出版社2013年版，第428页。
⑥《李大钊全集》第1卷，人民出版社2006年版，第88、105页。

度在1915年4月指出，“共和政治，必须多数人民有普通之常德常识，于是以人民为主体”，然而这一条件在中国并不具备，反而带来“遍地散沙，无可收拾”的状态。因此，“欲求统一行政，国内治安，除用专制，别无他法”，必须根据民众程度来确立君主立宪制，从而解决国家统一和总统选举问题，扫除“前清与民国之敝”[①]。这种讨论也让孙中山开始从社会文化心理角度分析共和体制的主体缺位问题。1915年5月，他指出：“区区民国之名义，吾国民以无量数之牺牲而搏得之者，亦渐归于澌灭。”1916年7月，孙中山进而认识到“欲民国之巩固，必先建其基础。基础不必外求，当求诸全国国民之心中”[②]。

在这种背景下，文化问题本身就是政治问题。在历经辛亥革命、“二次革命”继而赴日本协助章士钊编辑《甲寅》杂志后，陈独秀于1915年9月在上海创办《青年杂志》。在创刊号上，他指出，“今日之社会制度，人心思想，悉自周、汉两代而来”“持较皙种之所为，以并世之人，而思想差迟，几及千载”，因此欲进入20世纪之世界，必须坚持自主的、进取的、世界的、科学的等现代社会文化的标准[③]。陈独秀指出制度与文化的互生关系，“儒者三纲之说，为吾伦理政治之大原，共贯同条，莫可偏废。三纲之根本义，阶级制度是也”，“共和立宪制，以独立、平等、自由为原则，与纲常阶级制为绝对不可相容之物，存其一必废其一”，因为“共和立宪而不出于多数国民之自觉与自动，皆伪共和也”[④]。由此，陈独秀把“伦理觉悟”视为共和建制的基础环节，不仅把《新青年》作为探讨白话文、注音字母、新文学等新文化普及方式的阵地，而且推动持论各异的知识人形成批

① 中国第二历史档案馆、云南省档案馆编：《护国运动》，江苏古籍出版社1988年版，第46、47、61页。

②《孙中山全集》第3卷，中华书局1984年版，第176、323页。

③ 陈独秀：《敬告青年》，《青年杂志》第1卷第1号。

④ 陈独秀：《吾人最后之觉悟》，《青年杂志》第1卷第6号。

判帝制和孔教的共识。

（三）小团体、大联合："社会"场域与社会文化革新

在袁世凯称帝失败之后，从文化方面探讨共和建制问题成为知识界的重要议题。护国战役、护法战役等事件固然具有挽回共和体制之效，但也削弱了南北各派军阀所主导的共和建制的合法性，加之康有为等人主张的孔教与君主立宪方案旋起旋灭，导致共和体制在缺乏民众支撑之后又面临着知识界的批评和质疑。其间，主张变革社会文化心理的方案逐渐产生影响力，尤其是蔡元培、陈独秀、李大钊等人开始把知识界与劳动界连接起来，主张在日趋恶化的政府之外自行建立具有公共理性的新社会。由此，随着国外资本主义强国的发展危机和国内共和体制的低效运转，建立小团体进而实现大联合的社会重建思路逐渐明晰起来。"社会"是知识界重新探讨个体与社会、国家、乃至人类等共同体关系的场域，意味着共和建制出现内向化趋势，深入到改造社会基础的层面。

共和体制的生存危机进一步暴露了制度建制的空心化问题，使社会文化变革问题引发关注。梁启超在 1915 年 8 月便指出："大抵一制度之颁，行之平均，不盈半年，旋即有反对之新制度起而推翻之，使全国民彷徨迷惑，莫知适从，政府威信，扫地尽矣。"这使他从制度设计问题聚焦到公共理性和社会文化问题上。到 1916 年，他认识到"我国人所以至今不振者，一言蔽之，曰公共心缺乏而已。私家之事，成绩可观者往往而有。一涉公字，其事立败"，"今后之大患在学问不昌，道德沦坏，非从社会教育痛下工夫，国势将不可救"。同时，梁启超还反思了袁世凯称帝问题，认为通过尊孔读经来适应民众程度和实现制度运转的方案并无效果，因为"中国今日过渡时代种种混沌棼泯之现象，实由受国外物质上精神上之变迁刺激，社会骤呈异状"，而中国"固有传来之条教，渐失其范围持载之力，人心彷徨，无所皈

依”，应当“观社会中心力之迁移，为国民谋树思想上之新基础，使物质精神两方而各能渐收去瘀生新之效”[①]。

在上述背景下，南北各派军阀所主导的共和体制建设逐渐被视为侵吞公共利益和缺乏公共理性的营私行为。在1916年，梁启超剖析袁世凯及其利益集团的落后属性，认为“袁氏乃纯以个人利害为本位，而不知国家社会为何物”[②]。1917年1月，在就任北大校长之时，蔡元培就指出辛亥革命之因在于清廷腐败，而“在今日，吾人对于当轴多不满意，亦以其道德沦丧”[③]。到1918年，孙中山反思了辛亥革命以来的共和体制建设，认为“夫去一满洲之专制，转生出无数强盗之专制，其为毒之烈，较前尤甚。于是而民愈不聊生矣”，“吾国之大患，莫大于武人之争雄，南与北如一丘之貉”[④]。据当时记者吴虬的观察，北洋军人的共同心理是“服从、报恩、不党”，尤为强调个体对长官的忠诚，但这种团体是“私的结合”，“非发生于公的意识，全基于私的情感”[⑤]。军阀、政党等利益团体已然成为集体行动的破坏者，使知识界从制度细节问题转移到培育公共理性和建立集体行动的逻辑上。

这种努力集中体现在加速传统社会基础的瓦解上。其一，在两次复辟闹剧过程中，陈独秀、高一涵、易白沙、吴虞、鲁迅等人在《新青年》发表大量批判儒学与君主制的文本[⑥]，均从共和建制的角度批判儒学的落后性，依据进化论原则否定儒学与君主制的限定性联系，如陈独秀指出，“文明进化之社会，其学说之兴废，恒时时视其

①《梁启超全集》第10卷，北京出版社1999年版，第2905、2843、2930、2931页。
②《梁启超全集》第10卷，北京出版社1999年版，第2939页。
③ 高平叔编:《蔡元培全集》第3卷，中华书局1984年版，第6页。
④《孙中山全集》第4卷，中华书局1985年版，第471页;《孙中山全集》第6卷，中华书局1985年版，第158页。
⑤ 吴虬:《北洋派之起源及其崩溃》，中华书局2007年版，第10页。
⑥ 如高一涵:《共和国家与青年之自觉》，《青年杂志》第1卷第3号；易白沙:《孔子平议上》，《青年杂志》第1卷第6号；等等。

社会之生活状态为变迁”，而“如今要巩固共和，非先将国民脑子里所有反对共和的旧思想，一一洗刷干净不可”①。其二，《新青年》把批判对象进一步下沉到“家族制度”②，这是因为“家族本位主义”被视为维系“宗法社会封建政治”的伦理，如吴虞认为“儒家以‘孝、弟’二字为二千年来专制政治与家族制度联结之根干”，危害“不减洪水猛兽”③。这些批评试图从思想与组织两个层面瓦解传统社会基础，试图为新思想、新组织的生长开辟空间。

与批驳“家族主义”相对应的，则是将“个人主义”确立为民主共和体制的价值内核。在陈独秀看来，“现代生活，以经济为之命脉，而个人独立主义，乃为经济学生产之大则，其影响遂及于伦理学”，独立自由的个体成为现代政治、经济、文化的核心理念④。《东方杂志》亦持续刊出大量引介“个人主义”的文本，其中，有论者指出中国社会数千年未发生进化的病源在于“只见有无数寄生之物，不见有独立之人格”，而先进的西方在伦理上注重自我实现，在社会上以个人为本位，“个位主义（Individualism）者，近世一切新文明皆导源于此思潮者也”⑤。虽然这些文本在内涵层面对“个人主义”的言说是驳杂不一的，但是在组织层面上较为一致地强调以“个人主义”为伦理基础重新理顺个体与群体的关系。从实践来看，这一诉求的重心落在解除儒家伦理所规范的组织关系上，“人间百行，皆以自我为中心，此而丧失，他何足言？”⑥这凸显了独立自由的新个体相对于家庭、宗族、国家等共同体的优先性，演化出“走出家庭”的潮流。

① 陈独秀:《孔子之道与现代生活》,《新青年》第2卷第4号；陈独秀:《旧思想与国体问题——在北京神州学会讲演》,《新青年》第3卷第3号。
② 如高一涵:《国家非人生之归宿论》,《青年杂志》第1卷第4号；易白沙:《我》,《青年杂志》第1卷第5号；等等。
③ 吴虞:《家族制度为专制主义之根据论》,《新青年》第2卷第6号。
④ 陈独秀:《孔子之道与现代生活》,《新青年》第2卷第4号。
⑤ 家义:《个位主义》,《东方杂志》第13卷第2号。
⑥ 陈独秀:《一九一六年》,《青年杂志》第1卷第5号。

这种思想氛围在知识青年中演化出脱离原有家庭、家族等社会共同体的离心力。

在批判家庭、宗族、国家等问题上，“个人主义”与当时的无政府主义相互交织，产生激烈批判儒家礼教和崇尚个体自由的氛围，脱离原有家族组织和价值规范的“个体”不断出现和累积。譬如，19岁的郑超麟在读《新青年》杂志后坦言：“潜伏的个人意识已经觉醒，从此我是自己的主人，我能支配自己的命运，而不再是父师及其他长辈给我安排的家族链条中的一个环节了。”[①] 在中国固有文化结构下，个体的思想、经验和情感被塑造为一个稳定自洽的精神世界，处于一整套概念体系和意义坐标的笼罩之下，所接受的社会基本价值体系和行为规范往往是一贯的、渐进的和内嵌的。当社会发生急剧变动时，个体开始从以儒家伦理为代表的社会伦理规范及其教化体系中脱离出来，以适应社会变革和实现再社会化，从而嵌入新的道德价值体系和组织制度。然而，这类挣脱儒家伦理规范的个体却无法嵌入新生的共和体制。这是因为，一再失败的共和政治使新式知识人不断失望并陷入政治冷漠，知识群体中的新旧各派在不同程度上都表现出对主流政治的冷漠、排拒甚至出现厌世情绪[②]。在这种氛围下，恽代英等谋求新生活的个体反而生出“怕被利用”的忧虑，“无实力与社会抵抗，每每仍屈服或同化”，“成为蔓延恶势力之主要分子”[③]。当时，互助论、劳工神圣等思想为知识界提供了批判国内外“强权”的新视角。

在上述背景下，“脱嵌的个体”走向一个崭新的场域——“社会”，并把知识界与劳工界以相对自觉的方式连接起来。1917年4月，李大钊在论及学生失业问题时指出：“吾侪既于今日之社会无用，则

① 《郑超麟回忆录》上册，东方出版社2004年版，第165页。

② 例如，前清官员梁济（即梁漱溟之父）认为民初内战不断、民生艰难、民德堕落、国家破碎，对共和体制彻底绝望，于1918年秋自杀。参见罗志田：《对共和体制的失望：梁济之死》，《近代史研究》2006年第5期。

③ 《恽代英全集》第2卷，人民出版社2014年版，第86页。

宜自创一种社会以自用。”[①]1917年10月8日，恽代英在武昌发起成立互助社，便是取“克鲁泡特金新进化论的意义”[②]。此时恽代英被武昌基督教青年会的组织优势所触动，开始追求团体生活，强调“发明真理，培植民德”进而不断扩大“社会之善势力”，这表明劳工群体和知识群体相互连接的实践趋向，“吾国惟无强固之社会，故弱，故危”，“西人谓吾国民如一盘散沙。夫沙之所以散者，以无黏液性也”，唯有养成“一般人之社会性”，才能产生强固的“黏液性”，“使善人能有积极的精神，切实的能力，联合互助的团体，与恶势力奋斗而克服之之预备”[③]。从1917年10月到1919年5月，这种按照互助理念组成的旨在改造社会的团体陆续出现，如互助社（成立于1917年10月，以恽代英等人为代表，宗旨是“群策群力、自助助人”）、新民学会（成立于1918年4月，以毛泽东等人为代表，宗旨是“革新学术，砥砺品行，改良人心风俗”）等等。

“社会”场域是知识界对实现公共利益和建立集体行动逻辑的新探索。在国内，体现为通过民众的启蒙和再组织化来创造对抗恶势力的“新势力”。如李大钊在1917年4月指出，“今日国家所有之势力，皆不能为国家之中心势力以支撑此风雨飘摇之国家；而此分崩之各个势力中，又皆无其中心人物，足以统率此散漫无纪之团体，以致政象日涣，人心日离”，对于这些窃国自私的势力的消亡，“无庸为之凭吊唏嘘，致其感慨，惟当顺世界文明之潮流，别造一种新势力以代之”[④]。“社会”场域的世界维度是指通过国家间的联合和互助来对抗国际“强权”进而达致世界大同。蔡元培指出，以往只强调竞争而忽

①《李大钊全集》第2卷，人民出版社2006年版，第89页。
②《恽代英全集》第2卷，人民出版社2014年版，第113页。
③《恽代英全集》第1卷，人民出版社2014年版，第97、283页；《恽代英全集》第2卷，人民出版社2014年版，第76、95页。
④《李大钊全集》第2卷，人民出版社2006年版，第121页。

视互助的“国家主义”“军国主义”带来了人类劫难，而协约国所秉持的合群互助理念是一种抵抗强权的“人道主义”“大同主义”，开启了“国家主义与世界主义之过渡”。当然，他也并未完全否决国家的重要性，亦指出“惟其为两主义过渡之时代，不能不调剂之，使不相冲突也”①。协约国在1918年11月的胜利被蔡元培、李大钊等人视为公理对强权的胜利、互助对竞争的胜利。特别是中国的战胜国身份使当时的知识界乃至普通民众对改变中国在世界上的不平等地位，解除日本对中国的一系列不平等条款持乐观态度。

二、马克思主义传播与中国文化的重建

辛亥革命以来共和体制的失效使知识分子群体认识到现代国家建设与中国文化重建的内在关联，而其关键在于遏制私心私利对于公共行为的侵害。这种认识延续了以儒家礼法为纽带的文化共同体的理念内核，即通过正心诚意和克己复礼实现公共理性的内在化，以此保证公共利益和集体行动。在这个意义上，五四事件发生后迅速被知识群体视为实现集体行动的方法，被赋予五四运动的方法论内涵。这一方法意在通过思想革新、团体建设和群众运动来实现集体行动，实质上是通向新型文化共同体的重建路径。在社会改造大讨论中，社会改造本身具有建设新型文化共同体的内涵，即选定某种“主义”来建设政党，由政党按照“主义”进行国家社会的改造，而“主义”也成为重新统合中国文化各部分内容的思想方法、价值标准和公共语言。在这一过程中，马克思主义的传播与中国共产党的创建为重建中国文化提供了科学理论与组织主体。

① 高平叔编：《蔡元培全集》第3卷，中华书局1984年版，第4、27页。

（一）五四运动对中国文化改造方式的影响

五四事件是在北洋政府难以有效应对公共危机的情况下由中国民众表达利益诉求的公共行为，是彻底反对帝国主义和封建主义的斗争。辛亥革命以来，北洋政府已经威信大减，在应对巴黎和会的问题上，不仅在外部受到美、英、日等国家利益博弈的掣肘，而且内部派系斗争亦与列强之间的博弈共振，故而难以有效地表达和维护中国权益。相较之下，日本在欧战期间强化了对中国的侵略，已经多次引发学生抗议，而在巴黎和会上又通过接收德国在华势力范围等方式扩大了侵华权益。这在中国知识界乃至民众中间转化为对北洋政府和国际列强的失望，在多重因素的作用下发展为由北京学生群体发起继而由北京、上海等地工商业者、工人群体参与的要求拒签巴黎和约的抗议事件，取得了拒签合约、罢免国贼等显著效果。对此，学界已有较为详尽完备的研究，兹不赘述，而是着重考察时人对五四运动的评述。

在五四事件尚在演变的过程中，便已出现了视之为维护公共利益的言论和五四运动的名称。在抗议发生后，除了政府管制、批评惩办等声音外，该事件的支持面亦在不断扩大。1919 年 5 月 11 日，康有为在《晨报》发表《请诛国贼救学生电》，指出“自有民国，未见真民意、真民权。有之，自学生此举耳”，“学生为代表吾中国民意以公共诛国贼者”，不宜“依常律罪之”，“吾全国人宜唤醒以救被捕之学生”[①]。5 月 26 日，作为事件参与者的罗家伦使用“五四运动”的名称，认为五四运动便是 5 月 4 日北京学生关于山东问题“作正当民意的表示”，包含着牺牲、社会制裁、民族自决的精神，是“再造中国的元素”[②]。胡适认为这是最早使用“五四运动”名词的文章[③]。5 月 4

①《康有为全集》第 11 集，中国人民大学出版社 2007 年版，第 105、106 页。
② 毅（罗家伦）:《“五四运动”的精神》,《每周评论》1919 年第 23 号。
③ 张忠栋等编:《五四与学生运动》，唐山出版社 1999 年版，第 24 页。

日后，陈独秀连续发文驳斥那些要求惩办学生的主张，认为“国民发挥爱国心做政府的后援，这是国家最大的幸事”[①]。这些评价表明该事件被视为维护公共利益的集体行动，是应对共和体制空心化和社会碎片化问题的有效探索。

随着民众参与、拒签和约等效果的显现，五四事件很快被视为一种包含集体行动逻辑的方法。5月26日，陈独秀进一步扩展这次抗议事件的意义，认为它带来了“强力拥护公理、平民征服政府”的觉悟和方法，是维护国民权利的根本之法，并在6月8日使用了“‘五四’运动”的概念[②]。6月18日，孙中山指出“全国学生之奋起”表明民众觉悟的可行性，“灌输学识，表示吾党根本之主张于全国，使国民有普遍之觉悟，异日时机既熟，一致奋起，除旧布新，此即吾党主义之大成功”[③]。7月5日，恽代英指出，该事件表明“重要之事，在唤醒工商界及多数平民”，方法是宣传新思想、坚持平民思潮和建立宗旨纯洁、组织严整的学生联合会[④]。7月21日，毛泽东把“民众的大联合”视为反对内外强权、改造社会的根本方法，指出“要有联合，是因为要求到我们的共同利益”，联合的强弱取决于“这种联合基础主义的新旧或真妄”[⑤]。这些表述在不同层面上把团体建设、思想传播和平民运动列为新方法的要素。

全国学生联合会于1919年7月22日宣布停止罢课后，五四事件被知识界阐述为具有社会改造方法意义的五四运动。8月11日，郑振铎起草的《〈新社会〉发刊词》指出：“考察旧社会的坏处，以和

① 只眼（陈独秀）：《对日外交的根本罪恶——造成这根本罪恶的人是谁？》，《每周评论》1919年第21号。

② 只眼（陈独秀）：《山东问题与国民觉悟》，《每周评论》1919年第23号；只眼（陈独秀）《随感录：六月三日的北京》，《每周评论》1919年第25号。

③《孙中山全集》第5卷，中华书局1985年版，第66页。

④《恽代英全集》第3卷，人民出版社2014年版，第62页。

⑤ 中共中央文献研究室、中共湖南省委《毛泽东早期文稿》编辑组编：《毛泽东早期文稿》，湖南出版社1990年版，第338、373页。

平的实践的方法，从事于改造的运动，以期实现德谟克拉西的新社会”，“方法是向下的——把大多数中下阶级的平民的生活、思想、习俗改造过来”①。这类包含团体、思想和平民运动等要素的方法论表述广泛地存在于此一时期的团体或刊物的创建宣言中②。对于五四事件的方法论启示，陈独秀的阐述较具代表性。他以“本志宣言”的形式指出，“政治是一种重要的公共生活”“我们主张的是民众运动社会改造”，在思想文化的革新中新思想唤醒民众，创造“新时代新社会”③。在随之而兴的新文化运动中，知识界从思想传播、团体建设和群众运动等角度扩展了五四运动的方法论内涵。

其一，通过引介和灌输新思想来培育公共理性，运用科学精神观照中国固有文化，探讨了思想整合与集体行动的关系。

在引介、灌输新思想的团体或期刊中，公共理性的觉悟是较为普遍的目标期待。在五四运动以前，陈独秀认为，“今之中国，人心散乱，感情智识，两无可言”，故而国民无视“公共之安危”④。到1920年4月，陈独秀则强调：“新文化运动倘然不能发挥公共心，不能组织团体的活动，不能造成新集合力，终久是一场失败。”⑤而在诸多新创建的团体或期刊中，灌输新思想和实现觉悟是关键动因。譬如，《〈觉悟〉的宣言》主张“本‘革心’、‘革新’的精神，求大家的‘自觉’、‘自决’”，“取公同研究的态度”来引介和评述国内外新思想、新言论⑥。在这一时期，孙中山致力于构建系统的学说，“我们

①《五四时期期刊介绍》第1集下册，生活·读书·新知三联书店1978年版，第409页。
② 如《〈平民教育〉发刊词》，《〈解放与改造杂志〉宣言》，《〈觉悟〉的宣言》等。
③《本志宣言》，《新青年》第7卷第1号。
④ 任建树主编：《陈独秀著作选编》第1卷，上海人民出版社2014年版，第146页。
⑤ 陈独秀：《新文化运动是什么？》，《新青年》第7卷第5号。
⑥《五四时期期刊介绍》第1集下册，生活·读书·新知三联书店1978年版，第416页。

改革中国的主义，是三民主义”。1919年8月6日，他在回信中指出“文自客岁以来，闭户著书，不理外事，亦欲以素所蕴蓄唤起国人”“异日群众心理丕变，则澄清瑕秽之功，庶有可期，然后乃足以建设真正民治也”①。这些努力尽管学说各异，但均试图达成一种关于社会良序运行和发展的集体共识。思想整合被视为集体行动的基础环节。陈独秀等人在五四运动之前所呼吁的伦理觉悟和制度建制问题成为知识界的热门议题，“思想革命”（罗家伦）、“思想改造”（周恩来）等提法均是持相同的“问题意识”。

在对待中国固有文化的时代价值的问题上，科学精神是贯穿各个思想领域的标准。1919年10月，蔡元培指出“东西文明要媒合”“媒合的方法，必先要领得西洋科学的精神，然后用他来整理中国的旧学说，才能发生一种新义”②。1919年11月，胡适从运用科学思维和方法的角度阐述了新文化运动的内涵，认为社会变动导致世代延续的制度风俗、圣贤教训和社会规范不再适应时势，“新思潮对于旧文化的态度，在消极一方面是反对盲从，是反对调和；在积极一方面，是用科学的方法来做整理的功夫”；因而“重新估定一切价值”就是“输入学理、研究问题、整理国故、再造文明”的过程，“评判的态度是新思潮运动的共同精神”③。1920年1月的《〈北京大学学生周刊〉发刊词》指出，“我们好歹总有一个共同的标准，我们相信科学”“科学是有条理有次序有系统的正确知识”，是“许多哲学家科学家革新家给我达到人生完美幸福的新道路”④。崇尚科学、培植理性成为批判固有文化和树立人生观的核心理据。

其二，通过民众的联合来加速社会再组织化，强调团体在社会

①《孙中山全集》第5卷，中华书局1985年版，第69、91页。
② 高平叔编：《蔡元培全集》第3卷，中华书局1984年版，第350页。
③ 胡适：《“新思潮”的意义》，《新青年》第7卷第1号。
④《五四时期期刊介绍》第2集下册，生活·读书·新知三联书店1979年版，第559页。

改造中的驱动作用，探讨了思想结合与团体生活的关系。

五四运动后，社会组织加速增加。在抗议过程中，教育界、工商界等领域出现了各种联合组织。据罗家伦的即时观察，“‘五四’以前中国的社会，可以说是一点没有组织”，而五四运动后，教育界、工商界出现各式组织，“有工人的地方如上海等处也添了许多中华工业协会、中华工会总会、电器工界联合会种种机关”，并高度肯定了毛泽东的《民众的大联合》一文[①]。毛泽东认为以往“没有有组织的社会，人人自营散处。只知有最狭的一己，和最短的一时”，提出社会的含义即是“联合”，由小联合实现大联合，因为“共同利益有大小的不同，于是求到共同利益的方法（联合），也就有大小的不同”[②]。关于确保团体能够实现公共利益和集体行动的作用机制上，公共性成为小团体与大联合的联结点。如前所述，“私”被视为政党、军阀、政派等团体的重大弊病，而五四运动则展示了团体的“公”的一面。1919 年 10 月 12 日，蓝公武指出：“盖必先有组织而后始能奋斗，设‘五四’后而无组织的运动，卖国者何能遽去？斯二者，苟能保存而发挥之，则改造中国不难矣。”[③]

在团体生活上，思想结合成为理顺个体与群体关系的纽带。1919 年 9 月，傅斯年指出新潮社是基于“知识上的同一趋向”而建立的，“最纯粹、最精密、最能长久的感情，是在知识上建设的感情，比着宗族或戚属的感情纯粹得多”。12 月，恽代英在阐述互助的新村式共同生活计划时指出：“私心是一切罪恶的根源”，“我们处处应记得正义、纯洁、互助同牺牲的道理”“彼此切磋琢磨”。而周恩来所在的

---

① 罗家伦：《一年来我们学生运动底成功失败和将来应取的方针》，《新潮》第 2 卷第 4 号。

② 中共中央文献研究室、中共湖南省委《毛泽东早期文稿》编辑组编：《毛泽东早期文稿》，湖南出版社 1990 年版，第 294、373 页。

③ 张允侯等：《五四时期的社团》第 2 册，生活·读书·新知三联书店 1979 年版，第 27 页。

觉悟社在团体生活上出现了“批评自己，批评别人，受人批评，两个人的谈话”的方式[①]。新民学会亦有“互相规过”“虚心容纳别人的劝解”等规定，团体生活中有“个性批评与介绍”的环节[②]。蔡元培指出“化孤独的生活为共同的生活，实是五四以后学生界的一个新觉悟”[③]。思想的内化和结合不仅是团体生活的运作方式，而且被视作培育公共理性的必经环节。

其三，通过群众运动来激活共和体制，强调在民众工作中消化外源的现代化要素，探讨了知识群体与劳动群体的结合问题。

五四运动展现了民众作为共和体制的主体的有效性。共和体制空心化问题的实质是民众缺席公共议程。陈独秀认为，“此番运动，实为国民运动之嚆矢，匪可与党派运动同日而语”，因为它不同程度地引发国人对民族存亡、政府失败和社会弊病的觉悟[④]。罗家伦指出，“五四运动的功劳就在使中国‘动’”“群众运动的好处，就是在大家分开来想不出办法来的时候，合拢来的思想就可以凑成一种办法”，同时群众运动也存在投机等缺点[⑤]。杨亦曾指出世界发展史是“一部群众运动的历史”“中国要想将来改造社会，非劳动阶级全体有觉悟，全体一直加入群众运动不可”[⑥]。由此，群众运动被赋予唤醒和塑造民众的功能，是民众参与公共议程和成为共和体制的有效主体的途径。1919年9月15日，李大钊指出，“中国今日的情形，都市和村落完全打成两橛，几乎是两个世界一样”，不仅存在交通阻塞，而且存在

① 张允侯等:《五四时期的社团》第2册，生活·读书·新知三联书店1979年版，第96、133、135、314页。

② 湖南省博物馆历史部校编:《新民学会文献汇编》，湖南人民出版社1980年版，第95、126页。

③《蔡先生湖南第七次讲演·对于学生的希望》，《北京大学日刊》1921年第816号。

④ 张允侯等:《五四时期的社团》第2册，生活·读书·新知三联书店1979年版，第26页。

⑤ 罗家伦:《一年来我们学生运动底成功失败和将来应取的方针》，《新潮》第2卷第4号。

⑥ 杨亦曾:《群众运动与中国之社会改造》，《新群》第1卷第3号。

“文化的交通阻塞”①。平民夜校、农村讲演、工读互助等实践具有向乡土社会输送和消化现代化要素的作用。

对于知识人来说，更为深层的问题是如何与劳动群体结合。五四运动还在发展时，恽代英就已开始批判孔子“鸟兽不可与同群”的观念和“现学者尚有多数人不感群众生活之必要”的取向，强调必须加强群众生活修养，“以合群练习指挥群众，鼓策群众之能力”②。在劳工神圣和工读互助的氛围下，李大钊指出：“五四以后，知识阶级的运动层出不已。到了现在，知识阶级的胜利已经渐渐证实了。我们很盼望知识阶级作民众的先驱，民众作知识阶级的后盾。”③胡适亦指出，在五四运动的发生过程中，学生界已经认识到“非联合劳工各界，共同奋斗不可”④。可见，知识群体与劳动群体的结合，不仅是组织层面的互助，还有思想观念的融合。

（二）重建文化共同体：马克思主义与中国文化的重建

从五四事件到五四运动，既延续了小团体、大联合的社会重建思路，又把团体建设、思想教育和群众运动聚合为一种实现公共利益和集体行动的新方法。社会改造大讨论在迅速扩散五四运动之方法论意义的同时，也很快遭遇了集体行动的标准问题。作为方法的五四运动所确立的集体行动的逻辑，是团体建设、思想整合和群众运动的有机结合，而思想作为公共理性贯穿于团体建设和群众运动之中，为集体行动提供科学方法和价值标准。这种遭遇，既是在学理上对思想学说适配社会实际问题的讨论，如“问题与主义”之争，又是在组织上对思想学说生成团体能力问题的认识，如北京工读互助团的解散。这

①《李大钊全集》第3卷，人民出版社2006年版，第13页。
②《恽代英全集》第3卷，人民出版社2014年版，第73、233、234页。
③《李大钊全集》第3卷，人民出版社2006年版，第174页。
④ 张忠栋等编：《五四与学生运动》，唐山出版社1999年版，第13页。

些经历与观察进一步扩充了五四运动的方法论内涵，加之俄国十月革命模式的传入，形成了由“新型政党”“主义”和“群众运动”三种基本要素构成的社会改造路径。至此，五四运动的方法论内涵稳定下来。从整个过程来看，社会改造思潮把知识界推挤到社会实际面前，使之在主观与客观的关系问题特别是理性能否全面解释和指导实践的问题上形成了各具特点的认识论谱系[①]。这为审视五四运动方法论内涵的普遍性提供了一个关键视角。其结果是，“主义的结合”成为政党乃至国家社会重建的实践方案，通向一种新型的文化共同体，在这一过程中，马克思主义传播迅速，李大钊、陈独秀等人经过比较研究，选择马克思主义并开始创建政党，为中国文化重建探索新路。

在康有为、严复、杜亚泉关于制度变革与文化心理的适配方案里，社会文化并没有成为一个可以改造的对象。中国固有文化“皆经前哲苦心平衡而后成之”，不可轻言改造；且“社会风俗之事，皆关于人民生计、安宁、幸福之事，余皆非政治所宜及者也”[②]。这些论述体现了反对主观的制度设计的经验论倾向，即新制度是一点一滴地从旧秩序中生长而成的，制度变革必须适应文化习俗，与民众的接受程度同步而动。严复的导师斯宾塞、赫胥黎、穆勒等人均对卢梭持批判态度，是经验论的代表人物[③]。对于社会文化，严复指出它受到“数

① 在哲学史上，由认识论问题分化产生“唯理论”“经验论”两大基本派别，又分别称为“理性主义”“经验主义”。一般而言，“唯理论”派相信人的理性可以认识真理，哲学推理能够提供问题的答案，而且这些答案是必然真理；经验或许具有提供认识真理的契机，但单凭经验无法认识真理，且真理不随经验的变化而变化；注重演绎法，以柏拉图、笛卡尔、康德、黑格尔等为代表。而“经验论”派仅把理性限于计算和逻辑，强调知识源于经验，不相信理性能够认识真理，注重归纳法，以洛克、贝克莱、休谟等为代表。参见［美］罗伯特·所罗门、凯思林·希金斯:《大问题：简明哲学导论》，张卜天译，广西师范大学出版社 2014 年版，第 196—199 页。

②《康有为全集》第 10 集，中国人民大学出版社 2007 年版，第 25 页。

③ 参见［美］本杰明·史华慈:《寻求富强：严复与西方》，叶凤美译，江苏人民出版社 1996 年版，第 202 页；冯契、徐孝通主编:《外国哲学大辞典》，上海辞书出版社 2000 年版，第 580 页。

千年之陶熔渐渍”“数十百年之牵变，必不敌数千年之遗传”“其为进必缓，其呈形甚微，至于成行，乃不可御”①。杜亚泉关于调和东西方文化进而适配共和体制的方案所使用的分析工具是当时方兴未艾的非理性主义。在社会文化改造上，他不仅提出接续具有注重克己修身、思想统整等优越性的固有文化，而且要和西方的科学理性调和起来形成一种新文化，但也承认使一般国民“知识情感，渐渐齐一，殊为至难之事”②。总之，在思想体系与客观存在的关系上，杜亚泉指出“天下事理决非一种主义所能包涵尽净”“主义云者，乃人为之规定，非天然之范围”③。

在对国内社会问题的诊断和迎受欧美非理性主义思潮的问题上，陈独秀与杜亚泉的选择不同。从文本来看，虽然陈独秀也接触到柏格森等人反思理性的学说，但他认为国内外的社会危机是属于不同历史阶段的问题。1917 年，他指出“近世欧洲人，受物质文明反动之故”，出现强调精神生活信仰的俄国托尔斯泰、德国倭铿等人，但是由于“中国人之科学及物质文明过不发达”“不满其说”，因而“不欲此时之中国人盛从其说也”④。在实现伦理觉悟和制度变革的宏大诉求中，陈独秀较多倚重以“唯理论”为认识论底色的法国启蒙学说。这种认识论突出理性设计对于社会改造的指导作用。卢梭曾指出，“一切都是从根本上与政治相关联的，而一国人民不管怎样行事，都将只是其政府性质使之成为的那个样子”，最好的政府必须“适于造就最有道德、最为开明、最为聪慧的人民”⑤。陈独秀在 1915 年便以“黜古以崇今”来概括 18 世纪以来以法国为代表的欧洲政治社会变革，

① 参见黄克武编:《中国近代思想家文库·严复卷》，中国人民大学出版社 2014 年版，第 437—443、319—320 页。
② 伧父（杜亚泉）:《再论新旧思想之冲突》，《东方杂志》第 13 卷第 4 号。
③ 高劳（杜亚泉）:《矛盾之调和》，《东方杂志》第 15 卷第 2 号。
④《俞颂华——致独秀》，《新青年》第 3 卷第 1 号。
⑤［法］卢梭:《忏悔录》，陈筱卿译，上海译文出版社 2013 年版，第 321 页。

认为科学在揭示宇宙人生真相的同时，导致“自古相传之旧道德、旧思想、旧制度，一切破坏”[①]。

在面对中国固有文化的问题上，发展科学理性是社会改造大讨论中具有显著优势的观念。陈独秀不仅把缺乏科学精神视为固有文化的病源，而且力图用科学理性覆盖所有的文化领域，“举凡一事之兴，一物之细，罔不诉之科学法则，以定其得失从违；其效将使人间之思想云为，一遵理性，而迷信斩焉”[②]。与之对应的是，以儒学为代表的中国固有文化则被视为缺乏科学验证的非理性的虚妄观念，被置于“评判”的境地。这些观念在五四运动期间得到扩散和强化。而当梁启超、张君劢经由和杜亚泉一样的路径，开始运用非理性主义为前工业社会的儒学等中国固有文化辩护时，陈独秀视之为“新文化运动一个很大的危机”[③]。张君劢指出康德以来尊崇理性的思想是一种“主智主义”，认为“宇宙之谜可以由人类智识解决之”；而欧战后过渡到“反主智主义”，“昔之研究在物理者，今则在生命方面；昔之研究在自觉者，今则在非自觉；昔之研究在理性者，今则以为非理性所能尽”[④]。由此，关于东西方文化优劣、科学与人生观等问题的争论持续不断地显露出来。

在社会改造大讨论中，知识人在认识论维度上表现出明显的“唯理论”倾向。在当时的文本群中，“主义”成为言说公共理性和社会蓝图的高频率概念，“是一种新的道德药方，是个人或团体政治人格的保险”[⑤]。譬如，傅斯年在1919年初便把没“主义”视为中国人心气薄弱的病因，认为主义是科学做事和道德修养的保证，“只有石

① 陈独秀：《现代欧洲文艺史谭》，《青年杂志》第1卷第3号。
② 陈独秀：《敬告青年》，《青年杂志》第1卷第1号。
③ 陈独秀：《新文化运动是什么？》，《新青年》第7卷第5号。
④ 张君劢：《欧洲文化之危机及中国新文化之趋向》，《东方杂志》第19卷第3号。
⑤ 王汎森：《“主义时代”的来临——中国近代思想史的一个关键发展》，《东亚观念史集刊》2013年第4期。

头、土块、草、木、禽兽、半兽的野蛮人，是没灵性，因而是没主义的”，没“主义”也是中国政治失序失德的原因，“任凭他是什么主义，只要有主义，就比没主义好”①。这是科学理性在价值伦理领域的扩张，反映了知识人把“科学的信念、方法和知识建构为‘公理世界观’”的文化革新诉求，与18世纪的欧洲启蒙运动一样，把“理性主义方法贯彻到各个知识领域”②。谈“主义”的潮流在知识界弥漫，理性和演绎成为构思社会蓝图的方法，同时带来了脱离实际、脱离行动的空谈重复现象，如罗家伦就指出一些刊物“借新思潮当作太上老君急急如律命的符咒”“看了几本杂志就来办杂志”③。

胡适、李大钊等人从主观与客观、理论体系与实际环境的关系角度对社会改造大讨论提出了反思。从学理上看，胡适最先提出批评，是因为他学习的“实验主义”属于经验论谱系④。在介绍杜威之实验主义时，胡适侧重了方法论问题，提出了“历史的方法”和“实验的方法”，而“实验的方法”强调“(一)从具体的事实与境地下手;(二)一切学说理想，一切知识，都只是待证的假设，并非天经地义;(三)一切学说与理想都须用实行来试验过；实验是真理的唯一试金石”⑤。从胡适与李大钊、蓝公武的互动来看，他认同“用主义学理作解决问题的工具”，专门论述了如何评估“主义”与客观实际

---

① 孟真(傅斯年):《心气薄弱之中国人》,《新潮》第1卷第2号。

② 汪晖:《现代中国思想的兴起》下卷第2部，生活·读书·新知三联书店2008年版，第1207页。

③ 张允侯编:《五四时期的社团》第2册，生活·读书·新知三联书店1979年版，第115、116页。

④ “实用主义”被胡适译作“实验主义”，代表人物是查尔斯·皮尔士、威廉·詹姆斯和胡适的导师约翰·杜威等等。“实用主义”属于一种主观经验主义，否认纯粹理性的存在，视经验为世界的基础，认为认识是人与环境的相互作用，把人的认识限定在可证实的经验范围内，可以证实的、有效用的即是真理，真理随着经验的变化和环境的变迁而发生变化。参见夏基松:《简明现代西方哲学》，上海人民出版社2015年版，第19—30页。

⑤ 胡适:《杜威先生与中国》,《东方杂志》第18卷第13号。

的适用性[①]。但是，胡适承认的是各种“主义”在其特定情境的适用性，而李大钊指出必须“先有一个共同趋向的理想、主义，作他们实验自己生活上满意不满意的尺度”，然后根据这一尺度来判断社会改造的步骤和对象[②]。这场讨论的积极意义在于提出了理论体系与实际环境的关系问题，李大钊就强调社会主义者“要研究怎么可以把他的理想尽量应用于环绕着他的实境”[③]。

除了在学理上讨论“主义”与集体行动的标准外，知识界还进行了新村、工读互助等形式的新生活试验。以北京工读互助团为例。它发起于1919年2月，宗旨是“本互助的精神，实行半工半读”，成员主要是北京大学等校的学生。该团体得到蔡元培、陈独秀、李大钊、胡适等人的支持，先后建立四组，试图通过在全国建立同类团体来实现小团体大联合，然而第一组在1920年3月23日宣告解散。随着第一组的解散，其他各组以及各地工读、新村等形式的实践相继宣告结束。除了经济困难等因素外，还存在团体能力不足的问题。作为北京工读互助团第一组的成员，施存统详细评述了该团体的经济活动和团体建设，指出团体生活处于“旧社会”的包围之中而不能保证经济独立，尤其是时间一长，“彼此感情渐渐隔阂，团体精神渐渐涣散”“团体已不能一日存在”，教训是必须“从根本上谋全体的改造”，在彻底改造社会之前不能试验新生活。俞秀松在文末补充地指出，感情不恰确实削弱了团体能力，“工作不尽力”“不肯协力”[④]。1920年7月，恽代英在反思同类问题时指出，新团体最缺乏“活动的修养”和“合群的修养”，“人家笑我们是一盘散沙十几年了，我们到头仍是一

① 胡适：《三论问题与主义》，《每周评论》1919年第36号；胡适：《四论问题与主义——论输入学理的方法》，《每周评论》1919年第37号。

②《李大钊全集》第3卷，人民出版社2006年版，第1页。

③《李大钊全集》第3卷，人民出版社2006年版，第3页。

④ 张允侯等：《五四时期的社团》第2册，生活·读书·新知三联书店1979年版，第434、435、439、440页。

盘散沙”“现在最应注意的，是要打破人的中心，建设主义的中心”[①]。

同时，俄国革命模式为团体能力建设问题提供启发，新型政党成为实施社会改造的驱动者。譬如，蔡和森在1920年8月从世界阶级革命的角度分析俄国十月革命的组织模式，认为共产党是“发动者、领袖者、先锋队、作战部，为无产阶级运动的神经中枢”，提出“成立一主义明确，方法得当和俄一致的党”[②]。再如，毛泽东在1920年9月虽然仍在强调“由分处下手”改造社会，但也认识到列宁领导的革命“有主义（布尔失委克斯姆），有时机（俄国战败），有预备，有真正可靠的党众，一呼而起”[③]。与之伴随的是，陈独秀等人从有无“主义”和组织效能的角度加重了对民初政党政治的批评，如李大钊在1921年3月指出“民国以来的政党，都是趁火打劫、植党营私”“既无政党之精神，亦无团体的组织”[④]。俄式新型政党成为社会改造的执行者，而“主义”则成为集体行动的标准和理想社会的蓝图，成为投射社会全景的透镜。

在选定“主义”的过程中，通过小团体、大联合来反抗内外强权和构建理想社会的基本思路得到明确甚至强化。譬如，李大钊、陈独秀在接受马克思主义的过程中便用新语言表达了这一思路。1920年5月，陈独秀结合世界范围内政权从工商业资本家转移到无产劳动阶级的趋势，指出“十八世纪以来旧的政治已经破产，中国政治界所演的丑态，就是破产时代应有的现象”“不但中国，无论那国也都是军人、官僚、政客底世界”，而为了打倒内外强权，“正要站在社会的基础上，造成新的政治，新的政治理想”[⑤]。9月，他进一步指出：“若

①《恽代英全集》第4卷，人民出版社2014年版，第144页。
②《蔡和森文集》上册，人民出版社2013年版，第58页。
③ 中共中央文献研究室、中共湖南省委《毛泽东早期文稿》编辑组编:《毛泽东早期文稿》，湖南出版社1990年版，第508页。
④《李大钊全集》第3卷，人民出版社2006年版，第270页。
⑤ 任建树主编:《陈独秀著作选编》第2卷，上海人民出版社2014年版，第237页。

不经过阶级战争，若不经过劳动阶级占领权力阶级地位底时代，德谟克拉西必然永远是资产阶级底专有物。”①这就把对外独立、对内民主的诉求放在了世界范围内资产阶级与无产阶级的斗争主线上，实现了对国内外相互勾结的强权的否定，因为“中国全民族对于欧美各国是站在劳动的地位，只有劳动阶级胜利，才能救济中国底危急及不独立”②。此外，三民主义、无政府主义、国家主义等对小团体大联合的思路亦有各具特色的表述。

“主义的结合”成为团体建设的新议程。陈独秀等人在苏俄和共产国际的支持下，推动北京、上海等地的一些小团体转变为中国共产党早期组织，于1921年7月召开中国共产党第一次全国代表大会。少年中国学会的南京大会也在此时讨论了学会有无必要选定“主义”以及选定何种“主义”的问题。其中，邓中夏提出学会的低效运转在于没有选定“主义”，因为“规定了主义，大家求学、做事才不误入歧途；才便于分工互助；向外活动才旗帜显明，易结同志团体；所谓失节堕落，亦才有个标准，于人格的保险能真有效力”③。中国国民党亦开始联俄容共，引入俄共组织模式进行改组。孙中山指出“什么是主义呢？主义就是一种思想、一种信仰和一种力量”“信仰三民主义便能发生出极大势力，这种极大势力便可以救中国”④。曾琦、李璜等人从少年中国学会分化出来，于1923年在巴黎组建中国青年党，尝试建设实行国家主义的具有“钢的纪律”的“新革命党”⑤。

至此，五四运动的方法论内涵稳定下来，构成一种重建中国社

① 陈独秀:《谈政治》,《新青年》第8卷第1号。
② 陈独秀:《社会主义批评》,《新青年》第9卷第3号。
③ 参见张允侯等:《五四时期的社团》第1册，生活·读书·新知三联书店1979年版，第354、355页。
④《孙中山全集》第9卷，中华书局1986年版，第184页。
⑤ 参见曾辉:《中国青年党研究（1923—1945）》，华东师范大学博士学位论文，2014年，“摘要”。

会的实践方案，而其实质是重建文化共同体的路径。一是“主义”成为集体行动的标准，是一种克制私心私利的公共理性，为实现最大化的公共利益输送科学视野、道德标准和行为动机，遂有“只要主义真”“主义是从”等观念。二是因“主义”而结合的新型政党成为是新秩序的生产者。1921 年 7 月，陈独秀指出“政党是政治底母亲，政治是政党的产儿”[①]。三是群众运动进入活跃期，出现多种教育民众的实践策略。譬如，澳大利亚学者费约翰认为国民革命时期出现多种“大众政治学”“民众教育（对无政府主义者而言）、民众‘指导’（对国民党人而言）、‘群众路线’（对共产党人而言），以及其他教育策略的意图”[②]。这一方法既在认识论意义上具有尊崇理性、讴歌科学和强调“主义”普适性的特点，又通过新型政党的群众运动实践把“主义”和社会实际连接起来，成为理解和验证“主义”的通道。由此，现代中国的生成过程便把民众认同和社会实际纳入进来，使之具有了消化外源的现代化要素的内源性。

三、中国共产党创建初期的文化思想

中国共产党的创建，一如其他奉行各种“主义”的政党的创建，是中国文化重建的实践表现，代表着一种重建中国文化共同体的方案。在这一方案中，中国共产党面临着马克思主义文化理想与社会意识的客观状态之间的张力关系，而能否在理想与现实之间构建合理的关系和实施务实的政策成为中共文化工作效能的关键。自 1921 年至 1927 年，尤其是中共二大后，把推翻资产阶级、建立社会公有制和无产阶级专政的目标加以具体化，推动建立“工人和贫农与小资产阶

① 陈独秀:《政治改造与政党改造》,《新青年》第 9 卷第 3 号。
②［澳］费约翰:《唤醒中国：国民革命中的政治、文化与阶级》，李恭忠等译，生活·读书·新知三联书店 2004 年版，第 115 页。

级建立民主主义的联合战线”，与孙中山领导的中国国民党合作进行国民革命[①]。在这种合作革命的状态里，中国共产党能够在无产阶级文化理想与半殖民地半封建社会的文化现实之间保持富有弹性的文化理念，初步提出了“无产阶级的文化”理念，并着重从党的建设、社会文化和历史文化三个基本方向进行了实践。

（一）马克思主义教育与建设政党文化的思想

因“主义”而结合的“新型政党”与民国初年政党的显著区别在于表现出刚性的公共理性培育，使得政党建设具有文化共同体的同步内涵。譬如，1921 年 1 月，毛泽东在调解新民学会会员彭璜与易礼容的争执时，坦言“吾人惟有主义之争，而无私人之争，主义之争，出于不得不争，所争者主义，非私人也”，而“出于‘占据的冲动’与‘意力之受拂’”的私人之争“大概是可以相让的”[②]。中共一大在决议中规定任何出版物“均不得刊登违背党的原则、政策和决议的文章”[③]。中共二大指出中国共产党并非“知识者所组织的马克思学会”“党员的言论，必须是党的言论”[④]。马克思主义作为兼具真理性与价值性的学说，具有形成共识性目标和构建集体性格的整合作用，而组织建设则为中共运用马克思主义分析文化问题和展开实践提供“耳目手足”，特别是保证党员个体在文本创作、言论表达、集体行动等方面的一致性。

党员个体的阶层属性、文化习得与布尔什维克的价值标准和行

---

① 中央档案馆编：《中共中央文件选集》第 2 册，中共中央党校出版社 1989 年版，第 115 页。

②《毛泽东书信选集》，人民出版社 1983 年版，第 19 页。

③ 中央档案馆编：《中共中央文件选集》第 1 册，中共中央党校出版社 1989 年版，第 6 页。

④ 中央档案馆编：《中共中央文件选集》第 1 册，中共中央党校出版社 1989 年版，第 90、91 页。

为规范具有差距。中共二大明确要求“党的内部必须有适应于革命的组织与谏训〔训练〕”，“应以共产革命在事实上所需要的观念施行之”“离开党的支配而做共产主义的活动，这完全是个人的活动，不是党的活动，这完全是安那其的共产主义”①。到1923年11月，党在《教育宣传问题议决案》中对党员的思想行为谱系作了更为清晰的划分，并要求各层组织通过“政治讨论”“政治讲演”等方法提高党员对共产主义基本原则的认识，使党员能够“文学的及科学的宣传主义”。这就要求把“唯物主义的宇宙观”“社会观”和“‘集体主义’的人生观”转化为政党的“新的习俗”；强调把公共利益内化为个体利益，“共同目的，亦即自己之目的”；共产主义并不“蔑视一切个人私德”；同时要求反对“东方文化派”“基督教的教义及其组织”和“宗法社会之旧教义”②。可见，个体习得在政党建设的过程中成为需要甄别、评估和改造的对象。

在确立共产党员新的价值理念和行为方式方面，党不仅设置了专门的教育组织，而且加强了各层级党组织的教育功能。在1924年5月的中共中央扩大执行委员会会议后，设立了宣传教育委员会等机构；在中共四大后统一设置为宣传部，并逐步强化了基层组织的文化教育功能③。中国共产党认识到党内教育的滞后性，要求设立党校，并把党内教育和指导马克思主义研究会作为中央宣传部的重要工作④。1925年1月中共四大指出“党中政治教育做得极少”，把共产国际所指示的“宣传马克思列宁主义和各国党之布尔什维克化”作

① 中央档案馆编：《中共中央文件选集》第1册，中共中央党校出版社1989年版，第90—91页。

② 中央档案馆编：《中共中央文件选集》第1册，中共中央党校出版社1989年版，第206、207页。

③ 中共中央组织部、中共中央党史研究室、中央档案馆：《中国共产党组织史资料》第1卷，中共党史出版社2000年版，第40页。

④ 中央档案馆编：《中共中央文件选集》第1册，中共中央党校出版社1989年版，第245页。

为“党中教育工作的理论的根据”，明确了支部是中共的“基本教育机关”“可能时更有设立党校有系统地教育党员或各校临时讲演讨论会增进党员相互间对于主义的深切认识之必要”，要求在知识界和群众运动中“传布无产阶级的文化”①。尤要指出，这次大会在共产国际五大的影响下，明确以“左倾”与“右倾”来描述中共党员对“民族革命运动与世界革命运动之关联和无产阶级在其中的真实力量及其特性——世界性与阶级性”的认识②。

由于中国共产党组织规模和党员总数急剧增长，政党文化共同体建设面临着规模扩大与质量提升的矛盾关系，对党员个体行为的规范更加细化。随着1925年五卅运动等群众运动的发展，中国共产党的政党规模迅速扩大③。中国共产党在1925年10月强调“开办各地党校确是一种重要的工作”，并在教育方法上强调注重“国内革命运动的经验”“不应当与群众隔离”④。譬如，1925年10月开学的北京党校是中共中央举办的第一所党校，在教学内容上设置“马克思列宁主义基本理论、中国革命基本问题、党的方针政策和时事”等课程，实行“授课、自学、讨论、答疑相结合”的教学方法，注重培养分析问题和解决问题的能力⑤。1926年初，党再度强化支部的文化教育功能，是实现“思想和行动无产阶级化”的“教育和宣传的学校”，把支部作为创造新生活的组织，从正反两方面规划了党员个体的思想行为坐

---

① 中央档案馆编：《中共中央文件选集》第1册，中共中央党校出版社1989年版，第375、377、378页。

② 参见中央档案馆编：《中共中央文件选集》第1册，中共中央党校出版社1989年版，第374—375页。

③ 从1925年初中共四大召开时的994人，“同年10月增加到3000人，年底更达到1万人”。参见中共中央党史研究室：《中国共产党历史（1921—1949）》第1卷上册，中共党史出版社2002年版，第134页。

④ 中央档案馆编：《中共中央文件选集》第1册，中共中央党校出版社1989年版，第481页。

⑤ 赵理文主编：《中国共产党党校教育史》，中共中央党校出版社2014年版，第21页。

标系（参见表 1），并要求“尽可能的少取灌输式的报告，而多用启发式的方法”①。

表 1　支部的功能设定与共产党员的思想行为谱系表（1926.5.15）

支部的功能	正向行为	负向行为
党的基本组织单位 党的教育和宣传的学校 党在群众中的核心 发展党的工具 党的生活的中心 党的战斗的武器 监督党员工作的机关	思想的政治化	反对文人和书生厌恶政治的思想
	行动的纪律化	反对无政府的倾向
	研究的系统化	反对浪漫的色彩及学院派的倾向
	生活的集体化	反对个人主义
	要有过于信任党的心理	反对一切主观的见解
	养成无产阶级革命的人生观，成为无产阶级革命的职业家	反对小资产阶级式的浪漫革命的思想和行为

资料来源:《中共中央文件选集》第 2 册，中共中央党校出版社 1989 年版，第 612—613 页。

通过组织纪律建设与思想观念改造，党自身的文化意识呈现出内在一致性。党在实践中逐步使用“宣传要点（大纲）”来保证组织层级之间的一致性。这一方式在毛泽东主持国民党中央宣传部期间亦得到推广②。1926 年 7 月，中共中央进一步完善了宣传系统的组织关系，总结了调查思想言论、拟定宣传大纲和总结汇报成效的工作方式③。恽代英在 1926 年 9 月指出“党的两种要素——主义与纪律”“主义的解释，必需［须］是绝对统一一致的”“这样，主义才能统一群众的耳目，发生大的力量。一定要有表现主义精神的政治纲领，与如何实现主义的政策。不然，则主义成为空谈，无法得人相信

① 中央档案馆编:《中共中央文件选集》第 2 册，中共中央党校出版社 1989 年版，第 611、612、616 页。

② 参见中共中央文献研究室编:《毛泽东年谱（1893—1949）》上卷，中央文献出版社 2013 年版，第 136—137 页。

③ 参见中央档案馆编:《中共中央文件选集》第 1 册，中共中央党校出版社 1989 年版，第 188—194 页。

而实现出来的。一定要有严整的纪律，能部勒数万或数十万党员，在党的命令之下一致活动”[①]。

应当看到，改造党员个体与建设政党文化共同体的实践存在着一些问题。1926 年 7 月，中共中央在政治报告中指出“支部只有名义而无工作”，部分党员存在“缺乏理论及确定的革命人生观”等问题，“党员数量虽然增加而质量确是退化了”[②]。这次中共中央扩大执行委员会会议在组织建设方面进一步提出“一切工作归支部”的口号，具体规定了“党校的教本及普遍的党员教育的大纲”，要求各地方组织按月汇报支部的教育工作和党校教育成绩，尤其是汇报成员在“主义”“时局”和纪律方面的认识和表现[③]。而北伐战争的展开也为中共提供发展契机。1926 年 10 月，中共中央总书记陈独秀致信各级党部，提出到“第五次全国大会以前，党员应发展到四万以上”，认为“数量上的增加可以改善质量”“革命的工人农民党员之增加，正是使党革命化，正是增加质量之一种方法”[④]。然而，党内教育实际上仍处于滞后状态，中共中央在 1926 年 12 月指出“对于党内的教育工作，更应严重用力”[⑤]。

（二）“到群众中去”与统合社会文化的思想

作为行动中的马克思主义革命党，中国共产党在创建伊始便认识到工人、农民等社会群体的文化观念与无产阶级的文化之间的差

---

① 参见《恽代英全集》第 8 卷，人民出版社 2014 年版，第 196、197 页。

② 中央档案馆编:《中共中央文件选集》第 2 册，中共中央党校出版社 1989 年版，第 172 页。

③ 中央档案馆编:《中共中央文件选集》第 2 册，中共中央党校出版社 1989 年版，第 182、191、192 页。

④ 中央档案馆编:《中共中央文件选集》第 2 册，中共中央党校出版社 1989 年版，第 635 页。

⑤ 中央档案馆编:《中共中央文件选集》第 2 册，中共中央党校出版社 1989 年版，第 516 页。

距。所谓无产阶级的文化，主要是指体现无产阶级革命立场和阶级先进性的文化内容和意义符号，“无产阶级亦与其他阶级一样，在共产主义未实现以前，当然能够创造出自己特殊的文化——无产阶级的文化”①。而当时中国社会文化的实际状态与之相差甚远。譬如，张国焘在1921年汇报了北京的社会文化状态，“工人中极端利己主义盛行，他们没有集体生活习惯，浸透了保守的传统精神”，存在“‘搞政治不是下等人的事’”“俯首听命和从属依附的情感”等特点；而“知识分子认为自己非常重要”“把无产阶级看作是很无知的、贫穷而又软弱的阶级”。为了改变这一状况，北京共产主义组织设置长辛店劳动补习学校，教工人识字，“用文字表述自己的思想”，明白“组织起来的意义和方法”，养成“共同利益感和严守纪律”；同时也在思考如何打消知识分子“想成为学者并进入知识界的念头”“使他们成为工人阶级的一员”，要求加强对知识分子的宣传②。这种状况在其他地区也有所表现。

嵌入和改造社会文化成为动员社会力量和传播无产阶级的文化的题中之义。在1921年11月，中共中央要求建立工会组织，详细掌握和分析各地工会管辖范围的劳动状况③。1922年7月，中共二大“要‘到群众中去’要组成一个大的‘群众党’”，而“民主的联合战线”则为党在思想文化领域处理“封建时代”“民主时代”与“共产时代”的关系提供新思路④。胡适在1922年10月对此提法作出正面反应，而且与陈独秀在1923年的科学与人生观论争中均严厉批判了

① 蒋侠僧:《无产阶级革命与文化》,《新青年（季刊）》1924年第3期。
② 参见中央档案馆编:《中共中央文件选集》第1册，中共中央党校出版社1989年版，第10—19页。
③ 中央档案馆编:《中共中央文件选集》第1册，中共中央党校出版社1989年版，第26页。
④ 中央档案馆编:《中共中央文件选集》第1册，中共中央党校出版社1989年版，第64、90页。

张君劢等人质疑科学理性的观点[①]。陈独秀在1923年7月提出“思想革命上的联合战线”的设想，肯定了胡适运用“资产阶级思想文化”批判张君劢和梁漱溟的行为，“适之所信的实验主义和我们所信的唯物史观，自然大有不同之点，而在扫荡封建宗法思想的革命战线上，实有联合之必要”[②]。虽然胡适与陈独秀由于在唯物史观等问题上的分歧并未实现联合，但是这为党统合社会文化提供了一种有益探索。

与此同时，党试图改善对社会文化的消极认识，试图引导群众接受新观念。1922年9月，恽代英在剖析辛亥革命的缺陷时指出，“最要紧还是要唤起人民”，这就需要“用哲学文学各种讲演演剧的法子，打破中国人的所谓‘安分’之说”，树立权利意识；破除散漫独处的观念，养成联合的、组织的、纪律的观念[③]。同月，蔡和森也指出必须把“革命潮流普及于全国最深最广大的群众”，不应“蔑视群众无力，或诬群众麻木”[④]。1923年5月，恽代英再次强调纠正知识群体对群众的偏见，“我们不要以为中国的国民便是什么天生的劣种”“所谓新思潮新文化第一件要义，便是唤起一般人企求‘人的生活’的自觉”，“你们研究的对象，你们文艺的天才，你们活动的精力，都要注意唤起国民”，而不是热衷于脱离基层社会的“高头讲章”[⑤]。

在实践层面，中国共产党尝试进入基层文化空间进而构建新的群众文化。譬如，裴宜理关于安源工人运动的研究显示，毛泽东、李立三等人均是沿着当地社会的文化网络进入安源，特别是李立三在建

① 姜玉齐:《从排斥到借鉴：新民主主义革命时期中国共产党对主要社会思潮的认识和态度》，复旦大学出版社2013年版，第91页。

② 任建树主编:《陈独秀著作选编》第3卷，上海人民出版社2014年版，第102页。

③ 恽代英:《民治运动》,《东方杂志》第19卷第18号。

④《蔡和森文集》上册，人民出版社2013年版，第114页。

⑤《恽代英全集》第5卷，人民出版社2014年版，第67、70页。

立安源路矿工人俱乐部等组织的过程中形成了一种灵活运用民间风俗仪式的“文化置换”策略，并逐步使工会等新组织替代了原来工人的帮会组织。此后，中国共产党依托组织网络展开教育，把“主义”注入语言、民俗、服饰、仪式等文化资源，使安源在1922年9月至1925年8月之间成为“中国的小莫斯科”①。然而，也出现一些“主义”落地困难的问题。恽代英在1924年5月指出“不知道因势利导的道理，不问农民的心理，而只知逞我们个人的理想”“偏要在‘打菩萨’、‘放小脚’这些做不通的事情上面，不顾惹出多大的困难与反感，一味冒昧的去进行”②。1924年6月，上海、湖南等地方的汇报也显示了一些失败案例，原因在于文化政策脱离工农群体的觉悟程度③。

1925年1月，中共四大指出为使“无产阶级的文化”深入群众，应注意“了解其客观所具有的条件，如不识字，识字不多，不善听纯粹理论的议论，注意目前切身的实际问题，然后筹画的方案方不至艰〔难〕于施行”，“提高乡村文化（但初步运动时须注意不可过于违背农村中宗法社会心理）”④。而五卅运动也促使党思考如何给工人群体“以政治上的训练和教育，找着和农民结合的方法，及与一切民权主义分子联盟的正当道路”⑤。这种反思在1926年5月由中共中央拟定下发的《我们今后应当怎样工作》集中体现出来。中共中央认为以往

---

① “文化置位（cultural positioning）”即革命的组织者与领导者通过对地方文化（包括语言、文学、艺术、符号象征、社会意识，社会组织形态）的适应和运用来发起革命、完成动员、争取支持以及将革命不断引向深入。参见裴宜理：《安源：发掘中国革命之传统》，阎小骏译，香港大学出版社2014年版。

②《恽代英文集》上卷，人民出版社1984年版，第524页。

③ 中央档案馆编：《中共中央文件选集》第1册，中共中央党校出版社1989年版，第259、265页。

④ 中央档案馆编：《中共中央文件选集》第1册，中共中央党校出版社1989年版，第363、376、378页。

⑤ 中央档案馆编：《中共中央文件选集》第1册，中共中央党校出版社1989年版，第472页。

“对外宣传煽动不问群众的需要，只重主观的见解”，“对内训练，亦只是注入的而不是启发的”“不先客观的研究群众的意见，则所注入的理论，必不能深入群众之意识，使他们的意见和我们的意见打成一片”“领导群众的本领，只有在群众中虚心领受他们的指教才能够学得”①。

1926年7月，中共中央扩大执行委员会会议指出中共已渐居各地群众运动的领导地位，尤其是认识到农民“将成为民族解放运动中之主要势力”而要求取得“农民运动的指导权”，并在宣传、职工运动、农民运动等议决案中延续和扩展了上述思路。譬如，中国共产党要求“详细调查该地农民生活状况，风俗，习惯”“有方法的有步骤的去提高乡村文化程度”，不可直接地反对“村中的迷信及宗族伦理道德关系”“有时为使自己生活农民化，冀求容易接近农民，且有暂时附和群众迷信形式之必要，以取得新的工作发展”②。随着北伐的展开，农民运动蓬勃发展起来，构造出新的农村文化空间。如毛泽东所描述的，农民运动扫荡了以政权、族权、神权和夫权为代表的农村“封建宗法的思想和制度”，改变着农村“家族主义、迷信和不正确的男女关系”等习俗，并以此为基础展开了构建新风俗新文化的文化运动③。

（三）书写中国文化史的叙事设想

中国共产党成立后，先后在东西文化论争、科学与玄学论争、批判国家主义和戴季陶主义等论争中触碰文化问题，形成了阐释中国文化问题的文本群；而李大钊、陈独秀、李达、瞿秋白、杨明斋等人

① 中央档案馆编：《中共中央文件选集》第2册，中共中央党校出版社1989年版，第115页。

② 中央档案馆编：《中共中央文件选集》第2册，中共中央党校出版社1989年版，第209、214页。

③《毛泽东选集》第1卷，人民出版社1991年版，第31、33、39页。

对中国文化问题的阐释表现出较强的组织性，产生了一种集体声势。首先，为文化概念注入唯物史观。最初，陈独秀等人批评脱离物质要素而研究文化现象的倾向，凸显了经济物质要素对于文化的决定性作用①。而瞿秋白、杨明斋等人在之后对“文化”概念的阐释中，开始注意到精神要素对物质要素的积极作用。例如，杨明斋在1924年指出“马克思只说人类意志是经济决定的，并没说文化教育不能有补于创造经济的能力”②。

这样，中国共产党通过重释“文化”概念来改变以往把民族作为分析东西文化差异的基本单位的做法，并把人类征服自然的能力作为文化先进程度的标准。瞿秋白便强调“文化”是“征服天行”“文化愈高，则社会力愈大，方能自强，方能独立，方能真正得自由发展”③。再如，恽代英在1925年8月回应戴季陶对中共忽视民族文化的指责时指出，“中国文化在世界文化史上，亦犹如犹太文化、埃及文化一样，当然有存在的意义”，但是“‘反科学的’中国文化”和“‘反科学的’别国文化”同样需要加以批判和排斥，文化是发展的、可变的，因而不能将文化先进与否作为自甘殖民地地位的理由，更不必一味粉饰中国固有文化的优越性④。

其次，把世界文化的一体化与二重性作为论述中国固有文化的性质、现状和前途问题的逻辑框架。如前所述，世界资本主义经济的一体化成为李大钊等人论证社会主义在中国可行性的依据。而这一逻辑也覆盖到文化问题。譬如，1923年6月，瞿秋白指出“帝国主义沟通了全世界的经济脉络，把这所谓东方西方两文化熔铸为一；然亦就此而发生全人类的文化，——世界无产阶级得联合殖民地之受压迫

① 参见任建树主编:《陈独秀著作选编》第3卷，上海人民出版社2014年版，第141页;《李达文集》第1卷，人民出版社1980年版，第244页；等等。
② 杨明斋:《评中西文化观》，黄山书社2008年版，“序”、第3、19页。
③ 屈维它（瞿秋白）:《东方文化与世界革命》,《新青年（季刊）》1923年第1期。
④《恽代英文集》下卷，人民出版社1984年版，第703页。

的各民族，以同进于世界革命。此种趋势，此种新革命文化的先驱，正就是杀帝国主义的刽子手”①。虽然世界文化破除了东西方民族的区隔而实现了一体化，但由于资本主义危机的恶性发展呈现出资产阶级文化与无产阶级文化的二重性。然而，“阶级为文化发展的障碍”“无产阶级革命的目的是消灭社会阶级，建设无产阶级社会”和“无产阶级文化”，因此世界文化的前途在于“无产阶级文化”②。

由于世界资本主义的侵入，中国的“历史循环”状态被打破而被纳入世界文化体系③。如恽代英在1923年2月指出：“中国从古典封建的思想，一旦忽然与全世界现代生活相接触，旧道德旧制度的破坏”“如摧枯拉朽”④。这改变了中国固有文化的“宗法封建”性质和循环状态，“若是西洋文化不进来，再有两千年仍旧是如古无疑”⑤。同时，基督教等资本主义文化的入侵使中国文化的“殖民性”逐渐加强，资本主义的科学由于其阶级性的限制而不能解放人类。对此，瞿秋白在1923年5月《新青年》季刊创刊号写的发刊宣言《新青年之新宣言》中指出中国革命不仅要清除“宗法社会的专制主义，笼统的头脑，反对科学，迷信”，也要反对“资产阶级的市侩主义，琐屑的对付，谬解科学”⑥。总之，行向“社会主义的艺术文明”的道路在于“颠覆宗法社会、封建制度、世界的资本主义，以完成世界革命的伟业”，这在文化方面的要求就是通过“充分发展一切科学”来展开“思想方面的阶级斗争”⑦。

---

① 屈维它（瞿秋白）:《东方文化与世界革命》,《新青年（季刊）》1923年第1期。

② 蒋侠僧:《无产阶级革命与文化》,《新青年（季刊）》1924年第3期。

③ 参见独秀（陈独秀）:《资产阶级的革命与革命的资产阶级》,《向导》1923年第22期;《张太雷文集》，人民出版社2013年版，第132页。

④《恽代英全集》第5卷，人民出版社2014年版，第45页。

⑤ 杨明斋:《评中西文化观》，黄山书社2008年版，第109页。

⑥《新青年之新宣言》,《新青年（季刊）》1923年第1期。

⑦ 参见屈维它（瞿秋白）:《东方文化与世界革命》,《新青年（季刊）》1923年第1期；瞿秋白:《现代文明的问题与社会主义》,《东方杂志》第21卷第1号。

由上可知，中国共产党论述中国文化问题的基本场域已然是世界无产阶级文化。如前所述，五四运动使陈独秀等人认识到国内外强权对中国的联合侵害。此后，国外强权逐渐被表述为世界资本主义，李大钊在 1920 年使用了“无产阶级的民族”的提法，认为中国“全国民渐渐变成世界的无产阶级”[①]。国内军阀强权被视为宗法封建文化的维护者[②]。因而，以往民族情绪的对立面——资本主义的西方和民主运动的对象——军阀被一致地转化为阶级革命的对立面。这为中国共产党接受阶级革命和列宁的殖民地半殖民地革命理论提供基础。正如中共中央执行委员会在 1924 年 5 月的扩大会议所指出的，“中国产业无产阶级，他们的阶级意识愈发达，则参加民族解放运动必愈扩大”，而阶级意识指引着彻底的解放道路[③]。虽然中国共产党把重心放在阶级意识上，但这两种论述逻辑的切换也反映出中共对中国文化民族性的某种程度的容纳。

最后，在历史认识领域引入唯物史观，推动中国文化的历史镜像的重构。在此一时期，李大钊、陈独秀、李达等人把唯物史观引入历史学、政治学等社会科学[④]。其中，李大钊尤为侧重从中国文化史层面阐发唯物史观的作用。他认为中国“四千年的历史一语，可以说是文化进化的代名词”“历史就是人类的生活并为其产物的文化”；但是“循环的、神权的、伟人的历史观”支配着中国人，“时至今日，循环的、退落的、精神的、‘唯心的’历史，犹有复活反动的倾势”[⑤]。为此，李大钊提出历史观的问题，“历史哲学是研究历史

---

①《李大钊全集》第 3 卷，人民出版社 2006 年版，第 147 页。

② 独秀（陈独秀）:《资产阶级的革命与革命的资产阶级》,《向导》1923 年第 22 期。

③ 中央档案馆编:《中共中央文件选集》第 1 册，中共中央党校出版社 1989 年版，第 244 页。

④ 参见李维武:《新文化运动中的唯物史观派》,《武汉大学学报（人文科学版）》2017 年第 4 期。

⑤《李大钊全集》第 4 卷，人民出版社 2006 年版，第 159、255、400 页。

的根本问题”；并强调“欲得一正确的人生观，必先得一正确的历史观”①。基于上述认识，李大钊提出根据唯物史观重新发掘中国历史的命题，“根据新史观、新史料，把旧历史一一改作，是现代史学者的责任”，并将这一命题拆解为“整理事实，寻找它的真确的证据”和“理解事实，寻出它的进步的真理”两个相互关联的方面②。

杨明斋则尝试综合唯物史观和自身生活体验来描述中国固有文化的结构内容。杨明斋在总体上依从上述评价体系，把中国固有文化界定为陷入历史循环的自然经济基础上的宗法封建文化。他的观察又有一些新特点。在结构上，中国固有文化的特色在于“伦理及其组织”“儒家的学说唯一的作用在他的实行其理想之组织——五伦”“家族的组织在中国为其文化的中心组织”③。尽管中国交通不便、气候方言风俗不齐，但是儒家教义通过“经书的教育”贯彻到各领域④。在内容上，“迷信和系统的伦理代替宗教”，缺乏科学理性，“中国形而上学只推究自然现象之全体性”；但也强调“断不能说没有科学的方法”，只不过社会生产领域的“纯粹经验知识”在代际传递，“靠历史的经验去创造生活”，而“回顾取譬的结果是‘苟安’与‘循环’”⑤。故而，杨明斋强调中国固有文化的改造在于改变其农业经济为工业经济，充分发展科学理性。

综上所述，中国文化的近代遭遇是一个辩证过程，是内在危机与外在冲击的综合作用，既在具体内容上实现了价值标准、知识体系和文化载体的新陈代谢，要求确立科学理性的权威；又在构造逻辑上延续了培育公共理性和注重克制私念的制度逻辑，形成了新型政党、“主义”、群众运动“三位一体”的文化重建道路。中国共产党的

①《李大钊全集》第4卷，人民出版社2006年版，第165、252页。
②《李大钊全集》第4卷，人民出版社2006年版，第255、362页。
③ 杨明斋：《评中西文化观》，黄山书社2008年版，第34、94、195页。
④ 杨明斋：《评中西文化观》，黄山书社2008年版，第192、193页。
⑤ 杨明斋：《评中西文化观》，黄山书社2008年版，第26、27、32、33、224、226页。

创建，确立以马克思主义为核心资源构造新的文化共同体的方案，但同时也面临着马克思主义文化理想与中国文化实际之间的紧张关系。中国共产党迅速开启了重建中国文化的实践，在组织层面上以政党文化共同体为核心生产和联结工人、农民、知识分子等各种形态的组织体，在文化内容上把无产阶级的文化理念嵌入各个维度的社会文化，形成了一种具有勃勃生机的文化气象。

第二章　土地革命战争时期中国共产党的文化思想探索

国民革命联合战线的破裂，迫使共产国际和中国共产党开始重新思考和独立领导中国革命，重新调整马克思主义文化理论与中国文化实际之间的关系。在此基础上，党的领导层的更换、根据地的开辟以及苏联社会主义文化建设经验的移入等因素使中国共产党的文化思想呈现出全新样态，出现了建设“苏维埃文化”的理念。在根据地和国统区，苏维埃文化理念凸显了无产阶级文化与资产阶级、地主阶级等阶层文化的对立和批判，“国民党变成帝国主义和资本主义的走狗，变成新军阀的工具”“军阀官僚豪绅资产阶级”成为革命对象[①]。但这也削弱了中国共产党文化政策的适应范围和实践效能，并在红军长征和新启蒙运动中得到初步反思和调整。

一、苏维埃文化理念的形成及其制度形态

随着根据地的开辟和苏维埃体制的建立，中国共产党开始具有了文化建设的相对稳定的地理空间，同时也开始更为直接地接触地方社会文化。在中央苏区，党一方面构建出全方位的文化组织体制，替换了该地区原有的文化体系，支撑起以党、政、军、群为基本支点的文化共同体；另一方面党以灌输无产阶级意识和共产主义精神为政策

① 中央档案馆编：《中共中央文件选集》第4册，中共中央党校出版社1989年版，第69页。

原则，提出构建“苏维埃文化”的目标。因而，党在这一时段把共产主义内在化的实施范围从党内延展至党外，使得苏维埃文化组织体制具有了“共产主义文化共同体”的实践任务。总的来看，中国共产党在战争环境下取得诸多文化建设的成就，但同时也面临着共产主义文化理想与社会文化实际的紧张关系。

（一）构建苏维埃文化体制的思想

在赣南、闽西地区，文化教育体系基本上延续着传统小农经济社会的样态。从毛泽东 1930 年 5 月的《寻乌调查》来看，“祖宗地主”“神道地主”和“政治地主”所辖的公田是家族祭祀、神仙崇拜和儒学教育等文化活动的基本经济来源，乡绅、地主、富农掌握着县乡教育机构、学校等文化教育场所，古姓宗族的“旧文化在全县是最盛的”，婚姻、丧葬风俗多在宗族范围内。寻乌的识字率约是 40%，学校的学生主要是地主富农子弟。同时，寻乌也有一些新变化，培养出来一些留学国外或者参加革命的知识分子，其学费多是由祠堂供给；一些老秀才也宣讲新知识。此外，寻乌还有一个隶属于美国的耶稣堂（教徒约 700 人）和一个隶属于德国的天主堂（教徒约 800 人）[①]。对于这种分散性的地方文化、封闭式的宗族生活和多元化的神仙崇拜，毛泽东在井冈山时便指出，“各县之间地方主义很重，一县内的各区乃至各乡之间也有很深的地方主义”[②]。

对此，党不仅在土地革命中废除了固有文化教育制度的经济基础和政治基础，而且废弃了固有文化教育制度本身。在赣西南，“菩萨都烧了，庙宇祠堂变成了农民工人士兵的政府办公室，或者是游戏场”“家里以前贡（供）着家神‘天地君亲师位’的，现在也换以‘马克思及诸革命先烈精神’；从前过年庆节，写些封建式的对联，现

① 参见《毛泽东农村调查文集》，人民出版社 1982 年版，第 41—181 页。
②《毛泽东选集》第 1 卷，人民出版社 1991 年版，第 74 页。

在都是写的革命标语”[①]。闽西苏维埃政府指出文化建设必须“站在无产阶级立场上，向封建思想及一切不正确的思想作意识斗争”，把“地方主义、家乡观念以及保守享乐的念头”洗刷干净[②]。不仅如此，苏区文化体制的构建主要是移植苏联经验。1928 年 7 月，中共六大关于苏维埃政权的决议便指出“中国党应利用苏联苏维埃建设的经验，普遍此经验于党员及广大群众中去，俾预先准备干部人材，以敏捷的建设政权”[③]。1933 年 10 月，凯丰在全苏文化教育建设大会上提出“中国的苏维埃政府在文化教育领域内，就是根据着苏联的光荣的经验来建设文化教育事业”[④]。这进一步强化中央苏区文化体制的苏联化、正规化方向。

因而，中央苏区在全面破除固有文化体系的同时，也发展出全方位的文化组织制度。在结构上，主要由党、政、军、群四大组织系统构成，横向上均设置宣传鼓动部门或者文化教育部门，纵向上均下沉到基层，基层普遍设置“俱乐部、列宁室”，辅以报纸、出版发行网等机构[⑤]。“党”是文化教育体制的轴心，通过党团实现对其他组织模块的领导。为了避免苏联革命胜利初期“苏维埃代替党”的现象，中共中央强调“苏维埃政权之正确的组织，是要以党的坚固的

① 江西省文化厅革命文化史料征集工作委员会、福建省文化厅革命文化史料征集工作委员会编:《中央苏区革命文化史料汇编》，江西人民出版社 1994 年版，第 131 页。

② 江西省文化厅革命文化史料征集工作委员会、福建省文化厅革命文化史料征集工作委员会编:《中央苏区革命文化史料汇编》，江西人民出版社 1994 年版，第 132 页。

③ 中央档案馆编:《中共中央文件选集》第 4 册，中共中央党校出版社 1989 年版，第 391 页。

④ 中央教育科学研究所编:《老解放区教育资料》第 1 册，教育科学出版社 1981 年版，第 41 页。

⑤ 陈始发:《多维视野下的中央苏区文化建设研究》，中共中央党校出版社 2010 年版，第 111—138 页。

指导为条件的”[①]。然而，这带来了党直接代替政府的问题。毛泽东在1928年11月指出“党的主张办法，除宣传外，执行的时候必须通过政府的组织”[②]。应当指出，这一体制不仅在组织上是一体的，而且文化内容上也是一致的。譬如，共青团闽西特委在1929年12月29日召开各县宣传科联席会议，指出“在社会上还有阶级的存在的时候，一切的文化都是宣传”“我们的文化是无产阶级的文化”，不仅要把无产阶级意识输入到民众之中，而且要把民众的“非无产阶级意识”加以破坏[③]。

由上可见，中央苏区文化体制的构建具有显著的外源性特征，文化共同体的构建并未积极吸收和转化本土文化资源。这不仅是因为组织制度经验主要来自苏联，而且在文化内容上与中央苏区原有的地方文化之间缺乏连续性。从中国共产党方面来看，是政党文化共同体在政治、社会领域的扩展；但从该区域民众的文化惯习来看，原有的文化心理仍然支撑着特定的制度化行为方式。如毛泽东便指出“封建时代独裁专断的恶习惯深中于群众乃至一般党员的头脑中，一时扫除不净，遇事贪图便利，不喜欢麻烦的民主制度”[④]。这也导致了苏区文化体制灌输无产阶级意识的单向性。而宗族关系顽强地存在着，并反映在新组织体制的运作过程中。事实上，由于小农经济、宗族血统和民间习惯的再生性，“革命压力消失后，传统乡村社会结构回归”[⑤]。

---

① 中央档案馆编:《中共中央文件选集》第4册，中共中央党校出版社1989年版，第408页。

②《毛泽东选集》第1卷，人民出版社1991年版，第73页。

③ 江西省文化厅革命文化史料征集工作委员会、福建省文化厅革命文化史料征集工作委员会编:《中央苏区革命文化史料汇编》，江西人民出版社1994年版，第118页。

④《毛泽东选集》第1卷，人民出版社1991年版，第72页。

⑤ 中国井冈山干部学院、中共中央党史研究室第一研究部、江西省社会科学院编:《井冈山道路与马克思主义中国化化——纪念井冈山革命根据地创建80周年学术研讨会论文集》，中共党史出版社2008年版，第363页。

（二）阶级成分、理论教育与党的“布尔什维克化”

在被迫变换到独立探索革命的轨道后，中国共产党更加注重党内阶级成分和理论水平对制定和执行革命政策路线的重要性。譬如，1927年8月召开的八七会议指出“党的指导机关里极大多数是智识份子及小资产阶级的代表”，并批评党校教育排斥工人的倾向[①]。而后，吸收工农分子、加强马克思列宁主义的系统教育成为干部选拔和教育的重要内容，成为党的“无产阶级化”和“布尔什维克化”的重要步骤，尤其是阶级成分在个体的革命性评估中越发重要。1929年11月，毛泽东亦指出红四军党内的非无产阶级意识来自农民和小资产阶级，但并没有强调通过调整阶级成分来克服非无产阶级意识，而是把转变党员个体的各种非无产阶级意识作为实现干部无产阶级化的关键环节，并要求结合个体的思想实际采用启发式教育等方法[②]。从“个体习得”的层面来看，思想意识相对于阶级成分更具有可塑性。这不失为应对中国工人群体稀缺问题的有益探索。

这毕竟是一种局部的探索。1931年11月，中央苏区第一次党代表大会的政治决议中指出虽然“共产党在群众中的信仰极高”，但是“党的无产阶级基础非常薄弱，在党的工人和雇农极少，而地主子弟富农商人这些异己分子仍旧有混在党内的”“存在着一种否认理论否认政治的狭义的经验论的落后思想”[③]。这实质上否定了毛泽东等党的领导人基于客观实际的探索方向[④]。同时，在组织问题和干部教育上

① 中央档案馆编:《中共中央文件选集》第3册，中共中央党校出版社1989年版，第265页。

② 中央档案馆编:《中共中央文件选集》第5册，中共中央党校出版社1990年版，第800—834页。

③ 中央档案馆编:《中共中央文件选集》第7册，中共中央党校出版社1991年版，第455页。

④ 中共中央文献研究室编:《任弼时年谱（1904—1950）》，中央文献出版社2004年版，第175—176页。

出现过分注重阶级成分的倾向。毛泽东在1933年8月指出干部教育和评估片面地以阶级成分作为标准，那些来自富农、小资产阶级等的干部即使正确地执行了党的政策原则，也被视为“阶级异己分子”而遭致革除[①]。由于贫雇农与地主富农的文化程度差异，阶级成分的纯化并没有显著地推进共产主义的内在化。1933年9月，李维汉指出，“当我们估计干部对党对革命的坚定性的时候，文化程度没有什么关系，但文化程度对于政治的发展和工作能力的进步则有很大的关系”[②]。

但在干部教育层面，工农干部的文化程度低与强调马克思列宁主义的系统教育之间存在矛盾。一方面，中央苏区重视工农干部文化程度的提高，如1932年3月人民委员会要求政府机构设置识字班以加强干部的文化教育[③]。另一方面，中共要求有系统地研究和学习马克思列宁主义，特别是1933年8月要求除中央设置马克思主义研究总会外，省县的各层级组织成立马克思主义研究分会[④]。在此过程中，干部教育被要求摆脱“游击主义残余”而实行苏联式正规化、系统化的理论教育，政治课成为干部教育、学校教育和社会教育的重心，文化常识也贯穿着政治知识，“注意马克思列宁主义以及苏联状况的介绍”[⑤]。工农干部在短缺文化常识的情况下不能内化马克思列宁主义理论系统，而只能表现为形式化地“语言学习”。张闻天指出，“无论什么问题来的时候，我们就有那么一套话来应付”“从拥护苏联、拥护

---

① 毛泽东:《查田运动的初步总结》,《斗争》1933年第24期。

② 罗迈:《把提拔新的干部当作组织上的战斗任务》,《斗争》1933年第25期。

③ 张挚、张玉龙主编:《中央苏区教育史料汇编》上册，南京大学出版社2016年版，第361页。

④ 张挚、张玉龙主编:《中央苏区教育史料汇编》上册，南京大学出版社2016年版，第363页。

⑤ 中央教育科学研究所编:《老解放区教育资料》第1册，教育科学出版社1981年版，第103页。

苏维埃与红军起，一直到加紧两条战线的斗争止”[①]。

（三）灌输共产主义与改造社会文化的思想

在创建苏维埃政权的过程中，中国共产党已经把党内的共产主义灌输活动推向党外民众。继中共六大要求重视共产主义宣传鼓动工作后，中共六届二中全会在1929年6月再次批评了忽视共产主义宣传的问题，“党的宣传不应只注意到工农民权革命的政纲，必须同时注意传播共产主义的思想”，因为工农民主革命“有很迅速发展转变到社会主义的前途”[②]。加强无产阶级教育，反对国民党党化教育、儒家教育和帝国主义基督教教育的表述也出现在中央苏区的教育文件当中[③]。然而，张闻天在1933年9月指出这种表述并未明确工农群众教育的马克思列宁主义方针，某些地方甚至出现“资产阶级教育”“把苏维埃的教育当作了资产阶级的启蒙运动”[④]。在这之后的中央苏区文化政策文本均表述了共产主义的教育方针。凯丰在1933年10月提出了“苏维埃教育”的基本原则，即“学习与劳动相联系，把理论与实际相联系，把宗教与教育和学校分离，禁止任何宗教干预教育和学校，把数千年统治于教育和学校的孔教废止”[⑤]。1934年1月，毛泽东使用“苏维埃文化”表述苏维埃区域共产主义文化教育建设的目标[⑥]。可见，共产主义灌输成为整个文化教育工作的政策原则。

从上述来看，共产主义的灌输实践在学校社会领域的延展实际

① 歌特（张闻天）：《论我们的宣传鼓动工作》，《斗争》第31期。

② 中央档案馆编：《中共中央文件选集》第4册，中共中央党校出版社1989年版，第257页。

③ 陈始发：《多维视野下的中央苏区文化建设研究》，中共中央党校出版社2010年版，第69—70页。

④ 洛甫：《论苏维埃政权的文化教育政策》，《斗争》1933年第26期。

⑤ 参见凯丰：《在全苏区教育大会的前面》，《斗争》1933年第31期。

⑥ 江西省档案馆、中共江西省委党史教研室选编：《中央革命根据地史料选编》下册，江西人民出版社1982年版，第328页。

上压缩了新文化的政策空间，难以嵌入苏区原有的文化风俗，甚至存在着各行其是的现象。正如张闻天所说，“我们总是觉得，我们所了解的，群众也是了解的，所以只要‘打倒’或是说一句‘这是欺骗’，就什么都完了。其实，问题就没有这么简单”①。从整个过程来看，中央苏区保持着对“旧思想文化风俗”的消极评价和取缔政策，也表现更加注重实施技巧的趋向。譬如，1932 年 1 月，中国共产青年团苏区团第一次代表大会指出“必须防止不得群众同意而打菩萨，拆庙宇等的盲动行为与强迫行为”②。同时，注意增加苏维埃文化同旧文化的联系，“尽量利用最通俗的，广大群众所了解的旧形式而革新它的内容——表现发扬革命的阶级斗争的精神”③。此外，共产主义的文化教育方针在实践中只能表现为扫除文盲和输入科学卫生知识等方面。也是在整个过程中，旧文化时隐时现。如《红色中华》在 1933 年报道多起“封建旧戏”和迷信现象，亦有政府人员参与其间④。

学校教育和社会教育领域的共产主义原则也存着如何实现教育内容的地方化、具体化的问题。资产阶级与无产阶级文化对抗的政策原则在教育内容上表现为阶级教育和国际主义教育，“用集团主义及国际劳动者团结（阶级觉悟）的精神，进行有关教育及训练工作”⑤。从中央苏区国民教育、社会教育和干部教育所使用的教材来看，侧重

①《张闻天文集》第 1 卷，中共党史资料出版社 1990 年版，第 318 页。

② 江西省文化厅革命文化史料征集工作委员会、福建省文化厅革命文化史料征集工作委员会编:《中央苏区革命文化史料汇编》，江西人民出版社 1994 年版，第 47 页。

③ 江西省文化厅革命文化史料征集工作委员会、福建省文化厅革命文化史料征集工作委员会编:《中央苏区革命文化史料汇编》，江西人民出版社 1994 年版，第 220 页。

④ 参见《封建俗例的季节变为乡苏纪念日》，《红色中华》1933 年第 59 期；胡烈：《维持封建意识的乡苏主席》，《红色中华》1933 年第 110 期；《艺术领域内的阶级斗争——展开反封建旧戏的斗争》，《红色中华》1933 年第 132 期；等等。

⑤ 江西省文化厅革命文化史料征集工作委员会、福建省文化厅革命文化史料征集工作委员会编:《中央苏区革命文化史料汇编》，江西人民出版社 1994 年版，第 144 页。

于政治、军事、科学卫生等内容，关于中国的内容偏重于政治经济现状，没有中国历史的内容，比如对“氏族观念”的解释主要是阶级分析；关于世界的内容的侧重于列宁、苏联、国际主义等要素[①]。李富春在1933年9月便指出宣传工作“愈到区乡愈是较近群众，愈发生强迫命令群众的现象”“没有根据本省、本县、本区、本乡群众的实际要求”部署宣传工作。这种缺乏地方视野的问题也表现为对地方知识分子的排拒倾向，“对于封建式的宗教式的学校与教员，应严加禁止”[②]。对此，苏区中央教育人民委员部在1933年8月指出对于“旧的知识分子”“必须用革命的空气去包围他们，造成他们的工作环境，使他们为苏维埃而工作”[③]。

总的来看，中国共产党在中央苏区试图构建出基于共产主义原则的文化体系，并为之构造了以政党组织为核心的全面灌输共产主义的文化共同体。苏维埃文化理念既是对苏联社会主义文化建设经验的移植和模仿，又是无产阶级与资产阶级、地主阶级等阶层尖锐对立的反映。应当指出，中国共产党并不是对苏区文化落后的客观实在缺乏了解，而是基于构建共产主义社会的总体要求来决定共产主义文化教育的政策原则，并进行了艰苦卓绝的努力和表现出对新社会的负责态度。也即，中国共产党并不是基于实用功利最大化原则进行政策实践，而是实践了共产主义基本原则对苏区文化政策的支配关系。这种直接把理论原理变作政策策略的现象，既与党的内部频繁更替领导人和滥用“两条战线”思想斗争方法有关，又传递出一种信奉照搬经典的本土文化心理。对此，毛泽东指出中国农民常常表现出迷信书本的

① 参见张挚、张玉龙主编：《中央苏区教育史料汇编》下册，南京大学出版社2016年版，第651—896页。

② 江西省档案馆、中共江西省委党史教研室选编：《中央革命根据地史料选编》下册，江西人民出版社1982年版，第585页。

③ 中央教育科学研究所编：《老解放区教育资料》第1册，教育科学出版社1981年版，第38页。

心理，强调对待马克思列宁主义不能存有"'先哲'一类的形式的甚至神秘的念头在里面"，更不能在脱离群众和现阶段中国客观现状的情况下由"少数人坐在房子里"按照书本论述推论出政策策略①。

二、左翼文化运动的大众化思想

为进一步整合国统区的文化工作，党的六届二中全会于1929年6月25日决定在中央宣传部之下设置文化工作委员会（简称"文委"），用以"指导全国高级的社会科学的团体，杂志，及编辑公开发行的各种刊物书籍"②。在文委的推动下，中国左翼作家联盟等群众文化团体从1930年开始先后成立，并联合成立中国左翼文化总同盟（简称"文总"）。文委通过在文总设置党团来实现对左翼文化团体和文化工作的领导，结束了国共合作破裂以来文化工作的混乱状况③。在国共尖锐对抗的情况下，左翼文化团体作为党在国统区的重要存在形式，政治职能常常压倒文化职能；左翼文化团体也曾选出代表参加苏区代表大会④。尽管如此，左翼文化运动仍然推进了马克思主义的传播和社会文化重建问题的探讨。尤其是左翼阵营关于文化大众化问

①《毛泽东选集》第1卷，人民出版社1991年版，第111、115页。
② 中央档案馆编：《中共中央文件选集》第5册，中共中央党校出版社1990年版，第273页。
③ 文委在1929年下半年至1932年底，归中共中央宣传部领导，潘汉年、朱镜我、冯乃超、祝伯英、冯雪峰先后任书记；在1933年初临时中央迁往江西苏区后，改由中共上海中央局宣传部领导，阳瀚笙任书记；从1933年6月起，归中共江苏省委宣传部领导，周扬任书记。参见中共上海市委党史资料征集委员会、中共上海市委党史研究室、中共上海市委宣传部党史资料征集委员会合编：《上海革命文化大事记》，上海翻译出版公司1991年版，第277—286页。
④ 李初黎在1937年11月对左翼文化运动组织上的缺点概括为"第二党"，即文化团体直接执行政治活动、文化决议简单复制政治决议，"上海的各文化团体，并曾经选出代表，参加了全国第一次苏维埃准备代表大会，以后在苏维埃准备委员会当中，经常有它的代表出席"。参见李初黎：《十年来新文化运动的检讨》，《解放》第1卷第24期。

题的讨论全面地展开了共产主义文化理想与基层民众文化程度的对接问题，展示了知识群体对工农群体的复杂的文化诉求。

（一）文化阶级性的强化与文化民族性的弱化

由于国民党右派的背叛，使得资产阶级文化成为中国共产党文化工作的批判对象，无产阶级与资产阶级的文化对抗从国际空间完全延伸到国内空间。中国共产党在1928年1月指出“国内的民族资产阶级很迅速的与封建军阀的反革命及帝国主义相联合混一”，因而中国的苏维埃革命成为“国际阶级斗争之一幕”“民族问题”完全进入阶级意识之中，国民革命联合战线“进于工农反对资产阶级及一切反动阶级之联合战线”[①]。这一判定是共产国际和中国共产党关于中国革命的基本定位，因而在这一时期是基本稳定的。与之对应的是无产阶级革命文学的兴起。譬如，成仿吾在1928年5月指出“1927年以来的阶级对立的尖锐化”促使与“布尔乔亚革命”相联结的“文学革命”前进到“普罗列塔利亚文学（无产阶级文学。——引者注）”[②]。这直接带来文化统一战线的紧缩。如左联便规定“我们的艺术是反封建阶级的，反资产阶级的，反对‘失掉地位的’小资产阶级的倾向”[③]。因之，不仅儒学、三民主义、基督教成为批判对象，而且改良主义（“第三党”）、自由主义知识群体亦具有蒙蔽“工农阶级”意识的负面作用。

在这种情况下，以无产阶级与资产阶级对抗为分析方式的文化工作，严重压缩了中国共产党在国统区的文化生存空间。中国共产党不仅把五四新文学视为小资产阶级文学而进行批判，而且也对国统区

① 中央档案馆编：《中共中央文件选集》第4册，中共中央党校出版社1989年版，第2、33、42页。

②《成仿吾文集》，山东大学出版社1985年版，第267、268页。

③ 北京大学、北京师范大学、北京师范学院中文系中国现代文学教研室主编：《文学运动史料选》第2册，上海教育出版社1979年版，第187页。

其他群体的不属于无产阶级的文化展开批评。譬如，冯雪峰把声称既不属于左翼也不属于右翼的“第三种人”文学视为敌人加以批判①。此外，对于日本侵略中国东北、上海等事件，中国共产党基本上是从阶级斗争框架中分析国际帝国主义及其工具国民党与苏联社会主义的矛盾，以此引导民众反对帝国主义侵略和反抗国民党政权的情绪②。瞿秋白也指出文艺必须向大众宣传“推翻豪绅资产阶级及其政党是反抗帝国主义的唯一出路”，但也承认“新文艺和民众向来是绝缘的”，结果民众对日本侵略者的痛恨仅仅是“幻想着一把飞剑把日本十万大军一扫而光”③。可见，左翼文化人的阶级分析框架与当时中国社会群体之间的日常关系并不完全对应。对此，鲁迅认为“他们对于中国社会，未曾加以细密地分析，便将在苏维埃政权之下才能运用的方法，来机械地运用了”④。

瞿秋白和张闻天先后尝试对文化统一战线作出一定的调适。在瞿秋白指导下，左联执委会在 1931 年 11 月发布新决议中指出中国共产党应尽可能组织和领导“进步的作家，有好的倾向的作家以及开始动摇而又倾向到革命方面来的可能的作家，及一般广大的革命化或开始革命化的青年”⑤。1932 年 10 月，张闻天指出“中国目前革命文学中最占优势的”是“革命的小资产阶级的文学”，尤其是“那些自称是无产阶级文学家的文学作品”也是属于这个类别，并非仅有“资产阶级”和“无产阶级”的文学；排斥“革命的小资产阶级的文学”实

① 张欢:《观念、立场、趣味与理论方式的选择——冯雪峰与“自由人”、“第三种人”的论争》,《汉语言文学研究》2014 年第 2 期。

② 参见中央档案馆编:《中共中央文件选集》第 7 册，中共中央党校出版社 1991 年版，第 396—400 页；中央档案馆编:《中共中央文件选集》第 8 册，中共中央党校出版社 1991 年版，第 94—95 页。

③ 史铁儿（瞿秋白）:《大众文艺和反对帝国主义的斗争》,《前哨 · 文学导报》第 1 卷第 5 期。

④《鲁迅全集》第 4 卷，人民文学出版社 1981 年版，第 297 页。

⑤ 北京大学、北京师范大学、北京师范学院中文系中国现代文学教研室主编:《文学运动史料选》第 2 册，上海教育出版社 1979 年版，第 243 页。

际上“削弱了同地主资产阶级的反动文学做坚决斗争的力量”[①]。总的来看，张闻天是从防止“左倾空谈”的角度批评了文艺工作的“关门主义”倾向，肯定了文艺创作的相对独立性，但也指出“右倾机会主义”是文艺运动的主要危险。这在一定程度上限制了左翼文化统一战线的调适，难以纾解无产阶级与资产阶级文化对抗尖锐化的政治论断。

（二）文化大众化与知识人的逆向启蒙

在成仿吾看来，五四新文学之所以要升级到无产阶级革命文学，是因为“资本主义已经到了它的最后的一日，世界形成了两个战垒”“一边是资本主义的余毒法西斯蒂的孤城，一边是全世界农工大众的联合战线”[②]。这一观点在当时的“无产阶级革命文学”群体中颇具代表性，直接点出文化大众化的两个基本命题。一是中国工农群体是无产阶级的基本主体，因而在文学上“我们的媒质接近农工大众的用语，我们要以农工大众为我们的对象”；二是知识人不仅不再具有五四式的启蒙光环，而且必须“克服自己的小资产阶级的根性，把你的背对向那将被‘奥伏赫变’（即扬弃）的阶级，开步走，向那‘龌龊’的农工大众”[③]。相比于三民主义、自由主义等意识形态的纯粹启蒙立场，上述认识包含着知识群体、党与工农大众的关系问题。

但是，确证工农群体的“无产阶级”身份实际上加剧了革命基本原则与现阶段中国文化现状之间的紧张关系。其中，是否承认工农群体的落后性便是这种紧张关系的集中体现。由此，知识人走向工农大众已然成为一种真理和伦理的双重皈依。冯乃超认为“农村零落了，都市普罗列塔利亚特（Proletariat）发生了。谁人能说中国依然

①《张闻天文集》第1卷，中共党史资料出版社1990年版，第308页。
②《成仿吾文集》，山东大学出版社1985年版，第246页。
③《成仿吾文集》，山东大学出版社1985年版，第246、247页。

是（封建的）文明之邦，礼教之国”①。钱杏邨指出“十年来的中国农民是早已不象那时的农村民众的幼稚了”“中国农民的革命性已经充分的表现了出来，他们反抗地主参加革命”②。对此，处于被批判处境的鲁迅指出“超时代其实就是逃避，倘自己没有正视现实的勇气，又要挂革命的招牌”“社会停滞着，文艺决不能独自飞跃”，事实上“已经离开革命，其结果，不过多卖几本刊物”③。从左翼文化运动的论争过程来看，工农群体与无产阶级的概念互通成为如何认识大众以及如何推进文化大众化等问题的基本原因。

同时，这也被进一步确立为左翼文化大众化认识的基本前提。1930 年 2 月，陶晶孙、冯乃超、郭沫若等人在《大众文艺》的讨论，承认了工农大众的落后状态，但仍然认同和崇拜其阶级属性④。如郭沫若提出，“要去教导大众，老实不客气的教导大众，教导他怎样去履行未来社会的主人的使命”，文艺作为灌输阶级意识的工具必须通俗，“通俗到不成文艺都可以”⑤。对此，瞿秋白认为要向群众学习，明确指出工农阶级的先进性在于无时无刻不进行着革命抗争，而知识群体脱离工农阶级的病根在于幻想着教导大众，导致“文艺大众化的发展就仍旧要受着很大的障碍”⑥。由此来看，知识群体已然变成需要不断增进自身的工农阶级意识的被启蒙者，并且需要从思想到身体的全面改造。因为在文艺大众化过程中，知识分子“生活的大众化是最中心的问题”。

---

① 冯乃超：《艺术与社会生活》，《文化批判》1928 年第 1 期。
② 钱杏邨：《死去了的阿 Q 时代》，《太阳月刊》1928 年第 3 期。
③《鲁迅全集》第 4 卷，人民文学出版社 2005 年版，第 84 页。
④ 参见隋华臣：《文艺大众化运动再探究》，南开大学博士学位论文，2014 年，第 124—128 页。
⑤ 郭沫若：《新兴大众文艺的认识》，《大众文艺》第 2 卷第 3 期。
⑥ 文振庭编：《文艺大众化问题讨论资料》，上海文艺出版社 1987 年版，第 100、102、103 页。

（三）培养阶级意识与区别对待社会文化

进入1930年代，中国共产党对原有社会文化的判定延续和强化了国民革命时期形成的民众文化程度低、封建迷信严重等认识。蒋介石在1930年代初期着力推动三民主义与中国儒学传统的结合，继续剔除三民主义中的“共产”因素，从而强化了对五四新文学的批判[①]。儒学出现恢复和反弹的趋向。同时，这种现象也与党对文化目标的设定有关。譬如，瞿秋白在1932年指出“中国的劳动民众还过着中世纪式的文化生活”“说书，演义，小唱，西洋镜，连环图画，草台班的戏剧……到处都是”“都有几百年的根底，不知不觉的深入到群众里去，和群众的日常生活联系着”“这些反动的大众文艺自然充分的表演着封建意识的统治”；而党的文化目标是“反对资产阶级的，而且准备着革命转变之中的伟大的文化改革——向着社会主义的前途”[②]。主观目标与现实基础的紧张关系不仅带来急躁的情绪，而且它意味着旧文化作为一种沉重的历史负担失去滋养新文化的资格。

对此，左翼文化人通过把原有社会文化分离为内容与形式来进行选择性利用。这与大革命时期的策略类似，即迫于动员民众的需要。例如，冯雪峰在1931年4月既肯定了“新瓶不能装旧酒”的既成观点，但也指出不能在革命文艺形式尚未创造出之前犯“等待主义和左倾空谈主义”的错误，尤其是为了输送“政治口号到大众里面去”，可以利用以往被视为“靡靡之音”和“封建余孽”的小调[③]。到1932年12月，冯雪峰在阅读张闻天的《文艺战线上的关门主义》之

① 吕厚轩:《接续“道统”——国民党实权派对儒家思想的改造与利用（1927—1949）》，山东人民出版社2013年版，第98页。

② 文振庭编:《文艺大众化问题讨论资料》，上海文艺出版社1987年版，第5454、5455页。

③ 洛扬（冯雪峰）:《关于革命的反帝大众文艺的工作》，《前哨·文学导报》第1卷第6、7期合刊。

后，认识到内容与形式固然具有统一性，但是内容决定形式，“内容可以自动地批判地择取某种简单的形式，造成某种简单的艺术，以供给大众读者，并且在这里内容可以争取支配的地位，时时地影响着形式，改造形式，而逐渐达到较高级的艺术”[①]。“旧形式新内容”的方式在一定程度上纾解了共产主义原则与社会文化实际的张力关系，为文化大众化提供切入点。这种观点与鲁迅、瞿秋白等人较为一致，也成为此后党处理旧文化问题的基本思路。

与此同时，这种选择性利用是暂时的，内容也是简化为阶级意识的。这种政策原则也是把旧文化视为消极因素的结果，充斥着对中国社会文化现状的简单化认识。鲁迅在1930年3月便指出“倘不深入民众的大层中，于他们的风俗习惯，加以研究”“立存废的标准，而于存于废都慎选施行的方法”“则无论怎样的改革，都将为习惯的岩石所压碎，或者只在表面上浮游一些时”[②]。这种实践方法固然不为革命战争状态所允许，但也被文化工具论和阶级论所排斥。1931年11月，左联执委会通过的新决议指出必须到中国现实社会中抓取反对帝国主义、军阀、地主、资本家等题材，并运用无产阶级观点展开创作[③]。对此，张闻天亦明确指出左翼文艺家的任务是运用“通俗的文艺形式”服务于夺取政权的阶级斗争，应把“左翼文艺运动变为广大的群众运动”，但通俗文艺并不是革命文艺的全部，“事实上这种作品的大多数却并不是文艺作品。这当然不是左翼作家的耻辱”[④]。

由上可知，左翼文化运动关于“文化大众化”命题的开展接续了国民革命时期无产阶级文化理想与中国社会文化实际之间关系的认识。在工农群体获得“无产阶级”身份后，如何处理知识群体与工农

①《冯雪峰论文集》上册，人民文学出版社1981年版，第105—106页。
②《鲁迅全集》第4卷，人民文学出版社2005年版，第229页。
③ 中共中央宣传部办公厅、中央档案馆编研部编:《中国共产党宣传工作文献选编（1915—1937）》，学习出版社1996年版，第1060页。
④《张闻天文集》第1卷，中共党史资料出版社1990年版，第310、311、312页。

群体的关系，如何处理无产阶级文化理想与基层民众文化之间的关系。对此，中国共产党及其领导的左翼文化人的答案是实现知识群体和工农群体的“无产阶级化”。

三、唯物史观与中国文化史的构建逻辑

在左翼文化阵营中，中国共产党力图增强马克思主义对人文社会科学知识体系的指导作用，推进“马克思主义科学运动”[①]。大革命失败后，思想文化界关于中国社会性质的讨论悄然兴起，出现封建制度崩溃论、资本主义社会论等观点。1928 年 7 月，中共六大明确指出虽然“中国封建制度的历史发展之特殊情形，和西欧封建制度有许多差异”，但是“根本的事实并不因此而变更”，加之“中国现在的地位是半殖民地”，因此“现在的中国经济政治制度，的确应当规定为半封建制度”[②]。1929 年 11 月，中央文化工作委员会成员朱镜我、王学文等人创办《新思潮》杂志，回应思想文化界关于中国社会性质的讨论，宣传中国共产党关于中国社会性质和革命性质的论述。1930 年 6 月，中国社会科学家联盟成立，成为党推进马克思主义社会科学建设工作的重要依托。马克思主义理论译著的剧增和中国革命探索的迫切需要等因素，加速推进重构中国历史文化的实践。

（一）“社会发展史”原理与世界历史的简明化

在 1920 年代中后期，“社会发展史”作为讲述人类社会演进轨迹的系统知识体系成为中国共产党宣讲唯物史观的基本载体。此一时

① 史先民编著:《中国社会科学家联盟资料选编》，中国展望出版社 1986 年版，第 23 页。

② 中央档案馆编:《中共中央文件选集》第 4 册，中共中央党校出版社 1989 年版，第 336、343 页。

段主要有两种代表性文本。一是蔡和森在上海大学等校的讲义——《社会进化史》（1924年8月上海民智书局出版）。该书主要吸收了摩尔根的《古代社会》、恩格斯的《家庭、私有制和国家的起源》、拉法格的《财产及其起源》和列宁的帝国主义论[①]。蔡和森分别按照婚姻家庭形式、财产制度、经济政治组织形式等标准划分社会发展阶段，表现出构筑人类社会演进序列的努力，同时在文中穿插了中国的神话传说、宗族制度等内容，用以说明中国社会符合这一演进序列[②]。

另外一个代表是与蔡和森同在中共中央宣传部和《向导》周报工作的张伯简[③]。张伯简的《社会进化简史》（1925年11月由广东国光书店出版）主要来源于俄国的马克思主义学者波格达诺夫《经济学简明教程》等著作，延续了按照生产社会化程度进行社会形态划分的标准，并受到恽代英、瞿秋白和毛泽东的推崇[④]。与蔡和森的文本相比，张伯简在波格达诺夫的基础上简明地把人类社会描述为原始共产社会—族长的血族社会—封建社会—奴隶社会及农奴制度—城市手工业制度—商业资本社会—工业资本社会—共产社会的发展过程，并描述了每个“社会形态”的政治、经济、文化状况，构筑了既相互区别又持续升级的人类社会演进图谱[⑤]。对于人类社会的文化演进，张伯简指出政治、经济等要素对文化的决定作用，文化在阶级社会是被统治阶级垄断，但统治阶级又是文化发展的阻碍，如“封建社会一面促

① 周一平：《中共党史研究的开创者——蔡和森》，上海社会科学院出版社1994年版，第80—81页；《中国社会科学院近代史研究所青年学术论坛（2000年卷）》，社会科学文献出版社2001年版，第527页。

② 参见《蔡和森文集》下册，湖南人民出版社1979年版，第1—187页。

③ 张伯简（1898—1926），云南人，1919年赴法勤工俭学，于1921年赴德国，并在德国成为共产党员，后于1922年秋赴俄国参加共产国际第四次代表大会，并入莫斯科东方大学学习，1924年回国后在中宣部等部门工作，于1926年病逝。

④ 胡一峰：《中国“社会发展史”话语生成考论（1924—1950）》，清华大学博士学位论文，2012年。

⑤ 中共云南省委党史资料征集委员会编：《张伯简文辑》，云南民族出版社1987年版，第1—47页。

智识进步，一面因阶级的保守性与偏见，又阻碍新智识的发明”[1]。可以说，张伯简的《社会进化简史》初步确立了“社会发展史”的基本格式。

进入1930年代，“社会发展史”进入一个广泛流行同时又进一步趋向简单化的时期。这首先表现为中国的奴隶社会阶段的确立。国内学者在苏联、日本的社会史论争影响下，也探讨了亚细亚生产方式、奴隶社会等问题，并产生了国际影响[2]。如郭沫若在《中国古代社会研究》中已经把中国社会阶段序列定位五种，这早于斯大林的《联共（布）党史简明教程》。再者，中国共产党对波格达诺夫之“商业资本主义社会”的放弃[3]。这既与波格达诺夫脱离苏联共产党有关，还由于陶希圣等人把秦朝至清朝的历史阶段称为商业资本主义，从而把清代以后的社会称为“资本主义殖民地”。如吕振羽在1930年已经批评波格达诺夫的划分方法，指出秦朝至清朝的历史阶段是“封建社会”[4]。到1939年《联共（布）党史简明教程》在中国的翻译出版，“社会发展史”基本定型为五种社会形态更替的过程。这为理解中国文化的演变历程提供了参照系。

（二）注重理论普遍性的中国历史叙事理念

中国社会史的论争固然是中国社会性质论争在历史认识领域的延伸，也有着把历史中国纳入马克思主义覆盖范围的要求。譬如，

① 中共云南省委党史资料征集委员会编：《张伯简文辑》，云南民族出版社1987年版，第26页。

② 参见陈峰：《民国史学的转折——中国社会史论战研究（1927—1937）》，山东大学出版社2010年版，第212—220页。

③ 波格达诺夫按照生产消费方式把人类社会分成“原始的自然自足社会”“商业社会”和“社会化有组织的社会”，商业资本是封建生产方式分解以后的一个独立的历史阶段。参见［俄］波格达诺夫：《经济科学大纲》，施存统译，大江书铺1929年版，“译者序言”。

④ 钟离蒙、杨凤麟主编：《中国现代哲学史资料汇编（第2集 第4册）·中国社会史论战（上）》，1982年印，第89—98页。

郭沫若指出“世界文化史的关于中国方面的记载，正还是一片白纸”“《家庭、私有制和国家的起源》上没有一句说到中国社会的范围”“对于未来社会的待望逼迫着我们不能不生出清算过往社会的要求”，因而他力图通过《中国古代社会研究》把“中国实际的社会清算出来，把中国的文化、中国的思想，加以严密的批判”，并将该书视为“《家庭、私有制和国家的起源》的续篇”[①]。而与这种努力相异的是对中国特殊性的强调，如李季、杜畏之、胡秋原、丁迪豪、王伯平等人认为中国没有经历奴隶社会阶段[②]。这潜在地提出了世界历史发展一般规律与历史中国的契合度问题。

在论争过程中，几乎每个参与者都提出了历史中国的分期方案，但在总体上依从于五种社会形态的演进图式[③]。这里仍以郭沫若之《中国古代社会研究》为例。郭沫若指出在西周以前，中国是无阶级的原始公社制；殷周之际发生奴隶制的革命，进入王侯百姓和庶民、贵族和臣仆对立的社会，在文化形态上表现为卜辞及金文；周秦之际发生封建制的革命，使中国在春秋以后进入官僚和人民、地主和农夫、师傅和徒弟对立的社会，在文化形态上的表现是儒墨道诸家；清代末年发生资本制的革命，进入帝国主义和弱小民族、资本家和无产者对立的社会，在文化形态上的表现是科学的输入。总起来看，历史中国按照五种社会形态行进，其间的三次社会革命分别对应着三次文化革命，逐步上升，行进到“最后形态的阶级对立”，因而“资本帝国主义等不及他们（中国的市民阶级。——引者注）把自己的产业扶植起来，已经把百分之九十以上的国民化成了一个全无产者”，社

① 参见郭沫若:《中国古代社会研究》，河北教育出版社 2000 年版，“自序”。
② 郑师渠主编:《中国共产党文化思想史》，中共中央党校出版社 2007 年版，第 51 页。
③ 阿里夫·德里克具体梳理和分析了论争参与者的分期方案。参见［美］阿里夫·德里克:《革命与历史：中国马克思主义历史学的起源（1919—1937）》，翁贺凯译，江苏人民出版社 2005 年版，第 154—155 页。

会革命超出国家范围而扩展成为世界革命[①]。这种论述方式进一步具体化了李大钊等人的论述，使得混沌的历史中国呈现为一幅清晰的图景。

郭沫若等人在运用唯物史观理论框架时，也出现忽视中国历史文化客观性和特殊性的问题。郭沫若则指出清算过去的目的在于“知其所以然”，王国维、罗振玉式考证仅能提供新史料，胡适的《中国哲学史大纲》“对于中国古代的实际情形，几曾摸着了一些儿边际”，而只有唯物史观才能提供中国历史的“所以然”“没有辩证唯物论的观念，连‘国故’都不好让你们轻谈”[②]。对此，陈伯达在 1934 年指出马克思“所能得到的关于亚洲社会历史的材料（特别是关于中国），是很零碎的”，因而“不是要把马氏上面的一些提纲当做教条”“根据我们所能握取到的历史真实生活的材料和经验，把他这些提纲发挥起来”，尤其是不能把“唯物史观当作超历史的历史哲学来看待”[③]。郭沫若后来也坦承“我是差不多死死地把唯物史观的公式，往古代的资料上套，而我所依据的资料，又是那么有问题的东西”[④]。这不仅是理论框架与历史事实之间的融合问题，而且按照阶级社会的变更而构造了中国文化的演变历程，凸显了对中国固有文化之落后属性的叙述。

四、长征、新启蒙运动与中共文化思想的辩证调适

在长征过程中，中国共产党开始承认地方文化的合理性，采取更加切合沿途群众文化风俗的宣传方式。陈云在 1935 年 10 月向共产国际执行委员会汇报长征情况时，便指出红军利用短暂停留的间

① 参见郭沫若:《中国古代社会研究》，河北教育出版社 2000 年版，第 29—30 页。
② 参见郭沫若:《中国古代社会研究》，河北教育出版社 2000 年版，“自序”。
③ 钟离蒙、杨凤麟主编:《中国现代哲学史资料汇编（第 2 集 第 4 册）· 中国社会史论战（上）》，1982 年印，第 188、194 页。
④《郭沫若选集》第 1 卷下册，四川人民出版社 1979 年版，第 83 页。

队进行群众宣传工作，“每个住在这家或那家的战士，都应该同户主一起召集一次家庭会议”，负责讲解红军的性质、目标等内容[①]。毛泽东在 1935 年 12 月指出“长征是宣言书，长征是宣传队，长征是播种机”[②]。1936 年 8 月，毛泽东号召参加长征的人员撰写战斗经历、民情风俗等内容的回忆文章，试图通过出版《长征记》来扩大红军长征的影响。这部《红军长征记》于 1942 年 11 月出版，内容清新朴素，记载了长征沿途的文化体验和风俗见闻，特别是整理了反映长征沿途各地区的民族关系、文化风俗、衣食住行、历史地理等情况的表格。从中可以看到，长征不仅仅是一场战略转移，而且使中国共产党穿行多个地方区域、少数民族，体验到了地方风俗、民族文化的独特性与合理性，认识到这些文化风俗传承已久和维持地方秩序的作用，明确了新文化只有嵌入中国文化之中才能获得生长土壤和群众基础。

在 1935 年 10 月到达陕北苏区后，中国共产党继续调整军事、文化等方面的政策。在深层上，毛泽东开始思考中国共产党对待马克思主义的思想方法问题。1935 年 6 月，毛泽东在阅读西洛可夫等人撰写的《辩证法唯物论教程》时，着重思考了共产主义基本原则与现阶段中国客观现状的关系问题。其一，毛泽东强调了客观实在对理论框架的第一性，因为“李立三主义和后来的军事冒险主义与军事保守主义”“不从具体的现实出发，而从空虚的理论命题出发”[③]。其二，毛泽东从认识论层面厘清了主观认识与客观实在的交互过程，“理论从实践产生，如果正确反映客观外界的发展过程，然后再应用这种理论于实践，就能在实践上实现这种理论”，应避免“唯理论的缺点”[④]。其三，毛泽东从矛盾运动过程的角度理解现阶段中国社会与

① 刘统整理注释:《亲历长征——来自红军长征者的原始记录》，中央文献出版社 2006 年版，第 16 页。
②《毛泽东选集》第 1 卷，人民出版社 1991 年版，第 150 页。
③《毛泽东哲学批注集》，中央文献出版社 1988 年版，第 9 页。
④《毛泽东哲学批注集》，中央文献出版社 1988 年版，第 33、37 页。

社会主义社会之间的差距，“过程各阶段是统一的，但根本特性在各阶段都有新的发展”“旧过程是新过程的准备，旧阶段是新阶段的准备”①。

与此同时，这种政策调整与共产国际的新指示发生良性互动。1935年8月，共产国际第七次代表大会从原则上区分了欧洲各国和殖民地、半殖民地的统一战线政策原则，肯定了“结成反对日本帝国主义及其走狗的广泛的反帝统一战线”，并决定不再干涉各国共产党的内部组织事务②。中国共产党从1935年10月加强了对以往统战工作的“关门主义”、群众工作的“命令主义”的批评③。1935年12月，中国共产党瓦窑堡会议结合共产国际七大的指示，充分认识到“日本帝国主义变中国为殖民地”的实际形势，确定抗日民族统一战线的政策，指出“关门主义”的基本原因是“不会把马克思列宁斯大林主义活泼的运用到中国的特殊的具体环境去”④。这为中国共产党深度调整文化统一战线提供了理论空间。

但是在复杂严峻的革命战争环境下，中国共产党对文化统一战线表现出一定的认识分歧。一方面，周扬领导的上海文化界组织依据共产国际七大的相关消息和王明批评左联“关门主义”问题的指示，便在与中共中央失去联系的情况下提出“国防文学”口号，解散左联，于1936年6月成立中国文艺家协会。而鲁迅等人在得到由冯雪峰转述的中共瓦窑堡会议内容后，提出“民族革命战争的大众文学”口号⑤。两个口号均适应抗日形势，双方也在1936年10月通过共同

---

①《毛泽东哲学批注集》，中央文献出版社1988年版，第46页。

② 中国社会科学院近代史研究所翻译室编译：《共产国际有关中国革命的文献资料》第2辑，中国社会科学出版社1982年版，第392页。

③ 中央档案馆编：《中共中央文件选集》第10册，中共中央党校出版社1991年版，第561、583页。

④ 中央档案馆编：《中共中央文件选集》第10册，中共中央党校出版社1991年版，第598、618—619页。

⑤ 胡风：《人民大众向文学要求什么？（1936.5.9）》，《文学丛报》1936年第3期。

发表团结抗日宣言的方式结束论争①。另一方面，刘少奇作为中央北方局书记在1936年10月肯定了鲁迅等人的口号②。中共北方局宣传部长陈伯达等人在1936年9月发起新启蒙运动，尝试建立以“新哲学”为思想领导的抗日文化统一战线。1936年11月，在保安成立中国文艺协会。该会的宗旨与鲁迅等人提出的口号基本一致，均强调无产阶级思想领导和民族革命战争的一致性③。

新启蒙运动把文化民族意识从文化阶级意识中凸显出来，适应了中华民族救亡图存的社会心理状态。“民族革命战争的大众文学”反映了一种把无产阶级文化的国际视野转换为民族视野的努力。此时，毛泽东也认识到“共产党的民族性与国际性”是“互相渗透、互相转变的对立”④。而新启蒙运动进一步延展这一问题，尤其是主张通过新哲学的中国化、民族化和具体化来把共产主义文化理想有机地嵌入到现阶段中国文化的客观现状之中，开始承认其他思想文化的合理性，从思想方法上着手反思左翼文化运动机械执行无产阶级思想领导的问题。虽然在1937年5月的中国文艺协会的座谈会上，毛泽东、张闻天等人基于西安事变和平解决后停止内战、建立国共合作的任务而肯定了“国防文学”；但毛泽东也指出鲁迅等人提出的口号是有阶级立场的⑤。

---

①《文艺界同人为团结御侮与言论自由宣言》，《文学》第7卷第4号。

② 莫文华（刘少奇）：《我观这次文艺论战的意义》，《鲁迅研究动态》1980年第3期。

③ 中国文艺协会的基本宗旨是创立“工农大众的文艺”，在“抗日统一战线的民族革命战争中，把全国各种政治派别，各种创作倾向的文艺团体文艺工作者团结起来，以无产阶级的文学思想来推动领导”。在成立仪式上，毛泽东提出“发扬苏维埃的工农大众文艺，发扬民族革命战争的抗日文艺”，张闻天提出文艺创作应当反映群众斗争；博古提出“发展工农大众的文艺”。以上均参见《中华文艺协会的发起》、《毛主席讲演略词》、《洛甫同志讲演略词》、《博古同志讲演略词》，《红色中华·红中副刊》1936年第1期。

④《毛泽东哲学批注集》，中央文献出版社1988年版，第77页。

⑤ 陕甘宁根据地革命文化史料征编委员会编：《陕甘宁根据地革命文化大事记》，2000年印，第9页。

在1937年7、8月间，毛泽东在《实践论》《矛盾论》中完整地论述了在中国应用马克思列宁主义的方法论问题，重置了马克思列宁主义文化理想与现阶段文化政策之间关系。就此问题而言，一是旧的关系形态，即在主观认识与客观现状的关系上，或者“思想超过客观过程”“把将来有现实可能性的理想，勉强地放在现时来做”，是为“‘左’翼空谈主义”，或者“思想不能随变化了的客观情况而前进”，是为“右倾机会主义”；在矛盾的普遍性与特殊性的关系上，或者把“一般真理看成是凭空出现的东西，把它变成为人们所不能够捉摸的纯粹抽象的公式”，是为“教条主义”；或者把局限于具体的认识而失去马克思列宁主义基本原则，是为“经验主义”。二是新的关系形态，即确立客观存在对于理论原则的先在性，“反对一切离开具体历史的‘左’的或右的错误思想”[①]。由此可见，中国共产党更加注重文化政策与客观存在的契合性，增强了“现阶段”与共产主义社会之间的有效连接。

随着1937年10月抗日民族统一战线的建立，中国共产党开始重新考虑马克思列宁主义在文化统战工作中的领导权问题。1937年11月14日，陕甘宁特区文艺界救亡协会（后改称“边区文化界救亡协会”，简称“边区文协”）成立。张闻天在会上继续批判了左联等文化团体存在的“关门主义”“公式主义”和文化组织的“第二党”倾向，也肯定了左翼文化运动的成绩，强调为适应抗战形势必须推动文化大众化、中国化以及马克思主义具体化、通俗化[②]。李初梨在《十年来新文化运动的检讨》一文中基本延续了张闻天的观点，同时提出统一战线的主要危险是“右的投降主义与自由主义倾向”[③]。这种对左

①《毛泽东选集》第1卷，人民出版社1991年版，第282—337页。

② 张培森主编:《张闻天年谱（1900—1941）》上卷，中共党史出版社2010年版，第362页。

③ 李初黎:《十年来新文化运动的检讨》,《解放》第1卷第24期。

翼文化运动两面性的分析为中国共产党推进文化统一战线提供了经验基础，尤其是王明在 1937 年中共十二月政治局会议提出“一切经过统一战线”的原则后，对于继续坚持马克思列宁主义的思想领导具有重要作用。

国民党也尝试从思想上整合文化界。在结合抗日建国任务来调适“新生活运动”的同时，国民党于 1938 年 3 月制定《确定文化政策案》，强调用中国固有伦理哲学来建设精神国防，展开国民精神总动员运动①。陕甘宁边区文协虽然提出“一切文化的工作服从于抗战”，但是把中国固有文化作了内容与形式的区分，要求将“文化的新内容和旧的民族形式结合起来”“不断地征服旧形式，不断地使旧形式成为文化新内容的附属，而过渡到文化新形式”②。然而，国共两党对于思想领导权的主张引发统一战线内部其他政治派别的忧虑。譬如，章乃器在 1938 年初便指出建设文化国防必须统一文化力量，但是国共两党应“克服宗派主义”，应避免统制思想所带来的摩擦纠纷③。

1938 年 2 月，中共中央长江局副书记周恩来代表中国共产党担任国民政府军事委员会政治部副部长，并直接领导政治部第三厅。政治部第三厅由郭沫若任厅长，吸收了田汉、胡愈之、冯乃超、冼星海、张曙、光未然等文化界人士，为开展抗日救亡运动和推进统一战线工作提供组织基础。1938 年 3 月 15 日，边区文协呼吁文化界尽快成立全国“文协”以建立文化统一战线组织④。1938 年 3 月 27 日，中华全国文艺界抗敌协会（简称“文协”）在汉口成立，由郭沫若、

① 吕厚轩:《接续“道统”——国民党实权派对儒家思想的改造与利用（1927—1949）》，山东人民出版社 2013 年版，第 141 页。

② 陕甘宁边区文化界救亡协会:《我们关于目前文化运动的意见（1938.5.4）》，《解放》第 1 卷第 39 期。

③ 章乃器:《文化统一战线中的两个问题》，《激流》第 1 卷第 4 期。

④《确立全国文化界统一战线》，《边区文化》1938 年第 2 期。

茅盾、冯玉祥、丁玲等45人为理事，周恩来为名誉理事，提出建立“民族革命文艺”[①]。陕甘宁边区文艺界抗战联合会（简称“边区文联”）于1938年9月11日成立，是“文协”的分会，也隶属于边区文协。至此，中共领导建立的文化界抗日民族统一战线基本形成，初步实现了对文化思想的辩证调适。

总的来看，在十年土地革命战争期间，中国共产党围绕构建以共产主义文化理想为原则的新文化进行艰苦卓绝的探索，并在根据地进行全方位的文化建设，凸显了无产阶级的、世界革命的文化政策倾向。但也在一定程度上造成“教条主义”“关门主义”等思想误区。与中国共产党创建初期相比，此一时期的文化思想如同“钟摆”一样偏离基准位置，而长征的文化体验、抗战的民族心理、共产国际的新指示以及自身文化工作教训的总结，又促使党重新校正了文化思想，增强了对接中国文化实际的自觉性，努力在共产主义文化理想与中国社会文化实际之间构筑合理的关系。

① 参见《中华全国文艺界抗敌协会宣言》《中华全国文艺界抗敌协会发起旨趣》《中华全国文艺界抗敌协会简章》，文天行等编：《中华全国文艺界抗敌协会资料汇编》，四川省社会科学院出版社1983年版。

第三章　新民主主义文化思想的形成与结构

在经历长征到达陕北后，中国共产党对文化问题的思考开始展现出理论联系实际的鲜明特点。在建立文化界抗日民族统一战线的过程中，中国共产党探索出行之有效的文化政策策略，开始把实践经验提炼为新的理论原则，实现了理论与实际的良性互动，推动新民主主义文化思想的形成。新民主主义文化思想表达了中国共产党的无产阶级文化理想与新民主主义社会实际之间的合理关系，其基本内涵和逻辑结构具有特定的历史面貌。在此基础上，以毛泽东为主要代表的中国共产党人通过整风运动、文艺座谈会进一步确立了构建新民主主义的中国文化的理论原则、组织依托和制度构造。这使得新民主主义文化思想具有了整合社会意识进而推进文化重建的实践活力。

一、理论与实际相统一：中国共产党文化思想的新探索

1937 年 1 月，中共中央进驻延安。虽然通过长征离开了瑞金和中央苏区，但在延安和陕甘宁边区同样面临建设政党文化、革新地方风俗和构建中国文化演变历史的基本问题，尤其是城乡之间的文化落差问题最为突出。据艾思奇观察，“延安城的文化的高度，和边区其它各县的文化高度是有相当距离的”“一方面有高度的大都市的文化，一方面还有着极落后的文化”“学校闪耀着学生从各地带来的最

近代的文化的光芒，民众中间却还存在着中世纪的封建的文化层"[①]。然而，如前所述，中国共产党在长征和新启蒙运动过程中已经对中国文化的地方性、民族性有了更为全面的认识。因而，在延安乃至陕甘宁边区的文化建设中更加注重从实际出发，对接陕甘宁边区的社会文化实际。

（一）注重培育文化素质的政党文化建设思想

中共中央在陕北重建党内教育系统。1936年5月，中共中央接受毛泽东的提议，决定创办中国红军抗日大学。5月20日，中共中央政治局常委会议通过毛泽东关于红军抗日大学的教育方针等问题的报告，由毛泽东任教育委员会主席，林彪任校长，罗瑞卿任教育长，由张闻天、毛泽东等人任教员。在这一报告中，毛泽东规定了该校的教育计划，"高级及上级科，前三个月偏重政治，占三分之二，后三个月政治、军事并重""普通科前三个月文化、政治、军事各三分之一，后三个月文化、政治与军事各半"[②]。8月26日，毛泽东致信林彪指出"把文化课（识字，看书，作文三门）更增加些，我意把它增加到全学习时间（包括自修时间）的四分之一或三分之一""定期检查时文化应是重要的检查标准之一"[③]。可见，毛泽东着意调整教育计划的政治课、专业课与文化课的比例，使之切合学员文化程度。

中国红军抗日大学于1937年1月20日改称"中国人民抗日军事政治大学"（简称"抗大"），校址设于延安，并决定招收具有高校以上文化程度的学生，并随着敌后抗日根据地的开辟而不断设置分校。1937年9月10日，毛泽东在中共中央政治局常委会议上指出

① 艾思奇:《谈谈边区的文化》,《边区文化》创刊号。

② 中共中央文献研究室编:《毛泽东年谱（1893—1949）》上卷，中央文献出版社2013年版，第542页。

③《毛泽东书信选集》，人民出版社1983年版，第52页。

"教学要理论联系实际"，批评有些高级军事干部"上不联系战略，下不联系红军实际，变成外国教条主义""旧的考试方法要改变，现在的教学法多是注入式，要注意启发式"[①]。而抗大不仅早已恢复启发式教学等经验，而且摸索出学员与教员相互教育与集体学习的教学方法、共同评定成绩的测验方法等经验，推动教员与学员的知识互补和养成集体主义作风[②]。1938 年 3 月 15 日，毛泽东在抗大第 3 期第 3 大队毕业典礼上讲解如何了解实际环境，"有字的讲义是书，社会上的一切也是书"，要尊重对象、了解对象，"在当时当地的具体环境中去了解，了解应当是多方面的，表面、里面、侧面都看到"[③]。这是注重提高学员的社会历史常识和调查研究能力。

同时，中国共产党把政党文化的规范性要求与共产党员的文化习得对接起来，力图使马克思主义的灌输更加具有针对性和嵌入性（参见表 3）。1939 年 3 月 6 日，毛泽东指出"必须教列宁主义，这是政治上武装他们头脑的很基本的问题"，但教学须"少而精"[④]。抗大不仅结合学生的思想实际进行教学准备，使教学内容"少而精"，而且发展出辩论会、论战会等启发式教学形式。"自我批评与检讨在抗大是促进学习锻炼生活的一个基本原动力。"[⑤]此外，抗大还注重把生产劳动与理论学习结合起来。4 月 24 日，毛泽东在抗大生产运动初步总结大会上指出把"工农商学兵结合在一个人身上，文武配合，知识与劳动结合起来"[⑥]。由于边区贫乏、粮食困难等原因，抗大总校于

① 中共中央文献研究室编：《毛泽东年谱（1893—1949）》上卷，中央文献出版社 2013 年版，第 20 页。
②《罗瑞卿军事文选》，当代中国出版社 2006 年版，第 19 页。
③ 中共中央文献研究室编：《毛泽东年谱（1893—1949）》中卷，中央文献出版社 2013 年版，第 57 页。
④《毛泽东军事文集》第 2 卷，军事科学出版社、中央文献出版社 1993 年版，第 455—457 页。
⑤ 齐礼总编：《陕甘宁边区实录》，解放社 1939 年版，第 134 页。
⑥ 中共中央文献研究室编：《毛泽东年谱（1893—1949）》中卷，中央文献出版社 2013 年版，第 122 页。

6月离开延安东进。1939年7月，中央军委指出要“把知识青年训练成为无产阶级的战士”，但必须“注意于领导他们思想转变的过程，用适当的方式组织学生中的思想上的争论与辩论，实际上这样的学校中一定有资产阶级思想与无产阶级思想的斗争”①。

表3　中国人民抗日军政大学知识青年学员的思想行为谱系表

抗大	正向行为	负向行为
党领导下的八路军干部学校，政治教育是中心	掌握马列主义	资产阶级及小资产阶级的思想意识
	纪律性组织性	组织上的无政府主义与自由主义
	深入下层实际工作	轻视实际经验
	接近工农，决心为他们服务	看不起工农的意识

资料来源：中央档案馆编：《中共中央文件选集》第12册，中共中央党校出版社1991年版，第148页。

这种尝试还体现在刘少奇在1939年7月关于共产党员修养问题的思考之中。刘少奇从个体层面规划了共产党员的修养过程，指出脱胎于旧社会的个体与为共产主义而奋斗的共产党员之间存在巨大差距，个体必须站在无产阶级立场上才能够真正地实现马克思列宁主义学习与个体思想修养的“同时并进”②。继而，刘少奇指出“人的一切行动，都是有人的思想、意识来作指导的”，因而实现共产主义社会不仅要先战胜目前的敌人，还要战胜“人民心中的一切影响与传统习惯”，但必须“适应现实，认清现实，在现实中求得生存发展”③。最后，刘少奇分析了党内错误的思想意识表现及其阶级来源，认为只有

① 中央档案馆编：《中共中央文件选集》第12册，中共中央党校出版社1991年版，第147页。

② 刘少奇：《论共产党员的修养（一）——七月八日在延安马列学院演讲》，《解放》第1卷第81期。

③ 刘少奇：《论共产党员的修养（二）——七月八日在延安马列学院演讲》，《解放》第1卷第82期。

党内斗争才能克服不正确的思想意识，但党内斗争必须是为了获得正确的政治路线，“用马克思主义的观点去研究当时的政治情况与经济情况”；必须是为了执行正确的政治路线，“集中火力，去反对当时妨害党与无产阶级实现政治任务的各种思想和行动”[①]。

总的来看，这一时期党以马克思列宁主义教育为主线的政党文化构建是富有实践活力的。一方面，毛泽东和中共中央要求共产党员具备基本的社会历史常识，使之能够迎受超拔于现实之上的理论条目，避免干部在工作中直接把理论条目演绎为政策原则或者机械地执行上级政策；另一方面，毛泽东、刘少奇等中央领导人尝试把抽象的理论条目转化为切合当时历史阶段和共产党员接受程度的道德文化规范，使理论条目更加具有现实感和亲切感，增强共产主义社会目标的牵引力。毛泽东指出“一个革命干部，必须能看能写，又有丰富的社会常识与自然常识，以为从事工作的基础与学习理论的基础，工作才有做好的希望，理论也才有学好的希望”[②]。

（二）注重借鉴民间形式的文化大众化思想

日军侵华战争的日益加剧再次形成了迫使中国知识阶层走向基层民众的强大压力。1937 年 11 月，“从贤”指出虽然“大众化的文化运动”在 1932 年上海“一·二八事变”以后便提出，亦有成绩，但与大众的实际生活相互隔离，“始终没有能够真正超出知识分子的范围”，甚至变成“‘闭门造车’的大众运动”[③]。这表明了文化大众化的基本内涵，即知识群体与基层民众的关系和新文化的生长方式。自五四新文化运动以来，文化大众化主要表现为启蒙大众、唤醒国民这

① 刘少奇:《论共产党员的修养（三）——七月八日在延安马列学院演讲》,《解放》第 1 卷第 83—84 期。
② 中共中央文献研究室、中央档案馆编:《建党以来重要文献选编（1921—1949）》第 19 册，中央文献出版社 2011 年版，第 15 页。
③ 从贤:《现阶段的文化运动》,《解放》第 1 卷第 23 期。

一向度，即知识分子既是新文化的转运者和创造者，也是灌输新文化的启蒙主导者。而基层文化因被视为封建迷信、落后愚昧而遭到忽略。左翼文化运动时期，文化大众化除了延续上述论点，也在无产阶级革命文艺的影响下开始站在大众立场上，要求文化通俗化，利用旧形式发展新文化，出现“知识分子学习大众的逆向过程”[①]。可以说，随着左翼文化人、苏区文化工作者与陕甘宁根据地民间艺人的汇聚，这种论争继续存在。

抗战救亡推动了知识群体走向基层民众，也使得文化人开始思考地方民间文化的合理性问题。这首先表现为在动员层面上承认旧形式的工具价值。丁玲在 1937 年 4 月指出，陕甘宁苏区文艺善于运用江西、四川、陕北等省的民间歌谣表达新内容，能够“大众化、普遍化、深入群众，虽不高深，却为大众所喜”[②]。雷铁鸣也指出苏区戏剧“群众化，对白也很通俗易懂”，适应了陕北群众文化程度低的状况，而“农村中的大众，用他们自己的笔，在写着他们自己的剧本”[③]。更为深层的是，在新文化的生长路径上承认地方民间文化的“土壤”属性。“从贤”指出文化大众化是要生产“建立在中国民众生活上的文化产品”，这不仅要求发扬民族文化的可贵传统、抛弃“四书”“五经”和封建礼教；而且把外国文化“种在自己土地上，使它适合中国的气候和营养条件”[④]。这实际上指出了知识群体与基层民众之间双向的启蒙关系，也为更新基层民间文化摸索出新路径。

随着抗日民族统一战线的建立，陕甘宁边区文化教育组织也逐步完善起来。在中国共产党方面，除了已有的中央宣传部及其各层级组织外，中共中央书记处还于 1938 年 11 月成立由潘汉年任主任的中

① 夏文先：《四十年代文学争论与当代文学规范建构》，安徽大学出版社 2015 年版，第 52 页。
② 丁玲：《文艺在苏区》，《解放》第 1 卷第 3 期。
③ 雷铁鸣：《戏剧运动在陕北》，《解放》第 1 卷第 8 期。
④ 从贤：《现阶段的文化运动》，《解放》第 1 卷第 23 期。

共中央文化工作委员会；并于1939年5月改组文化工作委员会，由艾思奇任主任[①]。在政权组织方面，主要是边区政府教育厅及其各层级组织。在群众团体方面，1938年1月，边区总工会、边区青救会、边区妇联会、边区农民会、边区文化界救亡协会等26个群众团体各派3名代表，召开代表大会，成立陕甘宁边区民众抗敌后援会[②]。在初步实现群众团体的统一管理后，边区政府围绕民族自卫战争制定了宣传、组织、训练和武装民众的组织工作程序，区分和明确了前方、后方和地方民众工作的不同内容[③]。此外，边区各地逐步设立民众教育馆等组织，作为基层经常性文化娱乐场所；延安各式各样的文化社团，亦经常组织巡回表演和下乡宣传。

同时，左翼文化人和苏区文化工作者的团结问题成为陕甘宁边区组织体制建设的重要问题。毛泽东在1937年9月提出反对“自由主义”问题，把“抽象的教条的看待马克思主义”和脱离群众也列入“自由主义”的表现[④]。李初黎认为抗战更需要“广泛地深入地进行通俗化大众化的工作”，避免“各自为政，异常散漫”的组织状态和自高自大、拒绝接受批评的“自由主义倾向”[⑤]。1938年4月，毛泽东指出左翼文化作品不够通俗，“有时不大好吃”；根据地文艺形式简陋，“有时不大好看”“应该把自大主义除去一点，作风应该是统一战线，统一战线同时是艺术的指导方向”[⑥]。此外，还有培养工农兵文化干部和吸收民间文化人的问题。艾思奇1938年3月指出“边区文化的提

① 中共中央组织部、中共中央党史研究室、中央档案馆：《中国共产党组织史资料》第3卷上册，中共党史出版社2000年版，第42页。
② 中共中央组织部、中共中央党史研究室、中央档案馆：《中国共产党组织史资料》第3卷上册，中共党史出版社2000年版，第118页。
③《非常时期指导民众工作系统表（1938）》，陕西省档案馆藏，档案号：2-1-1013。
④ 中共中央文献研究室、中央档案馆编：《建党以来重要文献选编（1921—1949）》第14册，中央文献出版社2011年版，第498—499页。
⑤ 李初黎：《十年来新文化运动的检讨》，《解放》第1卷第24期。
⑥《毛泽东文艺论集》，中央文献出版社2002年版，第13页。

高，在目前还是输入的多，而从地方上发扬起来少”[①]。同月，边区文协认为要通过培养工农兵文化干部来扩大文化界，“使它不仅限制在所谓‘文化人’的圈子内”[②]。

这种认识逐步扩大为陕甘宁边区文化工作者的共识。1938年5月4日，陕甘宁边区文协发布了关于抗战文化运动的总体意见，继续检讨以往新文化运动脱离人民大众甚至忽视民族文化的错误，承认“固有文化传统在民间习惯上的深厚影响”。基于这样的认识，陕甘宁边区文协指出必须曲折地发展新文化，“内容和形式要具体化、地方化，适合于各地民间所习惯”，为此应当“普遍地在各地民间组织各种旧形式的娱乐团体”[③]。5月12日，毛泽东在鲁迅艺术学院指出“无产阶级文学艺术工作者要到革命斗争中去，同时学习人民的语言”，“要下去，要到人民生活中去”[④]。从1938年5月开始，民众娱乐改进会、民众剧团、中国民间音乐研究会等旨在学习、整理和改造民间文化的组织相继成立。其中，民间剧团在1939年2月至6月进行了边区巡演，受到边区民众欢迎[⑤]。

不仅如此，陕甘宁边区还注重吸收、组织和改造民间艺人。譬如，1939年6月13日，庆环分区设立庆环农村剧校，设教育、剧务、总务、交际科和俱乐部等科室。庆环农村剧校对招收的“旧戏”艺人确立团结、互助、进步的原则，帮助他们进行扫盲、戒食鸦片等工作，结合其文化进步程度进行政治教育和戏剧技巧培训；同时审查剧本，“把不合现实及迎合群众落后意识的部分加以革除”，但是对于

① 艾思奇：《谈谈边区的文化》，《边区文化》创刊号。

②《〈边区文化〉发刊词》，《新中华报》1938年3月5日。

③ 陕甘宁边区文化界救亡协会：《我们关于目前文化运动的意见（1938.5.4）》，《解放》第1卷第39期。

④ 陕甘宁根据地革命文化史料征编委员会编：《陕甘宁根据地革命文化大事记》，2000年印，第26页。

⑤ 曾黎：《我们在窑店子》，《新中华报》1939年3月19日。

“新内容、旧形式过渡到新内容、新形式”保持谨慎态度，“用怎样速度和分寸改变旧形式，才能和群众文化进步速度配合得适当，使群众同样接受听看而不碍我们文化的宣传”[1]。此时，民间文艺已经与“八路军文艺”和“全国各地来的新旧各派文艺”成为延安文艺的重要来源[2]。1939年12月，中共陕甘宁边区第二次代表大会决定继续通过冬学、夜校，识字组等组织展开扫盲、破除迷信、普及科学的工作，尤其是“广泛的采用人民所喜欢的各种形式（如戏剧，民歌等等），扩大民众剧团，优待艺术人才，切实建立乡村中俱乐部的文化娱乐工作”[3]。

陕甘宁边区的文化大众化实践表明，边区知识群体的启蒙想象发生转变。启蒙不再是单纯地接受一种新理论或知识，而是要求面向客观环境，如毛泽东所说，“一切客观存在的东西，不管是人是物，都是研究的对象，都是先生”[4]。知识分子与工农大众互为教员，也互为学生，但是在立场感情上明确要求站在工农大众立场上，“知识分子成为革命的或反革命的分界，看其是否愿意并且实行结合工农民众，他们的分界仅仅在这一点”[5]。因而，新文化的生长路径发生转变，不再是由知识群体构建外在于民众文化的“新文化”，而是扎根到民间文化之中，“善于具体地利用各地方的文化形式”，结合马克思列宁主义和当前任务进行学习、整理和改造民间文化的工作[6]。

① 乔楠主编:《甘肃革命文化史料选萃》，甘肃文化出版社2000年版，第441—446页。
② 艾思奇:《两年来延安的文艺运动》，《群众》第3卷第8、9期。
③《关于发展边区教育提高边区文化的决议》，《解放》第1卷第95期。
④ 中共中央文献研究室编:《毛泽东年谱（1893—1949）》中卷，中央文献出版社2013年版，第87页。
⑤ 中央档案馆编:《毛泽东手书选集（题词题字卷）》，北京出版社1993年版，第20页。
⑥ 陈伯达:《论文化运动中的民族传统》，《解放》第1卷第46期。

（三）尊重中国历史客观性的马克思主义的历史主义

进入陕北后，中国共产党在顺应抗战救亡的民族心理的同时，也开始反思马克思主义与历史中国的关系问题。毛泽东提出，我们不应当割断历史。从孔夫子到孙中山，我们应当给以总结，承继这一份珍贵的遗产①。具有表征意义的是参与祭祀黄帝陵的活动。在1930年代，随着日军侵略的加剧，张继、林森、戴季陶等人推动国民政府设置民族扫墓节（4月6日）。在国共谈判过程中，林祖涵代表毛泽东、朱德参与1937年4月5日的黄帝陵祭祀典礼。在深层上，中国共产党开始反思以往构建马克思列宁主义历史学的问题。譬如，吴玉章委婉地批评了法国大革命式的绝对理性，“把一切旧的社会与国家形式，一切传统概念，都认为不合理性的，当作陈旧废物而抛弃”，这就导致了历史研究的“民族虚无主义”，尤其是给“给反动势力和法西斯蒂留下一个有力的武器，使他们能够利用特殊的民族心理来欺骗民众”②。

在深层上，马克思主义历史工作者面临着理论框架与中国历史实际之间的紧张关系。德里克认为中国的马克思主义历史工作者在1919年至1937年“把源于欧洲经验的马克思主义理论模式直接运用于中国历史”，但并没有找到“一个可以用来解释中国的历史发展而又不扭曲史实或历史唯物主义概念的无所不包的理论模式”。在这一关系上出现两种分歧：一是声称马克思主义社会发展史一般原则的普遍性，“把马克思主义的社会经济概念简化为一些不能与中国历史实质产生有机关联的有名无实的范畴”；二是基于中国历史特殊性、复杂性而尝试运用理论原则进行解释，结果却被怀疑是否遵从了马克思

①《毛泽东选集》第2卷，人民出版社1991年版，第534页。
② 吴玉章:《研究中国历史的意义》,《解放》第1卷第52期。

列宁主义[①]。1938年5月，边区文协指出必须改变忽略民族历史的教条化和公式化错误，“科学地和理智地去理解自己民族的历史”[②]。民众娱乐改进会进一步指出通过歌谣所流传的历史文化是民众“习惯上的法律”“不凭文字也就能保存，发展下去”[③]。这肯定了中国历史具体实际对于应用马克思主义一般原则的重要性。

不仅如此，毛泽东等人逐步总结出运用马克思主义解释中国历史实际的方法原则。最为首要和根本的是，中国共产党把共产主义社会视为中国历史发展的结果。1938年3月，毛泽东对陕北公学的毕业学员指出“凭空捏造的乌托邦，我们是不赞成的”，只能是“由旧中国到新中国”，尤其要注意“中国革命的长期性，这是历史变化过程所决定了的”[④]。再则，毛泽东在中共六届六中全会上指出“今天的中国是历史的中国之一发展，我们是马克思主义的历史主义者，我们不应该割断历史”[⑤]。1939年12月，由毛泽东等人合写的《中国革命和中国共产党》通过“半殖民地半封建社会”“新民主主义革命”来把历史中国与未来的社会主义中国连接起来[⑥]。这一中国社会行进路线为构建中国文化演变进程提供了历史逻辑。

与之同时，理论工作者具体阐释和运用了“马克思主义的历史主义”方法。1938年7月，陈伯达指出只有运用科学理性尤其是社会科学才能历史地解释和整理“国粹”，才能为中国的新文化提供历史的根脉[⑦]。在思想文化方面就是发掘中国古代哲学的唯物论和辩证

① [美] 阿里夫·德里克:《革命与历史：中国马克思主义历史学的起源(1919—1937)》，翁贺凯译，江苏人民出版社2005年版，第185页。
② 陕甘宁边区文化界救亡协会:《我们关于目前文化运动的意见(1938.5.4)》,《解放》第1卷第39期。
③《陕甘宁边区民众娱乐改进会宣言》,《新中华报》1938年5月25日。
④《毛泽东文集》第2卷，人民出版社1993年版，第105页。
⑤ 中央档案馆编:《中共中央文件选集》第11册，中共中央党校出版社1991年版，第658页。
⑥ 参见《毛泽东选集》第2卷，人民出版社1991年版，第621—652页。
⑦ 陈伯达:《论文化运动中的民族传统》,《解放》第1卷第46期。

法因素[①]。艾思奇的表述结构与之类似。他认为“无产阶级的新的道德”不是通过否定和排拒“旧道德”而建立的，而是在吸收“旧道德”关于劳动、抗争等成分的基础上逐步成长的，以此来实现共产主义者对中国历史道德文化的传承[②]。在分析社会历史问题上，艾思奇具体解释了历史主义方法，运用唯物论而不是唯心论来解释历史存在，运用辩证法而不是形而上学方法来呈现中国社会历史的行进规律[③]。

由上，也可以看到中国共产党对中国文化“民族性”特征的认同方式。如前所述，李大钊、陈独秀在接触马克思主义的过程中便把中国民众整个地视为无产阶级，而后在列宁帝国主义理论下，民族斗争是阶级斗争的表现形式。此一时段，中国共产党对民族文化的认同仍然是阶级的，发生变化的部分是思想方法。如艾思奇指出的，“马克思主义在内容上实质上是国际主义的”“全世界的马克思主义者都有着共同的理论，共同的看问题的立场和方法”，但是必须“依着各民族的不同的发展条件而采取着不同的表现形式”[④]。把“国际主义”“民族形式”和“马克思主义中国化”的解释纳入到普遍性与特殊性的辩证关系这一维度，其实质是对中国的历史存在进行阶级分析，重新构造出以阶级斗争为主线、以人民大众文化为主导的中国历史叙事体系。

以范文澜的《中国通史简编》为例。范文澜在序言中指出写作目的在于明确“中华民族与整个人类社会共同的前途”“探求中国社会循着怎样的道路向前发展”[⑤]。在叙述上，范文澜肯定了劳动人民是历史的主人，帝王将相乃至地主阶级是压迫者；并按照社会形态理论

① 陈伯达：《中国古代哲学的开端》，《解放》第1卷第62期。
② 艾思奇：《共产主义者与道德》，《解放》第1卷第51期。
③《艾思奇全书》第3卷，人民出版社2006年版，第214—215页。
④ 艾思奇：《论中国的特殊性（专论）》，《中国文化》第1卷第1期。
⑤ 中国历史研究会编：《中国通史简编》上册，华北新华书店1948年版，“序”。

划分中国历史的演进序列[①]。与之对应的是，儒学作为阶级压迫的工具，不再是中国文化的代表；人民大众的反抗传统、民间文化和发明创造才是中国文化的代表。可以说，这部著作确立中国历史叙事体系的基本样式[②]。并且，范文澜按照阶级斗争的观点梳理经学史，认为“经学是封建统治阶级在思想方面压迫人民的重要工具”，因而新文化必须把儒家经典降低为史料，把经学转变为史学，也应吸收其中的积极成分[③]。毛泽东视之为“马克思主义清算经学”的第一战。这在文化上破除儒学所具有的公共价值权威，同时为马克思列宁主义的公共价值权威提供历史叙事支撑。

二、新民主主义文化思想的提炼、内涵与推广

新民主主义文化思想的形成是理论与实际的良性互动，而提炼和命名这一文化思想又发生在特定的政治历史环境下。新民主主义文化思想具有多重内涵，由外而内地包含着统一战线的政治规定性、新民主主义社会文化建设的规定性、马克思列宁主义的文化规定性。在逻辑结构上，新民主主义文化思想既与马克思主义保持着逻辑连续性，又对应着特定时空文化实践的经验形态，同时与政治格局、经济力量对比保持着紧密关联。在此基础上，中国共产党总结和推广了符合新民主主义文化思想的政策体系，推动各根据地新民主主义文化建设的发展。

---

① 范文澜:《关于〈中国通史简编〉》,《新建设（1949）》第4卷第2期。

② 姜义华、武克全主编:《二十世纪中国社会科学（历史学卷）》，上海人民出版社2005年版，第166页。

③《中国经学史的演变——延安新哲学年会讲演提纲》,《中国文化》第2卷第2期、第3期。

（一）统战与表述：民族的、科学的、大众的新文化

中国共产党在1935年至1939年这一时段拓展出新的文化政策空间，初步摸索出运用马克思主义创建政党文化、群众文化和历史文化的政策和方法。这一探索过程的中心线是纾解共产主义文化理想与现阶段中国文化现状之间的紧张关系，并努力改变这样一种状态——“利用地方形式，即被认为不要国际主义”“利用三民主义，即被认为不要共产主义”“提倡民族化即被认为狭隘的民族主义”①。这明确了客观实际相对于理论条目的先在性、增强文化政策与地方实际的契合性、把实践效能作为政策评价的重要标准。与此同时，中国共产党为保持和增强对文化统一战线的领导效能，迫切需要运用理论话语来解释上述新型文化政策。

在最初的尝试中，中国共产党运用“彻底的三民主义”“革命的三民主义”等提法来阐述自身的文化认识和政策取向。1937年9月，中国共产党指出抗日民族统一战线建成后的宣传重心是“彻底实现三民主义及与三民主义相符合的中共提出的十大纲领”②。显然，中国共产党面临着内外两套思想话语体系的问题，而外界也存在“共产主义和三民主义是不能并存的”的观点。对此，中国共产党再次从时间维度上把“革命的三民主义”描述为共产主义在“现阶段”的政策原则，延续了在第一次国共合作时期的解释策略。毛泽东指出“共产主义是在革命发展的将来阶段实行的”“共产主义者在现在阶段并不梦想实行共产主义，而是要实行历史规定的民族革命主义和民主革命主义”③。

---

① 中央档案馆编：《中共中央文件选集》第11册，中共中央党校出版社1991年版，第702页。

② 中央档案馆编：《中共中央文件选集》第11册，中共中央党校出版社1991年版，第348—349页。

③《毛泽东选集》第2卷，人民出版社1991年版，第367—368页。

譬如，为了全面地向全国民众介绍陕甘宁边区，中国共产党从1938年夏开始组织人员编撰《陕甘宁边区实录》。李六如、和培元于1939年1月完成编撰工作。1月22日，毛泽东认为此书“关系边区对外宣传甚大，不应轻率出版，必须内容形式都弄妥当方能出版”，要求周扬“全权负责修正此书”[①]。经周扬编辑后，《陕甘宁边区实录》于1939年12月出版。此书按照民族主义、民权主义、民生主义分类介绍边区政府的政策，文化政策包括国防教育、思想自由、三民主义、学校机构、文化团体等方面，并收录了毛泽东的题词，“边区是民主的抗日根据地，是实施三民主义最彻底的地方”[②]。

然而，这种表述方式的问题很快在党的内部显现出来。王明在1937年12月政治局会议提出“一切经过统一战线”后，又在1938年3月政治局会议上提出“加强党内马克思列宁主义的经常政治教育，加强党内对三民主义的深刻研究”[③]。这实际上消解着马克思主义对于文化统一战线的领导效能，指向着一种模糊的“二元论”文化政策空间。张闻天认为，这种放弃独立性的倾向容易沦为“一个主义、一个党、一个领袖”的尾巴[④]。毛泽东在1938年3月指出党现阶段的政策仍然处于马克思列宁主义基本原则的支配下，“我们要以根本的原则结合实际情况去解决问题”“共产党在统一战线中要保持自己的相对独立性”[⑤]。并且，毛泽东在中共六届六中全会上指出“一切经过统一战线”的错误，强调“共产党有自己的党纲与政纲”“经过资产阶级民主革命阶段达到社会主义与共产主义的阶段”，但在“资产阶

①《毛泽东书信选集》，人民出版社1983年版，第138页。
② 参见齐礼总编：《陕甘宁边区实录》，解放社1939年出版。
③ 中央档案馆编：《中共中央文件选集》第11册，中共中央党校出版社1991年版，第460页。
④ 中央档案馆编：《中共中央文件选集》第11册，中共中央党校出版社1991年版，第700页。
⑤《毛泽东文集》第2卷，人民出版社1993年版，第109页。

级民主革命阶段”，必须彻底实现三民主义政策，要求“用马克思主义的眼光，研究三民主义的理论”[①]。

与之同时，党推进了对如何表述新型政策空间的探讨。在中共六届六中全会期间，艾思奇、陈伯达等 18 名中共理论工作者发起新哲学会，指出“为着要使理论更有着实际的指导力量”“在研究上就不但仅仅要综合眼前抗战的实际经验和教训，而且要接受一切中外最好的理论成果，要发扬中国民族传统中最优秀的东西”[②]。这就把表述新型政策空间的问题置放在马克思列宁主义基本原则与现阶段中国客观现状的关系这一问题上，提出了“经验理论化”的任务。毛泽东在中共六届六中全会上把这一任务表述为“马克思主义的中国化”。这不仅纾解了马克思列宁主义基本原则与现阶段的紧张关系，因为马克思列宁主义本身是“观察问题与解决问题的立场与方法”；而且疏通了中国经验理论化的上升通道，因为“没有抽象的马克思主义，只有具体的马克思主义”；进一步厘清了国际主义与爱国主义的辩证关系，因为“爱国主义就是国际主义在民族革命战争中的实施”[③]。

随着 1938 年底国民党开始分化出以汪精卫为代表的投降派，且统一战线内部出现国共磨擦问题，中国共产党开始拆解三民主义与“资产阶级民主革命阶段”的表述关系。毛泽东在 1939 年 5 月指出，“我们现在干的是资产阶级性的民主主义的革命”“但是这个革命，资产阶级已经无力完成，必须靠无产阶级和广大人民的努力才能完成”“建立一个人民民主的共和国”“这种人民民主主义的共和国，就是革命的三民主义的共和国”[④]。5 月 17 日，中共中央要求中共地方组

① 中央档案馆编:《中共中央文件选集》第 11 册，中共中央党校出版社 1991 年版，第 626、628 页。

②《新哲学会缘起》,《解放》第 53 期。

③ 中央档案馆编:《中共中央文件选集》第 11 册，中共中央党校出版社 1991 年版，第 642、657、658 页。

④《毛泽东选集》第 2 卷，人民出版社 1991 年版，第 562—563 页。

织完善宣传工作的组织机构，尤其是要求“区党委、省委以上的宣传部下组织文化工作委员会”以加强文化运动；“公开宣传马克思列宁主义”“力争以革命的言行相符的真正三民主义去对抗曲解的与言不顾行的假三民主义，以真正三民主义的姿态，去反对假三民主义者，即顽固分子”①。在这种状况下，中国共产党弱化了运用“三民主义”表述新型文化政策空间的倾向，并初步认识到“资产阶级民主革命阶段”与党的更深层的关系。

当然，中国共产党仍然把三民主义视为统一战线的政治基础，但已经初步掌握了运用和阐释三民主义的策略。1939 年 6 月，毛泽东在延安高级干部会议上结合国民党投降反共的趋势重申了 1937 年 5 月陕甘宁苏区代表大会关于资产阶级必然叛变革命而无产阶级必须领导资产阶级民主革命的论断，指出三民主义已经变成以汪精卫为代表的“日本人的三民主义与国民党”“中间性的三民主义与国民党”，此外还有“中国人民的三民主义与国民党”；指出“三民主义与共产主义就在抗日过程中也是有区别的”，但亦有一致性，“党的基本任务是巩固扩大抗日民族统一战线，坚持国共合作与三民主义”②。1939 年 8 月，中共中央决定把大量发展组织的政策转变为清理、整顿、提高的紧缩政策，“巩固党的中心一环，就是加强党内马克思列宁主义的教育，阶级教育与党的教育”“使党员认识马克思列宁主义与三民主义，民族统一战线与阶级斗争，民族立场与阶级立场的正确关系”“纠正各种‘左’倾或右倾的不正确观点”③。

在 1939 年冬，党初步地把现阶段的新型政策空间表述为“新民主主义”。10 月 4 日，毛泽东在《〈共产党人〉发刊词》中确立经验

---

① 参见中央档案馆编:《中共中央文件选集》第 11 册，中共中央党校出版社 1991 年版，第 70—72 页。

②《毛泽东文集》第 2 卷，人民出版社 1993 年版，第 207、214、217、219 页。

③ 中央档案馆编:《中共中央文件选集》第 12 册，中共中央党校出版社 1991 年版，第 156、157 页。

理论化的路径，即“根据马克思列宁主义的理论和中国革命的实践之统一的理解，集中十八年的经验和当前的新鲜经验传达到全党”，而他对“党的建设”和“统一战线”正反两方面经验的梳理，实际上从内外两个角度阐述党的思想文化工作与资产阶级的复杂关系，总结出又联合又斗争的政策原则①。此外，由毛泽东、张闻天、李维汉撰写的《中国革命和中国共产党》全面地厘清了现阶段的政策空间与未来阶段的社会主义革命的关系，即“中国现时的革命阶段，是为了终结殖民地、半殖民地、半封建社会和建立社会主义社会之间的一个过渡的阶段，是一个新民主主义的革命过程”②。虽然这一革命与孙中山之联俄、联共、扶助农工的三民主义革命基本一致，但是资产阶级已然不能领导这一革命，只能是“无产阶级领导之下的人民大众的反帝反封建的革命”③。

这种理论逻辑强化了中国共产党建设“中华民族新文化”的主体感。1939 年 11 月中旬，毛泽东在中央政治局常委会议上提议扩大中央文委，由张闻天兼任书记，并提议召开文化界代表大会。12 月 13 日，艾思奇向中共中央政治局汇报边区文化代表大会的准备情况，指出“新文化的性质是资产阶级民主主义的文化，特殊地说是三民主义的文化，还有无产阶级彻底的民主主义和共产主义的文化”。对此，毛泽东指出“不提三民主义文化为好，因为三民主义的本质就是民主主义”“民主主义有两派，一派是彻底的民主主义，一派是不彻底的民主主义”“以提中华民族的新文化为好，即彻底的民主主义文化”，因而“边区的教育方针应该是民主主义的，应该宣传当前民主主义的任务，同时又宣传共产主义思想体系”，新文化的口号应是“民族化（包括旧形式），民主化（包括统一战线），科学化（包括各种科学），

① 参见《毛泽东选集》第 2 卷，人民出版社 1991 年版，第 602—614 页。
②《毛泽东选集》第 2 卷，人民出版社 1991 年版，第 647 页。
③《毛泽东选集》第 2 卷，人民出版社 1991 年版，第 647—648 页。

大众化（鲁迅提出的口号，我们需要的）”[①]。这基本上确立了边区文化代表大会关于新型文化政策空间的表述样式。

在1940年1月的陕甘宁边区文化界救亡协会第一次代表大会上，中国共产党把上述文化政策和实践经验命名为“新民主主义文化”。1940年1月4日至12日，张闻天、王明、毛泽东等人先后阐发了新民主主义文化思想，艾思奇、周扬、冼星海、丁玲等人总结汇报了边区文化、教育、抗战音乐、新闻、戏剧、文艺大众化等方面的情况[②]。从阐发新民主主义文化思想的文本来看，基本上依从了中国革命两步走的论述逻辑，同样设定了新民主主义文化革命以至社会主义文化革命的路线图，使中国共产党在内部和外部的表述体系得以统一，相应地确立了在文化革命方面的领导权和目标体系。从新型政策原则的总结来看，中国共产党周全细密地总结了教育、新闻、文艺、新文字、世界语等文化工作的政策经验和动员技巧。大会宣言指出文化运动的总目标是争取抗战建国的胜利，反对日本帝国主义的奴化文化和“汪精卫、叶青之流的伪造的三民主义”等妥协投降思想，开展新民主主义文化运动，“创造民族的、民主的、科学的、大众的中华民族的新文化”[③]。

（二）新民主主义文化思想的内涵逻辑

新民主主义文化思想的基本内涵是构建民族的、科学的、大众的、民主的文化。

新民主主义文化思想是中国共产党对中国社会各阶层力量评估和统一战线政策的表达。无论是“三要素”还是“四要素”，它反映

① 中共中央文献研究室编:《毛泽东年谱（1893—1949）》中卷，中央文献出版社2013年版，第87页。

② 陕甘宁根据地革命文化史料征编委员会编:《陕甘宁根据地革命文化大事记》，2000年印，第63—64页。

③《陕甘宁边区文化协会第一次代表大会宣言》，《中国文化》第1卷第2期。

了中国共产党对于半殖民地半封建社会各阶层的认知，即在中国与世界的关系上，把文化民族性与无产阶级文化理想的普遍性结合起来，使之能够扎根中国文化土壤，获取表达价值追求的民族文化资源和世界文化资源；在历史中国与时代中国的关系上，把科学理性与古代中国文化成果的转化结合起来，使之能够重新整理中国文化的演变历程，生成追求科学真理、批判封建思想的历史逻辑；在人民大众与知识群体的关系上，把现代知识的输入与普及结合起来，使现代知识观念能够获得广泛的群众载体，形成推进文化现代化的实践力量。这三个方面在深层次上因应着重建中国文化的三个基本问题，是中国共产党整合各社会阶层进而重建中国文化共同体的主要着力点。因此，新民主主义文化思想与整个新民主主义思想体系是内在契合的。

在政治规定性之外，新民主主义文化思想具体地实现了马克思主义关于文化问题的规定性。马克思主义作为中国共产党重建中国文化共同体的思想方法、价值标准和科学信仰，在生成具体阶段的文化政策时必须获得嵌入现阶段文化客观实际的内生性，获得存在、扩散和发展的文化载体。这成为新民主主义文化思想与苏维埃文化理念的差异之处，在文化重建实践的历史方位、主要矛盾和阶级关系上更加切合半殖民地半封建社会的文化实际，既尊重了当时中国社会的文化实际，又明确了社会文化演进的未来前途。当然，这与马克思主义关于文化的规定，如文化是阶级的、人民大众是文化的创造者、无产阶级文化是以公有制为基础的等论断又保持着连续性。由此，新民主主义文化思想的内涵从属于中国共产党关于中国文化的过去、现在和未来的总体认识。

新民主主义文化的过渡性内在地规定了新民主主义文化思想的逻辑结构。新民主主义文化思想既是马克思主义文化理论的演绎，同时又是基于客观实际的实践经验的提炼。在实践范围上，共产主义思想体系不是中国“当前行动纲领”，却是解决当前问题的方法，政党文化的基本内容是共产主义的；而国民文化的基本内容是新民主主义的，不仅接受而且要积极扩大“共产主义的领导”[①]。在政策周期上，新民主主义文化政策并没有可衡量的实施时间，因为“共产党的民族性与国际性、民主主义革命与社会主义革命、爱国主义与国际主义”是“互相渗透、互相转化”的[②]。并且，从世界范围来看，新民主主义文化是民族的，但不论在现阶段还是未来均是国际社会主义新文化的一部分。

（三）新民主主义文化思想的政策推广

在1940年前后，抗日战争的形势变化是中国共产党加速统合文化工作的主要因素。张闻天在边区文化协会代表大会上指出抗战转入相持阶段后，日军通过文化奴化理论和活动加强了政治进攻，目的是“建立日本帝国主义独占的殖民地文化”；而在抗日民族统一战线内部，“投降妥协的政治危机与新文化运动的危机有密切联系。文化上的反动，成为政治反动的思想准备及辅助手段”[③]。边区文协代表大会的筹备本身就是为了应对日军所强化的“政治经济及文化上宣传教育上的进攻”，巩固文化界统一战线和统筹部署文化宣传工作[④]。1940年2月10日，中共中央、中央军委指出把陕甘宁边区“造成模范的抗日根据地”，各地方根据地在巩固中扩大，创办印刷厂、地方日报，“大大发展军队与人民中的革命文化运动”，设置抗大分校，实现“智识分子工农化”和“工农干部智识化”[⑤]。可见，中国共产党通过对新

① 毛泽东：《新民主主义的政治与新民主主义的文化》，《中国文化》第1卷第1期。
② 参见《毛泽东哲学批注集》，中央文献出版社1988年版，第77—78页。
③ 洛甫：《抗战以来中华民族的新文化运动与今后任务》，《中国文化》第1卷第2期。
④《陕甘宁边区文化界救亡协会代表大会筹备会通告》，《中国妇女》第1卷第7期。
⑤ 中央档案馆编：《中共中央文件选集》第12册，中共中央党校出版社1991年版，第286、287页。

民主主义文化政策经验的提炼和推广来推进抗日根据地的文化工作。

首先，保持文化统一战线政策的弹性空间。在抗日战争的相持阶段，中国共产党把抗日民族统一战线的壮大作为争取胜利的基础。1940 年 2 月，中共中央指出“国内抗日进步势力克服投降倒退的力量还不足，就使得投降与倒退的危险依然严重地存在着”，必须“猛力发展全国党政军民学各方面的统一战线”，以自卫原则坚决捍卫统一战线，继续巩固党的组织和各抗日根据地，“广泛发展抗日的文化运动，提高抗日人民抗日军队与抗日干部的文化水平与理论水平”①。1940 年 3 月，中共中央指出华北、华中等根据地必须建立中国共产党领导的“三三制”的统一战线性质的政权，要教育担任政权工作的党员善于同党外人士合作，“参加我们政权的党外人士的生活习惯和言论行动，不能要求他们和共产党员一样”②。毛泽东进一步把上述策略原则概括为发展进步势力、争取中间势力和孤立顽固势力，执行国民党的抗日政策，但不执行“国民党的思想体系”③。这种具有弹性的文化统战政策既扩大新民主主义文化的影响，也通过有选择地吸收其他文化理论来充实新民主主义文化的具体内容。

譬如，1940 年 2 月，中国共产党指出虽然国民党在其控制区域实行“一个党一个主义”的教育政策和相应的制度建制，但是由于“国民党缺乏下层组织”、生活教育社等教育团体的抗争等原因，国民党的教育政策不能完全实现。因而，中国共产党仍然可以“利用国民党规定的形式”与国民党区域的群众建立联系，“与国民党的进步分

① 中央档案馆编:《中共中央文件选集》第 12 册，中共中央党校出版社 1991 年版，第 263 页。

②《毛泽东选集》第 2 卷，人民出版社 1991 年版，第 743 页。“三三制”是中国共产党在抗日战争时期的统一战线的政权政策。根据这一政策，抗日民主政权中人员的分配，共产党员大体占 1/3，左派进步分子大体占 1/3，中间分子和其他分子大体占 1/3。

③《毛泽东选集》第 2 卷，人民出版社 1991 年版，第 752 页。

子与地方上有正义感的绅士与一切非国民党的教育派系，在这方面建立共同合作的统一战线，联合最大多数，向教育界的顽固分子做斗争”[①]。并且，中国共产党在1940年10月指出“必须积极向全国教育界各小派别、小团体以至个人，推广统一战线的工作”，以减弱敌伪奴化教育和国民党顽固派教育统制的影响，扩大“新民主主义教育的影响及其研究”，尤其是要求“研究教育界中各种派系特别是上述各派别的教育理论与实际，并批判接受他们在教育事业中某些积极的作法和经验，以丰富我们的教育建树”[②]。

在战争相持阶段，依托统一战线展开抗日文化运动逐步成为中国共产党具有“头等重要性”的工作。1940年9月，中共中央发出开展文化运动的指示，指示在国民党区域应研究如何把“反对复古，反对大资产阶级的文化专制政策，反对日寇汉奸的奴隶文化等方针”贯彻到国民党区域“各个文化部门中（理论的，政治的，学校的，社会的，文学的，艺术的）”；在根据地则使用“全部权力来推行全部文化运动”，各根据地上的文化教育工作“除党校与党报外，均应与一切不反共的资产阶级知识分子及小资产阶级知识分子联合去做”[③]。10月，中共中央宣传部、中央文化工作委员会进一步细化各抗日根据地对待文化人与文化团体的政策，要求树立对文化人的正确观点，尊重文化人的心理特点、思想实际和生活习惯，在此基础上“采取同情、诱导、帮助的方式去影响他们进步”，建立“文化界救亡协会之类的联合团体”，使文化活动具备基本的场所机构和创作环境。

其次，充分对接和提升共产党员的社会文化常识。中国共产党

① 中央档案馆编：《中共中央文件选集》第12册，中共中央党校出版社1991年版，第305—309页。

② 中央档案馆编：《中共中央文件选集》第12册，中共中央党校出版社1991年版，第486—487页。

③ 中央档案馆编：《中共中央文件选集》第12册，中共中央党校出版社1991年版，第496—499页。

在继续巩固组织的过程中，也迫切需要提升党员执行新民主主义政策的能力，尤其是教育党员正确地发挥政策的活力。1940年1月，中共中央作出加强干部学习的指示，“全党干部都应当学习和研究马克思列宁主义的理论及其在中国的具体运用”，按照“由浅入深由中国到外国的原则”设置初级、中级和高级课程①。2月，中共中央指示各抗日根据地依据自身条件办理党校和训练班，采取灵活的学制，“求得理论与实际的一致，是党校教习的中心目标”，使“学生对所学的功课真能切实懂得”“在学校生活中应该充分的发挥民主”“对于错误的、不正确的思想，主要的应该采取说服、解释与共同讨论的方法来纠正”②。3月，中共中央作出干部学习的补充指示，依据阶级成分和文化程度具体划分四类干部，对应地设置了四类课程③。8月，中国共产党要求在敌后分散的游击环境下，应尊重地方党和地方干部，并要求把策略教育纳入干部教育计划，作为党员考核的重要标准④。可见，注重文化常识、地方知识和教学民主的干部教育经验得到肯定和推广。

中国共产党为了增进基层组织对复杂分散的地方环境的适应能力，党于1940年10月17日具体规定了抗日根据地支部教育的政策原则。在教育目标与计划上，提高党员的文化水平、自然常识和根据地知识，进行共产党员的修养和乡村工作政策策略的教育；教材必须“注意理论与实际的联系”“适合教育对象的一般程度而又能逐步的提高他们”“在量的方面由少而多，在质的方面由浅入深，在顺序上由

① 参见中央档案馆编:《中共中央文件选集》第12册，中共中央党校出版社1991年版，第227页。

② 中央档案馆编:《中共中央文件选集》第12册，中共中央党校出版社1991年版，第301—304页。

③ 中央档案馆编:《中共中央文件选集》第12册，中共中央党校出版社1991年版，第333页。

④ 1940年8月13日，中共中央指出在敌后游击环境下，如外来干部与本地干部之间发生纠纷，“应更多地要求和责备外来干部”。中央档案馆编:《中共中央文件选集》第12册，中共中央党校出版社1991年版，第449、451页。

近到远，由现在到过去，由具体的到理论的”；在教学方法上，“使教与学统一起来”“课堂上不仅有教员的讲授，而且有质疑、问答、辩论及复习”，教员“特别要注意了解学者的工作情况、个人情况及当地一般情况，利用实际的材料来充实原则的解释”；此外，要求“训练乡村知识分子党员”，可灵活采取采用流动训练班、巡回教育、小组学习等方式[①]。10月20日，中央宣传部针对延安干部教育指出文艺干部学员，“学习马克思列宁主义一般理论与精研技术及文艺的时间上有适当的调剂”，必要时可减少或推迟理论学习，但以不妨碍实际工作为原则[②]。

在1941年5月抗大创办五周年之际，抗大教务长何长工全面细致地总结抗大的干部教育经验。在新民主主义文化教育方针下，依据“少而精”“理论联系实际”的原则制订教育计划，围绕实际问题进行教学准备，结合学员“思想意识转变过程的速度、文化理论水平的提高，理解能力的强弱”等因素决定教学方法和讲授进度，实行“会议、汇报 、报告制度，检查总结制度”等教育制度，生产劳动与理论学习相结合，发扬教学民主和理论论战，等等[③]。1941年12月，中共中央《关于延安干部教育的决定》把上述经验总结推广，要求延安以及各抗日根据地的干部教育克服理论与实际脱节的问题，坚持少而精、启发教育等原则，必须使学生能够掌握马克思列宁主义实质和在具体环境下应用之，增加历史地理、自然科学、社会政治等常识，特别是军事的、文艺的等专门性质的学校“以学习有关该项专门工作的

---

① 中央档案馆编:《中共中央文件选集》第12册，中共中央党校出版社1991年版，第513—517页。

② 中央档案馆编:《中共中央文件选集》第12册，中共中央党校出版社1991年版，第527页。

③ 中国人民解放军国防大学:《中国人民抗日军事政治大学史》，国防大学出版社2000年版，第430页。

理论与实际课程为主”①。

最后，积极吸收和转化地方文化的合理成分。抗日民族统一战线内部的投降反共危险，使中国共产党更加重视动员、教育和组织基层民众。1939年9月，中共中央指出根据地“应把全体群众都组织起来”“人民的文化识字教育，应有系统的有计划的正式的进行，因为文化识字教育是政治教育的先决条件”②。1939年11月，中共中央作出深入群众工作的决定，认为抗战以来“注重了上层统一战线工作，忽视了下层群众工作”，要求在国民党区域“利用政府已经颁布的纲领法令及当地习惯许可的方式”尽可能使“党的支部与当地工人农民小资产阶级群众接近起来”，在根据地应在推进政治民主、经济改革的基础上，依照自愿原则把最大多数群众组织在农会等团体之中，“研究群众生活，群众情绪，群众要求，根据上述方针，在不同的环境，不同的时间，不同的具体口号之下，一步一步的组织他们，教育他们”“为参加抗日改善生活提高文化而斗争”③。这相应地转化为推进文化大众化工作的动力。

中国共产党在1940年3月从整体上确立抗日根据地国民教育的新民主主义政策原则。一是“确定国民教育的基本内容为新民主主义的教育”“即以马克思列宁主义的理论与方法为出发点的关于民族民主革命的教育与科学的教育”；二是扩展宣传教育工作，“党的宣传教育部内应该有国民教育科”“它应该经过政府的教育厅或科及其他国民教育的社团去领导国民教育”；三是运用统一战线展开文化教育

① 即“一般说来，专门课应占百分之五十（不须补习文化之学校，则专门课应占百分之八十），文化课应占百分之三十，政治课应占百分之二十”。参见中共中央文献研究室、中央档案馆编:《建党以来重要文献选编（1921—1949）》第18册，中央文献出版社2011年版，第761—764页。

② 中央档案馆编:《中共中央文件选集》第12册，中共中央党校出版社1991年版，第177页。

③ 中央档案馆编:《中共中央文件选集》第12册，中共中央党校出版社1991年版，第189-193页。

工作，吸收和组织青年知识分子以及“散伏在乡村中的游离知识分子或半知识分子”进行学校教育和国民教育的恢复重建工作；四是在学校系统、党政系统、军队系统建立具有伸缩性的社会教育机构，如学校系统的救亡室、俱乐部等，发展农村戏剧歌咏运动，“但应注意于戏剧歌咏的通俗化，大众化，民族化，地方化，特别注意于利用旧形式，改造旧形式”[①]。这推进了地方文化活动的活跃。譬如，延安抗战剧团在陇东合水、庆阳、环县等地的演出活动中，推动了与哥老会等民间组织的统一战线，也帮助地方建立采用旧形式新内容的抗战剧团[②]。

在动员和组织群众的过程中，出现了变通俗化为庸俗化的迎合偏向。延安大众读物社负责人、中央文委委员周文在1940年10月指出“在某些作品当中，还表现出把普及变成降低，把通俗变成庸俗——在思想上迎合大众，在语言上迁就大众，在形式上以运用旧形式为满足，而且是毫不批判地毫不改造地运用旧形式”，强调批判地使用“旧形式”和发展适合内容的多种形式，“通俗化只是大众化的一个侧面，另一个侧面是提高”，如此才能建立新民主主义文化[③]。11月30日，毛泽东在给周文的信中肯定了《边区群众报》和《大众习作》的成绩[④]。12月25日，毛泽东明确地指出“关于文化教育政策，应以提高和普及人民大众的抗日的知识技能和民族自尊心为中心”，同时明确地把“共产主义的国民教育宗旨”视为“左”倾机会主义的错误[⑤]。

① 中央档案馆编：《中共中央文件选集》第12册，中共中央党校出版社1991年版，第328—332页。
② 乔楠主编：《甘肃革命文化史料选萃》，甘肃文化出版社2000年版，第449—450页。
③ 周文：《文化大众化实践当中的意见》，《中国文化》第2卷第3、4期。
④《毛泽东书信选集》，人民出版社1983年版，第165页。
⑤《毛泽东选集》第2卷，人民出版社1991年版，第762、768页。

三、整风运动与政党文化建设的新方法

整风运动是延安时期以毛泽东为主要代表的中国共产党人的独特创造，是与党内教育相补充的构建政党文化的新理念。“整风运动”是融合列宁式政党的路线斗争、毛泽东的“思想建党”和中国文化的反省传统的创造，成为一种规模化地生成无产阶级思想意识的思想革命程式，发展了中国共产党政党文化建设的理论。在内容上，整风运动凸显了思想方法启蒙和人民伦理启蒙对于政党文化建设的重要性；而在方法上，整风运动发明了一整套进行思想改造和行为塑造的方式方法。而在其中，掌握、服从真理与认同、执行纪律之间存在时而耦合、时而错位的张力关系，表明中国共产党政党文化建设理论的复杂性。正如毛泽东所指出的，“‘路线’是王道，纪律是‘霸道’，这两者都不可少”①。

（一）从实际出发与党员的思想方法启蒙

从 1941 年初毛泽东阅读哲学著作的批注来看，处理理论条目与客观实在的关系是一以贯之的命题。譬如，他认为“不注意具体特点，妄把主观构成的东西当作特点（抽象的特点，没有客观实在性的特点），李立三及其后的主观主义正是如此”②。而在确立客观实在的第一性的同时，毛泽东把这一命题进一步聚焦为如何对待马克思主义的问题，并在整风动员过程中反复申说之。对此，毛泽东继续肯定马克思列宁主义一般原则的真理性，但指出那是“马克思、恩格斯、列宁、斯大林他们根据实际创造出来的理论”，是历史的具体的统一，具有“立场、观点和方法”的示范性③。因而，马克思主义的真理性

①《毛泽东文集》第 2 卷，人民出版社 1993 年版，第 374 页。
②《毛泽东哲学批注集》，中央文献出版社 1988 年版，第 432 页。
③《毛泽东选集》第 3 卷，人民出版社 1991 年版，第 814 页。

的实现方式是“理论与实际的统一”，也就是“凭客观存在的事实，详细地占有材料，在马克思列宁主义一般原理的指导下，从这些材料中引出正确的结论”[①]。与之对应的是，“理论与实际的脱离”则造成马克思主义真理性的流失，是一种局限于具体经验（经验主义）或者抽象原则（教条主义）的“主观主义”方法。

除了在认识论层面解释“主观主义”对马克思列宁主义真理性的反噬，毛泽东还着重从中国社会文化特点展开分析。他指出五四运动反对的是“封建主义的老八股、老教条”，因为“统治阶级都拿孔子的道理教学生，把孔夫子的一套当作宗教教条一样强迫人民信奉”，但是五四运动后由于资产阶级“形式主义的方法”和中国社会“小资产阶级极其广布”的现实，又发展出“洋八股或党八股”[②]。这种解释实际上道出了马克思主义替代儒学进而置入中国文化的过程中所遭遇的问题，即“旧的‘引经据典’的教条主义不自觉的又应用到新的理论中来了，旧的‘空疏无用’只凭空想的主观主义又侵入到新的思想中来了”[③]。“主义的结合”伴随着产生了真理科学性与组织纪律性的张力关系，而“教条主义”得以在组织权威下片面地强调服从。然而，毛泽东并未承认这种矛盾的存在，而是把“教条主义”等唯理论倾向视为“反科学的反马克思主义的”加以割除。

也即，毛泽东把马克思主义真理性的显现视为一个思想方法问题。1941 年 8 月 27 日，毛泽东指出“过去我们只教理论，没有教会如何运用理论”，并在 8 月 29 日担任中共中央思想方法学习小组的组长[④]。1942 年 3 月 30 日，毛泽东明确要求“把马、恩、列、斯的方法

①《毛泽东选集》第 3 卷，人民出版社 1991 年版，第 801 页。
②《毛泽东选集》第 3 卷，人民出版社 1991 年版，第 831、833 页。
③《吴玉章文集》上册，重庆出版社 1987 年版，第 239 页。
④ 中共中央文献研究室编：《毛泽东年谱（1893—1949）》中卷，中央文献出版社 2013 年版，第 324、325 页。

用到中国来，在中国创造出一些新的东西”[①]。在毛泽东的指导和参与下，由艾思奇等人直接编选的《马恩列斯思想方法论》在1942年4月出版。思想方法类文献是“整风文献”的三大类别之一，并根据高级干部与普通干部的特点选取对应性的学习材料。可以说，面向客观实在和进行思想方法启蒙是延安整风运动中最具有思想活力的部分。

（二）服务人民与党员的伦理情感立场

在强调面向客观实在、转变思想方法的同时，毛泽东同样强调党员尤其是党的文艺工作者面向人民群众，转变伦理情感。这首先是马克思主义真理性显现的延伸要求。毛泽东从社会分工的角度分析了“教条主义”的来源，“什么是知识？自从有阶级的社会存在以来，世界上的知识只有两门，一门叫做生产斗争知识，一门叫做阶级斗争知识”[②]。因而从事社会实践的“群众是真正的英雄，而我们自己则往往是幼稚可笑的，不了解这一点，就不能得到起码的知识”[③]。“产生理论与实践分离的社会根源，则是阶级社会中精神劳动与体力劳动之分离”“人民群众之所以最富有创造性，正是由于人民群众始终不曾一天脱离实际生活斗争过程”[④]。当然，毛泽东承认“人民也有缺点的。无产阶级中还有许多人保留着小资产阶级的思想，农民和城市小资产阶级都有落后的思想”[⑤]。可以说，毛泽东从人民群众是社会实践的主体这一角度肯定了群众在马克思主义真理性显现问题上的优越性。

与之同向而行的，是毛泽东把“为人民服务”作为“公”的道

① 中共中央文献研究室编:《毛泽东年谱（1893—1949）》中卷，中央文献出版社2013年版，第371页。

②《毛泽东选集》第3卷，人民出版社1991年版，第815页。

③ 中共中央文献研究室编:《毛泽东年谱（1893—1949）》中卷，中央文献出版社2013年版，第317页。

④ 华明:《教条主义与创造性》,《华北文化》1942年第2期。

⑤《毛泽东选集》第3卷，人民出版社1991年版，第849页。

德内涵加以阐述。在文化界抗日民族统一战线建立以来，中国共产党开始明确把无产阶级道德与中国固有道德的一致性定位在民族、民众上面，发扬道德伦理的公共性，如陈伯达提出“新道德的出发点是大多数人，是民众”“而不是‘夙夜匪懈以事一人’”①。1942 年 5 月 28 日，毛泽东在中央学习组会上补充解释了延安文艺座谈会上的发言，指出“我们主要的基础是什么？是工农兵”“‘人生一世，草长一春’，为了什么呢？人一生一世就是专门为工农兵，死的时候如果作祭文也是这样作好了，当然不是专门为了作祭文”“就是告诉人们，你们不要自私自利吧”②。“公”与“私”的分立成为党的伦理道德评价体系的基准线，而“公”的内涵即是为人民服务，是白求恩所体现的“毫不利己专门利人”的国际主义道德，是张思德所践行的“彻底地为人民的利益而工作的”道德③。这就为共产主义道德提供了一个可以确证的意义坐标。

因而，面向人民群众进行伦理情感的启蒙包含着毛泽东对马克思列宁主义真理性（一般和个别相结合）和伦理性（领导和群众相结合）的同一性的理解。这具体体现为毛泽东对群众路线的阐述，“将群众的意见（分散的无系统的意见）集中起来（经过研究，化为集中的系统的意见），又到群众中去作宣传解释，化为群众的意见，使群众坚持下去，见之于行动，并在群众行动中考验这些意见是否正确”④。在这一过程中，党员尤其党的文化工作者不再片面地扮演“启蒙者”的角色，而与人民群众确立互相启蒙的关系，“只有代表群众才能教育群众，只有做群众的学生才能做群众的先生”⑤。这也意味着

① 参见艾思奇:《共产主义者与道德》,《解放》第 1 卷第 51 期；陈伯达:《关于“孝”——旧教条的批判之一》,《中国文化》第 2 卷第 2 期。
②《毛泽东文集》第 2 卷，人民出版社 1993 年版，第 431 页。
③ 参见《毛泽东选集》第 3 卷，人民出版社 1991 年版，第 659、1004 页。
④《毛泽东选集》第 3 卷，人民出版社 1991 年版，第 899 页。
⑤《毛泽东选集》第 3 卷，人民出版社 1991 年版，第 864 页。

组织群众和教育群众的复杂性、长期性，“我们应该长期地耐心地教育他们，帮助他们摆脱背上的包袱，同自己的缺点错误作斗争，使他们能够大踏步地前进”①。

（三）整风运动与政党文化的建设方法

在毛泽东看来，中国共产党必须在“思想上组织上都真正统一起来”，否则“组织上入了党，思想上并没有完全入党”，就会发生“亡党亡国的危险”②。显然，毛泽东尤为关注党作为无产阶级政党文化共同体的基础性地位。而他对这一问题的思考也从“思想上建党”进一步上升到“改造主观世界”的层面。“无产阶级和革命人民改造世界的斗争，包括实现下述的任务：改造客观世界，也改造自己的主观世界——改造自己的认识能力，改造主观世界同客观世界的关系”；即使到了共产主义时代，也不过是“全人类都自觉地改造自己和改造世界的时候”③。改造主观世界是贯穿个体的整个生存过程的命题。在这个意义上，毛泽东对阶级出身决定阶级意识的推论前提产生新的看法，“人，它只有一种基本特性——社会性”“自从人脱离猴子那一天起，一切都是社会的，体质、聪明、本能一概是社会的”④。因此，人作为社会化的产物具有可塑性，也说明塑造新人本身具有构建新社会的意义。

当然，“整风运动”作为无产阶级政党文化共同体的生成路径更加精密。一是定向学习，明确给定文件的中心主题，熟悉以“理论与实际相统一”为基准的“两条路线”的概念和内涵。二是结合工作，通过各种形式和规模的讨论会展开批评与自我批评，在个体与“会议

①《毛泽东选集》第3卷，人民出版社1991年版，第849页。
②《毛泽东选集》第3卷，人民出版社1991年版，第875、876页。
③《毛泽东选集》第1卷，人民出版社1991年版，第296页。
④《毛泽东文集》第3卷，人民出版社1996年版，第83页。

集体”的讨论中进一步准确聚焦个体的问题。三是结合个人历史，通过书写思想反省笔记展现对中心主题的认识变化。“笔记”是个体与组织共同创作的产物，“上级人员要看改下级同志的笔记，不能全看时，也要轮流抽看，并且帮他批改”“上级人员看了下级同志的笔记后，必要时找他来个别谈话”，可以“互相借看笔记”和“传观最好的笔记”①。四是审查干部。可见，上述过程构成一个完整的无产阶级思想的构建过程，通过频繁地批评与自我批评来增强个体思想状况的外显化程度，“不断地提拔在斗争中产生的积极分子，来替换原有骨干中相形见绌的分子，或腐化了的分子”②。

毛泽东在试图恢复马克思主义的真理性的同时，也致力于增强党的组织凝聚力。整风运动的路线斗争和思想反省既使全党体验了如何运用马克思主义的“立场、观点和方法”，也把毛泽东著作的理论语言、政策方法、情感偏好等扩散至全党，使“党内的语言比较一致”③。这加速了毛泽东著作的经典化，促成了中共七大确立毛泽东思想为指导思想。在中国共产党外部，马克思主义与三民主义等理论的竞争同样加速了毛泽东思想的概念表述、体系构建和权威强化。可以说，整风运动增强了全党的理论水平和组织纪律性。

四、延安文艺座谈会与“人民文化”思想

从历史过程来看，1940 年的陕甘宁边区文化协会代表大会、1942 年的延安文艺座谈会和 1944 年的陕甘宁边区文教大会构成了新民主主义文化理论创新的三个波峰。延安文艺座谈会解决了党和文化人、文化人和工农兵、文化生产原则等一系列问题，强化了文化下乡

①《延安一个月学习运动的总结》,《解放日报》1942 年 6 月 5 日。
②《毛泽东选集》第 3 卷，人民出版社 1991 年版，第 898 页。
③《毛泽东选集》第 4 卷，人民出版社 1991 年版，第 1441 页。

的实践趋势；1944 年的陕甘宁边区文教大会确立了包括党的一元化领导体制、群众文化运动等要素在内的乡村文化改造体制，把基础教育、扫盲科普、妇女解放、文艺作品改造等问题统合起来加以解决。这一进程的思想特点是强调最大化地扩大文化统一战线，凸显文化大众化的“普及”维度，以此来密切联系和有效组织人民群众。中共七大确立了新民主主义文化纲领，明确了“人民文化”的建设方向，丰富了新民主主义文化理论的内涵。

（一）延安文艺座谈会与文化大众化的新认识

在发动和主持整风运动的过程中，毛泽东推进了关于文化建设问题的思考。1942 年 5 月，毛泽东在延安文艺座谈会上阐明了文化大众化的理论、政策和实践体制。一是明确文化的阶级性与文化大众化的关系，“真正人民大众的东西，现在一定是无产阶级领导的”，因而文化大众化的路径是文化工作者站在无产阶级的立场上去表达和教育工农兵群众；二是文艺作品的生产原理，生产过程是“人民生活中的文学艺术的原料，经过革命作家的创造性的劳动而形成观念形态上的为人民大众的文学艺术”，文化生产的重心是普及，提高是方向，评价标准是“他的行为（主要是作品）在社会大众中产生的效果”；三是文化大众化的组织中介是“党”，党员文化工作者必须站在党的立场上，通过反省个体的非无产阶级思想而争取在思想上入党，必须在文化统一战线中对党外文化工作者进行团结、批评和争取的工作[①]。可见，延安文艺座谈会从党与群众的关系角度理顺了知识群体与工农群体的文化关系，对新文化普及问题进行了系统回应。

在延安文艺座谈会期间，边区政府文化工作委员会的王震之、柯仲平、塞克、肖三、罗烽等人召集戏剧界座谈会。会议结合毛泽东

①《毛泽东选集》第 3 卷，人民出版社 1991 年版，第 847—879 页。

的讲话检讨了以往忽视工农兵的“大戏热”和忽视边区实际的“只演死人和洋人”的创作问题，但在普及和提高的结合问题仍然存在分歧。一种观点认为普及和提高是同时进行的同一个工作的两方面，但须注意由“普及”转向“提高”的时机和条件；一种观点认为文艺运动应有普及和提高的区分，文艺工作者进行专门化分工。大多数人认同前一种观点，甚至提出戏剧地方化的主张，肯定了平剧所采用的“旧史实，新意义”的做法。这次会议提出深入农村、深入部队，并建议中共中央成立艺术界战时的统一领导组织①。这种反思使戏剧工作者认识到必须增进新戏剧的乡土属性，发挥戏剧改造社会心理和风俗习惯的教化功能，实现深层次的文化动员。

中国共产党关于文化建设的目标开始从表层的战争动员深入到塑造新人、新文化的层面。1942 年 5 月 28 日，毛泽东在中共中央学习组会议上对延安文艺座谈会的问题导向作了解释。他从社会出身和经济诉求的角度评估了知识群体、工农群体的革命性，强调“资产阶级、小资产阶级出身的文艺家和工人农民结合的过程”就是知识分子的工农化和工农群体的知识化，以此达到整合社会共识的目的。同时，他还从文化政策内生性的角度揭示了知识群体与工农群体相结合的必要性，“以工农的思想为思想、以工农的习惯为习惯”“从人民身上吸收养料，不然便要悬在空中，这是非常危险的”②。如此来看，文化建设既是一个重新连接不同阶层群体的社会重建进程，又是一个把马克思主义价值观念转化为社会共识的文化过程。

随着鲁迅艺术学院等机构整风运动的开展，文化界进一步检讨了脱离实际、脱离工农兵群众的主观主义倾向，促进文化工作者在转化利用乡土民间文化方面达成共识。在这一过程中，文化界纷纷开始探索各自领域大众化的艺术形式。边区文委认为“一切艺术宣传有

① 唯木:《当前的剧运方向和戏剧界的团结》,《解放日报》1942 年 5 月 19 日。
②《毛泽东文集》第 2 卷，人民出版社 1993 年版，第 424—433 页。

由礼堂走到街头的迫切需要”，特别是结合八一宣传节在延安各处布置街头表演，如青年艺术剧院在延安南区文化沟，“因演出戏剧系描写农村生活，接近下层，观众情绪颇高”；文化俱乐部举办“街头画报”“街头诗”“街头小说”等街头艺术展览；并在文化沟搭建“文化台”“除每周作音乐、小型话剧、讲演等活动外，并出版街头画报、街头诗、街头小说等三种大众化的刊物，轮流放文化台上”①。这些探索相对于工作团、宣传队的单向宣教是一种新的探索，在不同程度上尝试把新文化与传统文化加以连接，把新文化的种子放入传统文化土壤。

中国共产党对文化工作的思想认识变化伴随着文化人、文化团体的行政化进程。1942 年 3 月 5 日，陕甘宁边区政府文化工作委员会成立，直属边区政府，由吴玉章任主任、罗烽任秘书长，“代表陕甘宁边区政府根据新民主主义政纲，领导并开展边区文化运动”②。边区文委作为领导陕甘宁边区文化运动的行政机关替代了作为统一战线组织的边区文协，加速了文化人和文化社团的组织化进程。从 3 月 12 日开始，边区文委办理各文化团体的登记事宜，在文委内设置艺术文学研究组、大众化工作委员会、文化生活研究组等小组来对口管理相应社团和进行文化工作；颁布《文化技术干部待遇条例》，对文化人和文化社团进行定期经费补助③。从 1942 年 10 月开始，文化活动随着整风运动的深入而大幅减少，边区文委开始与各文化团体商谈机构精简和文化人分散使用的问题，并将之作为中心工作④。

①《陕甘宁边区政府文化工作委员会八月份报告（1942.9.22）》，陕西省档案馆藏，档案号：2-1-1286。

② 杨福印、王安主编：《陕西革命文化史料集》第 1 集，延安地区文化文物局、陕西省文化厅革命文化史料征集领导小组办公室 1989 年印，第 111 页。

③《陕甘宁边区政府文化工作委员会第 2 次会议提纲》，陕西省档案馆藏，档案号：2-1-1283。

④《陕甘宁边区政府文化工作委员会十月份报告（1942.11.17）》，陕西省档案馆藏，档案号：2-1-1286。

在此基础上，根据地一元化领导体制的建立把文化界工作从统一战线领域纳入到党的建设范围，确立了党对文化工作的领导关系。1942 年 9 月 1 日，中共中央明确规定了抗日根据地一元化领导体制的基本原则，即“党是无产阶级的先锋队和无产阶级组织的最高形式”“领导一切其他组织，如军队、政府与民众团体”，对于政府、民众团体的领导“经过自己的党员及党团”来实现，“党的领导一元化，一方面表现在同级党政民各组织的相互关系上，又一方面则表现在上下级关系上”[①]。1943 年 3 月，中共中央为统一和集中宣传教育方面的工作，设置宣传委员会（毛泽东任书记），是政治局和书记处的助理机关，中央文化工作委员会并入宣传委员会[②]。在文化人和文化社团被纳入党的建设的工作范围，边区文化工作委员会的作用逐渐虚化。

随着延安整风的结束，中国共产党刷新了对文化的理论认识和实践体制，推动形成了文化建设的新形态。1943 年 3 月，中央文委、中组部举办文艺工作者座谈会，号召文艺工作者深入群众、改造自己，面向实际、面向工农兵。陈云在会上指出党的文艺工作者首先是党员，文化工作是党内分工，同样要遵守纪律[③]。在组织上实现了一体化、贯通性的重建，文化人不再集中在社团，而是被分散进入各部门“参加各种实际工作”“文抗也无存在之必要了，鲁艺也大部下乡工作，其他文化团体，文化机关也是这样”；在思想方法上更加注重新文化与传统文化的连接与交融，避免形式主义、主观主义地构建新文化；在知识群体与工农大众的结合上，改变了片面尊重文化人的思想立场、个性偏好的统战方式，而是团结、批评和教育，“在党的原

① 中央档案馆编:《中共中央文件选集》第 13 册，中共中央党校出版社 1991 年版，第 426—436 页。

② 中共中央组织部、中共中央党史研究室、中央档案馆:《中国共产党组织史资料》第 3 卷上册，中共党史出版社 2000 年版，第 42 页。

③ 陈云:《关于党的文艺工作者的两个倾向问题（在党的文艺工作者会议上的讲话，1943 年 3 月 10 日）》,《解放日报》1943 年 3 月 29 日。

则问题上尤须严肃，不应迁就落后，造成党内的特别党员”[①]。经由整风运动，毛泽东关于文化问题的思考转变为全党共识，并获得了强有力的群众文化运动实践体制。

毛泽东所塑造的文化建设新形态是高度组织化的实践体制。譬如，鲁迅艺术学院在1942年底完成整风后便开始学习民间的秧歌艺术，结合边区开荒大生产、改造二流子等政策发展出新的秧歌舞和秧歌剧，在1943年春节演出后引发轰动，使得边区党政军机关纷纷成立秧歌队，产生秧歌下乡运动[②]。秧歌运动作为一种群众文化运动具有进入乡土进而实现新文化与乡村文化连接的能力，弱化了新文化漂浮于乡土的问题。这是因为，基层社会的固有文化网络经历了漫长历史阶段的沉淀而潜移默化地发挥作用，没有“运动”便难以开拓出新文化的空间。王奇指出文化运动是“群众运动的灵魂”，群众运动是“文化运动的骨肉”，通过“把握革命要求与群众要求的一致性”实现文化运动与群众运动的结合[③]。1943年11月，中央宣传部把毛泽东在延安文艺座谈会上的讲话确立为“党对于现阶段中国文艺运动的基本方针”“同样适用于一切文化部门”[④]。

（二）陕甘宁边区文教大会与“人民文化”思想

1944年3月，毛泽东在中共中央宣传委员会召开的宣传工作会议上进一步提出“把整个边区变作一个大学校”的号召，全面阐述了对陕甘宁边区文化建设的问题。他肯定了延安文艺座谈会以来的群众

① 杨福印、王安主编：《陕西革命文化史料集》第1集，延安地区文化文物局、陕西省文化厅革命文化史料征集领导小组办公室1989年印，第293—295页。

② 参见王冬：《抗日战争时期延安秧歌剧研究》，南京艺术学院博士学位论文，2010年。

③ 河南省文化厅文化志编辑室编：《冀鲁豫边区文艺资料选编》第1辑，河南省文化厅印刷厂1988年印，第112页。

④ 中共中央文献研究室、中央档案馆编：《建党以来重要文献选编》第20册，中央文献出版社2011年版，第632—634页。

文化实践，“反映了群众的生活，真正地反映了边区的政治、经济”，但明确指出“如果不发展文化，我们的经济、政治、军事都要受到阻碍”。毛泽东强调报纸、学校、艺术、卫生等文化工作必须具备群众观点，在尊重群众风俗习惯和满足群众需要的过程中引导、教育和团结群众，要求延安各学校的知识人到了冬季就下乡帮助群众学习文化；多次提及要转化发展孔子的家庭观、教育法，认为共产党要“建立模范家庭”“主张家庭和睦、父慈子孝、兄爱弟敬，双方互相靠拢，和和气气过光景”。出于“今年要学会文化建设”的考虑，毛泽东提出在 1944 年冬天召开边区文教会议①。

在文化建设过程中，群众路线成为连接传统文化、增加新文化内生性的重要方式。以医药卫生工作为例。乡土社会存在着迷信巫神、相信中医和疑惧西医的心理习惯。1944 年 4 月，为防治定边城的白喉瘟疫，三边分区驻军卫生部部长王照新对在群众具有深厚基础的中医采取团结、教育和改造的政策，进而通过中西医座谈会展开批评与自我批评实现中西医合作，建立中西医药研究会（由中医苗植庵、高丹如、魏俊义；西医王照新、侯东海；兽医蓝凰鸣、苏富泰，接产婆秦老太太；药铺张善等 10 人为委员）。中西医药研究会实行病案制度，由中西医共同诊治总结经验，对乡间行医的“卖当”医生进行资格审查、政治教育和业务提高；并以毛泽东提出的“为群众，解决人财两旺”思想为原则，保障定边名医苗植庵的生活，医生和药铺实行“二八分红”②。对此，李富春指出中医应以现代科学为基础整理经验、实现科学化；西医要丰富经验、实现中国化；群众卫生运动必须“以有效的治疗使群众亲身体验”为基础③。

1944 年 5 月 17 日，中共西北局宣传部、边区政府教育厅和文协

---

① 参见《毛泽东文集》第 3 卷，人民出版社 1996 年版，第 106—120 页。
②《文教工作的新方向》，冀鲁豫书店 1945 年版，第 25—28 页。
③《文教工作的新方向》，冀鲁豫书店 1945 年版，第 23—25 页。

为了全面贯彻毛泽东关于陕甘宁边区文化建设的指示，决定在1944年10月召开陕甘宁边区文化教育会议，要求各地党政宣传部门和文教团体展开调查研究，“着重好坏例子，着重现状，着重经验，不要空洞的长篇大论”①。1944年10月11日至11月18日，边区文教大会召开。毛泽东在会上指出“封建迷信的思想还在经过文化生活的各方面影响着边区的群众”，但也指出改造群众思想的文教工作必须以“群众的需要和自愿”为基本原则，“不要从任何良好的个人愿望或历史教条出发”，否则会“流于形式主义而失败，‘欲速则不达’”②。李维汉在总结发言中指出“文教工作，都要发动群众，造成群众运动”“就群众文教运动说，必须是内容（目的）上为群众，形式（方法）上经过群众的路线”③。由此来看，党的领导、群众路线、文化运动、新文化与传统文化相融合成为党的文化建设核心要素。

边区文教大会全面地总结了陕甘宁边区医药卫生、学校教育、文化艺术、报纸出版等文化工作的经验，通过了发展边区各项文化事业的决议。首先，确立刘志仁等民间艺人典型，鼓励运用旧形式表达新内容，注重通过民间艺人、乡村教师等地方文化知识分子来连接新文化和乡土观念④。其次，采用民办公助等政策开办小学、识字班、夜校、冬学等形式的教育机构，要求“教学内容与方法上体现群众的需要”“群众亲自看到学习的利益”⑤。最后，要求报纸、卫生、扫盲等新文化工作必须在群众自觉自愿的条件下适应群众的文化程度和接

---

①《边区文化教育会议将于十月间在延安举行——西北局宣传部、教育厅、边区文协发表决定》《解放日报》1944年5月27日。

②《文教工作的新方向》，冀鲁豫书店1945年版，第1—3页。

③ 罗迈（李维汉）:《开展大规模的群众文教运动——十一月十五日在边区文教大会总结提纲》,《解放日报》1944年11月20日。

④ 刘志仁是新宁社火活动的组织者，按照旧曲调格式编有《统一战线》《新三恨》《新文化歌》等作品，讲究和韵，废除了师徒制，演出深受群众欢迎。参见《文教工作的新方向》，冀鲁豫书店1945年版，第32页。

⑤《关于培养知识分子与普及群众教育的决议》,《解放日报》1945年1月10日。

受能力，避免“不作调查只图数目字的形式主义与锦标主义倾向”[1]。在边区文教大会期间，“人民的文化”“人民大众的文化”“人民文化”等提法多次出现，丰富了新民主主义文化思想的具体内容和政策原则。会后，党依托组织建设和群众路线把文化价值理念与传统文化文化要素加以融合，激活冬学、扫盲、卫生、民间艺术、读报等文化实践，推动陕甘宁边区乡村文化进入一个活跃期。

综上来看，中国共产党尝试在共产主义文化理想与中国社会文化现实之间建立合理的逻辑连接方式。理论与实践之所以能够实现良性互动，不仅是以毛泽东为主要代表的中国共产党人的自觉推进，而且与共产国际的新指示、中国革命的生存危机密切相关。这些因素共同形成了“马克思主义中国化”的思想合力，也为建立共产主义文化理想与中国社会文化现实之间的合理关系提供了基准线。经历延安整风、文艺座谈会以后，中国共产党不仅形成了建设政党文化的新理念、新方法，而且把一元化文化体制、群众运动等因素结合起来形成群众运动型的实践体制，适应了革命战争的需要。

①《文教工作的新方向》，冀鲁豫书店 1945 年版，第 31 页。

第四章　新民主主义文化思想的发展

从1945年到1949年，中国共产党成功应对国内外形势的复杂变化，在解放战争进程中根据国内外统战关系的变化及时调整新民主主义文化思想的表述，明确了新民主主义文化革命的对象，凸显了新民主主义文化的人民性，批判了狭隘的民族主义倾向。解放战争的胜利扩大了新民主主义文化思想的影响，使解放区与国统区的文化人成功会师并成为组建新中国文化组织体制的基本力量，而在这一过程中，政治学习运动推动了新民主主义理论、马克思主义理论在哲学、教育学、历史学等社会科学领域的延展细化。中国人民政治协商会议在“共同纲领”中确立新中国的新民主主义文化纲领及其具体的政策举措。总体上来看，随着中华人民共和国的成立与建设，新民主主义文化思想的过渡性、暂时性凸显出来，中国共产党在包括文化领域在内的建设实践中面临着新的探索任务。

一、解放战争与新民主主义文化思想的新表述

新民主主义文化思想的核心要素是民族的、科学的、大众的，而这种表述方式也是对统一战线的基本构成与斗争对象的描述，因而随着解放战争开始，新民主主义文化思想的表述伴随着国内外统战关系的变化而变化。在国内，新民主主义文化的统一战线阵营是工人、农民、民族资产阶级与小资产阶级，人民性凸显出来，斗争对象是地主阶级封建文化、买办资产阶级文化；在国际上，由于美苏冷战及

其在国共战争中的立场变化，中国共产党对以苏联为首的社会主义阵营采取“一边倒”政策，国际主义彰显，开始批判狭隘民族主义；对以美国为首的资本主义阵营采取斗争策略，帝国主义文化成为批判对象。总的来看，新民主主义文化思想的调整既是在统一战线阵营内强调建设人民文化与凸显思想领导，又是在革命战争中强调推翻“三座大山”及其文化压迫。不过，由于对经验主义、地方主义和狭隘民族主义的批判，原来强调运用民间文化、民族形式和民间艺人的政策开始收缩。

（一）国内统战与新民主主义文化的人民性

伴随着抗战胜利与解放战争的发生，抗日民族统一战线转化为人民民主统一战线，新民主主义文化的表述凸显了人民性特点。在新民主主义文化思想形成之时，民族的、科学的、大众的新文化的表述方式包含着社会主义文化理想与现阶段文化政策、民族性与国际性的微妙平衡，是对抗日民族统一战线基本构成的表述。由于蒋介石集团成为革命对象，中国共产党迅速调整了对统一战线基本构成的表述，增加了“官僚资产阶级”和“买办文化”，把封建的、买办的和帝国主义的文化作为新民主主义文化革命的对象。在解放区土地改革与建立政权的实践中，中国共产党重视反对地主阶级封建文化，引导产生了大量反对封建主义的文艺作品；同时也注意落实保护文物古迹的政策。随着解放区从分散走向统一，中国共产党开展反对“经验主义”和“地方主义”的思想批判，强化了理论原则、上级命令在文化实践中的作用。

1945年4月至6月，中共七大正式确立了新民主主义文化纲领及其政策形态，明确了新民主主义文化革命的对象。在《论联合政府》的报告中，毛泽东从统一战线的角度把“民族的、科学的、人民大众的新文化和新教育”作为“中国国民文化和国民教育的宗旨”，以此代表工人阶级、农民阶级、城市小资产阶级、民族资产阶级、开明士绅及其他爱国分子在“整个新民主主义的阶段”的共同要求，把“一切奴化的、封建主义的和法西斯主义的文化和教育”视为革命对象。在这些表述中，除了申明文化革命的对象之外，重点突出了人民大众，接续了1944年陕甘宁边区文教大会后出现的“人民文化”口号，号召通过教育“旧文化工作者”和培养新的知识分子干部来开展群众文化运动，吸收中国古代文化、外国文化的有益成分，改善人民群众的文化生活、医疗水平①。1945年5月31日，中共七大通过这一报告，要求“在全党的实际工作中予以实现”②。不过，毛泽东也预估了这一纲领的三种可能性，其中之一便是“无联合可能时”，便要“以我们为中心”，削弱“蒋介石的力量”③。

在历经重庆谈判、内战爆发之后，最大化地团结反美反蒋的各阶层力量成为凸显高扬“人民文化”口号的统战背景。1946年11月，毛泽东指出中共七大关于蒋介石集团和美国的估计是正确的，强调“统一战线是一个基本的问题，无论如何要团结最大多数的人”④。在这种统战关系设定下，毛泽东最广泛地界定了“人民”范围，“被蒋介石政府各项反动政策所压迫、处于团结自救地位的中国各阶层人民，包括了工人、农民、城市小资产阶级、民族资产阶级、开明绅士、其他爱国分子、少数民族和海外华侨在内。这是一个极其广泛的全民族的统一战线”⑤。1948年1月，中共中央专门针对解放区政权性质问题指出“应当代表一切劳动群众（工人、农民、独立工商业者、

① 中共中央文献研究室编：《毛泽东在七大的报告和讲话集》，中央文献出版社1995年版，第51、74、79、80页。
② 中央档案馆编：《中共中央文件选集》第15册，中共中央党校出版社1991年版，第111页。
③ 中共中央文献研究室编：《毛泽东在七大的报告和讲话集》，中央文献出版社1995年版，第103页。
④《毛泽东文集》第4卷，人民出版社1996年版，第198页。
⑤《毛泽东选集》第4卷，人民出版社1991年版，第1225页。

自由职业者及脑力劳动的知识分子）及中产阶级（小资产阶级、中等资产阶级、开明绅士）”[①]。知识分子作为被压迫和迫害的群体也具有革命性，“所谓劳动人民，是指一切体力劳动者（如工人、农民、手工业者等）以及和体力劳动者相近的、不剥削人而又受人剥削的脑力劳动者”[②]。这最大程度地扩大了人民文化的范围。

随着解放战争的展开与国统区第二条战线的开辟，中国共产党在提出“官僚资产阶级”的过程中强调反对“买办文化”。1947 年 12 月，毛泽东指出以蒋宋孔陈四大家族为代表的利用国家政权和外国资本聚敛财富的群体“叫做官僚资产阶级，即是中国的大资产阶级”“新民主主义的革命任务，除了取消帝国主义在中国的特权以外，在国内，就是要消灭地主阶级和官僚资产阶级（大资产阶级）的剥削和压迫，改变买办的封建的生产关系，解放被束缚的生产力”[③]。到 1948 年 3 月，毛泽东明确指出“中国现阶段革命的性质，是无产阶级领导的、人民大众的、反对帝国主义、反对封建主义和反对官僚资本主义的革命”[④]。这一点在 1948 年 4 月的晋绥干部会议上被提炼为新民主主义革命总路线，“无产阶级领导的，人民大众的，反对帝国主义、封建主义和官僚资本主义的革命，这就是中国的新民主主义的革命，这就是中国共产党在当前历史阶段的总路线和总政策”[⑤]。因此，与“官僚资本主义”“官僚资产阶级”对应的“买办文化”“奴性文化”被凸显出来，成为重点斗争对象。

在解放区土地改革的进程中，与“地主阶级”对应的“封建文化”成为文艺文化活动的重点内容。在延安文艺座谈会与陕甘宁边区

① 中央档案馆编:《中共中央文件选集》第 17 册，中共中央党校出版社 1992 年版，第 14 页。
②《毛泽东选集》第 4 卷，人民出版社 1991 年版，第 1287 页。
③《毛泽东选集》第 4 卷，人民出版社 1991 年版，第 1254 页。
④《毛泽东选集》第 4 卷，人民出版社 1991 年版，第 1287 页。
⑤《毛泽东选集》第 4 卷，人民出版社 1991 年版，第 1316—1317 页。

文教大会后，适应群众需要的文化作品开始出现，譬如秧歌剧《兄妹开荒》、新歌剧《白毛女》、新诗《王贵与李香香》、小说《李有才板话》等等，木刻创作、平剧改革屡出新作。中共中央宣传部部长陆定一指出“反动的文艺，因为它有民族形式，虽然内容反动极了，但在人民之中据有地盘，毒害人民。革命的文艺如果不学会自己的民族形式，即劳动人民所喜闻乐见的形式，那怕内容很好，就不可能在几万万人的头脑里把旧文艺的影响打倒、肃清。文化的斗争，这是不流血的。但是，不把几千年来的封建文化所筑下的无数堡垒一个个地夺取过来，并建立起新民主主义的文化堡垒，那就不会有新的社会”[①]。在晋冀鲁豫边区，“赵树理方向”成为文艺创作的典型，“站在人民的立场来写的，爱憎分明，有强烈的阶级情感，思想情绪是与人民打成一片的。批判的接受了中国民间小说的优秀传统，然而他以今天群众的活的语言描绘了当前的斗争现实，经过自己的提炼，他创造了一种新形式”[②]。

中国共产党在土地改革、反封建文化的同时，注意保护历史文化遗产。中共中央在1946年2月就针对热河故宫围场的保护修复工作发出爱护文物古迹的指示[③]。1947年7月，中央工委发出禁止毁坏古书、古迹的指示，“有些地方在土地改革时，所清出的地主家庭书籍、字画、碑帖、古董受很大损失，当成废纸贱卖”“古庙古迹亦必须保存，禁止拆毁。已开始破坏的必须停止，将来统一处理”[④]。1947年8月，晋冀鲁豫边区政府要求各级政府落实中央指示，“关于保存文化遗产，过去迭有通令。但因为对这问题深入教育不够，没有引起

① 陆定一：《读了一首诗》，《解放日报》1946年9月28日。

② 荒煤：《向赵树理方向迈进》，《人民日报》1947年8月10日。

③ 中央档案馆编：《中共中央文件选集》第16册，中共中央党校出版社1992年版，第68页。

④ 中央档案馆编：《中共中央文件选集》第16册，中共中央党校出版社1992年版，第479页。

各地应有的注意”“必须教育说服干部和群众认识这也是人民斗争得来的果实，是人民文化事业的财产，特别是一种民族文化古迹，经历多少年到现在是不容易的，其中有些国内珍罕文物倘加毁弃就是损失”[①]。在《中国土地法大纲》中，明确规定“名胜古迹，应妥为保护。被接收的有历史价值或学术价值的特殊的图书、古物、美术品等，应开具清单，呈交各地高级政府处理”[②]。

解放战争的推进使得原来相互分散独立的解放区连接成片，批判“地方主义”与“经验主义”成为党内思想政治教育的重要内容。1948年5月25日，毛泽东指出在推进整党建政的过程中，必须加强组织纪律性，必须认真学习和遵守“中央颁布的各项重要文件”，反对“经验主义的方法”。这里把“经验主义的方法”界定为“事前毫无准备，不提出问题，不分析问题，不向干部会议作精心准备好了的内容文字都有斟酌的报告，而听凭到会人员无目的的杂乱无章的议论，致使会议时间延长，得不到明确而周密的结论”[③]。结合毛泽东的论述，艾思奇把“经验主义”界定为“仅仅满足于自己狭小工作范围内的局部经验，而不肯学习各方面的经验，不会集中和坚持有普遍性的经验，不会在一般的理论指导之下来总结这些经验”的方法，认为反对“经验主义”是当前反对“主观主义”的重点，也是延安整风的继续和补充，因为延安整风并未把“经验主义”作为重点加以批判，而且在批判“教条主义”的同时，产生“否定了一切书本理论知识的价值”的倾向[④]。在行政层级运作中，批判“地方主义”与“经验主

① 河南省文化厅文化志编辑室编:《冀鲁豫边区文艺资料选编》第1辑，河南省文化厅印刷厂1988年印，第2页。

② 中央档案馆编:《中共中央文件选集》第16册，中共中央党校出版社1992年版，第548页。

③《中共中央关于一九四八年土地改革工作和整党工作的指示（1948.5.25）》，《人民日报》1948年6月1日。

④ 艾思奇:《反对经验主义》，《人民日报》1948年7月17日。

义”转化为对上级命令与理论原则的强调，削弱了基层政府和干部在新民主主义文化建设中的自主性。

在华北，华北解放区和华北人民政府的成立，强化了对各地区文化工作的统合能力。1948年5月9日，中共中央决定“晋冀鲁豫及晋察冀两中央局合并为华北中央局”，晋冀鲁豫边区和晋察冀边区合并为华北解放区，暂时成立“华北联合行政委员会”①。1948年8月，华北临时人民代表大会召开，正式成立华北人民政府，设置教育部、高等教育委员会等文教行政机构②。华北人民政府把新民主主义文化纲领逐步转化为一系列文化教育政策法令文本③。以中等教育为例。华北人民政府在学校行政上改变“国民党官僚、特务、豪绅、市侩及牧师、神父等帝国主义分子或其走狗爪牙占优势”的局面；在学生成分上吸收“工农劳动人民子女”；在课程上废除“公民、党义等反动课程”，设置“辩证唯物论与历史唯物论”等课程，尤其把思想教育作为工作重心，并考虑进一步改革课程，“通过各科教学进行思想政治教育”④。在这种旨在统一各区域行政事务的政策取向下，以往注重地方差异性的政策取向被视为“地方主义”而遭致批判。

（二）国际主义与新民主主义文化的民族性

从1945年到1949年，中国共产党的国际统战政策从世界人民反法西斯统一战线转向世界人民反帝国主义统一战线，因而新民主主义文化思想的民族性内涵发生重要变化。在全面抗战时期，中国共产

① 中央档案馆编：《中共中央文件选集》第17册，中共中央党校出版社1992年版，第151页。

② 参见刘建民：《华北人民政府研究》，首都师范大学博士学位论文，2007年。

③ 如《华北区小学教育暂行实施办法》《华北区普通中学暂行实施办法（草案）》《师范学校暂行实施办法（草案）》《各大学专科学校文法学院各系课程暂行规定》；等等。

④ 中央档案馆编：《共和国雏形——华北人民政府》，西苑出版社2000年版，第462页。

党强调民族抗战，视美国、苏联等国家为中国抗日战争的盟友，在思想文化方面注重民族形式、民族情感；而随着美国采取支持蒋介石集团发动战争，中国共产党强调反抗帝国主义，在抗议美军暴行、批判“中美商约”等事件中把“美蒋”作为阻碍中华民族解放事业的障碍；但面对苏美对抗的国际局势，中国共产党注重运用国际主义的话语争取以苏联为首的社会主义阵营的支持，确立“一边倒”的外交政策。由此，新民主主义文化之民族性要素的内涵发生变化，国际主义、社会主义的因素上升，苏联文化在中国进一步扩大影响，而资本主义、民族特点的因素相对下降，批判以美国为代表的腐朽文化成为文化教育战线的重要任务。

抗日战争胜利后，中国共产党面对美苏对抗的形势，在争取国内和平的过程中逐步确立对美国政府的斗争政策，灵活地使用反抗帝国主义的宣传话语。中国共产党在经历美国调停国共冲突、美国对蒋军事援助等事件后，认识到美国政府援助蒋介石集团所带来的战争风险，“对美蒋的压力与要求，我们应当有所让步，但主要的政策不是让步而是斗争”[①]。1946 年 7 月 21 日，中共中央宣传部发出对美宣传政策的通知，“向世界控诉美国帝国主义分子帮助蒋介石发动和进行内战和把中国殖民地化的罪行”，同时也要求不要笼统地反美，“打击帝国主义侵略政策和帝国主义侵略分子，赞成中美平等友谊合作，争取美国广大人民与民主分子对我了解同情”[②]。这种政策与话语还包含着积极争取国际形势变化和苏联援助的考量，“只要有现在的条件，苏联不帮助我们，我们也不怕。美国实际上是在干涉中国，但只要我们不断打胜仗，他也得考虑”[③]。

①《毛泽东文集》第 4 卷，人民出版社 1996 年版，第 146 页。
② 中央档案馆编:《中共中央文件选集》第 16 册，中共中央党校出版社 1992 年版，第 259—260 页。
③《毛泽东文集》第 4 卷，人民出版社 1996 年版，第 77 页。

在国民党政府发动内战、全面进攻解放区之后，中国共产党从“民族爱国主义”的角度强化了反抗美帝国主义侵略的宣传。1946 年 8 月 29 日，中共中央发表声明反对蒋介石集团通过出卖中国主权换取美国战争物资，“中国共产党认为美蒋在此项和同类谈判中的任何密约协议都是非法的，中国人民对此决不负任何责任”[①]。1946 年 11 月，中共中央宣传部发出指示，“我们在现阶段的基本政策，是对付美蒋两个结合一体的敌人，即是又反对美国帝国主义又反对蒋介石封建买办集团”[②]。在宣传策略中，注意运用“民族爱国主义”争取国内各阶层的支持，“蒋介石政府出卖国家主权和民族利益给美帝国主义的行为是与美帝国政府援蒋内战政策相适应的”[③]。1946 年 12 月 31 日、1947 年 1 月 5 日，中共中央接连发出指示，支持与扩大北平学生抗议美军暴行、反对美蒋的民主爱国运动，“今后在民族主义口号之下的民主爱国运动，定会继长增高”“我党在蒋管区的工作，应尽量利用这次学运的成果，扩大民族爱国主义的宣传”[④]。

不过，随着解放战争进入反攻阶段和苏联对华态度的转变，“国际主义”“社会主义”在批判美国帝国主义的宣传中迅速凸显。在解放战争爆发后，毛泽东多次把中国革命放在美苏对抗的国际形势中加以考量，“美国和苏联中间隔着极其辽阔的地带，这里有欧、亚、非三洲的许多资本主义国家和殖民地、半殖民地国家。美国反动派在没有压服这些国家之前，是谈不到进攻苏联的”“苏联在发展，美国在面临危机，今天主要矛盾是美国和资本主义世界其他国家的矛盾，美

① 中央档案馆编:《中共中央文件选集》第 16 册，中共中央党校出版社 1992 年版，第 283 页。

② 中央档案馆编:《中共中央文件选集》第 16 册，中共中央党校出版社 1992 年版，第 333 页。

③ 中央档案馆编:《中共中央文件选集》第 16 册，中共中央党校出版社 1992 年版，第 358 页。

④ 中央档案馆编:《中共中央文件选集》第 16 册，中共中央党校出版社 1992 年版，第 383 页。

国和中间地带的矛盾”①。这就凸显了中国革命、解放战争之于世界进步潮流和以苏联为首的社会主义国家的意义。在1947年，中国共产党推进解放战争进入反攻阶段，国统区民主爱国运动进一步暴露了蒋介石集团的面目。1947年11月，中国共产党在纪念十月革命30周年时指出“今天，只有十月革命所代表的世界社会主义运动，以及作为世界社会主义运动之一个组成部分的新民主主义运动，才能够帮助各国人民得到解放和正义，才能够抵抗资本主义旧世界的腐化和反动，才能够最后消灭资本主义，实现人类的光明前途”②。

进入1949年，“一边倒”的外交政策提升了国际主义、社会主义在中国共产党思想文化宣传中的地位，批判美国“白皮书”进一步削弱资本主义、美国因素对中国文化教育的影响③。中共七届二中全会后，新中国的筹建工作加快。1949年6月，毛泽东在《论人民民主专政》提出向苏联学习。显然，“一边倒”所带来的学习苏联社会主义的热潮，不仅加剧了对“狭隘民族主义”的批判，而且抬升了苏联社会主义文化在中国的影响力。在批判美国“白皮书”的过程中，毛泽东认为鸦片战争以来的帝国主义侵略引发了中国的反抗，以“封建主义的思想武器”和从西方学来的资产阶级思想武器为指导的抵抗相继破产。但是，“自从中国人学会了马克思列宁主义以后，中国人在精神上就由被动转入主动”，不仅取得民族解放的胜利，结束了中国文化被轻视的时代，而且在人民大革命中走向复兴的“中国人民的

①《毛泽东选集》第4卷，人民出版社1991年版，第1193页；《毛泽东文集》第4卷，人民出版社1996年版，第197页。

② 中央档案馆编：《中共中央文件选集》第16册，中共中央党校出版社1992年版，第793页。

③ 美国“白皮书”，即美国国务院于1949年8月5日发表的《美国与中国的关系》，系美国政府为了统一国内的对华看法和政策，叙述了自1844年美国强迫中国签订《望厦条约》至1949年期间的中美关系，其中对中国共产党及其领导的中国革命进行污蔑和攻击。

文化”“就其精神方面来说，已经超过了整个资本主义的世界”①。清除腐朽的奴役中国人民的美帝国主义文化成为新中国文化教育改革的重要内容。

二、“思想领域的解放战争”与新民主主义文化纲领的确立

解放战争不仅是一场军事战争，更是一场席卷全国的思想解放运动。随着解放战争的推进，国统区不断缩小，解放区持续扩大，原来分散于解放区和国统区的文化工作者胜利会师，形成了宣传、研究和践行新民主主义文化思想的强大力量。在这一过程中，文化人在中国共产党的领导下组织起来，先是在华北人民政府时期的华北文艺界协会开展旧剧改革等文化工作，后是随着平津解放、人民政协筹备召开而组建各种专业性的文化团体，推动新中国文化组织体制的建立。解放战争的胜利催化产生马列主义学习热，新民主主义的政治学习运动席卷各阶层、各领域，新民主主义文化思想在教育学、社会学等社会科学领域延展细化，发展新民主主义文化成为文化界共识。1949年9月，中国人民政治协商会议通过的“共同纲领”确立了新中国的新民主主义文化纲领，详细规定了新民主主义文化的具体政策。

（一）文化界会师与创建新中国的文化体制

随着华北各解放区的合并，新成立的华北人民政府推动了新民主主义文化政策的实践。1948年8月6日至19日，晋察冀边区文联与晋冀鲁豫边区文联合并成立华北文艺界协会，萧三、李伯钊任正、副主任，统一领导华北解放区的文艺工作。这次会议肯定了文艺工作

①《毛泽东选集》第4卷，人民出版社1991年版，第1513—1516页。

在解放战争中的成绩，要求坚持普及为主的方向，“从实际出发，而不是从政策条文出发”，特别决定有计划、组织地推动旧剧改革[①]。11月，华北戏剧音乐工作委员会成立，马彦祥、周巍峙任正、副主任。11月13日，《人民日报》发表关于改革旧剧的社论。该社论由周巍峙起草，由华北局宣传部长周扬请示毛泽东后进行了修改。该社论指出旧剧改革是按照历史唯物主义进行审定、修改和创作，必须区别其中有利、有害与无害的部分，“从现代无产阶级的观点来客观地观察与表现历史的事件与人物，而不是将历史的事件与人物染上现代的色彩”，消除“与新民主主义文化建设的方向相违反”的毒素[②]。

在此基础上，中国共产党把原来分处于国统区和解放区的文化工作者集结到统一的文化组织，加强贯彻新民主主义文化思想的组织力度。华北人民政府于1948年12月21日成立由周扬任主任的华北文化艺术工作委员会[③]。随着平津解放，华北文协和华北文化艺术工作委员会着手筹建平、津两市的文艺组织，推动中华全国文学艺术工作者代表大会于1949年7月召开。会上，周恩来指出这是大革命以来解放区和国统区文艺工作者的胜利会师，文艺工作应在新民主主义方向，坚持以普及为主、为工农兵服务，积极从内容和形式上改造旧文艺，号召文艺工作者树立全局观念，建设“新民主主义新中国”[④]。郭沫若着重阐述了文艺的新民主主义性质和文艺界的统一战线问题，“扫除半殖民地半封建的旧文学旧艺术的残余势力，反对新文艺界内部的帝国主义国家资产阶级文艺和中国封建主义文艺的影响”[⑤]。此

① 《确定今后文艺工作方针任务 华北文艺工作者集会 两区文联合并成立华北文艺界协会》，《人民日报》1948年9月24日。
② 《有计划有步骤地进行旧剧改革工作》，《人民日报》1948年11月13日。
③ 晋察冀边区革命史编纂委员会编：《晋察冀边区革命史编年》，河北人民出版社2007年版，第984页。
④ 参见《周恩来选集》上卷，人民出版社1980年版，第344—358页。
⑤ 郭沫若：《为建设新中国的人民文艺而奋斗——在中华全国文学艺术工作者代表大会上的总报告》，《人民日报》1949年7月4日。

外，茅盾和周扬分别汇报了国统区和解放区的文艺创作、文艺理论等问题。这次会议成立中华全国文学艺术界联合会，选举郭沫若为主席，茅盾、周扬为副主席，推动新民主主义文化纲领在文学艺术领域的贯彻。

教育、科学、新闻等领域的文化人以群众团体代表会议或筹备会议的形式组织起来。以教育领域为例。1949 年 3 月，中华全国学生第 14 届代表大会指出随着全国胜利的到来，学生在新民主主义教育方针下应当转入正常学习，配合教学管理，成为有革命思想的有专门知识的建设人才[①]。5 月，中华全国青年第一次代表大会召开。吴晗在会上指出“为了建立新民主主义的文化，一切反帝国主义、反封建主义、反官僚资本主义的思想派别，应当建立思想上的统一战线”，马克思列宁主义在统一战线中居于领导地位[②]。7 月，中华全国第一次教育工作者代表会议筹备会议召开，汇聚了解放区和国统区的教育工作者。华北人民政府主席董必武指出“教育必须是民族的、科学的、大众的，全心全意为人民大众服务，首先是为工农兵服务的新民主主义教育”“教育思想必须以无产阶级的思想，即马克思列宁主义毛泽东思想为领导”[③]。

同时，中国共产党着手建立全国性的文化组织体制。毛泽东在 1949 年 9 月的中国人民政协会议上所强调的，创建新中国就是要克服“旧中国散漫无组织”的弊病，就是要把“全中国绝大多数人组织在政治、军事、经济、文化及其他各种组织里”[④]。1949 年 11 月 9 日，中共中央决定设置中央人民政府党委会，下设文化教育委员会分党委

①《中国学生运动的当前任务——中华全国学生第十四届代表大会三月五日通过》，《人民日报》1949 年 3 月 14 日。

②《全国青代大会第三日 严济慈吴晗相继报告 必须专精一门，为人民服务》，《人民日报》1949 年 5 月 7 日。

③《董必武主席开幕词》，《人民日报》1949 年 7 月 28 日。

④《中国人民政治协商会议第一届全体会议宣言》，《人民日报》1949 年 10 月 1 日。

等6个分党委；在政务院文化教育委员会等4个系统分别设置分党组，规定党组负责执行“党中央一切有关政府工作的决定”[①]。此外，依据中共七大党章，中共在中华全国文学艺术界联合会等文化团体设置党组，使之成为“党向人民群众进行共产主义教育的场所”[②]。新中国成立后，中共宣传部系统作为担负思想文化工作的机构不断扩大工作范围和组织网络。1951年1月，中共中央决定在各级组织建立宣传员和报告员制度，构建经常地向群众解释政策和了解群众问题的宣传网[③]。2月，中共中央决定扭转各层级宣传部门机构残缺和工作范围狭隘的现状，规定了宣传部系统在群众宣传、理论教育、文化艺术、学校教育、报纸广播、书刊出版等方面的宣传和决策职能，要求中央宣传部对应上述职能设置群众宣传处、理论宣传处等机构，各级党委按照上述职能充实宣传人员[④]。

在新生的人民政权系统，文化组织体制逐步建立起来。在中央人民政府层级，文化教育委员会设置在政务院之下，负责指导文化部、教育部等部门的工作，于1949年10月成立，由郭沫若任主任[⑤]。文化教育委员会及其指导的各部、院、署于11月1日开始办公；其中文化部下设办公厅、艺术局等1厅6局，由茅盾任部长，周扬任党组书记[⑥]。文化部领导全国的电影、戏曲改革、文物保护、图

① 参见中央档案馆、中共中央文献研究室编:《中共中央文件选集（1949.10—1966.5）》第1册，人民出版社2013年版，第74—77页。

② 中央档案馆、中共中央文献研究室编:《中共中央文件选集（1949.10—1966.5）》第6册，人民出版社2013年版，第37页。

③ 参见中央档案馆、中共中央文献研究室编:《中共中央文件选集（1949.10—1966.5）》第5册，人民出版社2013年版，第1–5页。

④ 参见中央档案馆、中共中央文献研究室编:《中共中央文件选集（1949.10—1966.5）》第5册，人民出版社2013年版，第197—201页。

⑤ 参见中共中央文献研究室、中央档案馆编:《建党以来重要文献选编（1921—1949）》第26册，中央文献出版社2011年版，第750—756页。

⑥ 文化部人事局、文化部党史资料征集工作委员会办公室编印:《中华人民共和国文化部组织机构沿革及领导干部名录（1949.11—2010.6）》，文化艺术出版社2010年版，第1页。

书馆、文化馆等工作，以文化普及为工作方向。各地方行政区在接管旧机构的基础上逐步建立相应层级的文教机构。1951 年 4 月，文化部第一次全国文化行政会议指出“文化部的工作是一个思想的工作”，必须加强对文化艺术工作的思想领导[①]。同月，政务院规定省（包括行署）和市人民政府下合设文教厅、局，专署、县设置文教科，区设置文教员[②]。1953 年 12 月，文化部确立“以社会主义的精神教育广大人民”的工作方针[③]。

中国共产党在明确党政分工的过程中不断强化对政府文化部门的领导。1949 年 12 月 9 日，中共中央决定由中宣部负责“党内外的思想斗争”和制定“党的文化教育政策”；把中宣部代管的文教工作划归文化教育委员会，由文化教育委员会负责全国文教行政工作；但对于“文化教育方面之重大问题”，继续执行解放战争时期的报告请示制度，“经过党的系统，向中央报告和请示”[④]。并且，1953 年 3 月，为避免政府工作出现“分散主义”等问题，中共中央决定加强政府工作的请示报告制度，要求政府系统的各部门必须向中央请示，并汇报执行中共中央决议的情况；文教工作由习仲勋（时任文化教育委员会分党组干事会书记）负责请示报告[⑤]。通过这一方式实现对政府文化政策的领导，把政府文教系统作为实践思想文化理论的组织载体，并将马克思列宁主义灌注其间。

文化领域的社会团体的组织化不断提高，增强了中国共产党与

① 中华人民共和国文化部办公厅编:《文化工作文件资料汇编（1949—1959）》第 1 册，1982 年印，第 8—9 页。

② 中华人民共和国文化部办公厅编:《文化工作文件资料汇编（1949—1959）》第 1 册，1982 年印，第 399 页。

③ 中华人民共和国文化部办公厅编:《文化工作文件资料汇编（1949—1959）》第 1 册，1982 年印，第 18 页。

④ 参见中央档案馆、中共中央文献研究室编:《中共中央文件选集（1949.10—1966.5）》第 1 册，人民出版社 2013 年版，第 166—167 页。

⑤ 参见中央档案馆、中共中央文献研究室编:《中共中央文件选集（1949.10—1966.5）》第 11 册，人民出版社 2013 年版，第 289—294 页。

文化工作者和广大民众的组织联系。1949 年 7 月，周恩来在中华全国文学艺术工作者代表大会提出应成立与全国总工会类似的中华全国文学艺术界联合会，按照文学、音乐等门类成立协会，协助党和新政府的工作[①]。这一指示促成各门类文化工作者的组织化。中华全国文学工作者协会等团体相继成立，并在 7 月 23 日被中华全国文学艺术界联合会全国委员会第一次会议接受为会员。中华全国文学艺术界联合会作为全国文艺团体的联合组织。中华全国文学艺术界联合会与中华全国文学工作者协会合署办公，中华全国文学工作者协会党组由丁玲任书记，冯雪峰任副书记[②]。此外，其他种类的文化团体也经历类似的组织化、国家化过程。

（二）政治学习运动与确立新中国的文化纲领

新民主主义的胜利宣告了马克思主义的胜利，也确立了马克思主义对于重建中国文化共同体的指导地位。1949 年 6 月 28 日，毛泽东在《论人民民主专政》中宣示了马克思列宁主义在中国的胜利，“一切别的东西都试过了，都失败了”“事变是发展得这样快，以至使很多人感到突然，感到要重新学习”[③]。以马克思主义、新民主主义为主要内容的政治学习运动在全国展开。这主要表现为：改造知识分子和“旧人员”的革命大学、军政大学等短期政治训练班；实施政治教育的中学、大学等国民教育场所；工农群众的政治学习，学习的组织形式包括政治训练班、政治课、讲演、冬学等等。其中，政治学习运动的重要样板是华北人民革命大学。1949 年 8 月 5 日，毛泽东肯定并转发刘澜涛、胡锡奎关于华北革大第 1 期学员教育情况的报告，要

①《周恩来选集》上卷，人民出版社 1980 年版，第 356—357 页。
② 中共中央组织部、中共中央党史研究室、中央档案馆：《中国共产党组织史资料》第 5 卷，中共党史出版社 2000 年版，第 113 页。
③《毛泽东选集》第 4 卷，人民出版社 1991 年版，第 1471—1472 页。

求党的各级学校进行仿效和传播[①]。这一教学经验在中国共产党各级学校、“旧大学”等机构均有应用[②]。艾思奇认为自1949年初至1950年底的政治学习运动是“解放了的人民的自我教育和自我改造的思想觉醒运动”“为国家建设提供了一个最普遍的政治基础”，称之为“思想领域的解放战争”[③]。政治学习运动加速社会文化和价值观念的改造，对于价值观念与行为规范进行了具体调整。

政治学习运动的内容主要包括“辩证唯物论与历史唯物论”“新民主主义论”“社会发展史”“政治经济学”等课程。其中，艾思奇编撰的《社会发展史讲授提纲》系统清晰地解释了包括中国在内的人类社会发展的基本轨迹。在原始共产主义社会之后，中国的奴隶制社会使用了青铜工具；而中国封建社会的“改朝换代”式治乱循环是由于“在缺乏资本主义发展的情况下，农民起义常常被新的地主阶级所利用，他们用怀柔的口号骗取农民的拥护，骗取革命斗争的果实”。在鸦片战争以后，中国日益半殖民地化，“中国的资本主义原始积累则主要是依靠官僚的残酷剥削”，官僚资本与资本帝国主义相联合；而人民大众日益联合起来为争取国家的独立、民主和自由进行反帝反封建反官僚买办资本主义的革命。这种革命在五四运动以后转变为无产阶级领导的新民主主义革命，而整个中国社会的发展首先必须完成新民主主义革命进而“建设过渡性质的新民主主义社会”，然后由社会主义革命进入社会主义社会，直至进入共产主义社会[④]。

① 中共中央文献研究室编：《毛泽东年谱（1893—1949）》下卷，中央文献出版社2013年版，第545页。

② 参见陈泓：《北京各大学的课程改革工作》，《人民日报》1949年10月17日；金凤：《各地年来采取各种方式 训练知识分子廿万 已派赴各部门参加建设工作》，《人民日报》1950年2月10日。

③ 参见艾思奇：《学习：思想领域的解放战争》，《学习》1949年第1期；《思想战线上的伟大胜利——为庆祝国庆一周年》，《人民教育》第1卷第6期。

④ 艾思奇：《社会发展史讲授提纲》，华北大学1949年版，第13、16—17、24—26页。

在此基础上，政治学习运动从建立新民主主义社会意识的角度提供了理解中国文化史特别是近代中国文化史的话语体系。艾思奇指出“以孔子为代表的儒家思想，就是代表地主阶级利益的思想”“要人严守‘忠君’、‘孝亲’的教义（‘孝亲’的教义就是要把父母看作君主一样的身份），把人生的目的限制在‘报君恩’和‘报父母之恩’上面”，是一种“中国封建社会的支配的观念形态”。在鸦片战争以来，“进步阶级的先进代表，就以极大的努力，向国内国外学习和探求能够解决实际革命问题（包括理论和策略）的进步的思想”，历经改良主义、实验主义等各种资产阶级民主主义思想，而只有马克思主义“夺取了孔子的席位”，反映出无产阶级“照顾大局、重视纪律、重视原则、集体主义的思想”“有着伟大的动员、组织和改造的作用”[①]。燕京大学社会学系教授林耀华在听完艾思奇的政治课后说：“恩格斯的劳动观点给我一个极大的刺激，使我觉悟到过去虽然搜集了不少具体材料，但忽略了问题的实质”[②]。他撰写的《从猿到人的研究》便是运用这一观点整合以往搜集的材料，叙述了古猿、猿人、尼人、真人的演化过程，并强调“现代种族都是一家人”，批判了种族主义等观点。对此，翦伯赞认为“他的研究总是转向了新的方向”[③]。

这加速了新民主主义与马克思主义在教育学、哲学、新闻学等领域的延展。譬如，教育心理学教授朱智贤在《论新民主主义教育》中运用社会发展史理论梳理中国的教育发展史尤其是新民主主义教育的历史背景，指出新民主主义教育与社会主义教育“同是以马克思列宁主义的观点和方法为依据”，但是“与社会主义教育的实际条件和任务均有不同之处”“还不能是无产阶级专政的反对资本主义的教育”。朱智贤强调“为了巩固与发展人民政权，反封建反法西斯的思

① 艾思奇：《社会发展史讲授提纲》，华北大学 1949 年版，第 35—44 页。
② 参见林耀华：《从猿到人的研究》，耕耘出版社 1951 年版，“自序”。
③ 林耀华：《从猿到人的研究》，耕耘出版社 1951 年版，“翦序”。

想教育与政治教育应该提到第一位”。颇具特色的是，朱智贤把思想改造与教育心理学、遗传学等理论结合起来，认为“教育学的中心任务，就是从社会生活里探究人类形成的教育作用的原理”，提出从社会结构、生理遗传和“个体或集团之过去的习惯或历史状况”来理解人性（人的客观性质）的改造，强调“思想与生活的改造是不可分的”“要想进行思想与生活的改造，主要的是从生活上着手”[①]。这就凸显了社会物质基础变迁对于思想改造的重要性。总之，新民主主义文化思想成为各阶层、各领域发展中国文化的共识。1949年9月，《中国人民政治协商会议共同纲领》把新民主主义文化纲领确定为中华人民共和国的文化建设方针。

总之，中国共产党取得全国政权，宣告了马克思主义在中国的胜利。中国共产党依托自身的组织建设把政府组织和群众组织串接起来，形成一个上下贯通、左右一致的立体化的文化共同体结构，能够穿透充满地域特色的基层社会和同化异质性文化组织，使中国共产党与民众个体之间能够进行稳定的组织联系和意识连接。同时，这确立了马克思主义在中国文化共同体中的核心地位，使之成为整合各种思想意识、转化中国文化传统与确立文化演进蓝图的价值标准和思想方法。这构成的中国文化共同体的组织结构和内容意涵，因为中国共产党能够“在全国范围内和全体规模上来宣传马列主义，用马列主义教育人民”[②]。当然，新民主主义文化思想仍是此一时期中国共产党文化思想的主导部分，但是，对“经验主义”“地方主义”和“狭隘民族主义”的批评又强化了新民主主义文化思想的过渡性和暂时性。

---

① 朱智贤：《论新民主主义教育》，文光书店1950年版。

② 中共中央文献研究室编：《建国以来重要文献选编》第2册，中央文献出版社1992年版，第302页。

结　语

在夺取全国政权的革命战争年代，中国共产党运用马克思主义认识和改造中国文化的过程有其特定的历史内涵和运作机制。这并不是“传统与现代”“冲击与回应”等二元对立式分析范式所能简单概括的。以儒学为核心的中国文化体系的近代遭遇既是内部危机的集中释放，也是外部现代工业社会文化的强力冲击，造成社会文化碎片化的困境。中国共产党的文化问题意识因应着这一情境，在具体文化内容上表现出批判传统、崇尚科学理性的行为特点，而在整体文化结构上表现出延续和升级传统现代性的趋向，力图使马克思主义取代儒学成为整合社会意识、实现公共利益的思想方法和价值标准。由此，中国文化的重建与国家治理的现代化是同步并举的历史课题。在破解这一课题时，中国共产党提出马克思主义中国化的方法论原则，力图在马克思主义文化理想与中国社会实际之间建立合理关系。新民主主义文化思想的提出是一次成功的尝试。

（一）马克思主义成为中国文化发展的指导思想

正如习近平总书记所指出：“在几千年的历史演进中，中华民族创造了灿烂的古代文明，形成了关于国家制度和国家治理的丰富思想，包括大道之行、天下为公的大同理想，六合同风、四海一家的大一统传统，德主刑辅、以德化人的德治主张，民贵君轻、政在养民的民本思想，等贵贱均贫富、损有余补不足的平等观念，法不阿贵、绳不挠曲的正义追求、孝悌忠信、礼义廉耻的道德操守，任人唯贤、选贤与能的用人标准，周虽旧邦、其命维新的改革精神，亲仁善邻、协和万邦的外交之道，以和为贵、好战必亡的和平理念，等等。这些思想中的精华是中华优秀传统文化的重要组成部分，也是中华民族精神的重要内容。马克思主义传入中国后，科学社会主义的主张受到中国人民热烈欢迎，并最终扎根中国大地、开花结果，决不是偶然的，而是同我国传承了几千年的优秀历史文化和广大人民日用而不觉的价值观念融通的”。[①] 以儒家为核心的中国文化共同体包含着一种“克己复礼”式的社会治理逻辑。钱穆曾经指出中国“无论在哪儿，‘礼’是一样的。‘礼’是一个家庭的准则，管理着生死婚嫁等一切家务和外事。同样，‘礼’也是一个政府的准则，统辖着一切内务和外交”[②]。儒学是公共利益的统一的话语表述体系，对其他样态的思想文化、风俗习惯具有统合能力，强调只有克制私心私欲才能实现个体的人生价值和全体的公共利益，而“礼崩乐坏”“率兽食人”则是“亡天下”式的灭顶之灾。这种依靠个体反省实现公共利益的治理方式与古代中国的庞大的治理规模是相适应的。辩证地来看，中国文化共同体在内容上以儒学为核心，科学技术发明亦时常闪现，但它总体上又是属于农业社会的；在结构上则维持着一个统一的权威的公共话语体系，统合着各个领域、各个阶层，规范着私人领域和公共行为。由此，中国文化具有其特定的现代性因素，尤其是在文化结构上与现代工业社会的文化同一性结构具有相似性。

这为我们理解中国文化近代遭遇提供了一个清晰的知识背景。随着社会危机加深，儒学不再具有保证公共利益得以实现的真理效力和道德引力。但是中国文化的“克己复礼”式治理逻辑得以延续甚至升级。梁启超针对民初政治的失败，指出“今之尸国家机关及为各团体员者，皆借团体机关以为达私目的之手段”“人自为政，地自为域”“公目的与私目的冲突之际，则以公克私者百不获一”[③]。毛泽东

① 习近平：《坚持和完善中国特色社会主义制度 推进国家治理体系和治理能力现代化》，《求是》2020年第1期。

② ［美］邓尔麟：《钱穆与七房桥世界》，蓝桦译，社会科学文献出版社1995年版，第7页。

③《梁启超全集》第9卷，北京出版社1999年版，第2587、2588页。

认为天下纷乱的症结在于国人思想太旧而无“外观之识”，道德太坏而无“内省之明”，必须“根本上变换全国之思想”“普及哲学”以使“真理流行、群妄退匿”[①]。而替代儒学的则是各种“主义”。恽代英指出，“今天普世界都是陷于这种状况，他们都有各种所谓指导民众的人，倡为各种学说与主义”“我们却不能不要一种生活的方法，来继续维持我们内心乃至社会的安宁秩序”[②]。因此，中国文化的重建与国家治理的现代化相互关联，成为中华民族探索复兴道路的历史课题。

在经历革命战争年代的探索后，中国共产党已经把马克思主义确立为中国文化共同体的新核心。中国共产党运用马克思主义与中国历史上的劳动人民文化（包括科学发明）建立牢固的联系，构筑了中国社会发展的演进序列；在政治社会领域营建出以批评与自我批评、思想改造、群众路线等为要素的集体主义政治文化，并使得地方民众文化具有共同的思想联系。可以说，在改造个体习得、重构历史文化和连接地方文化的过程中，马克思主义把道德生活的新规范、认识世界的科学方式、社会发展的共同愿景内化到生命个体，彻底改变了个体意义、社会想象和发展期待方面的“一盘散沙”的状态，使整个中国社会进入一个共同的公共话语体系之中。从根本上来看，这种文化治理方式是中国固有文化结构的转化发展，同时也是现代工业社会标准化、同质化的文化趋向的中国式表现。

（二）建立理想与现实的合理关系是中国共产党文化思想探索的主轴

回顾革命战争年代中国共产党文化思想的探索历程，可以看到从无产阶级文化理念、苏维埃文化理念再到新民主主义文化思想的演

① 中共中央文献研究室、中共湖南省委《毛泽东早期文稿》编辑组编:《毛泽东早期文稿》，湖南出版社 1990 年版，第 84—90 页。

②《恽代英全集》第 5 卷，人民出版社 2014 年版，第 44—45 页。

进脉络，而贯穿其中的是如何在无产阶级、共产主义文化理想与半殖民地半封建社会文化实际之间建立合理关系。无产阶级、共产主义文化是建立在高度发达的生产力基础之上的高度自觉的“自由人的联合体”，是完全消除阶级差别、城乡差别和脑力劳动和体力劳动差别的社会共同体阶段。而苏维埃文化理念则是苏联社会主义文化革命与建设理论在中国的移植，贯穿着无产阶级与资产阶级文化斗争的政策主线。与之对应的是，半殖民地半封建社会的阶级固化、城乡对立与脑力劳动和体力劳动脱离的社会意识碎片化的客观状况。在这种状况下，中国共产党面临着文化统合与文化革命的矛盾关系。一旦文化革命超出半殖民地半封建社会的文化实际，文化统合便会陷入无效境地，文化工作容易发生“教条主义”“形式主义”“关门主义”的问题。

中国共产党在曲折的探索进程中确立马克思主义中国化的思想方法，将之作为调适马克思主义文化理想、共产主义文化革命与中国社会文化实际之间关系的杠杆。换言之，马克思主义中国化的问题导向便是在理想与现实之间建立符合具体历史阶段实际的合理关系，促进理论与实际的良性互动。一方面，这需要深度地认识文化实际和总结实践经验，从实际出发来制定政策，而不是直接把理论条日当作政策；另一方面，要求运用马克思主义的立场、观点和方法来审视经验形态的新理念，在历史方位、阶级关系和主要矛盾等基本问题上吸纳和提炼实践经验。这意味着一切思想、观念乃至马克思主义并不是神秘的，而是有其对应的客观环境和经验形态，“实践是发展的，理论也应是发展的”，要掌握“经验原素与理性原素之相互关系的辩证法”①。

在这个意义上，新民主主义文化思想是中国共产党推进马克思

①《毛泽东哲学批注集》，中央文献出版社1988年版，第144、148页。

主义文化理论中国化和构建中国化马克思主义文化理论的非凡探索。在理论维度上，中国共产党延展和细化了对马克思主义关于社会发展阶段、主要矛盾和阶级关系的规定，构筑了半殖民地半封建社会、新民主主义社会和社会主义社会的发展序列，从而为“实事求是”提供了理论空间。而在实践维度上，中国共产党正反两方面的实践经验使之能够找准理想与现实之间的准线，把文化统合与文化革命合为一体，最大程度地扩展统一战线的社会基础。新民主主义文化思想本身也是中国文化共同体重建命题的回应，即建立新型的实现公共利益认同的政治文化、整合社会阶层意识的大众文化和联结历史与现实的历史文化。

（三）辩证看待新民主主义文化思想与实践

在本体论层面上，“文化”的定义方式实现了社会存在与社会意识辩证关系的政治表达，但也大幅度压缩了这一原理的科学内涵。依据社会存在决定社会意识，社会意识反作用社会存在的原理，以毛泽东为主要代表中国共产党人使用了政治、经济、文化的三分法来进行概括，有效地界定了“文化”的意识形态内涵和工具理性定位，但缩减了“社会存在”“社会意识”的丰厚内涵。这种定义方式固然是革命战争环境的客观要求，但存在着把“文化”降低为政治动员工具的风险，把文化建设的丰富性降低为政治宣传的简单化。文化建设要求一个稳定持续的长时段实践过程，而以政治动员为旨趣的文化建设是一种短期行为，往往打破新文化的培育工作。因此，在和平建设时期，保持政治与文化之间的合理关系需要在本体论意义上重新思考“文化”的定义方式，把政治动员的短期性、简单化与文化建设的长期性、系统化统一起来。

具体到文化的属性问题上，必须处理好一元化意识形态与多样化文化形态的辩证关系，把文化的阶级性、国际性与人民性、民族性有机地连接起来。在阶级分析视角下，无产阶级文化是超越民族国家范围的国际文化共同体，而传统的中国文化各要素被放置在新文化与旧文化的对立框架中，被视为落后阶级的思想意识而加以排斥，“各种具体文化形态如文学、艺术、学术等两种文化之间的延续或断裂程度如何，则主要取决于它们与意识形态的距离远近”①。从文化自身的存在形态和发展规律来看，意识形态是文化的政治属性的集中表现，是社会凝聚力的刚性纽带，而文化还具有娱乐、商品等多重属性和多种形态，因而不能将意识形态等同于文化，必须运用马克思主义转化和发展中国文化传统要素。

由此，应当肯定新民主主义文化政策具有嵌入到中国文化的内生性。在文化实践上，中国共产党既建立了以党的组织为轴心的一元化文化组织体制，能够覆盖到民众个体；又通过群众文化运动强力贯彻文化建设政策。然而，全覆盖的文化组织体制容易忽视文化工作对象的自身特点和特殊诉求，加之采取两条战线式的思想斗争方式，在执行政策时出现层层加码式的“组织惯性”，出现形式主义、官僚主义、命令主义等外源性的实践。对此，新民主主义文化思想的实践特色是通过群众路线把政策执行者与政策受众连接起来，降低照抄照搬、机械执行甚至层层加码的实践风险。群众路线是具有组织、决策等功能的领导方法，“将群众的意见（分散的无系统的意见）集中起来（经过研究，化为集中的系统的意见），又到群众中去作宣传解释，化为群众的意见，使群众坚持下去，见之于行动”②。

① 杨凤城：《中国共产党与当代中国文化发展研究》，中共党史出版社2013年版，第17页。

②《毛泽东选集》第3卷，人民出版社1991年版，第899页。

中编

社会主义革命和建设时期（1949—1978年）

导　言

在人类历史的长河中，“人事有代谢，往来成古今”，唯有思想的历史的传统绵延至今。柯林武德提出“一切历史都是思想史”，史学就是过去思想的重演，史学的目的就在于把过去的思想组织为一套发展体系[①]。由此，在政治史研究的传统之外，从思想史维度书写中国共产党的历史，即为中国共产党文化思想史研究之意义所在。

改革开放以来，党史学界逐渐把研究重心转向社会主义历史时段，中国共产党文化思想史形成丰富的研究成果，取得相当进展。就1949年新中国成立至1978年改革开放前的时期而言，根据研究的视角与议题之转换，既有研究可分为三种类型：第一种属于会通意识下的通史撰述，即在党史通史框架下，运用中国共产党思考文化问题的概念、术语和逻辑，总结中国共产党文化思想历程的通史撰述。从目前的著述目录看，有关通史著述已经反映出中国共产党文化建设的发展历程与历史经验[②]。但以中国共产党“文化思想史”冠名的通论

① 参见［英］柯林武德：《历史的观念》，何兆武、张文杰译，商务印书馆1997年版，第18页。

② 代表性通史论著参见杨凤城主编：《20世纪的中国——走向现代化的历程（思想文化卷1949—2000）》，人民出版社2010年版；杨凤城：《中国共产党与当代中国文化发展研究》，中共党史出版社2013年版；欧阳雪梅主编：《中华人民共和国文化史（1949—2012）》，当代中国出版社2016年版；储著武：《当代中国文化建设史论（1949—1956）》，中国社会科学出版社2018年版；等等。

并不多见，郑师渠主编《中国共产党文化思想史研究》是首部主题鲜明、内容丰富、体例规范、文献翔实的通史著作，所提出的马克思主义的唯物史观、“民族的科学的大众的”文化发展方向与知识分子政策三者的得失及其互动，构成中国共产党文化思想史的主轴的看法颇有启发；席富群的《中国共产党文化思想创新史论》对1949年至1978年中国共产党在文化领域内的批判与重建、建设中国式社会主义新文化的理论探索进行了历史考察，亦有推进之力[①]。第二种属于思想理论层面的政策方针研究，即中国共产党文化理论政策、知识分子政策方针的专题研究。从代表成果看，主要是从马克思主义的经典理论出发，梳理中国共产党在文化问题、知识分子问题上的理论渊源、政策演变与经验教训[②]。第三种属于个案视角下的历史实证研究，发掘丰富多元的史料，从事件史、人物传记、知识分子史等视角出发，聚焦中微观历史中的“人”与“事件”，有助于深入探究中国共

① 参见郑师渠主编:《中国共产党文化思想史》，中共中央党校出版社2007年版，第20页；席富群:《中国共产党文化思想创新史论》，苏州大学出版社2017年版。

② 代表性成果参见曲峡等:《中国共产党知识分子政策史》《当代中国党的知识分子理论与实践》，石油大学出版社1995年、1996年版；朱文显:《知识分子问题：从马克思到邓小平》，四川人民出版社1999年版；杨凤城:《中国共产党的知识分子理论与政策研究》，中共党史出版社2005年版；杨凤城:《新中国60年中国共产党的文化理论与方针、政策研究》，《教学与研究》2009年第10期；杨凤城:《中国共产党90年的文化观、文化建设方针与文化转型》，《中国人民大学学报》2011年第3期；等等。

产党与知识分子的历史关系[①]。这些研究展示出近些年中国共产党文化思想史达到的广度与深度。

从研究现状来看，无论宏观的通史编撰，还是精深的专题研究，皆有足可称道的成绩。就其不足而言，主要表现在：一是从问题意识来说，中国共产党的文化思想史与文化工作史、意识形态史、知识分子政策史的界限并不明确，它们的思想脉络和结构逻辑多有交叉、叠加与重复之处，应该追问文化思想史真是可以包容相关论域在内成为一个“大历史”吗？这种包罗万象的写法既是无法完成的，也只会充当大杂烩式的容纳器，与真正意义上的文化思想史相去甚远。二是史料范围有待扩大，传统研究局限于中央文件、领导人讲话、经典著作文献、官媒社论等，现今可以代之以新出版的更加丰富多元的史料。当然，由于中国共产党的高度集中统一的政党特性，中央文件和领导人讲话仍是关键性的反映党内普遍流传、广为接受的主流认知的材料来源。三是叙述对象的局限性，长期以来精英和经典是中国思想史叙述的对象，由此中国共产党领导人、党内著名知识分子和党的经典文献成为中国共产党文化思想的主要叙述载体，而对于一般知识、思想

① 代表性成果参见陈晋：《文人毛泽东》，上海人民出版社 1997 年版；朱正：《1957 年的夏季：从百家争鸣到两家争鸣》，河南人民出版社 1998 年版；于风政：《改造：1949—1957 年的知识分子》，河南人民出版社 2001 年版；李刚：《现代知识群体的话语转型（1949—1959）》，合肥工业大学出版社 2007 年版；陈徒手：《人有病 天知否：1949 年后中国文坛纪实》《故国人民有所思：1949 年后知识分子思想改造侧影》，生活·读书·新知三联书店 2013 年版；杜学霞：《史殇：二十世纪五六十年代的史学研究》，国家行政学院出版社 2013 年版；杨奎松：《忍不住的“关怀”：1949 年前后的书生与政治》，广西师范大学出版社 2013 年版；等等。

与观念的关注还很不够。

在发掘利用新出版的文献、借鉴吸收现有研究成果的基础上，本编首先把“问题”作为研究向导。近世以来，史家大都强调提出问题是所有史学研究的开端和终结，没有问题，便没有史学[①]。在百年历史的时段下，每个时代或时期的文化，都会向中国共产党提出它的一系列问题，这些问题的深度、广度反映着这个时代的中国共产党和文化本身发展的脉搏。一部中国共产党文化思想的历史，就是中国共产党不断回答这些问题过程中所形成的有关知识、思想与观念的历史。就本编所涉这一时期而言，中国共产党近30年反复思索的关于社会主义文化建设的思想性问题以及由此形成的知识、思想与观念，正是本编所要叙述和分析的对象。中华人民共和国成立后，中国共产党从革命者变成执政党，能不能一如往昔得心应手地领导政治、军事一样领导文化？新民主主义文化如何向社会主义文化完成自身的思想过渡或转型？在社会主义制度建立的条件下，文化建设道路如何从学习苏联转向“走自己的路”？伴随阶级斗争观念的强化，文化建设如何被“左”的思想所支配？社会主义建设的曲折反复又给改革开放新时期的文化建设留下何种思想遗产？其间，中国共产党对上述问题的思考，既有根植于马克思主义政党的立场和传统社会主义模式的“思想定见”，又有立足中国现实国情和时代发展要求的“思想调适”。这种“不变”与“应变”的双重变奏，构成了此一时期中国共产党文化思想发展变化的光谱。

---

① 参见郑樑生编著：《史学入门》，北京大学出版社2008年版，第104页。

本编写作追求的目标是在上述问题的导向下，叙述此一阶段中国共产党文化思想的历史过程，揭示其文化思想史谱系的若干结构性因素。严耕望指出，治史有考史、论史与撰史的不同，相辅为用。考史要把历史事实的现象找出来，论史要把事实现象加以评论解释，然后才能做综合的撰述工作[①]。葛兆光认为，思想史在形式上有三种写法：第一种是“确立事实”，亦步亦趋地按照历史文献还原思想史的历程；第二种是“真理评价”，叙述事实之外，更关心对思想的历史的评价；第三种是“追踪旅行”，思想史家自信可以重建古代思想史，体验古人的心情，理解思想脉络，“顺着看”历史[②]。两位学者的看法有共通之处，揭示出复原历史、解释历史、撰述历史的层级。本编不揣浅陋，既力求充分反映党史学界业已取得的集体共识，寻求撰史的“最大公约数”，又努力在考史、论史方面的若干“点”“线”上有所推进。

本编注重政党意识的贯彻，即贴近中国共产党的政党立场审视文化问题。与知识精英或底层民众的思想路数不同，中国共产党的文化思想带有鲜明的政党意识，这与马克思主义政党的现实政治立场、意识形态追求、阶级斗争史观的政党特性联系在一起。霍布斯鲍姆精辟指出，党派意识并不全然对科学研究有负面价值，相反，它具有推动科学前进的正面价值，有可能是一种由外而内地为科学注入新观

① 参见严耕望:《治史三书》，上海人民出版社 2008 年版，第 7 页。
② 参见葛兆光:《思想史的写法——中国思想史导论》，复旦大学出版社 2004 年版，第 55 页。

念、新问题与新挑战的威力机制[①]。从霍氏的相关分析出发，可以引申出对于中国共产党文化思想来说，来自“党派”意识的不言而喻的“预设”是什么？换言之，在中国共产党文化思想的历史传统中，中国共产党此一阶段形成了何种基本观念和主体意识，为其建构一个关于文化的知识与思想的系统提供了核心观念的支撑。本编认为，这一预设有三点：阶级观念，即从阶级的视角看文化；党的领导观念，即把文化置于一种有领导的轨道之上；意识形态观念，即意识形态是文化的内核。

本编注重历史叙述框架的延续性与变革性。传统的中国共产党历史叙事框架坚持“革命—建设—改革开放”的线性发展逻辑，尽管有陈旧僵化的一面，仍有合理性，很难另建一个新框架。这是因为中国共产党文化的思想与实践，无法脱离这个历史本体的框架。一味求新，或未有成。本编采取经典的历史分期法，所设三章就是依据时间排列下来所写成的思想历史变迁的过程，并总结了从新民主主义走向社会主义、从传统社会主义走向中国特色社会主义两个过程的思想转型。同时，各章注重反映中国共产党文化思想在阶段性演进之中的新气象，即分析中华人民共和国成立后中国共产党文化思想发生的新变化。由此，近 30 年中国共产党文化思想所经历的继承、吸收和扬弃，所呈现的重复、变化、循环与更新，就展示在读者面前。

① 参见［英］艾瑞克·霍布斯鲍姆：《论历史》，黄煜文译，中信出版社 2015 年版，第 190—191、205、211 页。

第五章　向社会主义文化思想的转型

自 1949 年中华人民共和国成立至 1956 年社会主义改造基本完成，中国共产党的文化思想经历了从建设新民主主义文化到逐步向社会主义文化过渡的两个相互衔接的阶段。围绕如何建设新中国文化这一问题，中国共产党既有力行新民主主义文化的坚定不移，又适时地引导向社会主义文化的转变。由此，文化思想的转型成为这一时期中共文化思想的核心要义。

一、新民主主义文化思想的坚持与推广

自 1949 年至 1952 年，中国共产党在如何建设新中国文化问题上的基本认识是确定不移地坚持新民主主义文化的思想主张，并借助在全国执政的条件和作为临时宪法的《共同纲领》，在一切文化领域、文化部门予以推广实施，逐渐形成全国性的建设新民主主义文化的思想共识。

（一）新民主主义文化思想的建构

新中国成立前后，新民主主义文化思想在协商建国的过程中，获得普遍认同。如何建设新中国的文化，是协商建国的一项重要议题，而新民主主义文化是确定不移的方向。新中国成立前夕，从中共领导人的文化政策宣传，民主党派、民主人士的表态性发言，文化界积极参与新政协的筹备，文化战线上的文学艺术工作者、自然科学工

作者、社会科学工作者、教育工作者、新闻工作者等全国性的群众团体的筹备建立，不难看出新民主主义文化成为新中国文化建设的共同心声。

新民主主义文化经过政治协商会议的确认，成为全国性的文化共识。在起草《中国人民政治协商会议共同纲领》（以下简称《共同纲领》）的过程中，中国共产党认为新民主主义文化的原则和方向因其确定不移而无须进行过多讨论，通过政治协商会议汇聚包括民主党派、民主人士、文化界在内的各方意见和建议，目的是对新民主主义文化的基本原则和主要任务进行阐述。

自 1948 年 10 月至 1949 年 8 月下旬，周恩来主持共同纲领起草工作，新民主主义文化教育是纲领草案的一部分内容，经历了从简单提出“发展民族的、科学的、大众的文化与教育”的目标到做出一些原则性规定的变化。1949 年 7 月下旬，起草小组提出关于新民主主义文化的具体意见，初步勾勒了纲领草案的基础：“适应新民主主义的政治建设与经济建设，应建立新民主主义的文化与教育。新民主主义的文化与教育，是科学的、民族的与大众的文化与教育。这种文化与教育，不是资产阶级所专有的，而是人民大众所共有的，所以它是大众的。其次，它对中国古代到近代的文化的遗产，有批判的放弃其封建的反动的成分，保存其优良的积极的成分，使之继续发展，所以它是民族的。再次，它对于外国文化，排斥其反动的法西斯的成分，吸收其中进步的科学的成果，使适合于中国实际的需要，所以它是科学的。只有建立这种新民主主义的、科学的、民族的和大众的文化，才会使文化落后的中国转变为文化进步的中国”①。以后，经过修改完善，《共同纲领》最终定稿。

1949 年 9 月 29 日，《共同纲领》由中国人民政治协商会议第一

① 陈扬勇：《建设新中国的蓝图——〈中国人民政治协商会议共同纲领〉研究》，社会科学文献出版社 2013 年版，第 258—259 页。

次全体会议正式通过。经由这部具有临时宪法性质的发挥建国方略作用的纲领性文献的规定，新民主主义文化思想至此确立了在新中国文化建设方面的合法性地位。从《共同纲领》的文本来看，第五章“文化教育政策”部分共设九个条目，即第41—49条，对新民主主义文化思想进行了原则性的规定。第41条为统领性的条目，规定了总原则、总方向、总任务。第42—49条为具体展开的条目，可以视为第41条在道德、自然科学、社会科学、文学艺术、教育、体育卫生医药、新闻广播出版等文化领域的具体展开[①]。有论者将其归纳为“一个原则、两个方向、七大事业”：一个原则是新中国文化要以新民主主义文化为根本原则，内容是民族的科学的大众的文化；两个方向是提高人民的文化水平，培养国家所需的建设人才，肃清封建的买办的法西斯主义的思想，发展为人民服务的思想；七大事业是教育、文学艺术、新闻出版、社会科学、体育卫生、自然科学、思想道德方面。一个原则是灵魂，两个方向、七大事业是具体展开[②]。可见，《共同纲领》是对新民主主义文化思想的政策表达。

《共同纲领》充分反映出新民主主义文化在全国各界取得了广泛的思想共识。如同社会主义的前途已经确立无须过多阐明一样，新民主主义文化思想在《共同纲领》的条目也是原则性的规定，并没有过多的展开。对此，1949年9月22日周恩来在政协会议上早已指出，对于新民主主义文化政策的讨论不多，即新民主主义文化要坚持“民族的形式，科学的内容，大众的方向”；同时指出《共同纲领》草案中只是规定了必须强调的几项任务，其他方面不是不作[③]。9月23日，民主党派的领导人李济深指出：“新中国的文化教育，应与巩固

① 中共中央文献研究室、中央档案馆编：《建党以来重要文献选编（1921—1949）》第26册，中央文献出版社2011年版，第766—767页。

② 参见储著武：《当代中国文化建设史论（1949—1956）》，中国社会科学出版社2018年版，第107—108页。

③《周恩来选集》上卷，人民出版社1980年版，第370页。

人民民主专政和发展国民经济政策相配合。因此，新中国的文化教育应为新民主主义的，即民族的、科学的、大众的文化教育。”[①] 周恩来的解释和李济深的话，表明新民主主义文化作为新中国文化建设方向已经达成共识。

（二）新民主主义文化思想的阐释与推广

以《共同纲领》为据，中国共产党不断重申新民主主义文化思想的方略。1950 年 3 月 19 日，中共中央宣传部部长陆定一的《新中国的教育和文化》系统地阐述了新中国贯彻执行新民主主义文化的思考。首先，从中国革命胜利的角度，强调新民主主义文化的人民性和世界性；其次，分析了自《新民主主义论》到《共同纲领》一以贯之的文化思想，认为前者提出新民主主义文化的内容和原则，后者把这些原则具体化为《共同纲领》第 41—49 条关于建设新中国文化教育事业的各项政策，这些原则与政策即是当前中国文化教育建设的总路线与总方针；再者，提出为迎接文化建设高潮，中国共产党领导文化建设的两个目标，一是使文化教育事业从过去少数人的手里，转移到广大劳动人民的基础上，二是使文化教育事业有效地为恢复与发展国家生产建设而服务，也就是文化教育的普及与提高、理论与实践的“两个结合”；最后，具体阐述了文化教育的状况和正在进行的工作，涉及教育事业、文学艺术事业、电影事业、科学事业等具体领域[②]。在当时宣传阐释新民主主义文化思想的众多文章中，这篇文章因为作者陆定一的身份和题材的针对性而具有明确的权威性。

相形之下，一些著名知识分子在《学习》《新建设》《光明日报》等报纸杂志上集中发文，代表着知识界对新民主主义文化思想的具体

---

① 《开国盛典——中华人民共和国诞生重要文献资料汇编》上编，中国文史出版社 2009 年版，第 275 页。

② 参见《陆定一文集》下卷，人民出版社 1992 年版，第 415—426 页。

理解。翻检此一时期的这类刊物，一些思想比较活跃的知识分子大都留下了阐述文章。1949年10月，全国政协委员、任职于出版总署的傅彬然在《新建设》发表文章，认为《共同纲领》第41条是该章的“总纲”，规定了新中国文化教育的“基本性质和中心任务”[①]。同月，政务院文教委员会副秘书长邵荃麟在《学习》发表文章，认为新民主主义文化是一个整体概念，必须从历史唯物主义与阶级的观点去认识，并结合《共同纲领》第五章的条文分析了如何深入理解的问题[②]。12月，中宣部副部长徐特立撰文阐述科学化民族化大众化的文化教育，强调文化建设要从有步骤地整理继承自己的文化遗产、学习苏联经验与中国实践结合两个方面去展开[③]。1950年10月，理论家何干之在《新建设》撰文分析了新中国文化建设的文化普及和文化提高、理论和实际相结合的两个基本方针，指出这两个方针各有针对，前一个是要保证文化事业从为少数人转移为劳动人民而服务，后一个是要使文化事业为恢复与发展国家生产建设而服务[④]。这些文章反映出知识界对于新民主主义文化思想的具体阐释。此外，还出版的一些关于新民主主义文化方面的教材、讲义、宣传册，透露出中华人民共和国成立初期文化思想的传播状况。

除了来自党的领导人、知识分子的阐释外，新民主主义文化思想借助于党政系统的组织化网络，向一切文化部门推广，进一步转化为指导文化建设的具体政策方针。新中国成立后，作为党负责宣传思想文化工作的机关，党的宣传部逐渐建立健全，形成覆盖全国的宣传工作网络；政务院文化教育委员会负责指导文化部、教育部、卫生部、科学院、新闻总署和出版总署的工作，成为全国文教工作的行政

① 傅彬然:《关于共同纲领中的文化教育政策》,《新建设（1949）》第1卷第4期。
② 荃麟:《对于新民主主义文化的基本认识》,《学习》1949年第4期。
③ 湖南省长沙师范学校编:《徐特立文集》，湖南人民出版社1980年版，第389页。
④ 何干之:《新中国文化建设的基本方针》,《新建设（1949）》第3卷第1期。

管理部门。1950年3月，政务院通过文教委员会制订的文教工作计划，规定文教工作的任务是恢复、巩固和发展文教事业，把握重点，稳步前进，奠立新民主主义文化教育的各种工作基础，为迎接文化高潮准备条件。关于文教工作的总方针，规定了五项：（一）扩大文化教育的普及，以提高一般人民首先是工农兵的文化生活；（二）加强文化教育科学卫生事业与国家生产建设的密切配合；（三）配合国家建设需要，培养大批工农干部与建设人才；（四）扩大新民主主义与共同纲领的宣传教育；（五）有步骤有重点地改革旧的文化教育内容及制度[①]。文教委制定的这个方针任务，无疑是对新民主主义文化思想及其政策方针的具体化和明确化。

经由中共中央宣传部和政务院文化教育委员会的拟定，新民主主义文化思想转化为自然科学、社会科学、文学艺术、学校教育、报纸广播、书刊出版、医学卫生体育等各文化部门的政策方针，并依托党政组织系统加以贯彻执行。

在教育领域，1949年12月，第一次全国教育工作会议提出教育工作方针是“普及与提高的正确结合，即在提高的指导下普及，在普及的基础上提高”“在今后一个相当长的时期内应以普及为主，除了必须维持原有学校继续加以改进外，教育应着重为工农服务”[②]。根据形势发展，1952年9月全国教育工作的方针调整为“结合着抗美援朝、增产节约、思想改造三大中心任务，运用革命的精神和办法，继续整顿和发展人民教育事业，有重点地加速培养建设干部，提高工农群众的文化水平”[③]。根据高等、中等、初等、社会等教育事业

① 中央人民政府政务院秘书厅编：《中央人民政府政务院政务会议文件汇辑》第2册，1954年印，第267页。

② 中华人民共和国教育部办公厅编：《教育文献法令汇编（1949—1952年）》，1958年印，第14页。

③ 中华人民共和国教育部办公厅编：《教育文献法令汇编（1949—1952年）》，1958年印，第21页。

的门类，教育部门还分类施策，制订了各类具体的工作计划和政策方针。

在文艺领域，1950年文化部制定的全国文化艺术工作总方针是“普及与提高人民新的爱国的文化，而以普及为第一位的任务”[①]。1952年9月，文化部部长沈雁冰进一步提出“新中国文化艺术工作的基本方针是面向工农兵，为工农兵服务；普及第一，在普及的基础上提高；批判地接受并发扬民族文化艺术传统；有步骤有重点地发展新文化艺术事业”[②]。

在出版领域，1950年9月，出版总署召开第一届全国出版会议。胡愈之在会上作《论人民出版事业及其发展方向》的报告，强调出版部门的政策只能是《共同纲领》所规定的总政策。会议确定《共同纲领》是出版工作者一致遵守的原则，为人民大众的利益服务是出版事业的基本方针，要求出版事业因时制宜、因地制宜，和人民的实际需要相结合[③]。1951年3月制定的年度工作方针的要点是出版工作逐步计划化，以扩大爱国主义，国际主义的反帝、反侵略的宣传教育为中心政治任务，大力供应适应干部、工农兵教育需要的文化、政治课本和读物[④]。到1952年10月，出版总署召开第二届全国出版行政会议，提出今后的方针是在进一步推行计划化的前提下，做到普及与提高并重[⑤]。

在卫生领域，1950年8月，卫生部与中央军委卫生部联合召开

① 中华人民共和国文化部办公厅编:《文化工作文件资料汇编》第1册，1982年印，第1页。

② 沈雁冰:《三年来的文化艺术工作》,《人民日报》1952年9月27日。

③ 中国出版科学研究所、中央档案馆编:《中华人民共和国出版史料（1950年）》,中国书籍出版社1996年版，第646页。

④ 政务院文化教育委员会办公室编:《文教政策汇编》第3辑，1953年印，第251页。

⑤《中央人民政府出版总署 第二届全国出版行政会议闭幕》,《人民日报》1952年11月3日。

第一届全国卫生会议，制定了卫生工作的“面向工农兵”“预防为主”和“团结中西医”的三大方针[①]。1952 年 12 月，第二届全国卫生会议接受周恩来的建议，把卫生工作完善为“面向工农兵”“预防为主”“团结中西医”与“卫生工作与群众运动相结合”的四大方针[②]。

在科学领域，1950 年 3 月陆定一根据《共同纲领》的精神，初步提出“新中国科学建设的基本方针，即是自然科学的研究与工业农业及国防建设密切地联结起来”[③]。6 月 14 日，政务院文教委员会正式提出科学工作总方针是《共同纲领》第五章文化教育政策，特别是其中有关科学工作的各条规定。概括说来，就是要发展科学的思想以肃清落后的和反动的思想，培养健全的科学人才和国家建设人才，力求学术研究与实际需要的密切配合，使科学能够真正服务于国家的工业、农业、国防建设、保健和人民的文化生活[④]。

在体育领域，中华全国体育总会筹备会于 1949 年 10 月召开成立大会。青年团中央委员会书记冯文彬提出“新的体育方针，就是新民主主义的”“要把体育活动和一般新民主主义的建设结合起来，反对为体育而体育，脱离实际，脱离人民的思想和办法。”[⑤] 1952 年 6 月 9 日，毛泽东为中华全国体育总会成立大会题词“发展体育运动，增强人民体质”，进一步明确了体育发展的方向。同年 6 月 20 日至 24 日，中华全国体育总会召开成立大会，明确提出今后体育工作的方针是“从实际出发并与实际相结合，使体育运动普及和经常化，积极地‘发

① 中央人民政府政务院文化教育委员会编:《文教政策汇编》第 2 辑，1951 年印，第 198 页。

②《第二届全国卫生会议闭幕 周总理指示卫生工作要与群众运动相结合 贺诚副部长提出今年继续开展爱国卫生运动的方针与任务》，《人民日报》1953 年 1 月 4 日。

③《陆定一文集》下卷，人民出版社 1992 年版，第 425 页。

④ 政务院文化教育委员会办公厅编:《文教政策汇编》第 3 辑，1953 年印，第 237 页。

⑤《新民主主义的国民体育——冯文彬在全国体育总会筹备会议上的报告》，《人民日报》1949 年 10 月 27 日。

展体育运动，增强人民体质'，为加强生产建设与国防建设而服务。"①此后，教育部、卫生部等机构和团体联合发出通知，要求贯彻落实这一方针任务和毛泽东对于体育运动的指示。

总的来看，自1949年至1952年新民主主义文化思想依托《共同纲领》关于新民主主义文化教育的规定和执行，经过中宣部和政务院文教委员会的领导与管理，逐渐转化为一系列的文化政策方针，在全国范围内得到广泛宣传，在一切文化部门得到强力推广，逐渐确立在新中国文化领域的主导地位。从新中国成立前后的文化转变来看，新民主主义文化思想具有不同于新民主主义革命时期的几个特点：

第一，文化思想发生从旧中国的"非法性"向新中国的合法性的转变。新民主主义文化思想的提出，本质上是中国共产党在抗战后期的国共竞争中争取文化话语权、创造革命文化的产物。它一经提出，就在革命文化阵地立起一面鲜明的富有文化感召力的思想旗帜，逐渐为全党、进步知识分子所接受，其影响主要是在党内、解放区。解放战争时期，新民主主义文化借助中国革命走向胜利之势，逐渐把自身的影响扩展到国统区的民主党派、知识界特别是追求进步的青年学生群体。但只有在中国共产党执政后，它才从国民党统治时期的非法的文化思想转变为新中国的合法的文化思想。经过《共同纲领》的确认，这一文化思想完成了自身的合法性建构。

第二，文化思想发展的阶段性与方向性的结合。根植于新民主主义社会的过渡性，新民主主义文化思想的阐释与推广是中国共产党文化思想发展的阶段性特征，向社会主义文化的过渡是必然的发展趋势。1953年过渡时期总路线提出后，中国共产党文化思想随之开启从新民主主义向社会主义的转变。新民主主义文化思想的实践和普及，也就逐渐演变成为对社会主义文化的倡导和构想。

①《中华人民共和国体育运动文件汇编》第1辑，人民体育出版社1955年版，第16页。

第三，文化思想发展的自主性与被支配性的调适。文化是政治、经济的反映，文化思想的发展受制于新民主主义政治、经济的发展。中国共产党的文化思想同中共如何看待经济上的五种经济成分、政治上对民族资产阶级的认识存在关联性。文化思想除了自身的发展外，自然也就受到政治、经济思想的支配。毛泽东和中共中央对贯彻执行新民主主义政策具有相对的稳定性，比较温和、谨慎地对待和处理经济上的私营经济、政治上的民族资产阶级和文化上的非无产阶级思想。1952 年发生的《学习》杂志事件，反映出一些党的理论工作者过急过早地改变对待民族资产阶级政策的“左”的认识，而毛泽东和中共中央批转中宣部关于《学习》杂志错误的检讨，则说明了中央贯彻新民主主义政策的务实谨慎的态度[①]。

二、破立并举、学习苏联

从旧中国到新中国，作为革命对象的帝国主义、封建主义、官僚资本主义所代表的旧文化，自然需要向人民投降，而代之以反映无产阶级为代表的为人民服务的新文化，新中国的文化思想转型因而具有了革故鼎新、除旧布新的历史必然性。新中国成立后，毛泽东对于复兴中国文化满怀期待。1949 年 9 月，他在政协会议上预言将要出现一个文化建设的高潮，认为“中国人学会了马克思列宁主义以后”“看不起中国文化的时代应当完结了”“伟大的胜利的中国人民解放战争和人民大革命，已经复兴了并正在复兴着伟大的中国人民的文化”[②]。

就如何建设新中国文化而言，中国共产党秉持的原则和立场就

① 参见中共中央宣传部办公厅、中央档案馆编研部编：《中国共产党宣传工作文献选编（1949—1956）》，学习出版社 1996 年版，第 342—345 页。

②《毛泽东选集》第 4 卷，人民出版社 1991 年版，第 1516 页。

是鲜明的人民性。人民立场是马克思主义的基本立场，为人民服务是党的宗旨。针对近代以来文化被统治阶级、文化精英“专有”“私有”的状况，中国共产党把“人民”作为界定新文化的前缀词，特别强调为人民服务的文化建设原则和方向。近代以来，“人民”在现代革命的语境下，是一个高度政治性的集合概念，具有代表革命、进步、道德、正义的象征符号的功能。作为与“敌人”相对的概念，人民涵盖工人、农民、民族资产阶级在内的一切革命阶级的成员，主要指向占人口绝大多数的居于社会底层的工农大众。从领导人讲话和相关的文教文件来看，中国共产党追求的新文化形态是为人民服务的“人民文化”，即劳动人民实现文化翻身，文化向劳动人民敞开大门，为劳动人民服务，打破反动阶级、知识精英垄断文化的格局。在很大程度上，它就是工农或工农兵的人民文化。从内涵来看，人民文化是富有弹性的，主要包括如下几个方面：以工农兵为文化生产创作的对象，充分反映工农兵的文化翻身，彰显和赞颂工农兵崇高的历史与现实地位和作用，并且为他们所喜闻乐见；以服务新国家新社会建设为文化生产创作的导向，文化建设服务于工农业生产；服务于中国共产党及其领导的革命和建设事业；符合阶级斗争理念、符合革命理论革命思维；等等。这些要求可以通过中华人民共和国成立前后一系列文化界学术界教育界的会议得到证明。人民文化、人民艺术、人民教育、人民体育、人民卫生、人民出版等这些高频率使用并逐渐流行开来的新词汇，充分说明了文化为人民服务的原则和方向的牢固确立。

就建设新文化的逻辑层次而言，主要有两个层面：一是批判旧文化，以文化大批判的形式，肃清封建的买办的资产阶级的旧思想旧文化，改造旧知识分子和旧文化事业；二是建设新文化，学习苏联先进文化，确立马克思主义在意识形态领域的指导地位，建设人民大众的新文化。近代以来，中国文化思想变革已经形成了批判开道、“破旧”当先、先破后立、不破不立、立在“破”中的认知偏好。作为从五四新文化运动中应运而生的革命政党，中国共产党与生俱来就有进行文化改造、推进文化变革的基因。建国初期，恰恰处在新旧时代、新旧社会的革故鼎新之际，党在总体上怀有一种除旧布新的文化心理，而扫除旧文化与建设新文化往往表现为同一个硬币的两面，是一个矛盾的统一体。

（一）新中国文化思想的“除旧”

在中国共产党看来，文化有新旧之别。革命时期，毛泽东、陈独秀、瞿秋白、张闻天等中共领导人在论及文化问题时，立足近代中国半殖民地半封建的社会性质，采用阶级分析的方法，从文化是政治、经济的反映出发，把反映帝国主义、封建地主阶级、官僚资产阶级的文化归入旧文化的范畴。1940 年，毛泽东论述新民主主义文化的主张时，指出作为旧经济和旧政治在观念形态上反映的旧文化，是殖民地、半殖民地、半封建的文化[①]。其所言的旧文化主要有帝国主义文化、半封建文化两大部分。新中国成立后，旧文化按照《共同纲领》的规定，指代表封建的买办的法西斯主义思想的从旧社会过来的文化事业、文化机构、从业人员（旧知识分子）。这些旧中国遗留下来的“人”“事”“物”，都属于旧文化的范畴[②]。

在文化的破与立的关系上，中国共产党把清理旧文化放在优先位置，认为“破”字当头、立在其中，希冀以批判与改造旧文化作为建设新文化的开路先锋。依据马克思主义原理，文化是一定政治、经济的反映，并反作用于一定政治与经济；一个在经济政治上占统治地位的阶级，其思想也必然占统治地位。那么，反对帝国主义、封建主义和官僚资本主义的新民主主义革命成功后，文化上首先必须清除的

① 毛泽东:《新民主主义的政治与新民主主义的文化》,《中国文化》第 1 卷第 1 期。
② 参见储著武:《当代中国文化建设史论（1949—1956）》，中国社会科学出版社 2018 年版，第 197 页。

便是封建的买办的法西斯主义的文化，而要建设的则是反帝反封建的或曰民族的科学的大众的文化。换句话说，旧文化必须从总体上被批判、改造进而被新文化所取代。概言之，中国共产党批判、改造旧文化的思想认识主要表现在三个方面：一是批判地继承旧文化遗产，接管、改造旧文化事业、文化机构，将其作为建设新文化的基础；二是针对代表旧文化的人员，进行知识分子思想改造；三是用文化大批判的形式，开展肃清旧文化的思想斗争。

1. 批判地继承旧文化遗产

中国共产党认为新文化的发展不能割断历史，既要批判和否定封建的帝国主义的官僚买办资产阶级的旧文化，也要继承中国古代文化、近代文化中的民主的科学的合理的成分，为新中国的文化建设服务。周恩来指出，要先否定封建主义文化，再批判地接受它好的东西，“对于中国古代文化的遗产，应采取严肃的批判态度，排斥其封建的反动的方面，吸取其中带有民主性、革命性的因素”①。徐特立强调“要有步骤的整理、继承自己的文化遗产，发扬先人创造文化的伟大精神”②。中宣部副部长周扬明确地把文化分为封建阶级或资产阶级的统治文化与平民文化两种，强调“新文化是从旧文化发展而来的”“要在新的基础上重新解决传统问题，让新文化与旧文化接连上，在新的基础上把旧的好的东西接收下来，用新的观点，批判、继承、发扬文化遗产里一切优良的东西”③。这些都是对新旧文化关系的辩证分析。

相应地，在对待旧文化事业、旧文化机构的问题上，党和政府采取谨慎务实的接收、改造和利用的立场。在接管城市、开展建政的

① 中共中央文献研究室、中央档案馆编：《建国以来周恩来文稿》第1册，中央文献出版社2008年版，第300页。
② 湖南省长沙师范学校编：《徐特立文集》，湖南人民出版社1980年版，第389页。
③《清华大学这样进行政策学习》(四)，《文汇报》1950年9月15日。

工作中，对旧机构、旧人员采取按系统接收、“包下来”的做法，明令保护公私学校、教堂、医院、文教机关、体育场所和其他文化公益事业。对于国民党政权留下的文教机构，在接收旧人员的基础上进行改造和利用，将其逐步纳入中国科学院、新华书店、中国文联、中国作协等新的文化体制。

对于旧文化制度，有步骤有重点地进行改革，力戒简单粗暴、急躁冒进。1950 年 3 月，政务院通过的文教工作总方针的内容之一，就是“有步骤有重点地改革旧的文化教育内容及制度”[①]。6 月 6 日，毛泽东在中共七届三中全会上强调为真正实现财政经济状况的根本好转，必须“有步骤地谨慎地进行旧有学校教育事业和旧有社会文化事业的改革工作，争取一切爱国的知识分子为人民服务”[②]。根据毛泽东既要改革旧文教事业，又不能操之过急的思想，中国共产党稳妥谨慎地有步骤、有计划地实施了对旧文化教育内容与制度的改革。

在改造旧教育方面，中国共产党认为，旧教育制度在教学内容上脱离新民主主义文化建设的方向，教学方法上理论与实践相脱节，在招考对象上工农出身的少。以改造旧式高等教育为例，中国共产党谨慎地改造旧大学，推行教学改革，废除了与旧政权关系密切的国民党讲义、三民主义学说等课程，开设马列主义政治理论课程，实行向工农开门的办学方针。

1950 年 5 月 29 日，毛泽东就召开第一次高等教育会议同教育部负责人谈高等教育工作时，发表了一段关于高教改革的意见，认为现在文化教育领域中的进步力量还小，马列主义的力量比起资本主义的力量来小得多，强调教育要改革，要变，但是不要急，要有步骤地变，要同整个社会的变革配合好，我们在这方面发动攻势要谨慎，不

① 中央人民政府政务院秘书厅编印：《中央人民政府政务院政务会议文件汇辑》第 3 册，1954 年，第 267 页。

②《毛泽东文集》第 6 卷，人民出版社 1999 年版，第 71 页。

要使自己陷于被动[①]。这一段话集中反映了党的领导人在改造旧教育事业的方向、步骤、策略上的心态。在实施院系调整、教学改革、学习苏联教育经验、教师思想改造等一系列措施中，党把改造旧教育同开办新式教育更加紧密地联系在一起。

在改造旧文艺方面，中国共产党坚持把改造文艺内容、改造文艺制度与改造文艺工作者结合在一起的思路，推行“改戏”“改人”“改制”的“三改”运动。早在 1949 年 7 月，中国共产党就以全国文学艺术工作者第一次代表大会的召开为契机，向文艺界提出了旧文艺如何向新的人民文艺的转型问题。陆定一提出“改造旧文艺”，周恩来提出精神劳动者“容易产生非集体主义的倾向”，董必武提出“超社会超阶级的文艺工作者必须接受思想洗礼”，郭沫若提出文艺界 30 年来存在两条路线的论争（“一条是代表软弱的自由资产阶级的所谓为艺术而艺术的路线，一条是代表无产阶级和其他革命人民的为人民而艺术的路线”），强调贯彻革命根据地的文艺经验，提出改造、思想洗礼、学习理论和政策等政治上的要求。同时，会议的基调是团结压倒一切，强调通过批评和自我批评归于一致，如陆定一要求解放区作家“不要骄傲”、国统区作家“不要气馁”，郭沫若提出“要容忍不同观点的存在”“要批判地接受一切文学艺术遗产”[②]。1950 年春，毛泽东为中国戏曲研究院题词，提出“百花齐放，推陈出新”的戏曲改革方针，成为 1956 年“百花齐放，百家争鸣”方针的来源之一[③]。

在改造旧戏问题上，当时东北局提出要在 1951 年底在全东北肃清含有封建、迷信、淫荡等毒素的旧戏曲，结果在实践中机械执行的做法造成“无戏可演”“无戏可看”的冷清局面。1950 年 3 月 13 日，

---

① 参见中共中央文献研究室编：《毛泽东年谱（1949—1976）》第 1 卷，中央文献出版社 2013 年版，第 149 页。

② 参见中华全国文学艺术工作者代表大会宣传处编：《中华全国文学艺术工作者代表大会纪念文集》，新华书店，1950 年版，第 13、15、25、38、12、40、41 页。

③《建国以来毛泽东文稿》第 2 册，中央文献出版社 1988 年版，第 222 页。

中共中央在关于禁演旧剧问题给东北局的指示中，针对东北局以行政方式限期消灭旧戏的“急性病”，要求纠正存在的某些左派幼稚病的观点和做法，认为新旧戏的斗争属于群众思想问题，对旧戏不应采取禁的政策，对演新戏也不应用法令来强制执行，强调戏曲改革工作不应当依靠行政命令与禁演的办法，而应采取自愿和鼓励帮助的原则，做到既团结旧艺人，又要改革旧戏[①]。为推动戏曲改革工作，文化部成立戏曲改进局，负责改造旧戏曲和团结改造旧艺人。

批判地继承旧文化遗产的思想，无疑是符合文化发展特点和要求的理性而科学的认识。

2. 改造旧知识分子与批判旧思想旧文化[②]

建设新文化离不开作为文化创造者、传播者的知识分子。然而，知识分子的状况却与新文化建设要求存在距离。早在民主革命时期，中国共产党就在知识分子问题上形成了较成熟的认识，其核心有两点，一是中国知识分子的主体属于小资产阶级（从世界观上讲属于资产阶级）。二是对知识分子要团结、教育、改造、使用。新中国成立后，上述对知识分子的看法和政策由根据地推向全国。1950年，陆定一提出中央人民政府准备把发展工农教育，培养工农出身的新型知识分子作为文教工作的首要任务，同时改造、教育旧知识分子使其为革命服务，说“中共中央曾经明确地规定对知识分子的政策是：争取、团结、教育和改造”[③]。1951年10月，毛泽东在政协会议上指出“思想改造，首先是各种知识分子的思想改造，是我国在各方面彻底

---

① 中共中央文献研究室编:《建国以来重要文献选编》第1册，中央文献出版社1992年版，第140页。

② 本部分内容主要参考了杨凤城《中国共产党与当代中国文化发展研究》中的相关概括和分析，中共党史出版社2013年版，第27—31、229页。

③ 中共中央宣传部办公厅、中央档案馆编研部编:《中国共产党宣传工作文献选编（1949—1956）》，学习出版社1996年版，第32页。

实现民主改革和逐步实行工业化的重要条件之一”①。

为了尽快清除知识分子头脑中的旧思想，中华人民共和国成立之初，党和政府便开始在知识分子中进行马克思主义启蒙，组织他们学习社会发展史（历史唯物主义）、新民主主义理论以及中国共产党的主要政策等。在学习中特别突出以下要求：树立阶级和阶级斗争的观念，摈弃超阶级超政治的观点；抛弃买办的洋奴思想，认清帝国主义的侵略本质，特别是要去除崇美恐美的思想；树立劳动观点，为人民服务的思想，认识历史是劳动人民群众创造的，工人农民是社会的主人，抛弃看不起体力劳动者、看不起工人农民的旧观念，摈弃自高自大、个人主义、自由主义等被认为是资产阶级或小资产阶级的思想与作风，等等。1951 年秋至 1952 年秋，党和政府又在全国知识分子中进行了一场声势浩大的思想改造运动。这场思想改造运动实际上是建国以来知识分子政治学习运动的继续和深化。运动的主要作用是通过知识分子的自我检讨进一步抛掉被执政党视为封建的买办的资产阶级的特别是资产阶级的旧思想旧观念。历时一年的知识分子思想改造运动所起的作用是复杂的，一方面它对知识分子接受马克思主义是一个重要的推动，这是主流，但同时又伴随着对其他思想文化成果的过分否定和排斥；一方面它促使知识分子抛掉崇洋思想，另一方面在纠正搬欧美“洋教条”的同时却助长着“搬苏联教条”的倾向；一方面它对知识分子的某些弱点如自高自大、喜空谈、虚伪等触动很大，促使他们努力去除这些痼疾，又伴随着对知识分子的过分贬损；一方面，通过思想改造运动，知识分子的集体主义观念得以确立，同时又伴随着对个性、对个人兴趣和特长、对个人独创性研究的忽视；等等。这些情况，足以说明知识分子思想改造运动丰富而复杂的历史内涵。

---

①《建国以来毛泽东文稿》第 2 册，中央文献出版社 1988 年版，第 482—483 页。

全国规模的知识分子思想改造运动的结束，并不意味着知识分子思想改造任务的完成。毛泽东和中国共产党认为，思想改造是一个长期的过程。短短一年当然不够。这一方面，使知识分子的思想改造有可能避免过于急躁和粗暴的做法，使知识分子能够逐步学习并接受马克思主义的系统理论；但另一方面也给知识分子带来了长期的心理压力。因为思想没有改造好，便意味着不能完全融入新社会，意味着政治上、思想上、学术上有可能随时犯错误。事实上，大规模思想改造运动结束后，思想改造的要求和工作一刻也没有停顿过。无论是文艺界，还是教育界、学术界，在重要的会议、文献、运动中，思想改造依然是一个决不会发生遗漏的主题。

1953年社会主义改造总路线公布以后，从中国正在走向社会主义的总目标出发，对知识分子彻底清除资产阶级思想，尽快接受马克思主义理论的要求更为紧迫、力度也更大。道理很清楚，社会主义革命从理论上讲是以资本主义和资产阶级为对象的，所以，资产阶级思想与无产阶级思想、唯心主义与唯物主义之间的斗争，被认定是社会主义革命过程中两大阶级之间斗争在思想文化战线上的反映。在对资产阶级、小资产阶级经济上政治上宣判死刑后，彻底清除和批判其思想也就势在必然了。1954年后连续发动的对俞平伯《红楼梦研究》、对胡适唯心主义思想、对胡风文艺思想、对梁漱溟思想等的批判运动，都是上述大背景下的产物。在批判的高潮中，中共中央于1955年下发文件，要求“必须在知识分子和广大人民中宣传辩证唯物主义和历史唯物主义思想，批判资产阶级唯心主义思想，并在这个思想战线上取得胜利。没有这个思想战线上的胜利，社会主义建设和社会主义改造的任务就将受到严重阻碍”[①]。随着批判和肃清资产阶级唯心主义思想这一任务的提出，知识分子联系学术或专业中的具体问题来批

① 中共中央文献研究室编:《建国以来重要文献选编》第6册，中央文献出版社1993年版，第63—64页。

判和清理资产阶级思想，成为继续思想改造的重要方式和途径。事实上，这种具体的批判实践，对于知识分子世界观的进一步转变确实起了巨大作用。

通过连续的思想批判运动，知识分子进一步了解了马克思主义在许多重要问题上的立场和观点，它们与非马克思主义思想的显著不同。以批判胡适思想为例，这场批判涉及哲学、历史学、文学、教育学、政治学等许多领域。通过批判，通过将实用主义放在马克思主义的显微镜下审视，在一系列问题上显明了两者的不同，并阐述了马克思主义的相应观点，如马克思主义哲学在本体论、认识论、真理论和方法论上的主要观点；马克思主义对待历史问题、文艺问题、教育问题的基本态度——从经济基础的决定作用、从阶级根源和阶级斗争入手进行考察和分析；马克思主义在国家、政权和民主等方面的基本观点——国家是阶级统治的工具，旧的统治阶级不会自动退出历史舞台，只有通过暴力革命才能实现政权更迭，民主是有阶级性的，资本主义国家的民主实质上是资产阶级的专政；等等。

在暴风骤雨式的以政治宣判为主要特征的批判运动中，对马克思主义的阐述和应用存在着教条化、简单化、机械化的倾向。例如，马克思主义认为物质是第一性的，意识是第二性的，那么，回避这一问题，或者在这一问题上说法不同，就是唯心主义的，而唯心主义就是反动的；马克思主义认为，经济基础具有决定性的作用，是人类历史发展的决定性原因，那么不提经济基础的决定作用，甚至提出历史发展的多元作用论，或者认为“无尽的意欲”（梁漱溟语）是推动人类进步的原因，就是反科学的因而是反动的；马克思主义认为，历史是人民群众创造的，那么不提或者没有突出这一点，甚至相反突出某些历史人物的重要作用，那么就是英雄史观。总之，对社会问题、历史问题、文艺问题等等。

既然旧文化总体上一无可取，那么，新文化建设也就和它没有什么本质上的继承关系。这种新文化主要不是靠继承，而是靠全新的创造，靠马克思主义的指导，靠学习苏联文化榜样，靠根据地革命文化已经形成的根基和方向。

（二）新中国文化思想的“布新”

破与立、批判与建设是文化发展的一体两面。在清理旧文化的同时，中国共产党亦在思考如何建设新文化的课题。概括地说，主要表现在两个方面：一是全面学习苏联经验，移植苏联关于文化建设方面的理念、政策、管理制度、组织体制等，作为建设新文化的榜样；二是开展马克思主义的学习宣传教育，发展壮大马克思主义理论队伍，树立马克思主义在意识形态领域的指导地位。

1. 全面学习苏联文化的理念

新中国成立前后，苏联文化作为全面学习苏联的重要组成部分，已是建设新文化的榜样。1945 年中共七大召开时，毛泽东已经明确提出“苏联所创造的新文化，应当成为我们建设人民文化的范例”①。1949 年 10 月 5 日，刘少奇在中苏友好协会成立大会上强调“苏联的文化完全是新的文化”“吸收苏联新的文化作为我们建设新中国的指针”②。1950 年 2 月 17 日，毛泽东在访苏回国欢送仪式上直言“苏联经济文化及其他各项重要的建设经验，将成为新中国建设的榜样”③。1953 年 2 月 7 日，毛泽东在政协会议闭幕会上再次指出中国“从来就是接受外国先进经验和优秀文化的”，发出“在全国掀起一个学习苏联的高潮，来建设我们的国家”的号召④。

---

①《毛泽东选集》第 3 卷，人民出版社 1991 年版，第 1083 页。

② 中共中央文献研究室、中央档案馆编：《建国以来刘少奇文稿》第 1 册，中央文献出版社 2005 年版，第 87 页。

③ 中共中央文献研究室编：《毛泽东年谱（1949—1976）》第 1 卷，中央文献出版社 2013 年版，第 95 页。

④《毛泽东文集》第 6 卷，人民出版社 1999 年版，第 264 页。

在“全面学习苏联”的热潮下，党的主要认识分为三个层面：第一个层面是学习苏联文化建设的理论，即学习宣传马克思列宁主义，号召学习马克思、恩格斯、列宁特别是斯大林的著作学说，尤其是斯大林关于社会主义文化建设的思想。第二个层面是对苏联文化理念的移植，涉及学习苏联关于社会主义文化的阶级划分方式，引入苏联文化制度体制特别是文化管理体制，采用苏联文化建设的计划工作理念。第三个层面是作为文化理论、理念的具体体现，全面学习苏联各文化部门的思想政策方针，涉及文艺、教育、科学、新闻、出版、体育、卫生等各领域。上述三个层面从指导理论、工作理念到具体政策，涵盖了苏联文化的表与里，体现出了中国共产党学习苏联先进文化经验的全面性。

在文化建设理念方面，中国共产党学习苏联领导文化工作的计划管理思维。苏联斯大林时期形成的计划经济模式不仅被应用于苏联领导文化工作的实践，也是中国共产党规划文教事业发展的既定轨道。1949 年 3 月 13 日，时任北平市军管会文化接管委员会主任的钱俊瑞在北京大学谈及教学改革时，指出新中国成立后教育工作的计划轨道，认为“将来教授属于国家，什么地方需要就派到什么地方教书”“必须做到全部教育计划化”①。同年 10 月 26 日，政务院文教委员会同苏联代表团座谈时，苏方介绍了文教组织及其工作情况，国家政权组织的机构有高教部、科学院、人民教育部、艺术事业委员会、电影部、体育运动委员会、印刷出版事务处、文化教育机关事务委员会、无线电广播委员会、建筑事业委员会等，社会组织有作家协会、艺术家协会、作曲家协会、科学与政治知识普及协会、对外文化联络协会等。座谈会上，苏方谈及国家计划委员会负责设计工作，其下设

① 陈大白主编：《北京高等教育文献资料选编（1949—1976）》，首都师范大学出版社 2002 年版，第 10 页。

专门设计文教工作的部门[①]。苏联领导文化工作的计划思维、文教机构的设置原则与职权分工，逐渐成为新中国文化工作的模板。例如，1950年6月教育部长马叙伦在第一次全国高等教育会议开幕词中明确地指明了新中国高等教育逐步走向苏联计划化的方向[②]。1952年2月中宣部要求改组文艺团体时，主张效仿苏联文艺制度，把全国文学工作者协会改成苏联“作家协会”性质的专门家协会组织[③]。其原因就是苏联不设文联，中国应取消文联。

在文化制度方面，党强调引入苏联文化教育的制度、内容、组织和方法。刘少奇秘密访问苏联期间，曾致信斯大林，包含学习苏联文化建设经验的意图[④]。这封写于1949年7月6日的信明确提出希望了解苏联建设的做法和经验，如苏联党和国家的文教结构、学校的组织和制度、学校和生产部门之间的联系、大学生的招生、中学的课程设置、文艺工作、科研机构等等，希望同苏联文教部门负责人座谈，并请求苏联政府帮助中国建立一所专门的学校以培养新中国建设急需的干部。刘少奇还就中苏文化联系这项重要工作提出向苏联请教的具体事宜，如有关通讯社、电影、中苏文化协会，有关相互派遣工农和学者参观团，有关在中国培养俄语干部，有关翻译政治、科学和文学作品，有关在中国建立俄语图书馆，有关开办书店，有关在苏联和新民主主义国家出版报纸、杂志和发行书籍等方面的工作，等等[⑤]。1949年11月，中共中央即组织参观团赴苏联进行短期学习，各文化

① 中苏友好协会总会编:《苏联文化工作者代表团在中国一月》，新华书店1950年版，第110—112页。

② 上海市高等教育局研究室等编:《中华人民共和国建国以来高等教育重要文献选编》上册，1979年印，第213页。

③ 中共中央文献研究室编:《建国以来重要文献选编》第4册，中央文献出版社1993年版，第77页。

④ 参见中共中央文献研究室、中央档案馆编:《建国以来刘少奇文稿》第1册，中央文献出版社2005年版，第23—25页。

⑤ 参见沈志华主编:《俄罗斯解密档案选编——中苏关系》第2卷，东方出版中心2015年版，第84—87页。

学术机关可以申请组织参观团，以学习苏联国家组织与建设工作的各项经验[①]。这些充分说明党迫切希望从苏联经验中寻求新中国文化建设的良方。

在学习苏联文化的方式上，党主张采用由苏联派遣专家来华工作、派遣中国留学生留学苏联、举行中苏文化访问交流活动、翻译出版苏联文化作品等方式，营造学习苏联的浓郁的社会氛围。其中，中苏友好协会发挥了中苏文化交流的重要渠道作用。1949 年 10 月 5 日，中苏友好协会总会成立后，在全国各地设立分会，同政府机构、社会团体广泛联系，致力于增进中苏两国文化的联系和合作，介绍苏联文化建设的经验和成就。以中苏友好协会为平台，中国共产党通过举办“中苏友好月”、纪念会、座谈会、报告会、展览会、派出代表团访苏等多种形式，大力推动中苏文化交流活动的开展。

从文化部门来说，学习苏联文化思想政策方针是开展工作的不二法门。在文艺界，中宣部文艺处成立后，管的范围很大，工作任务不明确，“也是经过相当长时间的探索，访问了苏联的一些同志，才逐渐地比较明确起来”[②]。对于斯大林主张的社会主义现实主义创作方法是否赞同成为检验中国现代作家在思想上跨入新中国门槛的试金石[③]。1951 年 5 月，周扬提出“我们必须向外国学习，特别是向苏联学习，社会主义现实主义的文学艺术是中国人民和广大知识青年的最有益的精神食粮。”[④]1952 年，周扬进一步明确“革命的艺术的新方法——社会主义现实主义应当成为我们创作方法的最高准绳”[⑤]。1953

① 中央档案馆、中共中央文献研究室编：《中共中央文件选集（1949.10—1966.5）》第 1 册，人民出版社 2013 年版，第 52 页。
②《林默涵文论集（1952—1966）》，当代中国出版社 2001 年版，第 71 页。
③ 参见程光炜：《文化的转轨——“鲁郭茅巴老曹”在中国（1949—1976）》，光明日报出版社 2004 年版，第 15 页。
④《周扬文集》第 2 卷，人民文学出版社 1985 年版，第 61 页。
⑤《周扬文集》第 2 卷，人民文学出版社 1985 年版，第 145 页。

年9月，中国文学艺术工作者第二次代表大会上，社会主义现实主义方法被确立为整个文学艺术创作和批评的最高准则。由此，苏联文学的党性原则和社会主义现实主义理论进一步贯彻到新中国文艺创作实践中。《毁灭》《青年近卫军》等苏联文学作品成为中国作家学习的榜样。

电影是文艺工作的晴雨表，是反映学习苏联文艺的重要窗口。1949年10月20日，陆定一撰文《欢迎苏联电影》，严厉批判了“那些堕落的下流的低级的宣传帝国主义、封建主义和法西斯主义的影片”，认为“苏联的电影艺术，不论在思想性方面或在艺术性方面，都是老早超过一切资本主义国家的”，号召“让我们伸开两臂，欢迎苏联影片的大量到来！”①大量引入的苏联电影贯彻社会主义现实主义的编演原则，给中国电影创作提供了范例。1952年11月7日至12月6日，全国举行“中苏友好月”活动，67个城市同时举办了“苏联影片展览”，观众达4000多万人②。

在教育界，新中国依据苏联经验，制定教育方针，建设新的人民教育。1949年12月，政务院规定中国人民大学的办学方针同时也是整个教育工作的方针是“教学与实际联系，苏联经验与中国情况相结合”③。同月，钱俊瑞在全国教育工作会上强调“特别要借助苏联教育建设的先进经验”，建设新民主主义教育④。在中国共产党看来，无论教育制度、教育组织、教学方法，还是教材建设、教师培养，苏联经验都是中国学习的榜样。

---

①《陆定一文集》下卷，人民出版社1992年版，第413—414页。

②［苏］卡皮查：《中苏两国人民的伟大友谊》，欧阳惠译，时代出版社1956年版，第39页。

③ 何东昌主编：《中华人民共和国重要教育文献（1949—1975）》，海南出版社1998年版，第3—4页。

④ 何东昌主编：《中华人民共和国重要教育文献（1949—1975）》，海南出版社1998年版，第8页。

在高等教育方面，以中国人民大学为试点，学习苏联教育经验，探索高等教育建设与发展之路。创办中国人民大学是新中国“高等教育的起点”。1950年10月3日，刘少奇在人大开学典礼上指出社会主义大学是采用苏联经验的正规大学，中国将来的大学都要按照“中国人民大学的样子”建设[①]。1954年4月，高教部召开中国人民大学教学经验讨论会，号召各高校以“唐僧取经”的精神学习人大办学经验。

在学习苏联经验过程中，注重发挥苏联专家的作用，认为苏联专家是学习苏联经验的“工作母机”“大先生”。毛泽东曾多次致信苏联，提出聘请专家来华。1950年3月30日，他致电斯大林，希望苏联按照中方已提出的计划物色教授和教员，并迅速派他们到中国来[②]。自1949年至1952年，中国聘请苏联教育专家共187人[③]。1953年，政务院文教委员会所属各部门实有苏联专家140人，拟增聘276人，分布于文化部、卫生部、科学院、出版总署、广播电台、体育等各部门，绝大多数集中在教育部[④]。是年2月，刘少奇指出“不少的苏联教授已在中国的高等院校中教课”“中国学校的课程也将采用苏联的先进经验逐步地加以改革”[⑤]。从中国人民大学来看，自1950年至1957年先后聘请苏联专家98人，聘请专家最多的教学部门是政治理论教研室（22人）、俄语教研室（26人）[⑥]。在高教部看来，先由苏

---

① 校长办公室:《刘少奇同志在中国人民大学开学典礼大会上的讲话》，中国人民大学档案馆藏，档案号：50-XZ11-XB-3。

② 中共中央文献研究室编:《毛泽东年谱（1949—1976）》第1卷，中央文献出版社2013年版，第107页。

③ 毛礼锐、沈灌群主编:《中国教育通史》第6卷，山东教育出版社1995年版，第103页。

④ 转引自张藜:《苏联专家在中国科学院——对1950年代中苏两国科学院交流与合作的历史考察》,《科学文化评论》2012年第2期。

⑤ 中共中央文献研究室、中央档案馆编:《建国以来刘少奇文稿》第5册，中央文献出版社2008年版，第45页。

⑥ 校长办公室:《中国人民大学1950—1957年的苏联专家工作情况及登记表》，中国人民大学档案馆藏，档案号：1960-XZ11-XB-24。

联专家指导中国大学办学，再由中国大学积累经验、发展成长，这就是创办新中国高等教育的思路。

在其他文化领域，中共中央同样大力倡导学习苏联经验。在语言教育领域，提倡俄文学习。1952年，钱俊瑞提出俄文“是列宁、斯大林的语言”，是“社会主义大门上的一把钥匙”，学会俄文“就能更加直接地学习苏联的先进经验，可以使我们祖国更加速向社会主义前进”[①]。中国社会迅速掀起一场俄文学习的热潮，俄语逐渐成为外国语言学教育的主流，同时英语教育走向低落。就此而言，俄文学习运动是新中国学习苏联语言并在教育领域排除英美影响力的一项举措。在科学方面，通过中国科学院学习苏联经验。1952年底，由中国科学院提出并经政务院批准成立中国科学院访苏代表团，由来自19个学科的26位科学家组成，访苏任务是了解和学习苏联如何组织和领导科学工作，苏联科学院发展壮大的经验，苏联科学的现状与发展趋势，中苏科学合作的意见建议。在新闻方面，1954年12月至1955年3月新华社代表团访问苏联塔斯社，归国后编印《塔斯社工作经验》一书，学习苏联的新闻工作制度、机构设置与新闻报道原则等。

经过苏联文化的移植与中国的嫁接，新中国学习苏联文化成就显著。1952年9月30日，中苏友好协会总会总干事钱俊瑞总结说“文教卫生事业的内容、制度、组织和方法，正在学习苏联先进经验并与我国实际逐步结合的基础上胜利地进行着改革。所有这些对我国经济建设和文化建设高潮的来临都是极大的推动力量。”[②]仅以电影为例，1955年中国电影发行公司统计，从中华人民共和国成立到1955年8月，看过苏联电影的中国观众已经超过十亿零三千多万人次[③]。

① 钱俊瑞：广泛地开展学习俄文运动——十一月七日在北京人民广播电台对广播俄语讲座学员的讲话》，《人民日报》1952年11月8日。

② 钱俊瑞：《巩固中苏友好，加紧学习苏联先进经验》，《人民日报》1952年9月30日。

③《我国人民热爱苏联电影》，《人民日报》1955年11月7日。

总的来看，学习苏联文化是党内的主流认识，形成崇信苏联文化的气氛。1949年苏联文化艺术科学工作者代表团访问中国时，有人盛赞苏联文化“代表着人类文化所已达到的最高峰，照耀着世界各民族文化发展的总方向”[①]。1953年3月，清华大学校长蒋南翔谈及学习苏联问题是“当前建设国家的基本方针、国策，不可能设想学习苏联是技术问题，不能讲‘英美为体，苏联为用’，不可庸俗化、简单化，而是一个制度到一个制度，一个体系到一个体系。这是一个革命”[②]。从“最高峰”“国策”“革命”之语中，不难看出苏联文化在中国共产党文化思想体系中的分量。

在全面学习苏联的一致性前提下，围绕如何具体认识、怎样结合实际学习苏联文化的问题，党内存在两种倾向：一种是教条主义、照搬照抄的态度；一种是结合中国实际的务实态度。这一时期，崇拜苏联、照搬照抄苏联经验是党内普遍存在的一种心理现象，“向苏联专家学习就是了”“苏联专家怎么说就怎么做”成为文教部门学习苏联的行为惯式，而一些结合中国实际的独立思考或做法往往被作为不尊重苏联的“狭隘经验主义”受到批判。在教学改革中，教育部门存在对旧教材一律否定、对苏联教材一律肯定的现象[③]。

对于生硬搬用苏联经验的做法，党也有务实的批评与纠正。为学习苏联文化管理经验，1950年文化部成立电影指导委员会，中宣部成立电影处，实行归口管理。大至全国电影剧本的题材规划、电影生产计划的审定，小到每一个剧本的修改方案，甚至确定剧本的人物对话和字幕表的顺序，都由文化部电影指导委员会作出具体规定和执

① 周扬:《欢送苏联文化代表团　希望苏联文化代表团再来中国》,《人民日报》1949年10月28日。
② 陈大白主编:《北京高等教育文献资料选编（1949—1976）》，首都师范大学出版社2002年版，第125页。
③ 中央档案馆、中共中央文献研究室编:《中共中央文件选集（1949.10—1966.5）》第11册，人民出版社2013年版，第45页。

行细则。因为控制过严过死，导致电影厂陷入无剧本可拍的境地[①]。这种违背艺术创造规律的领导方法实践证明是行不通的，1952年文化部撤销了电影指导委员会。针对教育部门不切实际地全面推行俄文学习的做法，1953年3月邓小平在政务院会议上批评说:“用苏联经验会一下子用不通的，需要从思想上动员，结合实际。俄文是一把钥匙，一定要提倡学，但不要勉强。消灭俄文文盲的口号是错误的，要纠正。”[②]针对有些地方学习苏联过程中提出的“技术一边倒”等颇为流行的口号，1953年4月26日，有专门指示发出予以纠正，认为这些提法不恰当，要求以“学习苏联先进的科学和技术”代替“技术一边倒”的口号，表达了学习苏联先进经验的同时，并不排斥吸收资本主义国家技术的立场[③]。对于学习苏联过程中存在的“教条主义”，直到1956年后才得到切实有力的纠正。

2. 马克思列宁主义的宣传教育

在中国共产党看来，马列主义是无产阶级的革命的意识形态，是马克思、恩格斯、列宁、斯大林的学说，在中国就是毛泽东思想。中国共产党赋予马克思主义统领一切文化的地位，把对马列主义的学习宣传教育视作建设新文化的关键一环。1951年5月23日，刘少奇在第一次全国宣传工作会议上的讲话提出“用马列主义的思想原则在全国范围内和全体规模上教育人民，是我们党的一项最基本的政治任务”。他说:“中国革命胜利了，我们有了更好的宣传马列主义的条件”“首先没有人禁止我们宣传马列主义了”“广大人民对马列主义这个新思想的学习和接受，正在广大范围内展开”[④]。

---

① 郝怀明:《如烟如火话周扬》，中国文联出版社2008年版，第129页。

② 中共中央文献研究室编:《邓小平年谱（1904—1974）》中册，中央文献出版社2009年版，第1104页。

③ 陈大白主编:《北京高等教育文献资料选编（1949—1976）》，首都师范大学出版社2002年版，第127页。

④ 中共中央文献研究室编:《建国以来重要文献选编》第2册，中央文献出版社1992年版，第290—291页。

关于怎样开展马克思主义的学习宣传教育，有关认识主要集中在如下方面。

第一，建立健全党的宣传工作机构，组建人民宣传网络，为马克思主义意识形态指导地位提供组织保证。建设新文化，离不开党的集中统一领导，党的宣传部作为归口管理文教的工作部门因此地位显要。1949 年 12 月，中共中央明令将文教行政工作由中宣部代管转移到中央政府文教部门，以保证党的宣传部门“摆脱行政事务，集中注意于党内外的思想斗争、党的宣传鼓动工作的领导和党的文化教育政策的制定”[①]。1951 年 1 月，中共中央下发在全党建立宣传网的决定，规定党的每个支部设立宣传员，党的各级领导机关设立报告员，并建立相关工作制度[②]。宣传员主要由党内积极分子组成，通过“谈话”“传递消息”“编辑墙报”等形式来开展宣传工作；报告员是高级的宣传员，两者互相结合，形成一个人民群众宣传网的组织系统。同年 2 月，中共中央发出指示，要求党“必须经常向各界人民正确地宣传马克思列宁主义——毛泽东思想和党在目前的各项主张”，明确党的宣传部门负有领导和推广马克思列宁主义、毛泽东思想的宣传，批判反马克思主义思想的职责。伴随分部分级干部管理制度的实施，1954 年中共中央试行党的各级宣传部管理文教干部的方案，逐步将文教干部按业务性质由党的宣传部各个业务部门负责管理起来[③]。伴随职能的扩大，中宣部从 1950 年 3 月的 5 处 1 室扩大为 1954 年 12 月的 9 处 3 室，即理论宣传处、宣传处、国际宣传处、科学处、报纸处、文学艺术处、学校教育处、干部管理处、出版处、办公室、党史

① 中央档案馆、中共中央文献研究室编:《中共中央文件选集（1949.10—1966.5）》第 1 册，人民出版社 2013 年版，第 166—167 页。

② 中央档案馆、中共中央文献研究室编:《中共中央文件选集（1949.10—1966.5）》第 5 册，人民出版社 2013 年版，第 2—3 页。

③ 中共中央组织部办公厅编:《组织工作文件选编（1953—1954）》，1980 年印，第 353 页。

资料室、地方工作室，编制增加到377名[①]。中共中央逐渐明确党的宣传部是党的宣传工作的助手和参谋，受党委委托，负责管理宣传和文教系统的干部、政策方针、意识形态，职责范围为群众宣传、理论教育、文化艺术、学校教育、报纸广播、书刊出版及以上部门的干部管理等方面的领导与管理工作。伴随党的宣传部的加强、宣传网的形成和职权范围的明确，宣传推广马列主义新思想有了主责部门。

第二，加强党校、学校的理论教育，面向党的干部、知识分子和青年学生，开设正规系统的马列主义政治理论课程，建立和巩固马列主义理论阵地。从党校来看，1951年3月中共中央发出《关于加强理论教育的决定（草案）》，强调“全党的马克思列宁主义——毛泽东思想的教育，必须极大地加强起来”“这是提高干部、改进工作的根本方法”[②]。《决定草案》明确规定了全党理论学习的学习时间、考试制度等，把学习分为三级：第一级是政治常识；第二级是理论常识（社会发展史常识、中共党史常识、毛泽东事迹、马恩列斯生平常识）；第三级是马克思、恩格斯、列宁、斯大林和毛泽东的理论著作。1954年，马列学院和各级党校开设了辩证唯物主义与历史唯物主义、政治经济学、马列主义基础（联共党史）、中共党史、党的建设五门主课[③]。在学校系统，教师的政治理论学习和学生必修的政治理论课是最主要的理论教育形式。前者经过知识分子思想改造运动，逐渐成为日常化的一种政治活动。后者学习苏联政治教育经验，逐渐在中学、高等院校开设了政治理论课。从高校来看，自1951年教育部发出《关于全国高等学校马克思列宁主义、毛泽东思想课程的指示》，

① 参见见中共中央组织部、中共中央党史研究室、中央档案馆：《中国共产党组织史资料》第5卷，中共党史出版社2000年版，第62—63页。

② 中共中央文献研究室编：《建国以来重要文献选编》第2册，中央文献出版社1992年版，第122页。

③ 参见刘晶芳：《中央党校中共党史学科建设史》，中共中央党校出版社2019年版，第75页。

至1956年高教部发出《关于高等学校政治理论课程的规定（试行草案）》，进一步完善了四门政治理论课，逐步建立了系统正规的以辩证唯物主义与历史唯物主义、政治经济学、马列主义基础、中国革命史为科目的政治理论课程体系①。

第三，翻译出版马列主义经典著作，为开展政治理论学习提供文献支撑。马列主义经典著作和毛泽东著作是加强理论教育的基本材料。为了系统学习和掌握马克思主义理论，中共中央高度重视并组织开展马、恩、列、斯全集的翻译出版工作。1953年1月，俄文翻译局和《斯大林全集》编译室合并组建马恩列斯著作编译局。自1953年至1956年翻译出版《斯大林全集》共13卷；自1955年至1963年翻译出版《列宁全集》共39卷；1956年决定翻译出版《马克思恩格斯全集》。马、恩、列、斯著作的翻译和出版，推动了马列主义在中国民众特别是党员、干部和知识分子中的学习和普及，对于马克思主义意识形态地位的巩固与加强起了重要作用。毛泽东思想是中国化的马克思主义，出版毛泽东著作亦是普及马克思主义的重要组成部分。1950年5月，中共中央成立《毛泽东选集》出版委员会。自1951年至1953年，《毛泽东选集》第1—3卷出版，并形成学习宣传毛泽东思想的高潮。

第四，训练造就一支强大的理论队伍，为加强理论教育提供人才保障。为解决理论教育面临的人才不足的困难，1952年12月中共中央曾有效法苏联红色教授学院的经验，设立马克思主义教师学校的计划，以为各大学、各党校和各地党委训练马列主义各科师资和理论工作人才，后来未有单独建立②。1953年，中共中央决定马列学院分

---

① 详参耿化敏、吴起民：《苏联专家与新中国高校政治理论课程的建立》，《中共党史研究》2016年第6期。

② 关于苏联红色教授学院的性质与沿革，参见张建华：《苏联知识分子群体转型研究（1917—1936）》，北京师范大学出版社2012年版，第168、172、173页。

设两部，以第一部专负马列主义师资之责，主要是培养高等学校和党校的马列主义教师。原马列学院为第二部[①]。1955年，毛泽东在中国共产党全国代表会议上发出“组成一支强大的理论队伍”的号召[②]。从上述来看，中共中央的认识是除了改造转化旧知识分子，教育任用革命知识分子外，更主要地通过党校、学校训练理论人才，选拔培养积极分子，最终发展壮大无产阶级理论队伍。

第五，有计划、有组织地开展群众性的理论学习运动，推动形成马克思主义学习热潮。中共中央通过党的组织系统，动员知识分子和群众，开展学习宣传马克思主义的群众运动。1950年12月和1952年4月，《人民日报》重新发表毛泽东的哲学著作《实践论》和《矛盾论》。《人民日报》《新建设》杂志和《学习》杂志等报刊，积极推动形成学习毛泽东“两论”的热潮。从1953年至1955年，北京市委在中宣部指导下，制订周密的理论学习计划，先后组织6000多名高校教师开展了“两论”、中国现代革命史、马列主义基础、政治经济学、辩证唯物主义与历史唯物主义等学习运动。以李达、艾思奇、杨献珍、胡绳等为代表的理论专业队伍在研究、诠释、宣传马克思主义理论方面发挥了重要作用，同时又把马克思主义作为各学术文化研究领域的理论指南，输入至哲学、史学、文学、经济学等学科建设实践之中。

总之，此一时期中国共产党文化思想具有清理旧文化与建设新文化同时并行的两条发展线索。新中国批判地继承旧文化遗产，针对旧知识分子进行思想改造，开展文化大批判，全面学习苏联先进文化，开展马克思主义的学习宣传教育，树立马克思主义在意识形态领

① 中共中央文献研究室编：《毛泽东年谱（1949—1976）》第1卷，中央文献出版社2013年版，第635页。

② 中共中央文献研究室编：《毛泽东年谱（1949—1976）》第2卷，中央文献出版社2013年版，第360页。

域的指导地位，这些“除旧布新”的认识揭示出中国共产党建设新的人民文化的思想脉动。

三、文化思想的转型与影响

伴随过渡时期总路线的颁布与实施，中国共产党文化思想在批判与建设的双重推动下，逐渐完成了从新民主主义向社会主义文化思想的过渡。由中国共产党的执政党地位所决定，这种文化思想的过渡也是国家层面的新旧文化思想的转型，与新中国成立后的政治、社会的转型同步完成，其本质是文化理念的转化过程，实现文化思想从新民主主义向社会主义的创造性转化，推动中国共产党文化思想的继续发展。

自1953年至1956年，中国共产党加速推进农业、手工业、资本主义工商业的社会主义改造的同时，也对新民主主义向社会主义的文化过渡提出了迫切的要求。无论批判旧文化层面，还是建设新文化层面，都明显地展示出文化转型的加快趋势。至1956年，社会主义改造完成，社会主义基本制度建立，中国共产党的文化思想完成从新民主主义向社会主义的转型。其主要标志就是新中国文化发展形成新气象，即确立中国共产党对文化建设事业的全面集中统一的领导，确立了马克思主义在国家文化和意识形态领域的指导地位，社会主义文化工作被纳入党和国家的“计划化”轨道，社会主义文化事业呈现马克思主义指导下的“一元化”发展格局。

在此转型过程中，文化大批判发挥了动力机制的作用。文化批判既是一种实践，同时也反映了一种深层的文化理念。它构成了这一时期中国共产党文化思想的重要组成部分，从一定意义上讲，也最能体现其文化思想的发展趋向和鲜明时代特征。这里所说的文化批判不是指一般意义上的对人类以往文明成果的客观检视，而是特殊历史时期以运动为承载方式，以国家权力为核心支撑而进行的一种文化除旧布新的过程。这突出地体现在两个方面：第一，文化批判能够在最短时间内清除被认定的旧思想旧文化，并确立马克思主义的指导思想地位，确立新文化的发展方向。声势浩大的文化批判运动，经常带来强大震慑，起到当头棒喝的作用，对于文化转型与重建既造成极大压力也带来巨大动力，并因此产生正常情况下不会有的立竿见影效果，最能体现“破旧立新”的文化欲求。第二，文化批判是整合知识分子群体的有效方式。在批判运动中，知识分子几乎全部卷入。对于马克思主义知识分子来说，他们是批判的导引者和主力，是发挥影响力的重要场域；对于旧知识分子来说，则是进一步清除旧有世界观和治学方法，表明思想改造决心和思想进步的重要场合。对于崭露头角的新生代知识分子来说，则是在接受马克思主义教育之后，具体运用其立场、观点和方法来分析问题、登上新中国文化舞台的初步实践。

对于文化批判的效能，中共中央曾总结道：“这种批判，是在学术界中、在党内外知识分子中宣传唯物主义的有效方法，是推动科学和文化进步的有效方法，是促进各个学术领域中马克思主义新生力量的成长的有效方法，是培养和组织理论工作队伍的有效方法。”①历史地看，这种大批判在“破”的批判方面做了大量有益的工作，在“立”的建设方面还有不足。

由新民主主义向社会主义的文化转型的完成，表明中国共产党文化思想站在新的发展起点上。在文化的性质与功能上，中国共产党从革命的视角和阶级分析的框架中去审视文化，认为文化是政治、经济的反映，属于上层建筑的一部分，将文化的阶级属性和政治效能置于至高地位，在新民主主义文化思想的基础上，进一步确立了马克思主义在新中国的意识形态指导地位，明确了文化为人民群众服务、为

① 中共中央文献研究室编：《建国以来重要文献选编》第6册，中央文献出版社1993年版，第66页。

建设社会主义服务的功能。在文化发展的理想形态上，中国共产党实现了从新民主主义向社会主义文化形态的过渡，所向往的新的文化形态是社会主义性质的为人民群众所享有的文化，即文化向劳动人民敞开大门，打破知识精英垄断文化的格局，重视文化的普及，实现劳动人民的“文化翻身”。在如何推进文化建设上，中国共产党坚持党对文化建设的集中统一领导，从制度、组织、体制机制、人事等各层面进行了全方位的文化治理，切实把文化事业纳入国家计划工作的轨道，发挥知识分子文化生产创作的积极性。在文化的继承与创新上，在资本主义、封建主义与社会主义的基本框架下，中国共产党历史地承认文化的多元性，主张吸收中国历史文化遗产与各国各民族文化的精华，剔除糟粕，为我所用，同时更加强调文化的阶级性和党性，将苏联文化视为社会主义文化的典范，建设中国的社会主义文化。

以此为新起点，中国共产党思考文化问题的重心转向如何进行社会主义文化建设的新阶段。

第六章　社会主义文化思想的曲折发展

1956年后，中国进入社会主义文化建设的新阶段。中国共产党坚持以马克思主义为指导，探索如何实现社会主义文化的活跃、多样和繁荣。围绕如何建设社会主义文化这一问题，既有发挥知识分子积极性、繁荣发展科学文化方面的积极思想成果，又有阶级斗争问题上的失误而带来的消极思想影响。从“以苏为鉴”走向“以阶级斗争为纲”，中共文化思想不断摇摆、产生动荡、间或调适的曲折探索，留下深刻的经验教训。

一、社会主义文化思想的探索

自1956年至1957年，中国共产党围绕社会主义条件下的文化建设进行探索，在知识分子的阶级属性、繁荣发展科学文化、处理古今中外文化遗产等方面形成了新的认识，为正确处理知识分子问题、制定新的科学文化方针、学习借鉴人类文化成果提供了思想基础。伴随整风反右的逆转，文化问题的思考向度发生向阶级斗争方向的倾斜。

（一）“以苏为鉴”语境下文化思想的创见

自1956年至1957年，中国共产党基于国内外的新形势，在“以苏为鉴”，迎接社会主义建设高潮的语境下，提出进行社会主义“文化革命”与文化建设的任务。一方面，三大改造完成后，社会主义建设高潮到来，对发挥知识分子作用，迅速提高科学文化水平提出新要求。这同知识分子短缺、文化科学水平落后的现状产生矛盾。一方面，苏共二十大引发了国际共产主义运动的强震，给各国共产党提出了思想解放，摆脱苏联模式，探索本国建设道路的课题。毛泽东提出“以苏为鉴”，走中国自己的道路，实现马克思主义与中国实际的第二次结合的思想。1956 年 9 月，中共八大把“文化革命”作为社会主义建设的一项重要任务进行系统阐述，提出“努力创造社会主义的民族的新文化”，周扬在会议发言中提出“共同建设社会主义的新文化”①。1957 年 3 月，毛泽东进一步把科学文化列为国家现代化的目标，指出“建设一个具有现代工业、现代农业和现代科学文化的社会主义国家”②。这样，社会主义“文化革命”和文化建设的任务就被提上中共文化思想的议程。

基于宏观的文化建设任务，中国共产党文化思想的新探索具体表现在：一是在文化建设的依靠力量上，提出知识分子属于工人阶级的新判断，号召向现代科学进军，充分调动知识分子建设社会主义的积极性；二是在文化发展方针上，提出“百花齐放、百家争鸣”；三是在文化的继承与发展的关系上，不再迷信苏联，而是强调批判地继承一切文化遗产，向一切国家的长处学习。

1. 关于知识分子问题的新思考

如何认识社会主义制度下的知识分子问题，是中国共产党规划文化建设事业亟待解决的突出问题。随着三大改造的完成和“一五”计划的开展，国家迫切需要知识分子参加各项建设。一方面，知识分子的面貌发生了巨大变化，政治上有明显进步，数量有所增长，业务

---

① 中央档案馆、中共中央文献研究室编:《中共中央文件选集（1949.10—1966.5）》第 24 册，人民出版社 2013 年版，第 255 页；中共中央办公厅编:《中国共产党第八次全国代表大会文献》，人民出版社 1957 年版，第 509 页。

②《毛泽东文集》第 7 卷，人民出版社 1999 年版，第 268 页。

水平有所提高。1955 年底，全国知识分子共有 384 万人，包括高级知识分子 10 万人[①]。无论知识分子的数量还是业务水平，显然还不足以适应建设事业急速发展的需要。同时，党内在知识分子问题上还存在宗派主义的倾向，对知识界在政治上、业务上的进步和在社会主义事业中的作用的估计不足，对知识分子的安排使用和待遇方面还存在不恰当、不合理、不公正的现象，在吸收知识分子入党问题上还存在关门主义倾向，严重影响了知识分子的积极性。国家建设事业对知识分子的强烈需求和知识分子现状之间的巨大落差，促使中国共产党重新思考知识分子的地位和角色，决定调整知识分子政策。

周恩来、李维汉在调查研究基础上，向中共中央提出召开一次会议全面解决知识分子问题的建议。1955 年初，周恩来就有召开一次知识分子问题会议的想法。同年下半年，中共中央统战部部长李维汉把知识分子问题作为统战部近期的工作重点，通过民主党派工作处，在民盟文教委员会帮助下，调查研究知识分子问题，得出“六不”问题的结论：估计不足、信任不够、安排不妥、使用不当、待遇不公、帮助不够。11 月 14 日，周恩来在全国政协常委会议上建议将知识分子问题列为政协政治报告的重点之一。11 月 23 日，毛泽东召集刘少奇、周恩来等人开会，认为先在党内讨论，然后提出和解决这个问题。会议决定召开一次大型会议，全面解决知识分子问题，决定成立周恩来负总责，彭真、陈毅、李维汉、安子文、徐冰、张际春、周扬、胡乔木、钱俊瑞参加的中央研究分子问题十人领导小组，下设办公室进行会议筹备工作[②]。12 月 16 日，中共中央发出《关于知识分子问题的指示草案》，征求各地意见。在中央的重视下，各省市进行调查研究、召开会议，讨论知识分子问题。

---

① 李维汉：《回忆与研究》下册，中共党史资料出版社 1986 年版，第 810 页。
② 中共中央文献研究室编：《周恩来年谱（1949—1976）》上卷，中央文献出版社 1997 年版，第 521 页。

1956年1月14日至20日，中共中央召开关于知识分子问题的会议，周恩来作《关于知识分子问题的报告》，标志着知识分子政策的重大调整。

从知识分子政策思想的角度看，周恩来报告的新意在于三个方面：

第一，关于知识分子阶级属性的新判断。报告提出知识界已经发生根本变化，绝大部分已经成为国家工作人员，已经为社会主义服务，已经是工人阶级的一部分[①]。这就将知识分子划入了作为领导阶级的工人阶级的行列，从根本上改变了过去对知识分子整体上属于资产阶级、小资产阶级的判定。知识分子从过去的“统战对象”到现在的“工人阶级的一部分”，这是知识分子政策调整的最显著变化。

第二，关于知识分子地位的新认识。报告指出为了多、快、好、省地建设社会主义，必须依靠知识分子的积极劳动，必须依靠体力劳动和脑力劳动的密切合作，依靠工人、农民、知识分子的兄弟联盟。我们现在所进行的各项建设，正在愈来愈多地需要知识分子参加[②]。从思想改造的对象到建设社会主义的“兄弟联盟”，知识分子的地位无疑得到空前提升。

第三，关于“向现代科学进军”的号召。报告提出向现代科学进军的口号，要在12年内使中国最急需的学科接近世界先进水平。为实现这一目标，中共中央要求尽快制定全国科学发展规划。报告还批评了党内在知识分子问题上的宗派主义，认为“生产依靠工人，技术依靠苏联专家”的想法是不可取的；并在改善知识分子的安排使用、工作条件和待遇，大力吸收高级知识分子入党，加快培养和扩大

① 参见中共中央文献研究室、中央档案馆编：《建国以来周恩来文稿》第13册，中央文献出版社2018年版，第19页。
② 参见中共中央文献研究室、中央档案馆编：《建国以来周恩来文稿》第13册，中央文献出版社2018年版，第16页。

知识分子队伍等方面提出了具体的政策措施。

这次会议充分肯定了知识分子的地位和作用，对于充分发挥知识分子的积极性，加快科学文化建设具有重要意义。由此，中国共产党改变了过去革命时期长期把知识分子视为资产阶级、小资产阶级的传统看法，出台了一系列政策举措。主要有：1956年2月22日，周恩来批准《关于争取尚在资本主义国家留学生回国问题的报告》；2月24日，中共中央发出《关于知识分子问题的指示》；4月、5月，中共中央先后下发中组部《关于在知识分子中发展党员计划的报告》《关于高级知识分子入党情况的报告》和中央统战部《关于解决高级知识分子中一部分社会活动过多和兼职过多问题的意见》等文件；7月20日，国务院转发关于改善高级知识分子工作条件的通知；等等。1956年因此成为"知识分子的春天"。

从毛泽东的认识看，他对这次会议精神并无异议，也表达了支持的态度。1月20日，毛泽东在会议最后一天讲话，说"对知识分子进步的一面估计不足"，"对于知识分子，净说他们不好"；同时依靠知识分子，说"现在是革技术的命，叫技术革命。要搞科学，要革愚蠢同无知的命，叫文化革命。……要在比较短的时期内，造就大批的高级知识分子，同时要有更多的普通的知识分子。"[①]1月25日，他在最高国务会议上指出："决定一切的是要有干部，要有数量足够的、优秀的科学技术专家。"[②] 在此后的相关言论中，他表达了同样的认识。如1956年8月8—10日，审阅修改八大政治报告时，批注"革命也需要知识分子，也需要一些文化。"9月10日，在八大预备会第二次全体会议上指出"我们要造就知识分子队伍，计划在三个五年计

① 中共中央文献研究室编：《毛泽东年谱（1949—1976）》第2卷，中央文献出版社2013年版，第513、515页。

② 中共中央文献研究室编：《毛泽东年谱（1949—1976）》第2卷，中央文献出版社2013年版，第520页。

划之内造就100万到150万高级知识分子。”“现在，我们这个中央的确有这个缺点，没有多少科学家和专家。”[①] 可见，毛泽东基于经济建设的现实需要，肯定了知识分子的作用。

然而，党内对于知识分子阶级属性的新判断缺乏牢固的共识。虽然周恩来的报告重申了知识分子思想改造仍是党的重要政治任务之一，但他们属于“工人阶级的一部分”的新提法在党内引起了一些不同意见。2月，中央政治局会议通过的《关于知识分子问题的指示》就将“工人阶级”的提法修改为“劳动人民”，即“知识分子的基本队伍已经成了为社会主义服务的工作人员，已经成了劳动人民的一部分”[②]。半年后，毛泽东恢复了知识分子的旧属性。8月24日，他同音乐工作者的谈话中，把资产阶级和知识分子并列看待，说“对资产阶级和他们的知识分子”“我们现在还是要团结他们。”[③]8月30日，他在八大预备会议上进一步明确说1000万党员里的100万知识分子“归到小资产阶级范畴比较适合”[④]。当然，毛泽东讲这个话并非严格意义上说知识分子党员属于小资产阶级。他的意思恐怕还是说由于主要接受的是旧社会的教育、大多出身于有产阶级家庭等因素，这部分党员更容易受到资产阶级或小资产阶级思想的影响，其行为更容易有小资产阶级的某些特征等。

至1956年9月15日，刘少奇在八大政治报告中代表中央进行了正式的定性。在肯定“知识界已经改变了原来的面貌，组成了一支为社会主义服务的队伍”的同时，把新培养的劳动人民出身以外的知识分子，统称为“资产阶级和小资产阶级知识分子”。报告提出“我

① 中共中央文献研究室编:《毛泽东年谱（1949—1976）》第2卷，中央文献出版社2013年版，第598、620页。

② 中央档案馆、中共中央文献研究室编:《中共中央文件选集（1949.10—1966.5）》第12册，人民出版社2013年版，第281页。

③《毛泽东文集》第7卷，人民出版社1999年版，第79页。

④《毛泽东文集》第7卷，人民出版社1999年版，第95页。

们要大量培养新的知识分子，特别是从劳动阶级出身的知识分子。同时，我们必须运用资产阶级和小资产阶级的知识分子力量来建设社会主义，并且要向他们学习。”[①]

2.“百花齐放、百家争鸣”方针的提出

社会主义制度建立后，尽管马克思主义在文化领域内的指导地位已经确立，但党如何领导科学文化工作，制定符合实际的政策方针，还是一个新问题。针对学习苏联经验过程中的教条主义和意识形态领域批判运动带来的文化沉闷状况，毛泽东提出“百花齐放、百家争鸣”（简称“双百”方针），以调动一切积极因素建设社会主义，促进科学文化事业的迅速发展。“双百”方针成为此一时期中共中央繁荣发展社会主义科学文化思想的集中体现。

“双百”方针的提出有一个酝酿、阐释和成熟的过程。“百花齐放”是在戏曲问题上提出来的。中华人民共和国成立后，对于戏曲工作曾有“百花齐放”的提法，周扬在全国第一届戏曲工作会议上对此表示赞同。1951 年 4 月 3 日，毛泽东应梅兰芳之邀为中国戏曲研究院成立题词“百花齐放，推陈出新”[②]。此后，这被视作党的文艺方针。1956 年 3 月 8 日，刘少奇听取文化部党组汇报时，重申了党对文艺工作的“百花齐放，推陈出新”的方针。同年 4 月，昆剧《十五贯》在北京演出大获成功，广受好评，被树为“百花齐放，推陈出新”的典型。

“百家争鸣”的提出，直接针对的是中国和苏联学术发展中的不同观点问题。陆定一在领导文化工作中，关于处理遗传学、中西医、历史分期等问题，曾向中央报告，主张学术问题自由讨论[③]。郭沫若、

① 中央档案馆、中共中央文献研究室编：《中共中央文件选集（1949.10—1966.5）》第 24 册，人民出版社 2013 年版，第 25、92 页。

② 中共中央文献研究室编：《毛泽东年谱（1949—1976）》第 1 卷，中央文献出版社 2013 年版，第 322 页。

③《陆定一文集》下卷，人民出版社 1992 年版，第 843 页。

范文澜关于中国古代史分期问题的争论以及《历史研究》的办刊方针也反映了这一点。1953 年 8 月，中国历史问题研究委员会成立，委员会主任陈伯达向毛泽东请示历史研究工作的方针，毛泽东说：要百家争鸣。

1956 年 4 月 25—28 日，中共中央政治局扩大会议讨论了科学文化事业的方针。4 月 27 日，陆定一发言列举了科学、文艺工作中的一些事件，认为对学术问题、艺术问题、技术问题给予讨论的自由，把政治问题、学术问题、艺术问题、技术问题区分开[①]。4 月 28 日，陈伯达会议发言中，提到两个口号的由来和积极意义，指出毛泽东给文艺界提出了百花齐放这个口号，针对学术界的路线和方针问题提了一个百家争鸣，强调在文化、科学上实行“百花齐放、百家争鸣”。毛泽东就讨论情况作总结发言，明确提出：“艺术问题上的百花齐放，学术问题上的百家争鸣，我看这个应该成为我们的方针。‘百花齐放’是群众中提出来的，人们要我题词，我就写了‘百花齐放，推陈出新’。‘百家争鸣’这是两千年以前的事，春秋战国时代，百家争鸣。讲学术，这种学术可以讲，那种学术也可以讲，不要拿一种学术压倒一切。”[②] 这就在中共中央层面上提出了这一方针。

5 月 2 日，毛泽东在最高国务会议上再次提出“双百”方针。他说：“现在春天来了嘛，一百种花都让它开放，不要只让几种花开放，还有几种花不让它开放，这就叫百花齐放。百家争鸣，是说春秋战国时代，有许多学派，诸子百家，大家自由争论。现在我们也需要这个。”他指出，只有反革命议论不让发表，这是人民民主专政，各种学术思想，不去干涉他们，可以说各种意见[③]。与党内的政治局会议

---

① 《陆定一文集》下卷，人民出版社 1992 年版，第 494 页

② 中共中央文献研究室编：《毛泽东年谱（1949—1976）》第 2 卷，中央文献出版社 2013 年版，第 570—571 页。

③ 中共中央文献研究室编：《毛泽东年谱（1949—1976）》第 2 卷，中央文献出版社 2013 年版，第 574—575 页。

不同，最高国务会议具有讨论国家大政方针的性质。经由这两次会议的阐发，“双百”方针无疑具有了正式成为党和国家一项科学文化方针的最高权威性。

陆定一对“双百”方针作了最为详尽的阐释。5月26日，陆定一应郭沫若之邀，在怀仁堂向知识界作了《百花齐放，百家争鸣》报告。从报告的内容来看，首先提出文艺和科学工作的“四大自由”，即独立思考的自由，辩论的自由，创作和批评的自由，发表自己的意见、坚持自己的意见和保留自己的意见的自由。这是人民内部的自由，敌人、反革命分子是没有自由的。其次，指出文化领域的以下问题：一是自然科学是没有阶级性的，它们有自己的发展规律；二是党对文学艺术工作只有一个要求，就是“为工农兵服务”“为包括知识分子在内的一切劳动人民服务”，社会现实主义是最好的但不是唯一的创作方法；三是哲学和社会科学领域工作成绩大，但存在“宗派主义”；四是建国后马列主义学习存在教条主义倾向，对我国文化遗产中的有益成分，有粗心大意一笔抹杀的倾向，在学习苏联的过程中有机械照搬的倾向①。报告送毛泽东审阅后，由《人民日报》于1956年6月13日全文发表。由此，“双百”方针在国内外公布，显示毛泽东发展科学文化事业和处理知识分子问题的自信。

1956年9月中共八大政治报告又专门论述道：“为了繁荣我国的科学和艺术，使它们为社会主义建设服务，党中央提出了‘百花齐放，百家争鸣’的方针。科学上的真理是愈辩愈明的，艺术上的风格是必须兼容并包的。党对于学术性质和艺术性质的问题，不应当依靠行政命令来实现自己的领导，而要提倡自由讨论和自由竞赛来推动科学和艺术的发展。”②1957年1月27日，毛泽东在省市自治区党委书

①《陆定一文集》下卷，人民出版社1992年版，第499—521页。

② 中共中央办公厅编：《中国共产党第八次全国代表大会文献》，人民出版社1957年版，第42页。

记会议上肯定这个方针“是合乎辩证法的”[①];2 月 27 日，他在最高国务会议上肯定“双百”方针是促进艺术发展和科学进步的方针，是促进我国的社会主义文化繁荣的方针[②]。3 月 12 日，他在全国宣传工作会议上说“这是一个基本性同时也是长期性的方针，不是一个暂时性的方针。”[③]至此，毛泽东关于“双百”方针的认识达致顶点。

“双百”方针是中国共产党探索中国社会主义文化发展道路的重要产物，是对马克思主义文化理论尤其是文化建设理论的一大贡献。它符合科学文化发展的规律，是正确的科学文化建设指针。很多知识分子把这一方针比作“春风”，说有一种“如沾化雨，如坐春风”之感。这一方针的贯彻带来了文化发展的“春天”。在这个“春天”里，《1956—1967 年科学技术发展远景规划纲要》《1956—1967 哲学社会科学规划纲要（草案）》相继出台；一批优秀的文艺作品陆续面世；一些知识分子还对如何发展科学文化事业展开争鸣，批评了过去科学文化工作中的教条主义和迷信苏联的问题，提出了要正确地对待马克思主义，正确认识马克思主义的指导地位与学术发展的关系，正确对待中外文化遗产和学术成果等建设性意见。

3. 正确处理古今中外文化的关系

如何处理古今中外文化的关系，是中国共产党思考文化建设的另一重大问题。列宁指出，“只有确切地了解人类全部发展过程所创造的文化，只有对这种文化加以改造，才能建设无产阶级的文化”[④]。建国后的一段时期，存在对传统文化否定过多、对苏联文化过分崇信的倾向。1956 年，伴随毛泽东批评学习苏联过程中存在教条主义，党在文化建设思想上展现出正确对待中国传统文化、外国文化的理性

① 中共中央文献研究室编:《毛泽东年谱（1949—1976）》第 3 卷，中央文献出版社 2013 年版，第 69 页。
②《建国以来毛泽东文稿》第 6 册，中央文献出版社 1992 年版，第 343 页。
③《建国以来毛泽东文稿》第 6 册，中央文献出版社 1992 年版，第 390 页。
④《列宁全集》第 39 卷，人民出版社 1986 年版，第 299 页。

态度。

从 1956 年 1 月至 8 月，中共中央领导人在总结学习苏联经验、酝酿“双百”方针、思考社会主义建设重大问题的过程中，比较集中地阐述了关于正确处理学习苏联文化、外国文化和传统文化的关系。刘少奇在 3 月 8 日听取文化部党组汇报工作时从戏曲、歌剧问题入手对文艺工作提出几点意见，9 月在八大政治报告又论及处理旧时代文化的问题。周恩来在 4 月、5 月曾就昆曲《十五贯》进行两次谈话。陆定一在 5 月 26 日关于《百花齐放，百家争鸣》报告的第三部分“批评问题和学习问题”中阐述了如何接受我国的文化遗产、如何向苏联及各人民民主国家学习等问题，在 5 月 28 日《关于学习苏联和今后宣传工作中应注意的问题》论述了学习苏联问题。毛泽东在 4 月 25 日发表《论十大关系》的讲话、8 月 24 日同音乐工作者的谈话，集中阐释处理古今中外文化之间关系的问题。1956 年 12 月至 1957 年 4 月，他力倡“双百”方针的有关讲话，对学习苏联、继承历史、学习外国经验等问题有较多论及。在这些领导人的讲话中，毛泽东的认识又是具有主导性的意见。

综观这类代表性文本，关于古今中外文化关系的新认识可以做如下概括。

第一，对待苏联文化不能教条主义，要结合中国实际学习。学习苏联的方向和口号是正确的，要反对的是全盘照搬苏联经验的教条主义。1956 年 1 月，周恩来在知识分子问题会议上提出要系统地利用苏联科学最新成果，尽可能赶上苏联水平[①]。苏共二十大后，毛泽东开始强调既要学习苏联经验的正确地方，也要破除对苏联经验的迷信，并对党内的教条主义进行了尖锐批评。4 月，毛泽东在《论十大关系》的讲话中，以苏联设电影部、文化局（后又改为文化部）而中

① 中共中央文献研究室编：《建国以来重要文献选编》第 8 册，中央文献出版社 1994 年版，第 37 页。

国设文化部、电影局为例，批评有些人对任何事物都不加分析，“自己毫无主见，往往由一个极端走到另一个极端”①。1957 年 3 月 7 日、8 日，他先后在教育、文艺座谈会上发表讲话，针对教育领域学习苏联教材的问题发表意见，认为不要照抄外国，一定要符合中国的情况，并且还要有地方的特点；针对苏联文学团体拉普对作家的命令主义做法，强调我们的文化教育政策不采取拉普的做法，采取有领导的百花齐放、百家争鸣②。尽管有上述批评，但学习苏联文化的方向依然是明确的。陆定一关于“双百”方针的讲话对此有明确的阐述：“向苏联学习，这是正确的口号”“不向苏联学习，是根本错误的”“我们的学习方法必须不是教条主义的机械搬运，而是要结合我国的实际情况”③。可见，批评教条主义倾向的同时，苏联文化仍是学习对象，只不过不再具有此前的特殊的排他性的地位而已。

第二，批判地继承中国文化历史遗产。建国后，在清理旧文化的批判运动中，存在割断历史、否定一切的倾向。此后的态度转变，与 1953 年斯大林去世后苏联报刊批评思想文化战线上对于历史遗产和现代外国科学技术成就持全盘否定的错误态度有一定联系。1954 年中宣部编印的《理论动态》的一篇文章对此作了介绍，指出这种错误首先表现在对马克思主义诞生以前的哲学持一概否定的态度，同时还表现在拒绝接受外国科学技术成就，否定各民族间精神上的交往和相互影响。同年 7 月 31 日毛泽东批阅这个材料并要求转发地方党委，表明了对苏联思想文化动态的关注④。1956 年 2 月，中共中央在《关于知识分子问题的指示》中，提出“有计划地整理我国科学文化

①《毛泽东文集》第 7 卷，人民出版社 1999 年版，第 42 页。

② 中共中央文献研究室编：《毛泽东年谱（1949—1976）》第 3 卷，中央文献出版社 2013 年版，第 95、101 页。

③《陆定一文集》下卷，人民出版社 1992 年版，第 519、520 页。

④ 中共中央文献研究室编：《毛泽东年谱（1949—1976）》第 2 卷，中央文献出版社 2013 年版，第 264—265 页。

的历史遗产，接受和发挥其中的精华。”[①]5月，陆定一在“双百”方针报告中进行了更系统的阐述：一是批判轻视民族遗产的思想，强调“绝不能做民族虚无主义者”，应该认真学习、批判地接受旧时代的医学、农学、哲学、文学、历史学、戏剧等文化遗产；二是提出对待民族文化遗产的方针，即“要细心地选择、保护和发展它的一切有益成分，同时要老老实实地批判它的错误和缺点”[②]。9月，刘少奇在中共八大上强调“在我们对于封建主义和资本主义的思想体系进行批判的时候，我们对于旧时代有益于人民的文化遗产，必须谨慎地加以继承”[③]。八大政治报告决议指出，对于中国过去的一切有益的文化知识必须加以继承和吸收，并且必须用现代科学文化来整理优秀的文化遗产，在此基础上创造社会主义的民族文化。12月，毛泽东在同民主党派人士座谈时表示“可以消灭了资本主义，又搞资本主义”，主张历史名字要保存，商务印书馆、中华书局、瑞蚨祥、同仁堂、王麻子、东来顺、全聚德等名字要保存下去，“内容是社会主义的，名称是封建时代的也可以”[④]。其他中央领导人也有类似的表述，如周恩来针对昆曲提出发掘、继承民族财富，认为“古今中外都有好东西，都要学，不要排斥。”[⑤]在上述思想指导下，包括戏剧改革、古籍整理在内，文化遗产的发掘和保护有了很大成绩。

第三，广泛学习一切国家、一切民族的长处。在中国与外国的关系上，除了学习处在社会主义阵营内的苏联、东欧人民民主国家外，还突破以意识形态和社会制度划线的认识，把学习范围扩大到资

---

① 中共中央文献研究室编:《建国以来重要文献选编》第8册，中央文献出版社1994年版，第145页。

②《陆定一文集》下卷，人民出版社1992年版，第518、519页。

③ 中央档案馆、中共中央文献研究室编:《中共中央文件选集（1949.10—1966.5）》第24册，中央文献出版社2013年版，第91—92页。

④ 中共中央文献研究室编:《毛泽东年谱（1949—1976）》第3卷，中央文献出版社2013年版，第47页。

⑤ 参见《周恩来选集》下卷，人民出版社1984年版，第196—197页。

本主义国家。1956年2月25日，毛泽东表示永远不要什么“中国第一”的自大心态，赞成派人向西方资本主义国家学习技术，认为“不论美国、法国、瑞士、挪威等等，只要他们要我们的学生，我们就派去。”[①]4月25日，他在《论十大关系》的讲话中，进一步把中国和外国的关系列为第十大关系，提出向外国学习的口号是对的，我们的方针是一切民族、一切国家的长处都要学。但是，必须有分析有批判地学，不能盲目地学，政治、经济、科学、技术、文学、艺术的一切真正好的东西都要学。外国资产阶级的一切腐败制度和思想作风，坚决抵制和批判。但是这并不妨碍我们学习资本主义国家的先进的科学技术和企业管理方法中合乎科学的方面[②]。周恩来指出，“一个民族和国家，其所以能够存在，总有它一些长处。尽管以往的社会制度一再改变，但人民是永生的，不同时代不同民族的人民总是有自己的优秀的东西。”[③]

第四，继承文化遗产、学习外国的目的是创造中国自己的新文化。不管是继承文化遗产，还是学习外国文化长处，最终目的都是为中国文化建设服务，都是“为今用”“为中用”。毛泽东、陆定一强调学习外国与保持本民族特色、进行自我创造的关系。毛泽东认为，“中国的和外国的要有机地结合，不是套用外国的东西。学外国织帽子的方法，要织中国的帽子”，指出这不是什么“中学为体、西学为用”[④]。比如，艺术的基本原理有共同性，但表现形式要多样化，要有民族形式和民族风格；外国乐器可以拿来用，但是作曲不能照抄外国；可比学习西医，但是要中国化，要学到一套以后来研究中国的东

① 中共中央文献研究室编：《毛泽东年谱（1949—1976）》第2卷，中央文献出版社2013年版，第537页。

② 中共中央文献研究室编：《毛泽东年谱（1949—1976）》第2卷，中央文献出版社2013年版，第568页。

③《周恩来选集》下卷，人民出版社1984年版，第197页。

④《毛泽东文集》第7卷，人民出版社1999年版，第82页。

西，把学的东西中国化；向敌人学习为的是加速中国社会主义建设的发展，以便更有力量来防止侵略和保卫世界和亚洲的和平；等等[①]。

总之，中共中央领导人对于古今中外文化关系的认识，对于创造中国自己的独特民族风格的文化的强调，后来被毛泽东概括为“古为今用、洋为中用”，同“百花齐放、百家争鸣”方针一起，成为指导社会主义文化建设的重要思想。

（二）阶级斗争语境下文化思想的转向

伴随1957年从整风运动到反右派斗争扩大化的曲折，中国共产党对社会主义文化的认识发生转向，主要表现在：一是指导思想发生重大转变，阶级斗争扩大化理论成为新的思想基础，强化文化的阶级斗争功能；二是方针政策发生重大反复，提出一些脱离实际的论断。

从中共八大关于社会主要矛盾的正确判断，到反右派斗争后把阶级斗争列为主要矛盾的修改，毛泽东和中共中央关于社会主义条件下阶级斗争问题上的扩大化观点，决定了文化建设指导思想的转向。

八大前后，毛泽东和中共中央并没有否定阶级斗争存在，基本认识是“国内阶级矛盾已经基本解决”，即大规模的群众运动的阶级斗争已经结束，但“还没完全解决，表现在意识形态方面的，还将在一个长时期内存在”[②]。换言之，无产阶级与资产阶级的思想斗争仍然存在，但构不成社会主要矛盾。1957年5月底至6月初，从整风运动发展到反右派斗争，毛泽东对国际国内阶级斗争形势作出了严重估计，判定有少数资产阶级右派分子向党进攻，妄图取消共产党的领导，推翻社会主义制度。5月25日、27日，他修改了《关于正确处

① 参见《陆定一文集》下卷，人民出版社1992年版，第520页；《毛泽东文集》第7卷，人民出版社1999年版，第82页。

② 参见中共中央文献研究室编：《毛泽东年谱（1949—1976）》第3卷，中央文献出版社2013年版，第32、111页；《毛泽东文集》第7卷，人民出版社1999年版，第164页。

理人民内部矛盾的问题》中关于阶级斗争的表述，即“无产阶级和资产阶级之间的阶级斗争，各派政治力量之间的阶级斗争，无产阶级和资产阶级以及资产阶级知识分子之间在意识形态方面的斗争，也就是意识形态方面的阶级斗争，还是尖锐的，长期的，有时还甚至是很激烈的，表现为一种你死我活的斗争。”[①]

1957年10月，毛泽东在八届三中全会上提出一个新论断：无产阶级和资产阶级的矛盾，社会主义道路和资本主义道路的矛盾，是当前我国社会的主要矛盾。1958年5月，八大二次会议确认了毛泽东的这一论断：“整风运动和反右派斗争的经验再一次表明，在整个过渡时期，也就是说，在社会主义社会建成以前，无产阶级同资产阶级的斗争，社会主义道路同资本主义道路的斗争，始终是我国内部的主要矛盾”[②]。这就正式地改变了八大关于国内主要矛盾的结论。

始于反右派斗争扩大化的阶级斗争理论，不仅改变了中共八大前后社会主义文化思想的正确方向，而且成为指导文化建设的新的理论基础。在文化的本质与功能问题上，中国共产党越来越强化文化的阶级性和阶级斗争工具性的理念。在这种理念的指导下，阶级斗争成为观察分析一切文化现象，处理一切文化问题的唯一认识范畴，阶级斗争的特点和规律等同于文化自身发展的特点和规律。

针对整风“鸣”“放”期间的“右派言论”开展的文化大批判鲜明地表达了这种阶级斗争扩大化影响下的文化理念。在人文社会科学领域的批判中，根据两个阶级、两条道路的阶级斗争定性，许多观点被冠以“资产阶级的”“唯心主义的”，甚至是“反动的”“反党反社会主义的”的帽子。由文化的阶级性出发，对“资产阶级社会科学”

---

① 中共中央文献研究室编:《毛泽东年谱（1949—1976）》第3卷，中央文献出版社2013年版，第162、165页。

② 中共中央文献研究室编:《毛泽东年谱（1949—1976）》第3卷，中央文献出版社2013年版，第344页。

采取一笔抹杀的态度。这种根据阶级性判断学术问题的做法在各具体学科领域均有体现，如批判法学界的“旧法学”观点时，强调法律作为阶级统治的工具意义；批判史学界的资产阶级史学观点时，强调他们站在资产阶级的立场上反对马克思主义，企图用买办阶级和资产阶级的历史学来代替马克思主义；批判文艺界的“写真实”观点时，强调文艺是阶级斗争的武器，任务是和资产阶级思想作斗争；等等。

伴随文化建设指导思想发生的重大转向，一些“左”的认识否定并取代了原本形成的关于知识分子问题、“双百”方针等方面的正确认识。首先，依据世界观定性，重新把知识分子归入资产阶级行列，再次突出思想改造要求。毛泽东认为知识分子“世界观基本上是资产阶级的，他们还是属于资产阶级的知识分子”①，要继续进行思想改造，当然，思想改造是自愿学习，不要用强制的方法②。

其次，提出“皮毛论”和“两个剥削阶级”的观点。1957年4月，毛泽东指出，“知识分子的毛可以附在资产阶级的皮上，也可以附在无产阶级的皮上。现在应该附在无产阶级的皮上。”“要在无产阶级的皮上粘得很好，成为无产阶级知识分子。”③在最高国务会议上，他进一步引用“皮之不存，毛将焉附？”之语，形容知识分子吃工农的饭，而不是资产阶级的，“毛已经附在新皮上，但思想还是认为马列主义不好”④。1958年3月26日，毛泽东在成都会议上提出“两个剥削阶级”的观点。他说：“我们国内存在两个剥削阶级、两个劳动阶级。两个剥削阶级，第一是帝国主义、封建主义、官僚资本主义的

---

①《建国以来毛泽东文稿》第6册，中央文献出版社1992年版，第385页。

② 中共中央文献研究室编：《毛泽东年谱（1949—1976）》第3卷，中央文献出版社2003年版，第107页。

③ 中共中央文献研究室编：《毛泽东传（1949—1976）》上册，中央文献出版社2003年版，第665-666页。

④ 中共中央文献研究室编：《毛泽东年谱（1949—1976）》第3卷，中央文献出版社2013年版，第142页。

残余，就是地、富、反、坏没有改造好的那部分，现在要加上右派。地、富、反、坏、右 的大多数是可以改造好的。第二是民族资产阶级和它的知识分子。”[①] 同年 5 月 5 日，刘少奇在八大二次会议正式宣布“正在逐步地接受社会主义改造的民族资产阶级和它的知识分子”是剥削阶级，“他们的大多数在社会主义和资本主义两条道路之间处在动摇的过渡状态。”[②] 这样，知识分子被归入剥削阶级、资产阶级，作为文化战线的社会主义革命对象也就“理所应当”。

再者，“百家争鸣”变为“两家争鸣”。1957 年初，毛泽东认为百花齐放“还是要放”，香花和毒草都要放，要跟思想领域的杂草作斗争。他强调在党内、思想界、文艺界占统治地位的必须力争是香花，是马克思主义，而非马克思主义和反马克思主义的毒草，只能处在被统治的地位。“从这样的观点看来，百花齐放，百家争鸣，就是有益无害的了。”[③] 当整风逐渐转向反右派斗争时，“双百”方针本有的阶级定性和“锄毒草”功能开始被突出强调。4 月 10 日，毛泽东明确“百家者，两家而已：资产阶级一家，无产阶级一家。知识分子百分之七八十是处在中间状态的。争鸣，就是两家争取这中间状态的知识分子。”[④]5 月，他修改《关于正确处理人民内部矛盾的问题》讲话稿时，增加了辨别香花和毒草的六条政治标准；7 月为《人民日报》撰写社论《文汇报的资产阶级方向应当批判》，指出《人民日报》及一切党报要“大鸣大放”，让毒草大长特长，以便动手歼灭这些丑类[⑤]。

① 中共中央文献研究室编:《毛泽东年谱（1949—1976）》第 3 卷，中央文献出版社 2013 年版，第 326 页。
② 中央档案馆、中共中央文献研究室编:《中共中央文件选集（1949.10—1966.5）》第 28 册，人民出版社 2013 年版，第 4 页。
③ 中共中央文献研究室编:《毛泽东年谱（1949—1976）》第 3 卷，中央文献出版社 2013 年版，第 68、70 页。
④ 中共中央文献研究室编:《毛泽东传（1949—1976）》上册，中央文献出版社 2003 年版，第 665 页。
⑤《文汇报的资产阶级方向应当批判》,《人民日报》1957 年 7 月 1 日。

1958年2月，他审阅《文艺战线上的一场大辩论》时，说“毒草盛长，就标志着工人阶级锄草队伍要出动了。”[①] 这就改变了“双百”方针的本意。

反右派斗争严重扩大化的失误，改变了中共八大前后关于社会主义文化建设的指导思想。关于知识分子阶级属性、“双百”方针的新判断新阐释，表明阶级斗争日渐成为认识和处理文化问题的主导性认识。

胡绳评析“文化大革命”前十年历史的发展时，指出“十年探索中，党的指导思想有两个发展趋向。一个发展趋向是正确的和比较正确的趋向，这就是党在探索中国自己的建设社会主义道路过程中，形成的一些正确的和比较正确的理论观点和方针政策，积累的一些正确的和比较正确的实践经验。”“另一个发展趋向是错误的趋向，这就是党在探索中国自己的建设社会主义道路过程中，形成的一些错误的理论观点、政策思想和实践经验。”[②] 这同样适用于中国共产党文化思想曲折发展的历程。

二、“文化革命”思想的发展与转向

“文化革命”思想源自列宁的“文化革命”概念，同时受到中国近代以来文化变革思想的影响，是同“文化建设”并列的社会主义文化思想的表述形式。中国共产党成立后，瞿秋白、毛泽东等人使用这一概念，表达新民主主义革命文化建设的方向和目标。中华人民共和国成立后，“文化革命”成为一项劳动人民群众实现“文化翻身”意义上的社会主义革命和建设的重要任务。1958年“大跃进”时期，

① 中共中央文献研究室编：《毛泽东年谱（1949—1976）》第3卷，中央文献出版社2013年版，第303页。

② 胡绳主编：《中国共产党的七十年》，中共党史出版社1991年版，第361页。

它成为“文化跃进”意义上的社会主义革命的一个重要阶段和重要组成部分。伴随党内阶级斗争扩大化思想的发展，“文化革命”演变成为指称意识形态领域阶级斗争的政治话语，最终被“文化大革命”概念所取代。

(一)“文化革命”的源流

在马列主义经典作家中，恩格斯使用过“文学革命”“哲学革命”的概念，但提出“文化革命”概念的是列宁。1923年，列宁在《论合作社》中提出“文化革命”的思想与理论。他认为，十月革命后苏维埃政权和布尔什维克党的首要任务是社会主义建设而不再是社会主义革命，应围绕经济建设为中心，把重心从政治斗争、革命、夺权转移到和平的“文化”组织工作上。其论证逻辑在于：没有农民的合作化，社会主义就不能站稳脚跟；完全实现合作化，包含着农民提高文化水平的问题；“没有一场文化革命，要完全合作化是不可能的”①。基于俄国十月革命完成了政治、社会变革，而文化变革落后的现状，列宁指出“我们没有从理论（一切书呆子的理论）所规定的那一端开始，我们的政治和社会变革成了我们目前正面临的文化变革，文化革命的先导”②。可见，列宁提出这一概念的目的是通过提高农民的文化水平促进合作化的完全实现，将苏维埃推向“完全社会主义的国家”。

从中国历史看，近代中国没有提出“文化革命”概念，但出现用“革命”表述文化思想变革的现象。从戊戌维新时期开始，中经辛亥革命时期，到五四新文化运动时期，文化思想领域出现借用当时流行的“革命”符号指称社会变革的现象。以梁启超、陈独秀为代表的思想家，先后提出“道德革命”“文学革命”“史界革命”“圣贤革命”

①《列宁全集》第43卷，人民出版社2017年版，第371—372页。
②《列宁全集》第43卷，人民出版社2017年版，第372页。

等口号。特别是陈独秀发表的《文学革命论》，成为表述五四“文化革命”的纲领。对此，有学者认为中国近代的文化革命是对中国传统文化作革故鼎新的变革，本质上是资产阶级新文化与封建主义旧文化的一场严重斗争[①]。

从建党到20世纪30年代前，中国共产党多用“文化运动”的表述语，几乎不曾使用“文化革命”一词。土地革命战争时期，中国共产党结合苏维埃文化建设的实践，开始使用这个概念。1932年5月瞿秋白的《五四和新的文化革命》一文，是目前较早使用“文化革命”概念的一篇文献，认为资产阶级领导的旧的文化革命应向新的无产阶级领导的文化革命转移，而新的文化革命是总的革命斗争的一部分，内容是反帝、反封建和反对资产阶级意识，即完全站在无产阶级的立场去批判一切反动意识[②]。其后，1940年毛泽东发表的《新民主主义论》将中国的“文化革命”分为五四前和五四后两个阶段，五四前是中国资产阶级领导的资产阶级新文化和封建阶级旧文化的斗争，属于资本主义“文化革命”的一部分，五四后是中国无产阶级领导的人民大众的反帝反封建的新文化，属于社会主义的“文化革命”的一部分，“文化革命是在观念形态上反映政治革命和经济革命，并为它们服务的”[③]。在此，瞿秋白、毛泽东都是在苏联经验影响下，按照中国革命的阶段性和文化的阶级性，来理解和使用列宁的“文化革命”思想。

新中国成立前，中国共产党“文化革命”思想初步形成较系统的认识框架：一是它是一场无产阶级领导的人民大众的反帝反封建的革命斗争，不同阶级之间具有文化的对抗性；二是它是政治社会革命

① 参见张锡勤：《中国近代的文化革命》，黑龙江教育出版社1992年版，第1、2、12页。

②《瞿秋白文集·政治理论编》第7卷，人民出版社2013年版，第519—529页。

③《毛泽东选集》第2卷，人民出版社1991年版，第699页。

的组成部分，与政治革命、经济革命密切相关；三是在革命纲领指导下，它有建设性、斗争性的内容，即普及教育、扫除文盲、发展革命文艺、注重知识分子作用、开展革命文化斗争。这些认识成为社会主义“文化革命”思想的直接来源。

（二）“文化革命”的发展与转向

中华人民共和国成立后，在进行社会主义革命和建设的语境下，“文化革命”思想得到继续阐释，内涵不断丰富，从作为社会主义建设任务实现“文化翻身”，到作为社会发展重要阶段实现文化上的“跃进”，最后转向意识形态领域的阶级斗争，充当了“文化大革命”概念的替代词。

1. 作为社会主义建设任务的“文化翻身”

自中华人民共和国成立到“大跃进”前，面对新中国落后的经济文化状况，中国共产党从进行社会主义建设的任务的角度，阐释了“文化革命”思想，核心内容是扫除文盲、普及教育，使工农享有文化教育权利，提高人民群众文化水平，实现劳动人民文化上的“翻身”。

伴随工业化和农业合作化的开展，基于新中国和20世纪20年代初苏联情况的相似性，中共援引列宁的思想，从扫盲角度阐释“文化革命”及其与农业改造的关系。1953年9月14日，《人民日报》介绍列宁的合作社计划，把全民识字列为“文化革命”的主要内容，把“文化革命”列为合作化实现的前提条件[①]。12月11日，《人民日报》社论援引列宁的《论合作社》，指出“文化革命的基本前提，便是扫除文盲。这便是扫除文盲工作对农业的社会主义改造的关系。”[②]1955年11月16日，团中央书记胡耀邦发表《关于农村扫除文

① 王同善、肖明、宋德敏：《列宁的合作社计划》，《人民日报》1953年9月14日。
②《结合宣传国家总路线，办好今年冬学》，《人民日报》1953年12月11日。

盲工作》一文，明确指出“伴随着农业合作化运动而来的扫除文盲这个伟大的社会主义文化革命的群众运动，已经提到我们的工作日程上来了”[①]。

1956年，中国共产党把“文化革命”提升为社会主义建设的重要任务。1月20日，毛泽东在知识分子问题会议上指出“文化革命”同发展科学技术、革除愚昧无知的关系，即“现在我们在革什么命呢？现在是革技术的命，叫技术革命。要搞科学，要革愚蠢同无知的命，叫文化革命”[②]。3月，中共中央、国务院发出《关于扫除文盲的决定》，正式提出“在全国范围内积极地有计划有步骤地扫除文盲，使广大劳动人民摆脱文盲状态，具有现代的文化，这是我国文化上的一个大革命，也是国家进行社会主义建设中一项极为重大的政治任务”[③]。4月，钱俊瑞进一步指出它是“整个的社会主义革命的一个重要组成部分”，任务是反对帝国主义、封建主义的文化和资产阶级的反动文化，建设具有社会主义内容和民族形式的文化[④]。9月，中共八大政治报告及其决议，再次提出了“文化革命”的任务是扫除文盲、普及教育[⑤]。

由此可见，“文化革命”思想发生了变化。新中国成立前，它的重心在于坚持无产阶级的文化领导权，以新民主主义文化取代帝国主义、封建主义的文化。新中国成立后，它更多地继承了列宁“文化革命”的观点，成为社会主义革命的一个组成部分和社会主义建设的一项重要任务。它以改变新中国文化落后的面貌，建设具有高度

① 胡耀邦：《关于农村扫除文盲工作》，《人民日报》1955年11月16日。
② 中共中央文献研究室编：《毛泽东年谱（1949—1976）》第2卷，中央文献出版社2013年版，第515页。
③ 中央档案馆、中共中央文献研究室编：《中共中央文件选集（1949.10—1966.5）》第22册，人民出版社2013年版，第379页。
④《钱俊瑞副部长的闭幕词》，《文物参考资料》1956年第5期。
⑤ 中央档案馆、中共中央文献研究室编：《中共中央文件选集（1949.10—1966.5）》第24册，人民出版社2013年版，第91、255页。

文化的民族，实现劳动人民文化上的翻身为目标；主要内容是扫除文盲、普及教育，提高人民文化水平，实现文化上的翻身，包括“除四害”“讲卫生”，批判帝国主义、封建主义、资产阶级的反动文化；主要对象是普通工农群众尤其是广大农民。这种思想的继承性，究其原因，在于此时的中国与当年苏联情况的相似性：一样落后的经济、文化状况；一样要进行合作化和大规模的建设事业，因而一样有“文化革命”的要求。何况，学习苏联、走苏联式的社会主义道路，又是当时举国上下的共识。

2. 作为社会发展重要阶段和表征的“文化跃进”

“大跃进”时期，“文化革命”被列为社会主义建设总路线的基本点之一，成为“不断发展的革命”的新阶段。在毛泽东看来，社会主义革命是一场包含政治革命、社会革命、经济革命、思想革命、文化革命在内的全方位变革，是一个具有不同发展阶段的不断革命的过程。1958 年 4 月 15 日，毛泽东批阅河南封丘县委介绍农业社的报告时，提出“这个事实标志着社会主义的经济革命（生产关系方面尚未完成改造的部分）、政治革命、思想革命、技术革命、文化革命正在向前奋进”[①]。毛泽东原来讲的新中国“一穷二白”“白”本来是指文化落后，这里改换成了“一张白纸可以画最新最美的图画”[②]。从发展阶段来说，“文化革命”是社会主义革命在经济革命（生产资料的改造）、政治革命、思想革命（反右派斗争）开展之后的一个重要阶段；从不断革命的内容来说，“文化革命”是文化战线的社会主义革命，是社会主义革命的一个重要组成部分，“文化跃进”是其鲜明底色。

从 1957 年下半年到 1958 年初，毛泽东受苏联建设成就的鼓舞，

---

① 中共中央文献研究室编:《毛泽东年谱（1949—1976）》第 3 卷，中央文献出版社 2013 年版，第 337 页。

② 参见金冲及编著:《一本书的历史：胡乔木、胡绳谈〈中国共产党的七十年〉》，中央文献出版社 2014 年版，第 67 页。

逐渐形成社会主义建设的“赶超”战略，提出了“不断革命论”。他认为，从 1958 年起，在继续完成思想政治战线上的社会主义革命的同时，要着重开展技术革命[①]。八大二次会议提出“鼓足干劲、力争上游、多快好省地建设社会主义”的总路线，刘少奇在报告中指出党中央和毛泽东在经济战线的社会主义革命完成后，又提出和实行思想战线和政治战线的社会主义革命，现在又不失时机地向全党和全国人民提出新的革命任务——技术革命和文化革命的号召，说明“我们的不断发展的革命，现在又需要前进到一个新的阶段”。如果说“大跃进”的要义在于创造经济奇迹，那么“文化革命”的要义则在于实现“文化跃进”、文化发展奇迹。

与此相应，“文化革命”的任务亦发生显著变化。1958 年 5 月八大二次会议上，刘少奇总结的“文化革命”任务，相比八大已经提到的开展扫盲、普及教育及后来补充的“除四害”、讲卫生等任务外，最突出的是加入了“培养新知识分子，改造旧知识分子，建立一支千万人的工人阶级的知识分子队伍”[②]。8 月，陆定一在《教育必须与生产劳动相结合》一文中提出，“文化革命”是使工农群众知识化与知识分子劳动化，“消灭工农群众缺乏文化的现象，也消灭知识分子中的资产阶级思想。”[③]11 月，周扬在全国青年社会主义建设积极分子大会上指出，“文化革命”的灵魂是共产主义思想解放运动，基本任务是“工农群众知识化，知识分子劳动化”，就是要改造旧文化，消灭旧中国所遗留下来的文化落后现象，创造新的共产主义的文化[④]。可见，“工农群众知识化，知识分子劳动化”成为“文化革命”的新任务。

① 中共中央文献研究室编：《毛泽东年谱（1949—1976）》第 3 卷，中央文献出版社 2013 年版，第 274 页。
② 中央档案馆、中共中央文献研究室编：《中共中央文件选集（1949.10—1966.5）》第 28 册，人民出版社 2013 年版，第 21 页。
③《陆定一文集》下卷，人民出版社 1992 年版，第 593 页。
④《把文化革命推向更高的阶段》，《人民日报》1958 年 11 月 27 日。

在社会主义建设总路线的影响下，“文化革命”把“多快好省”和走“群众路线”作为文化建设的途径或方式。1958年2月，中国科学院部署科学工作“大跃进”，提出“鼓足干劲、多快好省、一心一德、又红又专、重视劳动、服从组织、加强合作、实现规划”的口号，作为今后科学家和科学事业遵循的方针。6月9日，《人民日报》刊登《文化革命开始了》的文章，指出“人人都要力争上游，决心走在文化革命高潮的前头，实现文化革命的全部目标”，强调“文化革命”要走群众路线、要“多快好省”①。9月30日，《人民日报》发表社论《争取文学艺术的更大跃进》。为贯彻群众路线，党号召知识分子通过上山、下乡、下厂、下部队等方式，深入工农业生产第一线，进行群众性的文化工作和文化普及，具体如新民歌运动、扫盲运动、革命回忆录与“三史”（公社史、工厂史、部队史）的写作、工农兵学哲学运动等。文化部多次召开电话会议，号召人人作诗，大放卫星，每个县都要出“郭沫若”。原本以扫盲和普及教育为主的“文化革命”，逐渐转变为以群众路线的方式多快好省地实现“文化跃进”。这种以发动大规模群众运动的方式进行文化建设，要求订计划、定指标、下任务、出成果，忽视了文化发展的长期性、复杂性和特有规律，不可避免地对文化建设产生了负面影响。

“文化革命”还注重“政治挂帅”，进行“红专”辩论，“拔白旗、插红旗”。它强调文化要成为党和人民完成“中心任务”的工具，直接为“大跃进”和人民公社化运动服务。文艺界提出的“演中心、唱中心、写中心”（即以总路线、“大跃进”和人民公社为中心题材）的口号，社会科学领域提倡的“厚今薄古”“主要从现代开始到古代”的研究方法，便典型地反映了这种文化建设取向。于是，简单地为现实唱赞歌的概念化、口号式文艺作品成批涌现；哲学界在大力颂扬人

① 《文化革命开始了》，《人民日报》1958年6月9日。

的主观能动性，甚至提出客观规律可以消灭的观点；经济学界在论证“政治第一，经济第二”的建设方针，在批判社会主义社会存在的所谓“资产阶级法权”“物质刺激”，在贬低甚至否定按劳分配、商品生产、价值规律，颂扬供给制；历史学界在大破“王朝体系”，凸显阶级斗争推动社会发展的历史主线，在无限颂扬农民起义和农民战争，将丰富、复杂的历史简约化为革命史和阶级斗争史。文化自身的独立性、自主性因此受到严重冲击，文化在很大程度上成为党的路线和政策的简单而直接的宣传与诠释品。与此同时，毛泽东提出“又红又专”的观点，认为红与专、政治与业务是对立统一，不过“思想和政治又是统帅，是灵魂”①。他还进一步提出“拔白旗，插红旗”的号召。于是，在哲学社会科学领域，“厚今薄古，粉碎资产阶级的伪科学，把无产阶级红旗插满社会科学领域”成为口号，在中国科学院哲学社会科学部召开的“插红旗”大会上，各研究单位纷纷提出了激动人心的“跃进”计划②。这就把批判资产阶级思想提上了日程，强化了“文化革命”思想体系中的意识形态斗争指向。

“文化革命”思想是在“不断革命”思想的影响下发展变化的。当时的中共中央认为经济战线、政治战线和思想战线的社会主义革命已经基本获得胜利，为将不断发展的革命推进到一个新阶段，遂提出“文化革命”。此时的“文化革命”是继经济革命、政治革命和思想革命之后社会发展的一个新阶段。“文化革命”呈现出“文化跃进”的特点，在大力开展群众性的文化普及的同时逐渐向批判资产阶级意识形态的方向偏转。

3. 作为意识形态领域的阶级斗争

庐山会议后，党内的阶级斗争观念进一步强化，“文化革命”的

---

①《毛泽东文集》第7卷，人民出版社1999年版，第351页。

② 参见《厚古薄今 粉碎资产阶级的伪科学 把无产阶级红旗插满社会科学领域》，《人民日报》1958年6月4日；《哲学社会科学工作者高举总路线红旗 到实际中去 到群众中去》，《人民日报》1958年6月14日。

重心向意识形态领域的阶级斗争方向转移。文化战线上的社会主义与资本主义的思想斗争，因此成为阐释“文化革命”的重点。1960 年 5 月 4 日，中共上海市委候补书记石西民提出“文化革命首先是思想革命”，思想革命就是无产阶级思想和资产阶级思想的斗争①。6 月 1 日，《人民日报》社论《迎接新的更大的文化革命高潮》，更加明确地指出“我们必须自觉地把思想领域里的阶级斗争进行到底，这是文化革命的基本核心。”②6 月 12 日，《人民日报》进一步指出“在共产主义社会建成以前，文化革命的主要内容，是社会主义和资本主义之间在意识形态方面谁胜谁负的斗争”③。由此，从两个阶级的意识形态斗争角度解释“文化革命”的基调奠定。

1962 年后，“文化革命”的阶级斗争内涵进一步强化。1964 年 7 月，中共中央决定成立以彭真为首的文化革命五人小组，加强对“文化革命”的领导。同月，九评苏共中央的公开信指出“兴无产阶级思想，灭资产阶级思想，也是长期的、激烈的阶级斗争”，要经过“文化革命”建立一支“广大的、为社会主义服务的、又红又专的工人阶级知识分子的队伍。”④11 月 22 日，林默涵谈到“文化革命”有两个方面的任务，一个是革文化落后的命，一个是革思想落后的命，苏联出现修正主义和资本主义复辟的一个重要原因就是因为没有进行意识形态和文化思想的改造，因此现阶段我国“文化革命”更重要的任务是彻底清除资产阶级思想及其他反动思想的影响，提高群众的社会主义觉悟⑤。此后，“文化革命”的天平向阶级斗争方向大力倾斜，其原

① 石西民:《上海文化革命的新形势》,《人民日报》1960 年 5 月 4 日。
②《迎接新的更大的文化革命高潮》,《人民日报》1960 年 6 月 1 日。
③《永远做文化革命的促进派》,《人民日报》1960 年 6 月 12 日。
④ 中共中央文献研究室编:《建国以来重要文献选编》第 19 册，中央文献出版社 1998 年版，第 68 页。
⑤《林默涵谈少数民族业余艺术会演的重大意义》，新华社《内部参考》1964 年 12 月 4 日。

本的文化普及的建设性内容不再是阐述重点。

1964年12月，周恩来在政府工作报告中对“文化革命”进行了详尽论述。报告首先指出了“文化革命是一场长期的、尖锐的、深刻的阶级斗争”，必须“彻底批判各种资产阶级思想、修正主义思想”[①]。关于它的任务，提出知识分子改造是一个重要方面，知识分子劳动化和劳动人民知识化是一个目标，但在社会主义时期最主要的任务是彻底反对资本主义，兴无产阶级思想，灭资产阶级思想。关于文化建设的方式，指出“文化革命是不破不立，有破有立的”，破的是资产阶级思想、修正主义思想，立的是“社会主义新文化”。对于什么是社会主义新文化，周恩来未展开系统论述，只是特别肯定了京剧革命的成果。从当时的报刊文章看，发展社会主义新文化的举措主要是宣传社会主义制度的优越性，颂扬共产主义的道德精神，塑造工农兵英雄形象，突出现实生活中阶级斗争的“红线”。

由上可见，“文化革命”的性质已经转变为两个阶级在文化领域的阶级斗争，即无产阶级和资产阶级在文化这个特殊领域的占领、控制与争夺的阶级斗争，是“兴无灭资”，改造一切不适应社会主义经济和政治制度基础的思想文化，把思想文化战线上的社会主义革命进行到底。

从概念发展的趋势看，“文化革命”与“文化大革命”的概念具有从互指到分离、取代的关系。从1949年至1964年，两者常常混用或互相替代，并无内涵的不同，仅有强调程度的强弱之别，前者在官方媒体和中央文件中出现的频率远远低于后者。例如，“大跃进”兴起后，“文化革命”常被夸大为“文化大革命”。从1964年京剧现代戏观摩演出大会开始，“文化大革命”在《人民日报》上逐渐取代“文化革命”概念。京剧革命被树立为“新文化”的典范，曹禺称这

---

① 中共中央文献研究室编：《建国以来重要文献选编》第19册，中央文献出版社1998年版，第512、514页。

次观摩演出为“社会主义文化大革命的开场锣”[1]。1966年以后，“文化革命”的概念开始淡出视线，取而代之的是“文化大革命”。此时，两个概念已经完全分离。“文化大革命”已经不再是区别于政治革命、经济革命、思想革命的一个社会主义革命阶段和类型，而是在无产阶级取得政权并且建立了社会主义制度的条件下，进行的“一个阶级推翻另一个阶级”的政治革命。

从“文化翻身”“文化跃进”到“阶级斗争”，社会主义“文化革命”的思想发生了重大变化，最终被“文化大革命”概念所替代。无论从列宁“文化革命”思想的原意看，还是从中国共产党的相关论述来看，“文化革命”在“知识革命”“文明继承”两个层面的建设性内涵逐渐减弱，在“意识形态革命”层面的批判性内涵逐步增强，最终归属于意识形态领域的阶级斗争。这种思想嬗变的发生，既有苏联“文化革命”的影响，也与近代中国文化变革的激进传统有关，更是中国共产党探索社会主义文化建设的思想演变的产物。

三、文化思想的摇摆与动荡

自1958年“大跃进”兴起后到1966年“文化大革命”爆发前，中国共产党的文化思想呈现在纠正“左”倾错误和“左”的认识不断强化之间的摇摆状态，但最终被纳入“文化大革命”的极左轨道。

（一）文化思想的间歇性调控

从1958年11月第一次郑州会议到1959年7月庐山会议前期，从1961年1月八届九中全会到1962年9月八届十中全会，中共中央纠正“大跃进”以来的“左”倾错误，先后进行了两次政策调整，文

① 曹禺:《一场文化大革命》,《人民日报》1964年7月15日。

化思想因此呈现出短暂的两次间歇性的调控，对于党内“左”的认识有所纠正。

伴随“大跃进”和人民公社化运动严重后果的显露，从1958年12月到1959年7月庐山会议前期，中共中央围绕知识分子问题和文化教育领域的一些“左”的认识，进行了初步纠正。

1958年12月27日，中共中央转发毛泽东对《清华大学物理教研组对待教师宁“左”勿右》的批示，针对党内的一些不正确认识，如社会主义革命时期知识分子是革命对象，提“发挥老教师的作用”就会模糊阶级界限、放松斗争等等，要求端正方向，争取旧知识分子为党的科学文化教育事业服务[①]。各地根据指示精神，检查执行“双百”方针的情况，纠正对知识分子乱扣“反动”“白旗”等政治帽子的错误。

1958年12月28日，周恩来召集陆定一、康生等人商议如何纠正文艺、卫生、体育等有关工作的偏差时，指出：既要承认共产主义的热情，但领导干部也要头脑清醒；精神产品不能放卫星；教育上的拔高是浮夸；在大学教授中“拔白旗”是错误的，应马上停止；不赞成要求文艺简单配合政策的做法；注意研究正确对待知识分子的问题[②]。

周恩来的意见推动了中宣部、文化部、教育部、卫生部等部门的纠“左”工作。1959年1月，中宣部召开宣传工作座谈会，检查在群众文化、学术思想、文艺创作等领域出现的浮夸风和错误。之后，中央教育工作会议召开，纠正“大跃进”以来宁“左”勿右的思想倾向与资产阶级知识分子是革命对象的说法。1月12日，陆定

① 参见中共中央文献研究室编：《建国以来重要文献选编》第11册，中央文献出版社1995年版，第680—681页。

② 参见中共中央文献研究室编：《周恩来年谱（1949—1976）》中卷，中央文献出版社1997年版，第199页。

一在会上提出学习资产阶级科学，如凯恩斯的经济学、马尔萨斯的人口论、黑格尔和康德的唯心主义哲学、资产阶级的教育学和心理学等等，目的是取其精华、去其糟粕，是为了批判；在古今问题上，强调厚今薄古不是“非古”，不是不要古，必须尊重历史，不能割断历史；批判资产阶级学术思想时，要对教师进行具体分析，区分政治问题、教育方针态度问题、作风问题和学术思想问题，区分两类不同性质的矛盾。后来，他进一步指出教育发展要树立“赶快抓教学”，实行“两条腿走路”（全日制、半日制）的思想[①]。1月24日，周恩来指示卫生部撰写《认真贯彻党的中医政策》一文，提出促进中西医的团结，互相取长补短，共同为人民服务[②]。3月，中共中央、国务院、教育部出台文件，纠正“教育革命”中的运动过多、劳动时间过长的问题，对教育进行整顿、巩固和提高，体现教育改革从“运动为主”转向“课堂教学”为主的调整思路。

针对“大跃进”的冒进偏向，1959年5月3日周恩来接见文艺界人士，提出文艺工作既要表现现代生活，又要继承发展传统的“两条腿走路”的方针。他提出“既要鼓足干劲，又要心情舒畅”“既要力争完成，又要留有余地”“既要有思想性，又要有艺术性”“既要政治挂帅，又要讲物质福利”“既要敢想、敢说、敢作，又要有科学的分析和根据，把客观的可能性与主观的能动性结合起来”“既要有独特风格，又要兼容并包”等[③]。他将“两条腿走路”提升到思想方法的层面，强调跃进速度总有一个限度，给高歌猛进的文艺“大跃进”降了温。

1959年庐山会议后，全党从纠“左”转向“反右倾”，文化思想

---

① 参见《陆定一文集》下卷，人民出版社1992年版，第605—607、615、617页。

② 参见中共中央文献研究室编:《周恩来年谱（1949—1976）》中卷，中央文献出版社1997年版，第223页。

③ 中共中央文献研究室编:《周恩来年谱（1949—1976）》中卷，中央文献出版社1997年版，第202—203页。

的调整亦随之逆转。中宣部原本准备召开文化工作会议，继续纠正“左”的错误。陆定一提出不能为文化而文化，文化工作不能脱离当前的经济条件。林默涵后来回忆说：庐山会议的消息经由周扬传达说现在主要危险是右倾机会主义，大家听闻后感到难以理解。中宣部开部务会议，大家议论说已经“左”得不得了，怎么又右了呢！此后，纠“左”的工作便无法进行[①]。

“反右倾”运动后，文化思想从纠“左”向反右的逆转，主要表现在两个方面：一个是对知识分子资产阶级属性的再度强化，出现“党内资产阶级专家”“新富农”等新提法；二是“反资”“反修”意识强烈，兴起批判现代资本主义、现代修正主义（简称“两个现代”）的学术批判运动。

“反右倾”进一步强化了党内关于知识分子属于资产阶级的认识，并衍生出一些新的更“左”的提法。在文化领域，一些高等院校、科研单位的党员专家遭到批判和处分，认为他们代表资产阶级方向，向党争夺领导权，反对党的领导。根据北京高校“反右倾”的经验，1959 年 12 月 8 日北京市委大学科学工作部代市委起草了《关于高等学校揭发出一批有严重资产阶级思想的党员专家的报告》，使用了“浸透了资产阶级世界观的‘党员专家’”的提法，认为他们“一方面以党员资格获取党内外的政治信任，另一方面又以专家资格同党分庭抗礼”[②] 1960 年 1 月 6 日，中共中央批转这个报告供各地党委参考。对于这类党员专家，北京市委大学科学工作部称作“党内资产阶级专家”，清华大学蒋南翔称作“新富农”“新富农路线”。相比过去“资产阶级知识分子”主要用于非党的旧知识分子，这些新提法把党内知识分子同“资产阶级”“右倾”等概念直接联系起来，扩大了知

① 参见《林默涵文论集（1952—1966）》，当代中国出版社 2001 年版，第 18 页。
② 中央档案馆、中共中央文献研究室编:《中共中央文件选集（1949.10—1966.5）》第 33 册，人民出版社 2013 年版，第 5、6 页。

识分子阶级属性的指称范围。

从纠“左”转向反右的另一个思想标识是批判现代资本主义、现代修正主义，尤其是现代修正主义。1959年12月18日—1960年1月4日，中宣部召开全国文化工作会议，重新肯定“大跃进”以来的“左”倾观点，提出批判现代修正主义思潮是文艺领域的一个主要任务[①]。1960年3月7—12日，中央文教小组召开各省市委文教书记会议，5月16—21日，会议继续举行。会议提出要在哲学、社会科学和文艺方面批判修正主义，挖18、19世纪资产阶级学术思想的“老祖坟”，强调当前思想战线上的斗争锋芒必须对准现代修正主义，在哲学、社会科学、文艺各方面开展学术批判。会后，各省市在高校、文艺界、教育界、学术界开展了以反对现代修正主义为中心的学术批判运动，批判锋芒主要针对“人道主义”“人性论”“和平主义”“学术自由”等[②]。这些无疑加剧了文化思想的“左”转。

从1960年底开始至1962年八届十中全会的召开，伴随着国民经济调整和纠“左”工作的再次开展，文化思想步入一个新的纠“左”阶段。中共中央先后制定“科学十四条”“高教六十条”和“文艺八条”，调整党和知识分子的关系，贯彻落实“双百”方针，探讨文化建设的规律、特点。在毛泽东、刘少奇、周恩来、邓小平、聂荣臻、陈毅、陆定一等人的推动下，这一轮文化思想的调控范围更广、力度更大。

第一，为知识分子“脱帽加冕”，恢复知识分子的劳动人民属性。1961年6月，周恩来在中宣部和文化部召开的文艺工作座谈会和故事片创作会议上，含蓄地肯定1956年知识分子问题会议的精神。

① 参见欧阳雪梅主编:《中华人民共和国文化史（1949—2012）》，当代中国出版社2016年版，第89—90页。
② 参见中央教育科学研究所编:《中华人民共和国教育大事记（1949—1982）》，教育科学出版社1984年版，第268—269页。

1962年3月2日，他在广州会议上发表《论知识分子问题》的讲话，指出知识分子是“脑力劳动者构成的社会阶层”，实质上重新肯定了1956年提出的知识分子属于工人阶级一部分的结论[①]。3月5日、6日，陈毅在会议上讲话，更明确地宣布给知识分子“脱帽加冕”，即脱“资产阶级”知识分子之帽，加“劳动人民”知识分子之冕[②]。3月27日，周恩来在政府工作报告中郑重说明“知识分子中的绝大多数，都是积极地为社会主义服务，接受中国共产党的领导，并且愿意继续进行自我改造的”，再次宣布“知识分子属于劳动人民”的论断[③]。这样，关于知识分子的阶级属性继1956年后，再次回到正确的政策轨道。

第二，重倡“双百”方针，并将之视为建立与知识分子统一战线的重要政策。一方面，中共中央提出恢复和执行“双百”方针，如1960年8月19日毛泽东同胡志明谈话时，回顾中苏关系，论及1956年提出“百花齐放”的情形；10月27日同斯诺谈话，强调并未停止“百花齐放”，主张社会主义内的“百花齐放”[④]。一方面，陆定一从知识分子的“左、中、右”的划分出发，提出“双百”方针应当成为党对资产阶级知识分子的统一战线政策。1961年10月16日，陆定一在干部轮训工作座谈会上批评了思想批判扩大化的问题，认为毛病出在为了把“兴无灭资”搞成功，就反对一切资产阶级，把知识分子的中间派、左派甚至把党内一些同志也批判了，变成为思想批判而思想批判。他在《关于知识分子》的手稿中强调为了巩固党的统一战线，应当团结、争取资产阶级左派和中派知识分子，给他们“双百”

① 参见《周恩来文化文选》，中央文献出版社1998年版，第843—860页。

② 参见《陈毅传》，当代中国出版社1991年版，第531页。

③ 中共中央文献研究室编：《建国以来重要文献选编》第15册，中央文献出版社1997年版，第309页。

④ 参见中共中央文献研究室编：《毛泽东年谱（1949—1976）》第4卷，中央文献出版社2013年版，第444、470—471页。

的自由，要打倒的是资产阶级右派知识分子。在组织上，党在文艺、教育、卫生等方面改组领导机关，实行“三三制”①。由此，他把“双百”方针定为党在思想上、学术上同资产阶级建立的统一战线，反对打倒一切资产阶级知识分子的做法。在纠“左”的思想氛围下，“双百”方针的短暂恢复和新的政策定位，对于端正知识分子问题上的认识起到了促进作用。

第三，探讨文化建设的特点与规律，划清政治问题与文化问题的边界，保障学术民主和艺术民主。针对“大跃进”期间片面强调文化为政治服务、为现实服务从而导致文化产品概念化、公式化甚至“以政治代替文化”的倾向，周恩来强调精神生产和物质生产有各自的发展规律，对精神生产不能划一化地要求，不能强迫命令和干涉过多，指出文化为政治服务必须建立在充分尊重文化生产的特有规律和各种具体文化形式之特点的基础上②。针对自然科学工作中的偏差，1961 年 6 月 20 日聂荣臻向中共中央提交《关于当前自然科学工作中若干政策问题的请示报告》，提出正确划分政治问题、思想问题、学术问题、具体工作问题之间的界限，不要给自然科学技术的不同学派和不同主张乱贴“资产阶级的”“无产阶级的”“资本主义的”“社会主义的”之类的标签。中共中央认为这一报告精神适用于一切有知识分子工作的部门和单位③。1961 年 9 月颁布的“高教六十条”和翌年 4 月颁布的“文艺八条”同样强调清除资产阶级的政治影响和思想影响时，必须划清敌我矛盾和人民内部矛盾的界限，在人民内部还必须划分政治问题、世界观问题、学术问题和艺术问题之间的界限。不许用对敌斗争的方法来解决人民内部的政治问题、世界观问题和学术

① 另见龚育之:《龚育之党史论集》下卷，湖南人民出版社 2009 年版，第 606 页。
②《周恩来选集》下卷，人民出版社 1984 年版，第 329、336 页。
③ 中央档案馆、中共中央文献研究室编:《中共中央文件选集（1949.10—1966.5）》第 37 册，人民出版社 2013 年版，第 238、228 页。

艺术问题；不许用行政命令的方法，少数服从多数的方法来解决世界观问题、学术艺术问题；也不应该把学术问题和艺术问题随便引申为世界观问题。上述认识和政策，对于纠正“大跃进”期间文化工作中的偏向，无疑具有较强的针对性。针对文化领域的不民主空气，1961年6月周恩来把种种粗暴做法形象地概括为套框子、抓辫子、挖根子、戴帽子、打棍子的“五子登科”[①]。对此，中共中央提出“在学术工作中，一定要百花齐放，百家争鸣，不戴帽子、不打棍子、不抓辫子”的“三不主义”原则[②]。

第四，加强党对文化工作的科学领导，纠正包办代替和强迫命令的“瞎指挥”偏向。1961年7月6日，刘少奇主持政治局会议，通过“科学十四条”文件时，总结说这几年党走上了科学技术工作的领导位置，但是有瞎指挥的偏向，继续这样下去是要跌下台的，要求全党进一步掌握科学技术工作的规律性[③]。6月至7月间，邓小平在指导“高教六十条”起草工作时，就党如何办好高等教育提出了一些真知灼见：针对党对高校的领导，指出不能按级领导，就是一个学校党委领导，总支以下党组织要明确规定是起监督保证作用，党员通过自己的模范作用体现党的领导；针对党对知识分子和学术工作领导方法上出现的不正常状态，提出党就是要创造一个生动活泼、人心舒畅的局面，一个出科学成果的局面，党的领导干部要和知识分子交朋友，关心帮助他们，就是要老老实实当好勤务员，为科学家服务，替他们解决困难；针对反右派斗争以来知识界关于“红”与“专”问题的片面认识，强调思想政治工作不仅要管“红”，还要管“专”，“红”要通过“专”体现出来，“白”与“专”没有必然联系，要废除“白专道路”

①《周恩来选集》下卷，人民出版社1984年版，第325—328页。

② 中央档案馆、中共中央文献研究室编：《中共中央文件选集（1949.10—1966.5）》第37册，人民出版社2013年版，第229页。

③ 参见见中共中央文献研究室、中央档案馆编：《建国以来刘少奇文稿》第10册，中央文献出版社2018年版，第332页。

的提法[①]。这些看法，无疑有利于澄清党在科教文化工作方面的一些模糊或错误认识。

这个时期，毛泽东就如何对待文化遗产有针对性发表了一些看法。1960年3月，毛泽东提出我不是反对西方的一切，东方人要向西方学习，要在破除迷信的条件下学习西方的文化科学。12月，他又提出要批判地利用中国文化遗产，把封建主义的文化和非封建主义的文化区别开来[②]。直至1966年3月，毛泽东仍然坚持认为要用批判的眼光去研究古人、外国人的东西，做到“古为今用，外为中用”[③]。

上述思想，无疑反映了党在文化问题上不断深入的探索和政策上的进步。当然，由于未能从根本上肃清“左”的指导思想，文化思想的良性调控不仅在时间、力度和深度上受到一定影响，而且隐含着再度反复的危险。

（二）“兴无灭资”的文化大批判

1962年9月，毛泽东在八届十中全会上重提阶级斗争。由此，文化思想的纠“左”进程被中断，不仅原本提出的一些正确的认识再次被否定，而且在文艺问题、知识分子问题、教育问题等方面的“左”的认识更加严重，1963年1月，毛泽东总结说“马克思主义的核心就是阶级斗争的学说”[④]。10月，周扬据此提出哲学社会科学是“为经济基础服务”“为革命的政治斗争服务的”，其头等重要的任务是“从政治上、理论上，从哲学社会科学的各个领域，对现代修正主

① 参见王双梅：《邓小平与20世纪60年代的国民经济调整》，《党的文献》2011年第5期。

② 中共中央文献研究室编：《毛泽东年谱（1949—1976）》第4卷，中央文献出版社2013年版，第349、501页。

③ 中共中央文献研究室编：《毛泽东年谱（1949—1976）》第5卷，中央文献出版社2013年版，第563页。

④ 中共中央文献研究室编：《毛泽东年谱（1949—1976）》第5卷，中央文献出版社2013年版，第183页。

义进行全面的、系统的批判，保卫、宣传和发展马克思列宁主义”[①]。在“兴无灭资”的背景下，全国掀起文化大批判，为“文化大革命”的发动提供了切入口。

文化思想的再度“左”转，首先表现为对文艺界状况脱离实际的严重估计。针对旧戏太多的情况，1962 年 12 月毛泽东提出“帝王将相、才子佳人”的问题，助长了党内“左”的文艺思想的重新抬头。1963 年春节，上海市委书记柯庆施提出“大写十三年”的口号（指建国以来的十三年），具有以题材决定文艺创作的指向。4 月，周扬、邵荃麟等在文艺工作会议发言中，指出“写十三年”的口号有片面性，批驳了只有写社会主义时期的生活才是社会主义文艺的错误论调，但未能阻止这一口号的流行。11 月，毛泽东对《戏剧报》和文化部接连进行了两次批评，认为《戏剧报》尽宣传牛鬼蛇神，指责文化部“不管文化”，是“帝王将相部”“才子佳人部”“外国死人部”[②]。12 月 12 日，他审阅《柯庆施同志抓曲艺工作》一文，写下关于文艺工作的第一个批示，尖锐地提出“许多共产党人热心提倡封建主义和资本主义的艺术，却不热心提倡社会主义的艺术，岂非咄咄怪事。”[③]1964 年 6 月 27 日，毛泽东作出关于文艺工作的第二个批示，认为全国文联和所属各协会 15 年来基本上不执行党的政策，“跌到了

① 参见《中国科学院哲学社会科学部委员会扩大会议讨论学术战线的任务 反对现代修正主义 研究当代革命问题 刘少奇主席向会议作了重要讲话 周扬同志作了〈哲学社会科学工作者的战斗任务〉的报告》，《人民日报》1963 年 11 月 25 日；《哲学社会科学工作者的战斗任务 周扬同志一九六三年十月二十六日在中国科学院哲学社会科学部委员会 第四次扩大会议上的讲话》，《人民日报》1963 年 12 月 27 日。

② 中共中央文献研究室编：《毛泽东年谱（1949—1976）》第 5 卷，中央文献出版社 2013 年版，第 285 页。

③ 中共中央文献研究室编：《毛泽东年谱（1949—1976）》第 5 卷，中央文献出版社 2013 年版，第 288 页。

修正主义的边缘”“要变成像匈牙利裴多菲俱乐部那样的团体”①。上述认识集中代表了党内文艺思想“左”的发展方向，为“文艺黑线专政论”的形成提供了思想基础。

其次，知识分子被重新定性为资产阶级，对教育问题形成越来越脱离实际的认识。1966 年 3 月 17 日，毛泽东认为现在学术界和教育界是资产阶级知识分子掌握着实权。之后，又进一步得出“资产阶级知识分子统治着我们学校”的估计。与此同时，毛泽东尖锐批评教育体制，要求进行“教育革命”。强调教育是进行阶级斗争的一种强有力武器，提出“阶级斗争是一门主课”②。1964 年 2 月 13 日，他就教育问题发表一系列看法，号召改革学制、课程、教学方法、考试方法。虽然其中不乏切中时弊的深刻见解，但因为对于直接经验和阶级斗争的过分强调，结果变成了对系统课堂学习的否定，对书本知识的轻视。1966 年 5 月 7 日，他进一步提出“学制要缩短，教育要革命，资产阶级知识分子统治我们学校的现象，再也不能继续下去了。”③这就为后来形成关于教育的“两个估计”奠定了思想基础。

最重要的是，以阶级斗争观念为引领，把大批判锋芒指向整个文化领域。伴随在知识分子、文艺、教育等问题上“左”的观点的汇聚，“以阶级斗争为纲”成为文化工作的指导思想，遍及一切文化领域的大批判席卷而来。在文艺界，小说《刘志丹》事件拉开大批判序幕，毛泽东说“利用写小说来进行反党活动，这是一大发明”④。自 1963 年开始，文艺界讨伐昆曲《李慧娘》及廖沫沙的《有鬼无害

---

① 中共中央文献研究室编:《毛泽东年谱（1949—1976）》第 5 卷，中央文献出版社 2013 年版，第 368 页。

②《建国以来毛泽东文稿》第 11 册，中央文献出版社 1996 年版，第 96 页。

③ 中共中央文献研究室编:《毛泽东年谱（1949—1976）》第 5 卷，中央文献出版社 2013 年版，第 585 页。

④ 中共中央文献研究室编:《毛泽东年谱（1949—1976）》第 5 卷，中央文献出版社 2013 年版，第 153 页。

论》，武断地指责该剧宣扬封建迷信，李慧娘的反抗是影射攻击党的领导和社会主义；接着批判周谷城的“时代精神汇合论”是脱离阶级分析的历史唯心论；批判邵荃麟的“写中间人物论”和“现实主义深化论”是资产阶级的主张，抽调了革命性的现实主义。在哲学界，批判杨献珍的“合二而一”论，认为它为修正主义、国内资产阶级和封建残余势力提供理论武器，“同党大唱对台戏”。在史学界，批判翦伯赞的“让步”政策论，认为他是“资产阶级史学的代表人物”，为封建统治阶级歌功颂德，鼓吹阶级调和论。在经济学界，批判孙冶方提出的尊重价值规律、提高企业经济效益、改进企业管理制度的主张，认为是宣传“利润挂帅”、企业自治的修正主义观点。此外，社会学、伦理学、遗传学、优生学等现代社会科学和自然科学，被视作资产阶级伪科学，予以批判和否定。

这种“左”的文化思想在文化大批判中不断发酵，最终以批判新编历史剧《海瑞罢官》为导火线，进入“文化大革命”。自1965年下半年到1966年上半年，毛泽东形成了以意识形态领域为突破口，借助于文化大批判，酝酿、发动一场“文化大革命”的运动。1965年11月10日上海《文汇报》发表姚文元的《评新编历史剧〈海瑞罢官〉》，将剧中“退田”“平冤狱”的情节同1961年至1962年的所谓“单干风”“翻案风”联系起来，看作是党内阶级斗争的反映。毛泽东称赞了姚文元的文章，认为“点了名”，要害问题是“罢官”，把《海瑞罢官》同1959年批判彭德怀的党内政治斗争直接联系起来。1966年2月“部队文艺工作座谈会”召开后，4月下发的座谈会《纪要》断定建国以来文化战线上存在着尖锐的阶级斗争，文艺界基本上没有执行毛主席的文艺路线，“被一条与毛主席思想相对立的反党反社会主义的黑线专了我们的政”。“文艺黑线专政”论很快扩展到其他领域，为否定新中国十七年文化成就，进行“文化大革命”制造了依据。

20世纪60年代的文化大批判相比于50年代，既有政治大批判的共性，也发生了极大变化。从共性看，文化批判都以政治宣判为主导，呈现愈演愈烈之势。就其变化而言，文化批判的重点从清理资产阶级思想体系的历史影响转移到了建国后的文化成果和学术观点，批判对象也从旧社会过来的知识分子逐渐移向党内或党信任的理论家和文化工作者，如中国作协党组书记邵荃麟、剧作家田汉，历史学家翦伯赞、吴晗，哲学家杨献珍、冯定，经济学家孙冶方等人。从后果来看，这种大批判带来的消极影响更大，它似乎进一步证明了文化界修正主义的严重存在，证明了资产阶级思想的严重泛滥，并且由此导致更错误的判断和政策的出台，从而形成了一种错误理论、政策与错误实践、做法的交互作用，欲罢不能，最终使“文化大革命”选择以文化界为突破口发动起来，这其中的教训是深刻的。

（三）文化思想曲折发展的影响

自1956年至1966年，党的文化思想经历了一个从正确的认识走向“左”的错误的曲折发展过程，既有可贵的思想探索和有价值的理论结晶，也有错误的认识和沉痛的教训。

这种思想探索始终围绕如何进行中国自己的社会主义“文化建设”与“文化革命”展开。这突出表现在：一是从“立新”的建设性角度，在调动知识分子积极性、发展现代科学文化、正确处理古今中外文化成果等方面多有思想创见；二是从“破旧”的变革性角度，在群众性的文化普及、知识分子思想改造、文化的意识形态斗争等“文化革命”方面多有经验教训。

这种思想探索具有正确与失误相互交织的特点，产生文化发展的“钟摆效应”。在1956年中共八大召开前后的一年多时间里，思想探索出现了一个高峰，提出了一些有创见的观点。1957年反右派斗争扩大化后，思想探索呈现“左”倾错误与纠正“左”倾错误的交替出现和矛盾运行的基本特征。在纠“左”和调整时期，思想探索呈现正向发展；在其他强调阶级斗争的时段，思想探索的错误认识占据上风。这种正确和错误先后相继、相互转换，最终错误思想倾向压倒了正确思想倾向的特点，不仅共存于全党的共同探索中，也共存于一个人的认识发展过程中。从文化发展的角度看，思想探索是在文化的知识属性和意识形态属性之间不断摇摆。当对文化知识性的认识增强时，对文化阶级性的认识就会减弱；当对文化阶级性的认识提高时，对文化知识性的认识就会降低。

就文化思想发生曲折的原因来说，最主要的是根深蒂固的阶级斗争理念和这种理念统领下的对于文化阶级性的单一强调。十年中，党内的“左”倾错误根源于阶级斗争的理念与做法，文化建设亦是如此。中国共产党认识到在大规模的疾风暴雨式的阶级斗争已经基本结束的社会主义社会，战争年代形成的文化建设理念和方针需要调整，社会主义文化应该是马克思主义指导下的“百花齐放，百家争鸣”；但另一方面，在文化论争和文化探索触及根深蒂固的旧有观念或者按照传统思想思维做法难以理解接受之际，尤其这种论争、探索具有某种意识形态敏感性时，便又不由自主地回到阶级分析和阶级斗争的旧轨道上来。在这种思想观念下，文化思想的曲折发展就不难理解了。

第七章　社会主义文化思想的顿挫

1966年至1976年的“文化大革命”，是一场由领导者错误发动，被反革命集团利用，给党、国家和人民带来严重灾难的内乱。这场全局性、长时间的“左”倾严重错误，给党和国家的事业带来严重破坏，也使中国共产党的文化思想的探索发生严重挫折，留下极其深刻的教训。在党内，始终存在着对“左”倾错误和极左思潮的抵制和抗争。对文化建设正确思想的坚持、捍卫和探索，为后来文化思想的拨乱反正奠定了基础。

一、极左文化思想的建构

十年动乱中，在文化领域，受“无产阶级专政下继续革命”理论的影响，形成由林彪、江青两个政治集团鼓吹的以“文化专政论”为核心主张的极左文化观，给文化建设带来严重破坏。

（一）极左文化思想的建构

思想文化的结构是一个复杂多元的系统，既有反映人类文明的知识系统，又有反映世界观、价值观的意识形态系统，既可以反映阶级斗争、政治斗争的内容，也应有游离于阶级斗争、政治斗争之外的内容。“文革”时期，极左文化观把作为文化内核的意识形态属性推向等同甚至取代文化自身的地步，形成“文化专政论”的核心主张。

“文化专政论”根据中国社会主义和资本主义之间在意识形态方

面的谁胜谁负的斗争还需要一个相当长的时间才能解决，凡是要推翻一个政权，总要先造成舆论，总要先做意识形态方面的工作的论断，提出无产阶级必须在各个文化领域中对资产阶级实行全面专政的观点。一般来说，“对……专政”特指无产阶级政权的暴力或镇压职能，属于政治范畴。所以，在思想文化领域内，既不能也不应该实行“专政”。马克思主义在文化领域内的主导地位和指导作用，并不需要也不可能强制通过对其他思想的“专政”来实现，它靠的是自身的真理性、创造力和生命力，靠的是正确的宣传教育，其中包括与错误甚至反动的思想进行斗争。这种斗争是说理的，是根据思想文化自身的特点，通过“百花齐放，百家争鸣”来实现的。“文化大革命”恰恰打着文化的旗号，把文化的意识形态属性和阶级斗争功能推向极端化，结果走向了“大革文化之命”的反面。

这种极左文化观的理论依据来自“无产阶级专政下继续革命”理论尤其是其中的全面专政论。1966 年“五一六通知”提出“无产阶级在上层建筑其中包括在各个文化领域的专政”①；1967 年《人民日报》、《红旗》杂志、《解放军报》编辑部文章《沿着十月社会主义革命开辟的道路前进》进一步指出“无产阶级必须在上层建筑其中包括各个文化领域中对资产阶级实行全面的专政”②；1975 年《红旗》杂志第 3、4 期发表姚文元、张春桥的《论林彪反党集团的社会基础》《论对资产阶级的全面专政》的文章，阐释“全面专政论”，把社会主义能否巩固归结为能不能在一切领域、在革命发展的一切阶段始终坚持对资产阶级的全面专政。“全面专政论”构成极左文化思想建构的出发点与理论内核，“文化专政论”就是其在文化思想领域的表达。

---

① 中国人民解放军国防大学党史党建政工教研室:《“文化大革命”研究资料》上册，1988 年印，第 2 页。

②《沿着十月社会主义革命开辟的道路前进——纪念伟大的十月社会主义革命五十年》,《人民日报》1967 年 11 月 6 日。

这种极左文化观的形成，离不开林彪、江青两个政治集团尤其是江青集团的操控。“文化大革命”开始后，中宣部、文化部、教育部等机构陷入瘫痪半瘫痪状态，江青控制的中央文化革命小组（简称中央文革小组）成为中央处理“文化大革命”运动和文教、艺术、宣传、思想战线上的工作机构，林彪集团则掌握着军队的舆论宣传权力。1970年11月，康生担任组长的中央组织宣传组成立后，管辖中央党校、《人民日报》、《红旗》杂志、新华总社、中央广播事业局、光明日报社、中央编译局等中央机构。这些政治阴谋家、野心家利用自身的地位在意识形态领域呼风唤雨，成为诱发极左文化观并促其泛滥的权力因素。

这种极左文化观形成的现实基础是文化领域的“黑线专政”，所谓“封、资、修”思想泛滥。1966年部队文艺工作座谈会提出“文艺黑线专政论”后，推而广之，教育战线“资产阶级专了无产阶级的政”，学术界、教育界、新闻界、文艺界、出版界充斥着“资产阶级反动思想”，等等。于是，必须“在思想文化领域实行专政”才能解决问题。实际上，这种“专政论”的现实依据是臆想出来的，同时它将文化的相对独立性、特殊性一概抹杀，将文化论争与政治斗争一概混同，又将政治斗争一概归结为阶级斗争，这根本不是马克思主义的，而是反马克思主义的。

（二）极左文化思想的表现形态

在长达十年的时间里，极左文化观占据着支配地位，带来了巨大危害。

第一，在古今中外文化的关系上，大行文化专制和文化虚无。极左集团打着“社会主义文化大革命”的旗号，在一切文化领域实行“全面专政”，取消“双百”方针，取消人民的言论、出版、教学、研究、创作、表演的自由，在“反对封、资、修”的口号下，鼓吹“知识愈多愈反动”，否定一切历史文化遗产，僵化教条地理解马克思主义。这种文化专制主义和文化虚无主义的肆虐横行，实际上是一个硬币的两面。一方面，极左集团在“文化专政论”的旗号下，推行文化虚无主义，将人类几乎所有的文化成果全部加以否定：中国传统文化是封建文化，近代的则是资产阶级文化，西方文化则是资本主义文化或者帝国主义文化。“文化大革命”前17年的文化成果也被全盘否定，文化教育均为资产阶级思想统治的产物，反映剥削阶级的意识形态。1966年8月，北京首先掀起“破四旧”的狂澜，红卫兵对文物、图书、字画等的践踏和毁坏，就是否定一切文化遗产态度的最典型体现。另一方面，极左集团自称是“无产阶级的大权威”“无产阶级的金棍子”，从来不提“百花齐放，百家争鸣”，以党的化身自居，可以随意棒杀文化问题上的不同意见。对于马克思主义理论，极左集团既采取极端的教条主义态度，经常引用马克思主义经典作家的话，似乎言之凿凿，无懈可击，更把毛泽东的思想和言论奉为“句句是真理，一句顶一万句”的“最高指示”，却孤立静止地理解这些思想和论点，无视其提出的具体背景与具体语境，同时采取极端的实用主义态度，从自身的政治需要出发，随意阉割、肢解、歪曲甚至篡改马克思主义经典作家和毛泽东的有关思想与论断。他们把对马克思主义和毛泽东思想的僵化的教条的理解推向了无以复加的顶端，给文化生活带来了极为单调贫乏的局面。

第二，文化大批判成为文化建设方式的畸形存在。“大批判”是“文化大革命”的思维范式、思想范式、文化范式、语言范式，“文化大批判”是一种畸形的文化建设方式。虽然它在“文化大革命”前已经形成，但无论规模还是激烈程度，无论范围还是持续时间，都无法与“文化大革命”中的大批判相比。极左集团将文化大批判推到极致，使其成为一种思想文化领域内占主导地位的范式。文化大批判主要集中在两个领域：一是与党内政治斗争直接联系在一起的政治意识形态领域内的大批判；二是被严重意识形态化了的文艺、学术领域的大批判。前者和“文化大革命”从“天下大乱”到“天下大治”的进程即党内政治斗争的起伏密切联系在一起。其大者包括“批判资产阶级反动路线”，批判刘少奇的“黑六论”（“阶级斗争熄灭论”“驯服工具论”“群众落后论”“入党做官论”“党内和评论”“公私溶化论”），“批陈整风”“批林批孔”“批邓、反击右倾翻案风”等；小者包括批判“血统论”、批判“经济主义”、批判无政府主义、批判“右倾回潮”、批判“唯生产力论”、批判“资产阶级法权”等等。文化领域内的大批判主要集中在文艺、学术、教育、新闻、出版等方面。其中文艺领域内的大批判最为典型，它有“文艺黑线专政论”作基础，有所谓“黑八论”（“写真实”论、“现实主义广阔道路”论、“现实主义深化”论、反“题材决定”论、“中间人物”论、反“火药味”论、“时代精神汇合”论、“离经叛道”论）和一系列文艺作品为对象，有“文艺革命”的“旗手”江青指挥布阵，所以搞得最有声势、最为系统、影响也最大。

第三，知识分子是无产阶级的“异己力量”，给予“再教育、给出路”。“文化大革命”期间，一方面是对文化知识学习的轻视，一方面是对文化创造与传播主体的知识分子的贬低，两者的相互结合造就了类似于“知识越多越反动”的蒙昧主义哲学。知识分子被看成是社会主义的“异己力量”，被划入地主、富农、反动派、坏分子、右派、叛徒、特务、走资派之后的又一个受冲击的群体，被贬称为“臭老九”。由于“团结、教育、改造”的旧政策不能完全适应新情况，1968年9月毛泽东提出“再教育，给出路”的政策。1968年9月12日，《人民日报》发表“两报一刊”社论《关于知识分子再教育问题》，对该政策作了权威阐释。“再教育”主要是政治思想上的，目的在于世界观的彻底改造。“给出路”的政策主要针对知识分子中的两种人：一是犯有严重错误但愿意交代并决心按照“文化大革命”的要求重新做人的知识分子，他们同时也是“再教育”的对象，是可能转化和争取到革命队伍中的人；二是顽固坚持反动思想和立场的分子，他们是被排除在人民队伍之外的，对于他们要给生活上的出路，让其发挥“反面教员”的作用。

在当时的政治形势下，对文化进行改造和重建出来的“兴无灭资”的“文化成果”，严重背离了文化发展规律和人民大众的需要。在文艺领域，江青推行“文艺革命”，提出塑造无产阶级英雄典型是社会主义文艺的根本任务，实行“三突出”（即在所有人物中突出正面人物；在正面人物中突出英雄人物；在英雄人物中突出主要英雄人物）的文艺创作原则，打造了八大样板戏的革命文艺“典范”，炮制了一批为篡党夺权服务的“阴谋文艺”作品，造成文艺舞台百花凋零，八亿人民八个样板戏的单调局面。

在历史学领域，历史为现实政治服务的理念被推向极致，影射史学大行其道。1973年兴起的“批林批孔”运动被当作上层建筑领域马克思主义战胜修正主义、无产阶级战胜资产阶级的政治斗争和思想斗争，要求用马克思主义占领哲学、历史、教育、文学、艺术、法律等在内的整个上层建筑领域①。特别是其中的“评法批儒”运动中，中国历史包括中共党史都以儒法斗争为主线，分为尊儒反法和尊法反儒的两个阵营，不仅歪曲伪造了中国历史，否定了孔子及其儒家学说的价值，更通过借古喻今，大批“周公”，影射攻击周恩来，大赞法家，吹捧江青等人。1975年的评《水浒》运动，“四人帮”借着毛泽东的评论，如法炮制，攻击周恩来、邓小平等老干部。

在教育领域，“教育革命”带来严重影响。1966年，毛泽东在“五七指示”中发出“教育要革命”的号召，改革旧的教育制度、教学方针和方法因此成为“文化大革命”的一项任务。“教育革命”根

① 参见中共中央文献研究室编：《毛泽东年谱（1949—1976）》第6卷，中央文献出版社2013年版，第529、533页。

据教育为无产阶级政治服务、与生产劳动相结合的方针，涉及缩短学制、精简课程与教材、改革办学体制、教学方式、招生制度、师资队伍等方方面面。其主要内容是在教育领域打破“资产阶级知识分子统治”，建立无产阶级全面专政；用军事共产主义模式的“大学校”，来改造现代正规教育；摧毁“脱离实际”的现代教育制度，强化阶级斗争实践与生产劳动实践，削弱文化教育以阻断新的“资产阶级知识分子”产生，培养亦工亦农亦军亦文、能批判资产阶级敢于“反潮流”的新人，以教育作为缩小乃至消灭社会分工和三大差别的工具。“教育革命”带来了巨大的破坏作用。例如，“读书无用论”的盛行，“反智主义”社会氛围的催生；对“文化大革命”前17年教育全盘否定等等。教育实际上已经成为扩大化的阶级斗争的附庸，没有人类共同的文化、精神遗产，没有教育的一般规律和内容[①]。这种“教育革命”不但在政治上成为阶级斗争的工具，而且也是对现代教育制度的“反动”，在新中国教育史上留下沉重教训。

这种以“文化专政论”为核心主张的极左文化观，违背了马克思主义关于文化的基本论述，违背了文化自身的发展规律，脱离实际、脱离人民，必将被终结。

二、文化思想的坚守

尽管“文化大革命”时期极左文化观在党内占据统治地位，但极左思想也不是文化思想的全部。事实上，中国共产党的文化思想并不是完全被极左理论所控制，而是呈现出一定的丰富性和复杂性。除了极左文化观这条“主线”外，还有一条接续“文化大革命”前十七年文化思想正确发展方向的“隐线”。除了毛泽东对一些文化问题的

① 参见郑谦：《被“革命”的教育——“文化大革命”中的“教育革命”》，中国青年出版社1999年版，第236页。

纠偏外，一些党员、干部和知识分子以各种形式同极左文化思想进行斗争。这条坚持正确文化思想的隐线，始终贯穿十年动乱的整个过程。其代表者，主要有两类：一类是以周恩来、邓小平为代表的一些老革命家利用工作岗位，凭借丰富的经验和成熟的政治头脑，力图纠正文化领域的“左”倾错误，在调整文化政策方面发挥作用最为突出；一类是一些党的理论家，尽管身处政治逆境，但没有放弃对真理的追求，以睿智的头脑，对文化问题进行艰辛探索，理论上的作用很突出。前者是对极左文化思想及其实践的抵制，更主要的是“破”，主旨是回到“文化大革命”前十七年文化思想的正确轨道；后者则是理论上的“立”，提出了一些新的认识和理论观点，代表着党的优秀知识分子的深沉思考。

毛泽东在全局上坚持“文化大革命”路线，但不同意否定一切、打倒一切的做法，对涉及文化遗产保护、知识分子问题、文教政策等一些具体问题进行过纠偏。针对京剧革命的一些做法，他表示地方剧种要有自己的特色，提出现在剧太少，只有几个京剧，话剧也没有，歌剧也没有①。针对十七年教育战线的估计，1971 年 6 月他表示不要讲得过分，是一少部分人执行了错误路线，大多数知识分子是好的和比较好的，肯定“高教六十条”有对的地方②。针对文化图书的出版问题，1971 年 8 月他批示同意重印出版马列主义著作的同时，出版一批中外历史书和科学方面的工具书，恢复和创办一些理论、文艺、科学技术、学术研究、文教卫生、体育等期刊，恢复稿酬制度③。1973 年 5 月谈到学习历史时，他表示“从乌龟壳到共产党这一

---

① 参见中共中央文献研究室编:《毛泽东年谱（1949—1976）》第 6 卷，中央文献出版社 2013 年版，第 267、444 页。

② 参见中共中央文献研究室编:《毛泽东年谱（1949—1976）》第 6 卷，中央文献出版社 2013 年版，第 384 页。

③ 参见中共中央文献研究室编:《毛泽东年谱（1949—1976）》第 6 卷，中央文献出版社 2013 年版，第 387 页。

段历史应该总结”①，体现对历史文化遗产的尊重和保护。1973 年 11 月，针对署名“一个普通的共产党员”批评江青的来信，毛泽东批示“有些意见是好的，要容许批评”②。这封来信批评了江青关于文艺工作的一些言论，请求加强党对文艺工作的领导，设立统管全国文艺工作的机构，重申和切实执行“双百”方针。针对知识分子问题上的极端做法，他表示对翦伯赞、冯友兰、陈垣等一批有名望的知识分子既要批，还要保、养，实行“再教育、给出路”，对几百万知识分子采取争取、教育、分化，不能从肉体上消灭。1975 年 5 月 3 日，他在中央政治局会议上提出教育界、科学界、文艺界、新闻界、医务界等知识分子成堆的地方也有好的，有点马列的，“老九不能走”③。此外，毛泽东还多次批评林彪、江青等人的极左言行，明确支持周恩来、邓小平等人纠正“左”倾错误、进行全面整顿的工作，客观上为党内坚持正确文化思想的健康力量提供了支持。

林彪事件后，周恩来指导开展批判极左思潮，从文化、教育、科技界入手，提出加强理论研究，恢复落实有关政策。1972 年 7 月 14 日，他会见杨振宁时叮嘱北京大学副校长周培源要认真清理教育工作中的极左思潮，提高基础理论水平，强调“有什么障碍要扫除，有什么钉子要拔掉”④。23 日，他又对周培源反映落实情况的信作了批示，要求国务院科教组和中国科学院认真实施。9 月，他又写信给 18 位科学家，强调科学院必须把基础科学和理论研究抓起来，同时又要把理论研究与科学实验结合起来。根据周恩来的指示精神，周培

① 参见中共中央文献研究室编：《毛泽东年谱（1949—1976）》第 6 卷，中央文献出版社 2013 年版，第 480 页。

② 参见中共中央文献研究室编：《毛泽东年谱（1949—1976）》第 6 卷，中央文献出版社 2013 年版，第 508 页。

③ 参见中共中央文献研究室编：《毛泽东年谱（1949—1976）》第 6 卷，中央文献出版社 2013 年版，第 212、226、279、583 页。

④ 周培源：《学习周总理的革命精神》，《北京日报》1977 年 1 月 6 日。

源撰文提出："工和理、应用和理论都必须受到重视，不能偏废""要批判'理论无用'的错误思想""充分认识到科学试验和自然科学理论的重大意义""在学校中，基础课的教学工作一定要做好，综合大学理科要对基本理论的研究给予足够的重视"①。党内健康力量坚持正确的科教文化思想，纠正"左"倾错误，使文教领域的工作开始有了起色，知识分子长期受压抑的情况有所改变。但由于江青集团的干扰，这次纠"左"努力被迫中止。

1975年邓小平主持全面整顿，其中就包括科教文化工作的整顿，他指示在中国科学院主持工作的胡耀邦等人起草《科学院工作汇报提纲》，最后形成《关于科技工作的几个问题》的文件。《汇报提纲》中明确提出"科学技术也是生产力""没有现代化的科学技术，也就不可能有工业、农业、国防的现代化"。1975年9月26日，邓小平听取汇报时赞扬说文件解决了一个大问题，不仅管科学院，而且对整个科技界、教育界和其他部门也适用，认为"科学技术叫生产力，科技人员就是劳动者！"②他还批评了"白专"口号，要求给科技人员创造条件，关心他们，支持他们，帮助他们解决生活上的困难。针对人才断层的危机，提出加强教育，要求教育部门把大学办好，说"要解决教师地位问题。几百万教员，只是挨骂，怎么调动他们的积极性？"③这些富有启发性和远见卓识的论断，来自邓小平深思熟虑的长期思考，是他以后提出"科学技术是第一生产力"的思想来源。

这次全面整顿尽管同样被迫中断，但它有力地冲击了"左"的思想的条条框框，重新肯定了被"文化大革命"否定的过去比较正确的东西，而且孕育着新的文化思想的胚胎，为日后党的文化思想的拨乱反正奠定了基础。

---

① 周培源:《对综合大学理科教育革命的一些看法》,《光明日报》1972年10月6日。
②《邓小平文选》第2卷，人民出版社1994年版，第34页。
③ 参见《邓小平文选》第2卷，人民出版社1994年版，第33—34页。

此外，党内一些具有深厚马克思主义理论素养，富有独立思考能力和批判反省意识的理论家，对文化问题进行了思想理论层面的更为深刻的思考，给中国共产党文化思想的理论宝库增添了新的精神财富。他们怀有对中国共产党和国家前途命运的热忱关切，在政治逆境之中仍然孜孜不倦地探索社会主义文化发展的规律。其中，孙冶方、杨献珍和顾准是杰出代表。孙冶方是著名的马克思主义经济学家，被批判为经济学界“最大的修正主义者”，自1968年至1975年身陷囹圄的七年监禁期间，共打85遍腹稿，完成了《社会主义经济论》的构思和撰写。他批评了斯大林关于生产力、生产关系的定义，论述了社会主义政治经济学的研究对象和研究方法，分析了价值和价值规律，推进了社会主义经济理论的研究，为中国经济思想史提供了新营养。马克思主义哲学家杨献珍1964年就被批判为“资产阶级学者”，“文革”时期经历了长达八年的狱中生活，在牢房中写下了关于“综合基础论”“思维和存在的统一性”“合二为一”等问题的诸多文字，捍卫自己的学术观点，记录了那个特殊时代的理性思考和争辩。思想家顾准“文革”中下放干校，在严峻的社会环境中，专心致志地研究马克思主义政治经济学、哲学和历史，写下了大量手稿，在《希腊城邦制度》《从理想主义到经验主义》等著作中，在中西历史的比较研究中，对古希腊和罗马文明、中世纪欧洲、亚细亚生产方式、法国大革命、巴黎公社、十月革命、孔子、老子、韩非子、黑格尔等进行了新的研究和分析，对中国传统文化进行了深刻的反思，对马克思主义以及中国社会主义的发展作了寻根溯源的探讨[①]。

从1966年5月“文革”爆发至1976年10月粉碎“四人帮”，中共文化思想的探索处在一个“以阶级斗争为纲”的动乱时期。十年中，“左”倾严重错误使“无产阶级专政下继续革命”理论支配下的

① 参见李明山、左玉河主编:《当代中国学术思想史》，河南大学出版社1999年版，第258—260、263—267、269—270页。

以“文化专政论”为核心主张的极左文化观给文化建设带来巨大破坏。历史判明：“文化大革命”不是任何意义上的革命或者社会进步。相反，它打着“文化革命”的旗号，带来的却是“大革文化命”的恶果。这种极左文化观把文化的意识形态功能等同于文化自身的全部功能，并走向取代一切的历史反面，严重背离了党内原有文化思想探索的正确轨道，并给文化建设的实践带来严重恶果。与这种文化思想的指向相反，党内还存在以周恩来、邓小平、孙冶方为代表的许多党的干部、理论家和普通党员捍卫正确文化思想的努力。他们在当时的历史条件下进行了各种形式的思想探索和实践努力，为后来中国共产党文化思想的拨乱反正奠定了基础。

结　语

自1949年至1978年，中国共产党的文化思想经历了从建设新民主主义文化到建设社会主义文化的转变；从全面学习苏联到“以苏为鉴”探索自己的文化发展道路的转变，从倡导“百花齐放，百家争鸣”“古为今用，洋为中用”到为阶级斗争和政治斗争服务的转变，其中既有宝贵的思想结晶，也有值得总结吸取的经验教训。综观这历史时期，中国共产党文化思想的历史性成就在于：

第一，坚持党对文化建设的集中统一领导，成为社会主义文化思想的根本点。与国民党政权缺乏对文化事业的强有力领导相比，中国共产党实现了党对国家文化建设事业的集中统一领导。与过去战时对根据地文化工作的领导相比，党执政后对领导国家文化工作的认识更加深刻，并且通过学习苏联经验，建立了一套高度集中的制度体制，实现了“党管文化”的制度化、体制化。在党和国家制度的创设与发展中，以党内的宣传部为核心，在党、政、军、群各系统建立宣传、文化、教育、新闻、出版、广播、体育、卫生等广义的文化部门，自上而下地形成一套党领导和管理文化的制度体制。中共中央宣传部负责文教工作，通过党的宣传部实现了对文教工作的归口管理。这期间，为加强党的领导，还曾设立中共中央文教小组。这种“党管文化”的理念把文化建设纳入党的领导轨道，实现文化部门和知识分子的体制化、组织化的认识，为历史所继承和发展，构成社会主义文化思想的最根本特征。

第二，牢固确立马克思主义的意识形态指导地位，成为社会主义文化思想的最显著标识。作为文化思想的意识形态内核，马克思主义牢固确立了在意识形态领域的指导地位，成为统领社会主义文化建设的指导思想。中国社会主义“新文化”与半殖民地半封建社会“旧文化”的最显著区别之一，就是马克思主义取代封建的资产阶级的旧意识形态，成为指导社会主义文化建设的新意识形态。马克思主义关于文化与经济、政治关系的界说，特别是阶级分析方法，成为观察和分析社会主义文化现象的不二法则，成为衡量和评判社会主义文化成果的根本标准。文化具有阶级性、党性，在阶级社会中不可能“超阶级”“超政治”；经济政治上占据统治地位的阶级的文化必然占据文化上的统治地位。这些认识逐渐从党内扩展为一切文化部门、广大知识分子的主流认识。坚持马克思主义在意识形态领域的指导地位，因此构成社会主义文化思想的最显著标识。

第三，文化发展的“规划思维”构成社会主义文化工作的战略思维。中国共产党依据无产阶级政党领导文化建设，坚持马克思主义意识形态指导地位的原则，按照党领导计划经济的工作特点，通过党和国家的一系列决策机制和程序，制定文化建设的大政方针与具体政策，再经由党和国家各级权力机构和社会团体加以贯彻执行，切实保证了文化建设被纳入党和国家发展的总体战略。这一时期，中国共产党学习借鉴苏联领导文化工作的经验，坚持文化工作的“计划化”，把制定、执行文化政策方针作为领导文化工作的一般规律，按照指令性计划的经济发展模式，统合容易各自为政的文化各个部门，反对文化发展的放任自流，力行有计划的文化发展道路。这种文化工作的思维伴随中国计划经济的存在而存在。改革开放以后，中国共产党实现了从领导计划经济到建立发展社会主义市场经济的转变，既摒弃不符合实际的传统的计划经济思维，又坚持运用对文化发展进行国家层面战略规划的正确经验，加强对中国特色社会主义文化发展道路的顶层设计。

总结起来，在中国共产党文化思想中，有几对结构性的范畴和关系值得深度反思。

第一，在文化的本质和功能上，正确处理意识形态与文化发展的关系，实现文化发展和维护意识形态安全的统一。意识形态是文化的内核，决定文化发展的方向；文化既反映一定阶级的意识形态，又是人类创造的精神财富，具有意识形态以外的内容丰富性和形态多元性。在社会主义社会，文化固然有反映某个阶级的特定利益，甚至直接或间接地参与政治斗争的一面，但文化又有其自身的发展规律，有游离于意识形态之外的一面，具有某种现实超越性和自身演进的特性。两者存在着相互影响、相互渗透、相互交融的辩证关系。这就要求中国共产党正确处理文化自身的特性与意识形态属性的关系，既要站在坚持党的领导、巩固马克思主义指导地位的角度，进行文化领域的意识形态斗争，又要站在推动文化发展繁荣的角度，把握文化发展的自身特点和内在规律。只有如此，才能促进当代中国文化的健康发展。

第二，在文化的继承与发展的关系上，正确处理“本来”和“外来”的关系，实现不同文化形态的创造性转化、融合与发展。任何一种文化都有前后相续的历史继承性，都会面临各种文化思想之间的激荡、交锋与交融的局面。如何认识和处理“中”（中国传统文化）、“西”（西方文化）、“马”（马克思主义）的关系，是中国共产党文化思想的“母题”，是其认识文化思想形态的三大坐标系。此一时期中国共产党文化思想发生的历史性波动，就是来自对三者的内涵、地位和关系的不同认识。从宏观上看，中国共产党怀有对古今中外文化的开放包容态度，主张以马克思主义为指导，批判地继承包括中国传统文化、西方资本主义文化、苏联文化在内的一切人类文化成果，以创造中国社会主义的新文化。“古为今用，洋为中用”“两条腿走路”等口号的提出就是明证。这就要求正确把握坚持马克思主义的指导地位、继承弘扬中国传统文化、吸收借鉴人类文明成果的关系，实现社会主义文化的创造性转化、融合与发展。反之，马克思主义的指导地位容易变成取代一切文化成果、唯我独尊的局面，导致文化走向自我封闭。

第三，在文化建设的途径上，正确处理“破”与“立”、批判与建设的关系，构建符合时代发展要求的文化话语体系。此一时期，除旧与布新构成文化建设的两种基本途径。但随着时日的推进，“破”“除旧”与批判越来越成为主导性思维。文化大批判思维形成的原因是复杂的：从历史上看，具有近代以来文化激进变革的历史心理支撑；从现实看，新生民族国家在文化上的“破旧立新”往往表现出一种批判多于继承、否定多于肯定、破坏多于建设的倾向；从指导理论上看，马克思主义所具有的强烈战斗性、批判性亦有一定关系。不可否认，这种文化大批判逐渐成为文化思想的主流话语，消解了尊重文化自主性独立性的建设话语，它既有力推动了马克思主义意识形态指导地位的确立和巩固，又极易滑向政治化的歧途。在尊重文化发展规律的基础上，坚持文化意义上的批判思维与建设思维的有机统一，方是构建符合时代发展要求的文化话语体系的正确方向。

第四，在文化建设的依靠力量上，正确处理党与知识分子的关系，牢固树立依靠知识分子进行文化创造的观念。中国共产党是新中国文化建设的领导者，知识分子是文化的创造者和传播者。正确处理党与知识分子的关系，事关社会主义文化建设事业的成败。此一时期，党对于知识分子的阶级属性存在着两重认识：一是从经济地位和政治思想上的进步出发，承认知识分子为工人阶级的一部分；二是从知识分子家庭出身、所受教育、世界观状况出发，认为其属于资产阶级和小资产阶级。从1957年反右派斗争严重扩大化开始，知识分子问题上的“左”倾认识不断发展，其在理论上的反映和总结，就是依据世界观和政治思想作为划分阶级的实际标准。历史证明，“知识分子同工人、农民一样是社会主义事业的依靠力量，没有文化和知识分子是不可能建设社会主义的。”①这是1981年经过正反两方面经验的总结，首次用党的历史决议的形式，把知识分子在社会主义事业中的地位确定下来，是经得起历史和实践检验的具有组织权威和科学权威的正确结论。

历史没有尽头，历史认识也没有终点，而是随着实践的发展而不断深化。总结过去，既要坚持历史主义的态度，又要站在时代发展的高度。习近平指出，“我们党领导人民进行社会主义建设，有改革开放前和改革开放后两个历史时期，这是两个相互联系又有重大区别的时期，但本质上都是我们党领导人民进行社会主义建设的实践探索。”“虽然这两个历史时期在进行社会主义建设的思想指导、方针政策、实际工作上有很大差别，但两者决不是彼此割裂的，更不是根本对立的。”“不能用改革开放后的历史时期否定改革开放前的历史时期，也不能用改革开放前的历史时期否定改革开放后的历史时期。”②深刻把握这一重要论述精神，就要认识到中国共产党文化思想在这一时期的探索，本质上是中国共产党文化思想百年发展整体链条上的承上启下的重要一环，为改革开放后中国特色社会主义文化的开创，奠

① 中共中央文献研究室编：《三中全会以来重要文献选编》（下），人民出版社1982年版，第842页。

② 习近平：《论中国共产党历史》，中央文献出版社2021年版，第3、4页。

定了思想基础。这一艰辛探索的过程中发生的挫折和失误，为党的文化思想的发展提供了沉重教训。也是依靠自己的力量，中国共产党坚持真理、修正错误，结束这场长达十年之久的动乱，作出彻底否定“文化大革命”的正确结论。正是在总结新中国成立以来党领导文化建设的正反两方面经验的基础上，中国共产党文化思想的发展进入改革开放的新阶段。

下编

改革开放新时期与中国特色社会主义新时代

（1978年—）

导 言

改革开放40余年来，中国共产党的文化思想，形成了以中央文件和领导人讲话为主干，以重要概念、关键术语和相关政策为抓手，以重要理论宣传文章为补充的比较完整的体系。纵观十二大以来中国共产党的历次党代会报告，文化建设的基本内容与大政方针都有界定和论述。整体来看，中国共产党文化思想主要涵盖两个方面的理论，一个方面是思想道德建设；另一个方面是狭义的文化建设与发展。历经历届中央领导集体的努力，中国共产党的文化思想已经成为中国特色社会主义理论体系的重要组成部分。

改革开放以来，学术界对于中国共产党的文化理论与政策向来十分关注，并取得一定的研究成果。对现有学术成果进行梳理，分析现有研究的切入路径、研究范式与主要论点，是进一步深入探讨中国共产党文化思想史的重要前提。囿于当代人研究当代史，中国共产党文化思想史研究不可避免会受到现实制约，如何平衡历史与现实、学术与政治的关系，是中国共产党文化思想史研究的难点。因此，研究中国共产党文化思想史的研究路径和切入点的选择极为重要。如何将长时段的不同表达的官方文本进行统合，进而梳理出一条一以贯之而又与时俱进的思想脉络，是研究改革开放以来中国共产党文化思想史首要解决的问题。

从逻辑结构、论述重点与整体思路来看，目前关于中国共产党文化思想史的研究大体有两种方向。一种是以现有理论为依托、以现实问题与热点为指引，从当前中国共产党的文化建设理论政策倒推，重点呈现中国共产党现有文化思想体系的观点建构。另一种则是在当代问题意识的基础上，以时代变迁为脉络，结合社会发展的背景，重点阐释中国共产党文化思想在不同历史语境下的嬗变。前者重视当下的理论正当性，重视创新和经验总结；后者强调历史的变化，强调中国共产党在不同时期的战略选择与认知更新。

尽管两种研究方法存在差异，但在历史分期上共识较为集中，1980 年代的社会主义精神文明建设，1990 年代以降的中国特色社会主义文化建设。

一、以现实问题为导引的研究

“一切真历史都是当代史”，中国共产党文化思想史的书写不可避免会受到当下现实需要的影响。十一届三中全会作为改革开放的开端，距今不过 40 年。尽管当下中国共产党文化思想与改革开放初期相比有了重大发展，但与其他领域相比，其继承性是相当强的，20 世纪 80 年代的文化理论政策仍旧发挥着重要的指导作用。这种继承性的存在，为中国共产党文化思想研究提供了现实思路，即以当下文化理论倒推，回溯改革开放以来的中国共产党文化思想。这类研究模式的主要落脚点，在于为当前文化思想理论提供依据，通过研究改革开放以来文化思想的理论积淀与历史经验，阐释现有理论的思想渊源，论述现有理论的正当性。从近年来的研究成果看，这种研究主要有三条路径，第一种是从当前的文化热点问题与重要理论出发，寻找其理论渊源；第二种是从文化建设中日益重要的某一部分出发，阐述文化建设某一侧面的理论沿革；第三种是从文化建设的成就与经验出发，为当前的文化建设提供借鉴。从这三个角度切入中国共产党文化思想的历史进程，不一定全面，但确是近年来研究的重要特征。

（一）新世纪以来，随着中国共产党对文化建设的日益重视，理论界对于文化建设中的热点问题也愈发关注。尤其是党的十八大以来，习近平将文化自信提升到了新的高度，因而文化的相关理论也成为学术界理论界的关注重点。其中价值观教育、文化自信与文化安全问题的研究，较典型地反映着中国共产党文化思想史研究的路径。

从社会主义核心价值体系到社会主义核心价值观，新世纪以来中国共产党始终重视价值引领的重要作用，因此，围绕价值观问题的学术研究与理论研究一直热度不减。对于价值观的界定，虽言人人殊，但学界普遍认为，价值观作为文化的核心与灵魂，代表着一种价值思维、价值选择与评判标准。改革开放以来，中国社会价值观，从一元转变为一元主导与多元共构，从强调集体主义转变为集体主义与个人价值并重，从强调精神价值到精神价值与物质价值并重等。但是中国的主导价值观，即中国共产党所倡导的、对其他价值观起着引导和规范作用的价值观，并未呈现相似的变化。对于主导价值观的研究，学术界的观点不尽相同。有的将党的指导思想的内核视为主导价值观，从解放思想到"三个有利于"，从"三个代表"到"以人为本"，重点论述中国共产党执政理念的核心要义[①]。有的关注中国共产党倡导的价值观的基本特点，认为中国式的现代化和发展生产

① 王宝玲：《浅析改革开放以来中国社会主导价值观的发展变迁》，《改革开放三十年与价值哲学发展学术研讨会论文集》，2008 年。

力是党的基本价值追求，“三个有利于”和“以经济建设为中心”是中共价值观的标准和原则[①]。有的从改革开放以来社会、政治、经济结构对主导价值观的影响进行探讨，分析中国共产党在不同条件下建构具有凝聚力和引领力的价值观的努力[②]。从整体来看，学界对于中国社会价值观变迁研究较为深入，但是对于中国共产党40年来所倡导的价值观的具体内容、时代特点、变与不变，研究尚欠深入细致。

以文化自信为切入点，探讨中国共产党文化自信思想的发展，也是近几年来学术界的一大热点。研究认为，改革开放以来中国经济发展和生产力的提高为文化自信提供了物质基础[③]，化解了“文化大革命”以来部分人对马克思主义、社会主义和中国共产党的信心危机。“二为”方针的提出与社会主义精神文明建设的开展，破除了思想解放与文化进步的桎梏，激发了人们的自发性文化启蒙思潮，为文化自信提供了历史基础[④]。先进文化建设与社会主义文化强国目标的提出，显出中国共产党引领中华文化在世界文化交流中占据制高点和掌握主动权的决心[⑤]。社会主义和谐文化与社会主义核心价值体系的构建，则促使中国共产党人进一步意识到，文化自觉与自信“决定着

① 朱进芳：《论改革开放以来中国共产党社会价值观的调整与发展》，《黑河学刊》2009年第3期。

② 周昭成：《改革开放以来我国的主流价值构建》，《探索》2018年第5期。

③ 邹广文：《改革开放以来的文化自信源自何处》，《人民论坛》2018年第34期。

④ 冯鹏志：《改革开放40年与当代中国文化自信》，《学习时报》2018年12月10日。

⑤ 胡安全：《改革开放以来中国共产党文化自信的生成逻辑》，《广东社会科学》2018年第4期。

一个民族、一个政党的前途命运”[①]。新时代习近平对“四个自信”中文化自信的阐释，标志着中国共产党文化自信的完全树立，社会主义文化建设由“自为”“自觉”迈入“自信”的新阶段[②]。不可否认，新时代文化自信理论有传承性，但以此推论前代领导集体也具备了文化自信的思想，则显牵强。

随着近年来意识形态工作愈来愈受重视，文化安全也成为新的文化研究热点。所谓文化安全，本质就是民族文化和意识形态的独立自主。改革开放初期，中国共产党尚未明确提出文化安全，但“四项基本原则”与“二为”方向保证了文化的发展方向[③]。在西方文化输出与和平演变压力下，江泽民首次提出了文化安全命题，强调要培育和弘扬民族精神，坚定社会主义先进文化的发展方向[④]。胡锦涛在此基础上将文化安全纳入国家安全大战略之中，积极推进文化软实力建设和社会主义核心价值体系建设[⑤]。中共十八大以来，在“总体国家安全观”的体系中，习近平强调不仅要抓牢意识形态领导权，还要维护和促进中华优秀传统文化的继承与发展，从整体上确保国家文化安

① 李庆云:《中国共产党几代领导人的文化自觉意识发展研究》,《中国共产党 90 年研究文集》上册，2011 年。

② 冯鹏志:《文化自信与 40 年改革开放的文化理解》,《理论视野》2018 年第 11 期。

③ 程伟:《改革开放以来我国文化安全建设的基本实践》,《贵州省党校学报》2017 年第 3 期。

④ 燕飞:《中国共产党三代领导核心国家文化安全思想研究》，河南大学硕士学位论文，2012 年。

⑤ 孙宁:《中国共产党国家文化安全战略思想的形成和发展》,《教育文化论坛》2013 年第 5 期。

全[①]。文化安全思想作为一个对外的概念，其研究的难点在于如何避免泛泛而谈，凸显其特定的问题域。

（二）以现实需要为导向的中国共产党文化思想史研究的另一路径，就是选取文化建设的一个侧面或方面进行长时段的深入探究。该类研究主要集中于以下几个问题上。

中国共产党的意识形态工作研究。学术界对于改革开放以来中国共产党意识形态指导思想极为关注，但研究重点集中于意识形态工作的经验和特点。学者们认为，中国共产党始终重视意识形态工作的战略意义，始终坚持党对意识形态工作的领导，注重解放思想、与时俱进地发展马克思主义理论[②]，注重意识形态的科学性与有效性、主流性与包容性的统合[③]，注重媒体宣传对主流意识形态的传播[④]等。对于中国共产党意识形态工作主要内容和历史脉络，学术界还没有像经验研究那般达成共识。在具体内容上，有的学者认为 80 年代“意识形态建设的中心是坚持四项基本原则”[⑤]，有的学者则认为是“重释社

① 段妍:《中国共产党国家文化安全思想的历史考察》,《上海师范大学学报（哲学社会科学版）》2018 年第 2 期。

② 唐爱军:《在解放思想中统一思想——论改革开放以来中国共产党意识形态建设的战略选择》,《科学社会主义》2017 年第 6 期。

③ 姜志强、王琼琼:《改革开放以来中国共产党意识形态建设的方法论》,《浙江学刊》2017 年第 2 期。

④ 黄世虎:《改革开放以来我国主流意识形态建设的基本经验》,《实事求是》2017 年第 2 期。

⑤ 张晓红、吴曼:《改革开放以来我国意识形态建设的历史逻辑》,《党政干部学刊》2019 年第 1 期。

会主义的内涵与特征”①；在发展阶段上，有的学者将改革开放至新世纪初划分为意识形态“实践标准论”“初级阶段论”和“三个代表论”三个阶段②，也有学者以领导人执政时期进行划分，认为中国共产党意识形态建设主要经历了恢复理性的重构阶段、增强包容性的创新阶段、增强凝聚力的体系化阶段以及新世纪的大众化表达阶段③。总体来讲，学术界对中国共产党意识形态发展历程的政治性、理论性建构较多④，对意识形态指导思想的历史性转变的探讨不够充分。

中国共产党对传统文化的认识作为其文化思想的重要组成部分，长期以来也颇受学术界的关注。“文化大革命”结束后，中国共产党人认为，反思“文化大革命”离不开对封建残余思想的批判和清除，“文化大革命”中的种种乱象“在很大程度上被认为是封建传统的沉渣泛起”⑤，因此反封建是当时思想战线的重要议题。这是许多学者的共识。由于西方文化的大规模引进且部分知识分子对传统文化失去信心，以《河殇》事件为代表的历史虚无主义与民族虚无主义思潮一度

① 宋琳：《改革开放以来我国意识形态建设的历程与逻辑》，《甘肃社会科学》2014年4月。

② 萧功秦：《改革开放以来意识形态创新的历史考察》，《天津社会科学》2006年第4期。

③ 李合亮、高庆涛：《改革开放以来中国共产党意识形态建设研究》，《学校党建与思想教育》2015年第9期。李俊斌、王丽娟：《论改革开放以来中国主流意识形态的演进方式》，《湘潮（下半月）》2015年第9期。

④ 例如吴金群：《中国意识形态转型30年：政治经济学的三维透视》，《理论与改革》2008年第3期。胡海波、赵德江：《当代中国意识形态转型的历程与观念——由我国私营企业主阶层兴起引发的思考》，《吉林大学社会科学学报》2008年第6期。

⑤ 杨凤城：《中国共产党对待传统文化的历史考察》，《教学与研究》2014年第9期。

颇有市场。中国共产党第三代领导集体及时扭转忽视传统文化当代价值的社会思潮，不断强调对民族优秀传统的“继承和发扬”。新世纪以来中国共产党提出了弘扬中华优秀传统文化、建设民族精神家园的口号，体现出中国共产党对传统文化认识的进一步深化[①]。党的十八大以来，以习近平同志为核心的党中央对传统文化的重视达到空前高度，中华传统文化被视为中华民族的“基因”“血脉”。习近平还提出，要对传统文化进行“创造性转化、创新性发展”，以此增强文化软实力和坚定国民的文化自信[②]。纵观近年来的研究成果，学术界对改革开放以来中国共产党对待传统文化的历史演进主线已经有了较为清晰的认识，相应的经验也得到了一定程度的总结，发表了一批高水平的学术文章。

社会主义先进文化是“三个代表”重要思想的重要组成部分，关于该方面的研究，其成果多数刊发于党的十八大以前，主要集中于中国共产党如何代表先进文化前进方向的历史，以及中国共产党如何促进先进文化发展的思想历程。十九大报告中，社会主义先进文化与革命文化、传统文化共同构成中国特色社会主义文化源泉，这就给社会主义先进文化的研究提供了新的方向和坐标。

（三）从中国共产党文化思想的历程、经验着手，以古鉴今，是研究改革开放以来中国共产党文化思想被广泛采用的方法。现有的研究

① 顾友仁:《中国共产党之传统文化观的历史建构》,《福建论坛（人文社会科学版）》2011 年第 7 期。

② 马军、高晓雁:《中国共产党对待传统文化态度的历史演进》,《理论导刊》2017 年第 9 期。

基本以领导人作为历史分期标准，倾向于简要地概括中共文化思想的演进历程：以邓小平为主要代表的中国共产党人拨乱反正，纠正文艺、教育和知识分子问题上的“左”倾错误，重新提倡“双百”方针，提出“二为”方向与社会主义精神文明建设。以江泽民为主要代表的中国共产党人提出“中国特色社会主义文化”概念，高举先进文化的旗帜，充分肯定文化建设对于综合国力建设的战略意义。新世纪以来胡锦涛为主要代表的中国共产党人提出建设社会主义和谐文化，构建社会主义核心价值体系的任务，深化文化体制改革，提高国家文化软实力。思想历程作为研究经验与成就的前提，精于概括并易于达成共识，但疏于深入，即对思想演进历程中起承转合的丰富性复杂性研究不足。

总结文化建设历史经验，目的在于为当下提供借鉴与启发。现有研究成果具有两大特点，一是主要论点高度一致；二是同一论点的表述与侧重不尽相同。在主要经验的总结上，学者们普遍认为，坚持党对文化建设的领导、坚持以马克思主义为指导思想、坚持以人民为中心（十八大以前的研究表述为以人为本）的创作导向、坚持对传统文化的批判继承与创新发展、不断深化文化体制改革，是中国特色社会主义文化建设取得伟大成就的基本经验。还有学者认为，始终坚持“百花齐放、百家争鸣”的方针和“为人民服务、为社会主义服务”的方向、重视发挥知识分子的作用等，也是中国共产党文化建设的有益经验。李长春曾将十六大以来文化建设的经验总结为十个方面[①]，启迪了众多研究者。十八大以来中国共产党领导文化建设的新

① 李长春：《正确认识和处理文化建设发展中的若干重大关系　努力探索中国特色社会主义文化发展道路》，《求是》2010 年第 12 期。

经验新理念，还没有学者结合改革开放以来文化建设的历史进行深度总结。

以上三种研究路径，是当前中国共产党文化思想史研究的重要切入点。三种研究路径的共性，在于强烈地响应现实理论与政策的问题意识。其中，关于中国共产党对待传统文化的思想发展的研究比较深入，具有相当的代表性。

二、以历史语境为基础的研究

对改革开放以来中国共产党文化思想的时代主题、演进脉络与结构性转变进行系统研究，是书写中国共产党文化思想史最具学术价值的路径。但如何将纷繁复杂的文化思想理论条分缕析，突出主线又能呈现转折，不失细节又不显冗杂，是一项富有挑战性的工作。

就已有研究看，一种思路是从时间脉络着手，重点关注各个关键节点中共提出的关键论断、概念，探讨这些概念的内涵与意义，论述各个时期党关于文化建设的相关理论与政策。诸多研究均提出，改革开放初期邓小平领导真理标准问题讨论是文化领域拨乱反正的基础，调动了知识分子与文艺工作者的积极性，“大胆吸收和借鉴人类社会创造的一切文明成果”的方针打开了文化交流的大门，促进了80年代文化的大发展。“二为”方向、社会主义精神文明建设以及“四有”公民的提出，使中国共产党的文化建设逐渐走上正轨。90年代国内外环境的急剧变化，使得中国共产党人认识到文化作为综合国力重要标志的战略意义，对于发展什么样的文化有了更加清晰的认识。以“三个面向”为主要特征的中国特色社会主义文化，成为中国文化建设的旗帜。党的十六大以来，党进一步认识到文化建设对于经济建设与民族凝聚力的重要意义，提出了深化文化体制改革、构建社会主义核心价值体系与建设社会主义和谐文化的战略构想，促进了文化事业的进一步繁荣。中国特色社会主义进入新时代以来，以习近平同志为核心的党中央将文化自信提升到与道路、理论、制度平列的高度，在全社会倡导培育和践行社会主义核心价值观，要求牢牢掌握意识形态领导权，增强文化软实力和中华文化国际影响力，构建中国特色哲学社会科学学科体系、学术体系、话语体系，等等。

从整体来看，单以时间节点为线索进行中国共产党文化思想史的书写难度较大。主要原因在于40余年来中国共产党文化思想内容丰富，以学术文章的篇幅难以面面俱到，只能够围绕各个时段最突出的概念进行探讨，例如围绕精神文明谈“二为”方向、围绕中国特色社会主义文化谈“以德治国”和“科教兴国”，围绕和谐社会探讨社会主义核心价值体系，等等。仅有少数学术著作以时间为架构进行了有益探索[①]，但仍然是初步的，留下的研究和创新空间很大。

另一种思路是从中国特色社会主义理论体系中文化建设的理论架构着手，分析40余年来文化建设的内涵、地位、目标、方针和特点的演变逻辑。不同的研究成果分析文化建设的逻辑架构与具体表述有所不同，有的研究文化的本质、地位与建设目标，以及文化与政治

① 杨凤城:《中国共产党与当代中国文化发展研究》，中共党史出版社2013年版。郑师渠主编:《中国共产党文化思想史研究》，中共中央党校出版社2007年版。孔繁轲主编:《中国共产党文化创新史》，山东人民出版社2017年版。席富群:《中国共产党文化思想创新史论》，苏州大学出版社2017年版。耿化敏、夏璐:《改革开放40年的中国文化》，中共党史出版社2018年版。

的关系，有的对文化的内涵、地位、发展思路、方向与目标进行研究[①]，还有的关注文化建设重要节点的变化以及民族文化与马克思主义以及外来文化的关系。抛开不同学者对文化建设的不同建构，综合目前较有代表性的成果[②]，可以得出以下几个方面的认知：

从社会主义精神文明到中国特色社会主义文化，中国共产党对文化建设的概念和内涵的认识是不断深化的。精神文明建设提出之初，邓小平等老一辈革命家看重的是将党在战争年代形成的革命精神"推广到全体人民、全体青少年中间去，使之成为中华人民共和国的精神文明的主要支柱……"[③]十五大以后，中国共产党更多地使用"中国特色社会主义文化"概念，意在强调思想道德与文化事业的并重，以适应世界范围内综合国力竞争与思想文化激荡的新趋势。

在文化建设的地位和作用上，中国共产党的认识与时俱进。社会主义精神文明被视为社会主义优越性的重要体现，为经济建设提供精神动力、智力支持和思想保证。十五大以后，中共中央逐步意识到，文化在综合国力竞争中的作用越发凸显，要求全党从社会主义事业兴旺发达和民族振兴的高度认识文化建设的重要性。在习近平文化

① 樊锐：《改革开放以来七次党代会报告对文化建设的理论创新》，《中共党史研究》2013年第3期。

② 杨凤城：《新中国60年中国共产党的文化理论与方针、政策研究》，《教学与研究》2009年第10期。杨凤城：《改革开放以来六次党代会报告关于文化建设的理论演进与创新》，《中共党史研究》2008年第5期。杨凤城：《从"建设社会主义精神文明"到"建设社会主义文化强国"——改革开放以来中国共产党文化建设战略思想的与时俱进》，《高校理论战线》2012年第3期。唐鹏鹏：《改革开放四十年党的文化建设历程探析》，《学理论》2018年第9期。俞思念主编：《社会主义文化建设的历史、理论与实践》，中国社会科学出版社2008年版。

③《邓小平文选》第2卷，人民出版社1994年版，第368页。

建设理论中，文化是民族的精神标识，文化自信是“四个自信”中更基础、更广泛和更深厚的自信，等等。

关于文化建设的目标和任务，随着时代发展有着不断提高的要求。社会主义精神文明建设的任务是培育“四有”公民，核心要义是“要努力形成有利于现代化建设和改革开放的理论指导、舆论力量、价值观念、文化条件和社会环境”①，根本还是着重于思想道德建设，服务于改革开放。进入 90 年代后，中国共产党提出建设“面向现代化、面向世界、面向未来”的“民族的科学的大众的”中国特色社会主义文化、先进文化的任务。进入新世纪后，相继提出文化“大发展大繁荣”，提高文化软实力，建设社会主义文化强国的目标。

在文化建设的方针政策方面，中国共产党既有一以贯之的原则，又有不同时期的侧重和新理念新举措。改革开放伊始，邓小平提出“二为”方向，倡导贯彻“双百”方针，这是中国共产党文化思想中一以贯之的核心内容。从改革开放新时期不同阶段的实际出发，邓小平提出的物质文明与精神文明“两手抓”，江泽民提出的“精神文明重在建设”“以立为本”“弘扬主旋律、提倡多样化”，胡锦涛提出的“贴近实际、贴近生活、贴近群众”，以及习近平提出的“不忘本来、吸收外来、面向未来”“创造性转化、创新性发展”等，都是中国文化发展重要方针的时代表达。

囿于当代人研究当代史的局限，加之中国共产党文化思想的复杂多样，对改革开放以来中国共产党文化思想史进行长时段系统研

① 中共中央文献研究室编:《十三大以来重要文献选编》(上)，人民出版社 1991 年版，第 14 页。

究，起步于2008年后。目前来看，该方面研究已经取得一定成果，主线脉络与重要概念都形成了一定共识。但研究中国共产党文化思想史的框架仍不成熟、文化思想的主题与内核亦不够清晰，中国共产党与文化本体的互动过程也有待学术界的关注。习近平关于社会主义文化建设的理论作为中国共产党文化思想的最新成果，还极少有学者将其置于改革开放的大历史中探讨。

三、研究路径与问题意识

综上所述，学术界已有研究初步勾勒了改革开放以来中国共产党文化思想史的主要面相、经络、经验，形成了“以点带面、从线到面”的研究路径。但另一方面，由于对改革开放以来中国共产党文化思想史的研究起步较晚，不可避免地存在一些不足与困境。首先在材料上，虽然数量丰富但来源较为单一，研究者集中关注最常见的党代会报告、讲话、文件，发掘新材料积极性不高且较为困难。由此导致研究者之间材料利用重复率高，一定程度上限制了研究创新。其次从研究范式来看，部分研究文化思想史的学者照搬研究当下文化理论的方式，以背景、意义、内涵、经验、方法、原则、关系等要件构成分析框架，而后择其一项或多项进行详细阐述。这种研究范式自有其特长，但容易忽视文化理论与社会的互动关系，常常流于简单罗列要素甚至堕入八股程式。再者，部分研究注重思想对于今日的意义胜过思想本身，缺少历史感。实际上，改革的不同阶段“所面临的问题来源不同，复杂程度不同”[①]。忽视历史变迁的因素，就会导致对于不同时期文化思想的论述流于表面甚至牵强联系和比附。

由此可见，改革开放以来中国共产党文化思想史研究的难点，在于如何利用有限的材料，尽可能地展现文化思想对于时代变革的深层次反映，同时凝练出历史演进的主题与脉络。基于此，中国共产党文化思想研究需要着重解决中国共产党对以下三个问题的认知：文化及其建设目标是什么；为什么要重视文化及其建设；怎样建设和发展文化。

关于是什么，包含了中国共产党对文化的内涵、发展目标的认识，核心在于中国共产党要发展什么样的文化。目前来看，许多重要概念的演变还没有得到很好梳理，难以展现中国共产党在不同时期对文化建设的不同理解与侧重。以社会主义精神文明为例，1982 年十二大报告与 1986 年决议的阐释有很大不同，但多数研究却忽略了这一变化[②]，无法将中国共产党在改革开放初期对于精神文明建设的取舍与认知的变化展现出来。

关于为什么，需要解决的是中国共产党对于文化的地位、作用、战略意义的认识问题。这一问题的实质，是解答中国共产党如何不断提升对文化建设的重视程度。中国共产党对于文化建设与中国发展道路之间相互关系的思考是循序渐进的，但学术界许多研究则笼统出之，忽略了其中的变化。从社会主义精神文明是社会主义优越性的体

① 章百家：《关于改革开放史研究的三点思考》，《中共党史研究》2017 年第 5 期。
② 例如郭献功、陈广胜：《社会主义精神文明建设理论形成发展过程的历史考察》，《河南大学学报（社会科学版）》1997 年第 4 期。

现，到文化自信事关国运兴衰；从文化是综合国力的重要标志，到“文化是一个国家、一个民族的灵魂”等等，中国共产党对于文化建设战略意义的认识背后有着复杂的经济社会背景和思想进路。

关于怎样做，涉及的是中国共产党对于文化发展道路或者说是有关文化发展的几对重要关系的认识。包括文化发展与经济、政治、社会的关系，一元主导与多元共存的关系，古与今、中与外的关系，国家、社会与市场的关系，经济效益与社会效益的关系等等。现有研究成果最大的问题在于，对于文化建设成效与中国共产党文化思想的互动逻辑缺乏探讨。中国共产党善于根据实践的发展调整自身的文化理论与政策，以更好地适应社会现实。这种调试的过程，是中国共产党文化思想发展脉络的精髓，反映的是中国共产党对于文化建设实践成效的评估。

总而言之，展现改革开放以来中国共产党文化思想的复杂变化，以清晰明了的框架合理地统合40余年来中国共产党文化思想，是深化中国共产党文化思想史研究的重要路径。基于此，本编分为三章进行研究，第八章研究“文化大革命”结束到1992年中共十四大召开这一时间段，主题是社会主义精神文明建设思想。第九章研究中共十四大至2012年中共十八这一时间段，主题是中国特色社会主义文化建设思想。第十章研究中国特色社会主义新时代的文化建设思想。通过三章研究，努力呈现中国共产党人对于中国特色社会主义文化的认识演进、思想图谱和主要结论，以及重要的历史经验。

第八章　社会主义精神文明思想

党的十一届三中全会拉开了改革开放的大幕，在实现党的工作重心转移到现代化建设、发展生产力的同时，中共中央提出了社会主义精神文明建设的任务，目的在于使物质文明与精神文明协调发展，使社会进步全面而健康。社会主义精神文明建设思想，既有历史继承性又有重大调整与发展。言其继承，是因为中国共产党一直重视文化围绕党的中心工作、为中心工作服务，精神文明为现代化和改革开放事业提供思想保障、精神动力和智力支持，在深层理念上无疑继承着党的思想传统；言其调整和发展，是因为精神文明或文化建设不再围绕和服务于以阶级斗争为核心理念的“无产阶级政治”，而是围绕和服务于经济建设这个中心、改革开放的伟大事业。

一、为经济建设和改革开放服务

进入改革开放新时期，中国共产党在很长一段时间内用社会主义精神文明建设指代文化建设，而文件中的文化则更多是狭义地代指文艺。十一届三中全会后，党对于文化及其发展的评价与预估，文化与政治、经济的关联性，文化建设目标的设定等，都产生了明显变化。

（一）“建设高度的社会主义精神文明”的渊源与初衷

改革开放初期，提出建设社会主义精神文明的触发点，是清除

“文化大革命”余毒。宋庆龄在新中国成立30周年前夕首次提出：“林彪、‘四人帮’也搞乱了人们的思想，践踏了社会主义的科学文化。因此，我们也必须建设高度的社会主义精神文明。”[①]“文化大革命”十年，思想混乱、道德失范、文教事业倒退，是显见的事实，而且从长远看，其消极影响极大。全方位肃清“文化大革命”遗毒，与民更始，是中国共产党提出精神文明建设的现实关照与出发点。正如邓小平多次强调的，正是“文化大革命”教育我们要进行改革开放，没有“文化大革命”的教训，就不可能制定十一届三中全会以来的思想、政治、组织路线和一系列政策。这同样适用于社会主义精神文明建设。

打倒“四人帮”以后，文教领域的拨乱反正率先起步，其中，邓小平做出了突出贡献。邓小平复出后，主动担纲科技、教育工作，在他的指导和支持下，1971年“四人帮”炮制的《全国教育工作会议纪要》被推翻，“文化大革命”前十七年的教育工作得到肯定，知识分子的工人阶级属性再次得到确认。尤其是真理标准大讨论以后，文教科技界的大量冤假错案得到平反、强加的错误帽子和定性被摘除，这些均为新时期的文化建设奠定了前提。然而，这些工作都是显性的，可以立竿见影。更具挑战性也更有长远意义的是，怎样收拾“文化大革命”后的社会人心，新一轮的“破”与“立”该如何进行。

如果说“文化大革命”流毒属于历史旧问题，主要是“破”；那么，随着思想解放和工作重心转移到现代化建设上来，新问题又出现了，这主要体现为“立”，“立”什么和怎样“立”。从大的方面讲，现代化建设需要有知识有文化的各方面人才，需要与现代化建设相适应的社会氛围，用邓小平等中央领导人的话说，就是党风和社会风气。

① 宋庆龄：《人民的意志是不可战胜的》，《人民日报》1979年9月29日。

在某种意义上讲，人才问题靠教育回归正常、靠具体政策调整可以逐步解决，而党风与社会风气就没有那么简单了，它们在很多时候是无形的、也更复杂，需要久久为功、潜移默化。实际上，“文化大革命”结束后，无论是中央领导层还是普通民众，在党风与社会风气或曰思想道德方面，均希望回到五六十年代的那种理想高扬、励精图治、乐观向上、甘于奉献的状态中去（虽然这种时过境迁的回顾和回忆多少带有浪漫的理想化色彩）。邓小平明确讲过，建设社会主义精神文明就是为了“恢复我们原来好的传统、作风和社会风气”[①]。在他看来，50 年代的青少年“绝大多数怀抱崇高理想，热爱社会主义祖国……处处表现良好的献身精神和守纪律精神”[②]。实际上，这种回到五六十年代的期望也反映在其他领域的拨乱反正中；同理，与其他领域一样，人们逐渐认识到仅仅回到五六十年代是不够的，甚至已经回不去了。随着思想解放的大踏步前行，对“文化大革命”及其他“左”倾错误的反思和否定愈行愈强，与现代化相伴的一些新观念新思想新文化现象开始萌芽。“西单民主墙”的复杂思想动态，“伤痕文学”的登台亮相，“潘晓讨论”展现的青年一代的迷惘等等，所有这些均预示了一个新时期的降临。

新时期需要新思想新举措，在高扬发展生产力的旗帜，誓言要把因“阶级斗争为纲”因“文化大革命”而损失的时间抢回来，高倡建设“高度的社会主义物质文明”、实现现代化的同时，思想、文化作为中国共产党历来重视的革命和建设事业的重要一翼（有的时候甚至还过分强调其作用），是不可能缺席的。这正是宋庆龄较早提出、邓小平等中央领导人高度重视且不断强调的建设“高度的社会主义精神文明”之原因所在。由此，也就不难理解精神文明建设的核心要

① 中共中央文献研究室编:《邓小平年谱（1975—1997）》上卷，中央文献出版社 2004 年版，第 369 页。

②《邓小平文选》第 2 卷，人民出版社 1994 年版，第 177 页。

义，就在于为现代化建设提供人才和智力支持，提供精神动力和思想保证[①]。

（二）“社会主义制度优越性的重要表现”

在1979年庆祝中华人民共和国成立30周年大会上，叶剑英委员长发表讲话，正式提出要建设“高度的社会主义精神文明”。邓小平在1979年10月第四次文代会上，再次强调了这一战略任务。在十二大政治报告中，中共中央将社会主义精神文明定义为“社会主义的重要特征，是社会主义制度优越性的重要体现”，奠定了党对于精神文明建设重要意义的认识基调。

围绕社会主义精神文明是“社会主义社会的重要特征”这一关键界定，学界、理论界有过热烈的讨论。这些研究大多从马克思主义理论体系的逻辑建构出发，指出社会主义精神文明是“社会主义社会形态的本质内容”，是“社会主义生产方式的内在要求”，也是“社会主义发展目的的本质要求”[②]；“我国社会主义现代化建设的总体布局是一个大系统，是一个有机统一的整体”[③]，而社会主义精神文明关系着这项宏伟蓝图的兴衰成败，“是我国现代化建设的重要保证”，也

① 中共中央文献研究室编：《十二大以来重要文献选编》（下），人民出版社1988年版，第1277页。

② 见于孟彩云主编：《中国社会主义精神文明建设研究》，河南大学出版社2004年版，第123—139页。另有类似表述见卢兴隆主编：《中国社会主义精神文明建设学》，军事科学出版社1988年版，第92—96页；汤有伦主编：《社会主义精神文明建设概论》，青岛出版社1997年版，第2—6页；汤有伦主编：《精神文明与建设有中国特色社会主义》，青岛出版社1993年版，第8—14页；钟克钊等：《社会主义精神文明》，上海人民出版社1986年版，第7页；金羽、欧阳斌：《邓小平社会主义精神文明建设思想研究》，辽宁人民出版社1992年版，第37—46页。

③ 吴秉元编：《中国共产党与社会主义精神文明建设》，重庆出版社1991年版，第24页。

是“现代化建设的重要目标”[①]。然而，历史地看，中国共产党对精神文明建设在制度特征与制度优越性方面的认识，是在改革开放的实践中逐步形成的。从社会主义精神文明的提出，到全党上下真正达成共识，经历了一个较长的复杂过程。

“社会主义精神文明”刚刚提出的两年，并未引起社会的实质性关注，大多数人仅仅将之视为一个口号，包括党内许多党员干部，对于社会主义精神文明的认识也主要集中于“高尚的理想情操和共产主义道德品质”上（当然，这也是有原因的，邓小平等中央领导人谈精神文明主要指向思想道德建设，一旦提起精神文明建设中的另一部分——科教文卫事业，他们大多不是从精神文明建设的角度，而是直入科技、教育、文艺等主题展开），对于其完整内涵与战略意义并不甚明了。社会上也有人认为，当前物质条件匮乏，又承认个人利益的正当性，就不应再提集体主义原则，就应放弃类似“大公无私”等脱离经济社会实际的口号和主张；还有人认为，正是物质条件贫乏造成了社会的不良风气，仓廪足而知礼节，生活改善了之后人们的精神风貌也会自然转变[②]。无论是精神文明无用论，还是精神文明自发论，都是对精神文明建设认识不到位的思想写照。

在1980年底召开的中央工作会议上，邓小平有针对性地阐述了社会主义精神文明建设的战略地位。他指出，建设高度的社会主义精神文明，不需要等到物质文明发展到多高的程度，也不必苛求人民群众具有多高的教育程度。社会主义精神文明中蕴含的共产主义思想道德，是我们建设社会主义的精神支柱。尤其是党内，我们的党员如果精神上没有树立共产主义的思想道德体系，“还怎么能教育青年，还

① 江流、赵曜主编:《迈向新世纪的中国社会主义精神文明建设》，吉林大学出版社2001年版，第57—73页。类似表述见于刘静霞编:《社会主义精神文明建设简论》，东北大学出版社1996年版，第19—21页。

②《光明日报》特约评论员:《社会主义国家一定要有高度的精神文明》，《光明日报》1981年2月18日。

怎么能领导国家和人民建设社会主义！”[①] 中央工作会议后，党内和社会各界才开始展开社会主义精神文明建设的讨论和实践。

中国共产党对于精神文明之于社会主义制度重要性的认识，集中体现在视之为社会主义重要特征，“是社会主义制度优越性的重要表现”。这是中国特色社会主义理论的重要创新，“过去在讲到社会主义特征的时候，人们往往强调剥削制度的消灭和生产资料的公有，按劳分配，国民经济有计划按比例的发展，以及工人阶级和劳动人民的政权。”[②]1982 年中共十二大报告第一次将精神文明这一思想文化层面的内容上升到社会主义特征的高度，进一步强调了社会主义精神文明的重要地位。

在中国共产党的话语体系中，社会主义精神文明作为社会主义社会的重要特征，有其理论逻辑和实践逻辑。马克思主义认为，物质文明决定精神文明，因而社会主义精神文明必然体现社会主义经济和政治特点，因而“是社会主义区别于资本主义的重要标志”[③]。社会主义精神文明“以共产主义思想为核心”[④]，以集体主义为原则，以马克思主义为指导，保证社会主义现代化建设的正确发展方向。社会主义精神文明中的科学、教育和文化事业，“它们的发展规模和发展速度，直接影响到经济建设的规模和速度”[⑤]；精神文明建设所带来的劳动者思想觉悟和道德水平的提高，直接影响着劳动者的主动性、积极性和创造性。

---

①《邓小平文选》第 2 卷，人民出版社 1994 年版，第 367 页。

② 中共中央文献研究室编:《十一届三中全会以来重要文献选读》上册，人民出版社 1987 年版，第 489 页。

③ 中央党校科学社会主义教研室编:《建设高度的社会主义精神文明》，中共长春市党校印刷厂 1982 年印，第 59 页。

④《党的十二大代表继续分组讨论开创建设新局面的重要保证 以共产主义思想为核心建设社会主义精神文明》，《人民日报》1982 年 9 月 5 日。

⑤ 中共辽宁省委《理论与实践》编辑部编:《精神文明基础知识问答》，群众出版社 1982 年版，第 37 页。

社会主义精神文明所体现的社会主义优越性，可以从两个方面来看。其一，从积极的建设性角度看，邓小平经常提到社会主义的一大优越性“就在于能做到全国一盘棋，集中力量，保证重点”[①]。而要集中力量办大事，就需要用共同理想团聚群众，用严明纪律组织力量，核心就是依靠以集体主义为基本原则的社会主义精神文明。中国共产党人认识到，在生产力不发达、人民生活水平亟待提高的中国，形成于战争年代光大于建设时期的集体主义品德是宝贵的精神遗产和优势。邓小平强调“没有理想、没有纪律，就会像旧中国那样一盘散沙”[②]。经过多年探索，中国共产党将培育“有理想，有道德，有文化，有纪律”的公民作为社会主义精神文明建设的根本任务，并且将理想和纪律视为重中之重。其二，从消极的防守意义上讲，就是“抵制资本主义和封建主义腐朽思想的侵蚀”[③]，在改革开放的背景下尤其是要警惕源自发达国家的资本主义腐朽思想的侵蚀。邓小平等中央领导人在改革开放初期遍访日本、美国、英国、法国等资本主义发达国家，对西方国家的科学技术与现代化管理模式大加赞赏。但是，他们从未忘记敲响警惕资本主义腐朽思想的警钟，甚至一度尝试通过开展“清除精神污染”的社会运动加以防范。当然，上述两个方面，无论在理论上还是实践上都是密切联系在一起的整体，正如一枚硬币的两面。

（三）从附属于政治到为经济建设服务

在1986年《中共中央关于社会主义精神文明建设指导方针的决议》中，精神文明的意义和作用被精炼为“为物质文明的发展提供精

①《邓小平文选》第3卷，人民出版社1993年版，第16—17页。
②《邓小平文选》第3卷，人民出版社1993年版，第111页。
③ 中共中央文献研究室编：《十四大以来重要文献选编》（上），人民出版社1996年版，第31页。

神动力和智力支持，为它的正确发展方向提供有力的思想保证”[①]。此后的中共十三大、十四大报告重申这一认识，强调精神文明对于推动物质文明发展、坚持四项基本原则的意义，强调精神文明建设关乎社会主义的兴衰成败。精神动力、智力支持与思想保证，是中国共产党对精神文明在经济建设和改革开放历程中作用的总概括，反映的是中国共产党对文化定位的新认识。

在中华人民共和国成立的第一个30年里，中国共产党一直将文化定位为“为无产阶级政治服务”“从属于政治”。这一认识源自革命战争年代，既有马克思主义尤其是列宁的文化阶级论、工具论为理论基础，又有革命的实践需要。建国后，“为无产阶级政治服务”的文化理念基本上延续下来，这一理念对于推动新中国之初的文化转型与重建，对于思想文化积极配合与促进社会主义革命和建设事业，均起到巨大作用，但同时，它也导致了文化政治化、意识形态化的加强和加速，直至“文化大革命”出现影射史学与哲学、“阴谋文艺”等。

中共十一届三中全会以后，党和国家的工作重心转移到现代化建设上来，一方面鉴于“文化大革命”时期极左的文化建构带来的沉痛教训，一方面基于马克思主义关于文化与经济、政治关系的基本原理——反映论和能动论，中国共产党人自然会调整对文化的定位，这种调整最合逻辑的结果是由“为无产阶级政治服务”到为“以经济建设为中心”的现代化事业服务。在1979年召开的第四次文代会的祝词中，邓小平突出强调了文艺要跟上社会主义现代化建设的时代步伐，服务和促进现代化建设。之后，“文艺为人民服务，为社会主义服务”作为新时期文艺工作的根本指针，取代了过去长期倡导的“为无产阶级政治服务，为工农兵服务”的口号。新的“二为”方向，实际上也是对整个文化建设的要求，它的确立是十一届三中全会以经

① 中共中央文献研究室编：《十二大以来重要文献选编》（下），人民出版社1988年版，第1174页。

济建设为中心的战略在文化领域的落地。文化不再服务于阶级斗争、“防修反修”的政治运动，而是要创造和维护安定团结“一心一意干四化”的社会新局面。在这种转变下，精神文明为社会主义现代化建设提供精神动力、智力支持和思想保证，才有了更坚实的基础。

从 1980 年代精神文明建设的实际看，邓小平等中央领导人最关注也是言说最多的还是精神文明如何发挥好“思想保证”作用，因为这是关系道路与方向的大问题。80 年代，一些理论家和学者在探讨该问题时，特别关注商品经济带来的影响。在商品经济依然引发全社会争议的年代，多数人认为，“商品经济具有腐蚀性、投机性、诱惑性、渗透性等几个特征”①，对社会主义现代化建设会产生一些消极影响，有的学者甚至认为“商品经济是产生‘一切向钱看’等错误思想和不正之风的经济根源”②。因此，必须用共同理想引导人们树立正确的人生观和世界观，用共产主义道德反对拜金主义和金钱至上等思想③，以“保证商品经济沿着社会主义方向发展”④。

以社会主义精神文明保证商品经济的健康发展，在 80 年代有重要的两个议题：一是打击日益猖獗的经济犯罪；二是反对资产阶级自由化。两个议题归结到一点，就是邓小平屡次强调的党风和社会风气问题。在经济上的表现就是违法犯罪、扰乱经济秩序，在政治上的表现就是资产阶级自由化。

以精神文明建设抑制社会上的违法犯罪活动（尤其是经济犯

---

① 达才、曾琤、蔚荣：《广东省“社会主义精神文明建设”学术讨论会论点综述》，《学术研究》1986 年第 6 期。云宣：《社会主义商品经济与精神文明建设关系问题理论讨论会综述》，《云南社会科学》1986 年第 6 期。

② 张国安：《北京市召开社会主义精神文明建设理论讨论会》，《哲学研究》1986 年第 6 期。

③ 万有志主编：《中国社会主义建设》，湖北教育出版社 1987 年版，第 287—294 页。张南保、顾钰民主编：《中国社会主义建设》，同济大学出版社 1987 年版，第 197—203 页。

④ 梅宁华：《为什么在发展社会主义商品经济中要强调加强思想道德建设》，《学习与研究》1987 年第 2 期。

罪），是80年代精神文明建设的重要特点。这与改革开放初期经济犯罪急剧增长有密切关联，仅是1982年1—9月，全国就查处了136024件经济案件。这些经济案件基本都是在钻改革开放的空子，包括倒买倒卖、走私贩私、偷税漏税、假冒伪劣、营私舞弊、官商勾结等。在当时的共产党人看来，经济犯罪如此猖獗表明"'一切向钱看'的资本主义腐朽思想，正在严重地腐蚀我们的党风和社会风气"①。在"七五"计划的草案中，"坚决打击严重的经济犯罪分子和其他严重的刑事犯罪分子"，与"制止和取缔一切败坏社会风气的丑恶现象"②，被视为一个问题的两个方面。在更早的五届人大四次会议的政府工作报告中，"宣传教育工作、思想政治工作和其他多方面的工作"，与"发展社会主义民主和健全社会主义法制"③一样，都是建设高度的精神文明的重要内容。胡乔木曾直接点明，"广义的精神文明本来可以包括法制在内，只是由于说话时的着重点不同，用语也会变换"④。直到90年代，中央文件将政治文明与精神文明加以区分，民主与法制建设才从精神文明的内涵中分离开来。80年代的特殊历史语境，造成了中国共产党对于精神文明的定位与后来的社会认知的差异。邓小平在1986年的政治局常委会上曾强调，"抓精神文明建设，抓党风、社会风气好转，就是要从具体案件抓起……抓了、处理了效果也大，表明我们下决心克服一切困难抓精神文明建设"⑤。一手抓物质文明建设，一手抓精神文明建设，是邓小平"两手抓"思想的核心，虽然他会在针对不同问题时采用不同的表述。总之，社会主义

①《陈云文选》第3卷，人民出版社1995年版，第356页。

② 中共中央文献研究室编:《十二大以来重要文献选编》（中），人民出版社1986年版，第832页。

③ 中共中央文献研究室编:《三中全会以来重要文献选编》（下），人民出版社1982年版，第1043页。

④《胡乔木文集》第3卷，人民出版社2012年版，第224页。

⑤《胡乔木文集》第3卷，人民出版社2012年版，第228页。

精神文明对于现代化建设的主要意义之一，就是打击和减少经济犯罪和刑事犯罪，营造良好的社会风气，为经济建设保驾护航。

社会主义精神文明的另一重大意义，就是坚定民众对社会主义和中国共产党领导的信念信心，避免走资本主义道路。随着改革开放的推进和思想解放的拓展，“资产阶级自由化”思潮开始出现，有些是公开的文字，例如宣称“资本主义，作为人类社会发展中的一种社会形态，才是不可逾越的……关于种种强加于资本主义头上的‘污蔑不实之词’，现在是需要我们理论工作者大力给以‘平反’的了……要参照现代资本主义的经验和模式来改造自己国家的社会——政治体制”[①]等等，更多的是在会议、讲座、课堂或同事、同学、朋友圈中或明或暗地表达的。由此，社会主义精神文明建设的重要功能之一，就是“反自由化”、批判走资本主义道路的主张，坚持中国共产党领导，保证改革开放的社会主义方向。

总之，改革开放初期，中国共产党赋予社会主义精神文明以制度属性，将之视为社会主义的重要特征和优越性的重要体现，这是中国共产党文化建设理论的创新发展。其次，中国共产党改变了文化“为无产阶级政治服务”“从属于政治”的定位，文化不再是政治批判和思想斗争的工具，而是服务于现代化建设尤其是经济建设的不可或缺的智力和精神力量，尤其是在改善党风和社会风气，保证改革开放的社会主义方向上任重而道远。

二、社会主义精神文明内涵和任务的演变

关于建设什么样的社会主义精神文明，即精神文明建设的内容、目标与任务何在，中国共产党也随着时代的发展而不断调整自身的认

① 转引自中共中央文献研究室编:《社会主义精神文明建设文献选编》，中央文献出版社 1996 年版，第 269 页。

识。1978年以后，党的全国代表大会政治报告中，精神文明建设始终包含思想道德建设与文化建设两个方面。1986年，中共十二届六中全会通过的社会主义精神文明建设决议，将“培育有理想、有道德、有文化、有纪律的社会主义公民”①，作为社会主义精神文明建设的根本任务。从1980年邓小平提出“四有”概念，到1986年精神文明决议对“四有”的重新阐释，中共中央的认识经历了重要转变，对建设什么样的精神文明有了更为清晰的认知。

关于精神文明建设的已有研究，集中于对马克思主义经典作家及国内外相关理论的系统追溯，对于1979、1982、1986年几个重要历史节点及其理论建构的脉络梳理，以及相关历史经验的总结。重理论建构而忽视历史演变，注重文本分析而忽略文本背后的思想形成过程，构成此类研究的共同特点。实际上，结合社会背景深究思想的演变，才能更深刻地理解中国共产党对建设什么样的精神文明的探索。

（一）社会主义精神文明的概念沿革

精神文明概念不是共产党人的创造，还一度带有贬义色彩。精神文明这一词汇首次出现在国人视野中，大概是1899年梁启超的《国民十大元气论》。他在绪论中指出：“文明者，有形质焉，有精神焉。求形质之文明易，求精神之文明难。精神既具，则形质自生；精神不存，则形质无附。”②重视“精神文明”一度代表着中国一些知识分子面对外来文化冲击时的保守心态。1913年杜亚泉将庄士敦（R.F. Johnston）的《联合中西各国保存国粹提倡精神文明意见书》翻译成中文，发表在《东方杂志》上。杜亚泉并借此进一步阐发其文化保守主义的立场，“输入西方之物质文明，恐将以东方精神文明之根基，

① 中共中央文献研究室编：《十二大以来重要文献选编》（下），人民出版社1988年版，第1176页。

②《梁启超全集》第1卷，北京出版社1999年版，第267页。

一一毁灭无存……而中国古代圣贤之智慧，中国文学之优美，中国美术之荣誉，则一一摈而弗用也。”[①] 由此可见，精神文明与物质文明的对应关系，精神文明与文化的近似关系，百年前中国知识分子已经有了较为清晰的认识。民国时期文化保守主义者，时常宣扬“物质文明以美欧为高，精神文明以中国为最”[②] 的陈见，实际就是“中学为体、西学为用”的翻版。因而，继承五四新文化传统的知识分子，包括中国共产党员知识分子在内，一度将这些保守主义者称为“精神文明论者”，批判他们一方面宣扬中国古代精神文明最发达，一方面又无法解释中国古代为何“长在互相战斗的状态里”[③]。直到新中国成立后，批判胡适等人的唯心主义与胡风集团的文章中，还在批判“标榜‘精神文明’，叫喊着要回到古代的东方（梁漱溟）”[④]。此外，近代以来无论是晚清的顽固派还是清季民国的文化保守主义者，或者将科学技术视为奇技淫巧或者视为仅是解决船坚炮利问题的末技之学、器物之学，因而将之排除在精神文明之外，从而造成部分人认为“科学是物质文明，与精神文明无关”[⑤]。有意思的是，无论从学理上讲，还是从社会认知看，无论是政策制定者，还是普通民众，提起精神文明，首先想到的是伦理道德；其次是文学艺术。至于科学技术，便有些说不清楚，从科学精神科学方法科学素养方面讲属于精神文明（但不属于核心），但是就科技本身言又很难归入。当然，这些是后话，且与顽固派或文化保守主义者言说立场、旨趣不同。但撇开这些不论，这里确实反映了一个长期存在的困境和困境中的某些共识。

---

① 约翰斯顿:《联合中西各国保存国粹提倡精神文明意见书》，杨锦森译，《东方杂志》第9卷第12期。

② 吴玉章:《以三大希望纪念辛亥革命三十周年》，《解放日报》1941年10月10日。

③ 力子:《精神文明论者的中国观》，《民国日报·觉悟》1924年9月14日。

④ 艾思奇:《在列宁的战斗唯物主义旗帜下前进》，《人民日报》1955年4月22日。另可见《关于胡风反革命集团的第三批材料》，《人民日报》1955年6月10日，等等。

⑤ 郭沫若:《“人民科学丛书”序》，《人民日报》1949年5月4日。

中国共产党历史上曾有过的对精神文明的负面印象，虽然一直持续到新中国成立后，但也在变化。在文艺工作和基层工作中，精神文明逐渐回归中性概念。在强调人民群众“也是精神文明的伟大创造者”①的话语中，它成为展现工农群众首创精神、突出党政工作中群众路线的重要术语。同时，精神文明也用于指称一个国家、一个民族的文化遗产和精神风貌，用于肯定友好国家和国内少数民族的文化传承，特别是在国际文化交流中被广泛采用②。但不管怎样，在改革开放前，中国共产党从未将其作为一个重要术语、关键概念看待。

在1979年起草国庆30周年讲话稿的过程中，社科院副院长李昌提出，在进行物质文明建设的同时，要注重精神文明，得到邓小平的同意。国庆30周年大会讲话提出，我们要在建设高度的物质文明的同时“建设高度的社会主义精神文明”。精神文明从一个泛用的概念，演变为一个指向明确的社会主义中国文化建设的任务。当时的理论工作者，也从历史和理论两个方面，努力阐述社会主义精神文明与封建社会、资本主义社会精神文明的根本差异，强调社会主义的精神文明是以生产资料公有制为基础、以共产主义思想为核心、以马克思主义理论为指导、以造福劳动人民为目的的精神文明，不同于历史上其他的精神文明③。

值得注意的是，社会主义精神文明言说之初一般会加上“高度的”这一定语。如果追溯历史渊源，毛泽东在建国后曾提及“高度文

①《坚决执行文艺为工农兵的方针 谈由城市入乡村，又由乡村入城市的种种》，《人民日报》1949年4月1日。另见达铭：《热爱劳动是劳动人民的天性》，《人民日报》1958年11月24日。

② 俞明仁：《第二次世界大战后的印度经济》，《人民日报》1957年2月28日。崔奇：《气味相投》，《人民日报》1957年4月7日。《肃清殖民主义对文化的毒害影响，发展东西方文化的交流　中国作家代表团副团长周扬在亚非作家会议上的报告摘要》，《光明日报》1958年10月12日。

③《社会主义精神文明漫谈》，解放军出版社1983年，第18—22页。

化”“高度文明”，希望建设“具有高度文化的国家”①。不过，从社会主义精神文明的提出和阐释来看，它们之间并无直接关联。建设“高度的”社会主义精神文明，是与率先提出的建设“高度的”物质文明相对应的。在当年的历史语境中，作为一种目标表达，“高度的”三个字首先对照的是资本主义，因为社会主义是比资本主义更高的社会发展阶段；其次对照的是国内现代化程度、科教文卫水平、公民道德素养文化素养均较低的现状，为国家为人民树立一个奋斗目标。这里，更深层地反映着对于社会主义中国而言挥之不去的赶超资本主义发达国家的战略，也因此多少反映着长期以来急于求成思想的遗留。随着改革开放的推进，随着中国共产党对国情和世情日益加深的认识，“高度的”三个字自党的十二大高调宣示后渐渐淡出中央文件和领导人讲话。党的十二届二中、三中全会文件和领导人讲话，论及社会主义精神文明时均没有“高度的”三个字。在1985年召开的中国共产党全国代表会议上，社会主义精神文明建设是一个重要议题，但是，所有中央领导人讲话和会议文件均未出现“高度的”三个字。此后，没有“高度的”三个字修饰的社会主义精神文明用语成为常态。

在社会主义精神文明提出初期，还没有社会主义政治文明等概念，因而广义上的社会主义精神文明涵盖了物质文明之外的所有方面。邓小平在1980年有一个对精神文明的界定：“所谓精神文明，不但是指教育、科学、文化（这是完全必要的），而且是指共产主义的思想、理想、信念、道德、纪律，革命的立场和原则，人与人的同志式关系，等等。”②这个定义成为此后历次党代会政治报告论述社会主义精神文明建设的基础，也被广泛地用于社会主义精神文明的界定。

建设社会主义精神文明虽然在1979年就提出了，邓小平随后也

①《毛泽东文集》第5卷，人民出版社1996年版，第345页；《毛泽东文集》第7卷，人民出版社1999年版，第275页。

②《邓小平文选》第2卷，人民出版社1994年版，第367页。

做了界定，但实际上并未得到真正重视。直到 1982 年党的十二大召开之前，“什么是精神文明，它包括哪些主要内容？中央还没有一个文件完整准确地表达它”[①]。最终，十二大报告以邓小平的阐释为基础，系统论述了社会主义精神文明的文化建设和思想建设两个方面。

按照十二大报告的界说，文化建设包括“教育、科学、文学艺术、新闻出版、广播电视、卫生体育、图书馆、博物馆等各项文化事业的发展和人民群众知识水平的提高”。需要指出的是，在 90 年代中国特色社会主义文化概念提出以前，党的领导人以及部分文件中所提及的文化，并不是一个恒定的概念，此处的“文化建设”指的是包含科技、教育、卫生、体育等在内的大文化，大体上与传统社会主义模式中的“文化事业”一致，可以与“文化事业发展”相互替代。此外，还有广义上与精神文明相近的“文化”，以及狭义上主要代指文学艺术的“文化”。而思想建设“的主要内容是工人阶级的、马克思主义的世界观和科学理论，是共产主义的理想、信念和道德，是同社会主义公有制相适应的主人翁思想和集体主义思想，是同社会主义政治制度相适应的权利义务观念和组织纪律观念，是为人民服务的献身精神和共产主义的劳动态度，是社会主义的爱国主义和国际主义，等等。概括起来说最重要的就是革命的理想道德和纪律。”[②]

社会主义精神文明建设的目标，决定了其建设范围和内容。邓小平在多个公开场合都提到，建设高度的社会主义精神文明，就是要“恢复到五十年代最好时期的党风和社会风气”[③]。在当年的历史语境中，党风社会风气和社会治安法制建设是直接挂钩的，远不仅仅停留在一般意义的思想道德层面。80 年代的中国，法律制度远不完备，

① 湖北省社会科学院哲学研究所情报资料室汇辑：《社会主义精神文明的建设问题》，1982 年印，第 4 页。
② 中共中央文献研究室编：《十二大以来重要文献选编》（上），人民出版社 1986 年版，第 30 页。
③《邓小平文选》第 3 卷，人民出版社 1993 年版，第 153 页。

中国共产党人对于维护社会“安定团结”、营造良好社会风气的理解，更多地有赖于理想、信念、道德和纪律等主观色彩浓厚的因素。1981年中央五个部门联合下发《关于开展文明礼貌活动的通知》，其中就有公安部参与。同年11月，胡耀邦在某省直属机关负责干部会议上，对精神文明建设有四个方面的概括，分别是党风、社会团结稳定、民主和法制纪律、文化生活[①]。在论及“两手抓”时，邓小平有时强调精神文明，有时强调法制。实际上，“坚持两手抓，即一手抓物质文明建设，一手抓精神文明建设；一手抓建设，一手抓法制”（田纪云语）[②]，两种说法是一个概念。这里并没有将“制度本身具有外在的强制性”与法制观念的内在约束力明确区分开[③]，对于法制观念的重视超过法律制度，进而将法制与精神文明挂钩。在1986年的精神文明决议中，中共中央就强调“加强社会主义民主和法制的建设，根本问题是教育人”[④]。许多人认定“政治、法律制度也属于精神文明的范畴”[⑤]。因此，可以说，社会主义精神文明包括至少部分地包括法制、党的建设等政治方面的内容，一度是中国共产党人的共识。

中国共产党以社会主义精神文明概念代替原有的社会主义文化概念，在一定程度上也是试图以新概念新话语新理论，全面代替原本以“文化革命”为核心的理论体系，特别是要肃清“文化大革命”极左的文化理念。另一方面，从社会主义精神文明的内核与重点来看，思想建设作为重中之重，也展现了中国共产党对于思想政治工作这一

① 《人民日报》评论员：《建设精神文明，当前要抓四个方面的工作》，《人民日报》1981年12月4日。

② 《严肃财经纪律促进党风好转保证经济体制改革顺利进行　中央书记处决定每年进行税收财务物价大检查》，《人民日报》1986年2月24日。

③ 夏禹龙：《精神文明的内容和结构初探》，《社会科学》1987年第1期。

④ 中共中央文献研究室编：《十二大以来重要文献选编》（下），人民出版社1988年版，第1184页。

⑤ 云惟经：《广东哲学学会讨论建设社会主义精神文明问题》，《学术研究》1981年第3期。

传统的继承和寄予的厚望。

（二）1986年精神文明决议出台背景

从社会主义精神文明建设的提出，到1986年的精神文明决议出台，中国共产党经历了七年探索。在这七年中，中国经济建设和政治建设的重大问题，都直接影响着精神文明建设的成效和走向。

中共十二大报告对今后五年精神文明建设目标的描述具体而微："实现社会风气的根本好转，主要是做到社会秩序明显改善，人们的劳动态度、工作态度和服务态度普遍改进，社会刑事犯罪事件显著减少，各种损人利己、损公肥私、好逸恶劳、'一切向钱看'、不择手段地追求享受、孤立和打击先进分子的歪风邪气受到有效的制止和普遍的鄙视，并且坚决消灭那些在新中国早已绝迹而目前又重新出现的丑恶现象。"① 报告反映了中国共产党迫切希望借助精神文明建设，尽快改善党风和社会风气的强烈愿望。

在十二大召开前的1980—1982年，《人民日报》接连报道了北京朝阳、河南安阳等地干部及其子弟参与走私的案件，强调这些经济犯罪"严重污染社会风气"，打击经济犯罪是一场关乎党和国家盛衰兴亡的斗争②。在当时的思想和舆论氛围下，无论执政者还是民众，多将经济犯罪、社会风气的败坏与资本主义腐朽思想、封建主义残余关联起来，解决办法是提倡"大公无私、集体主义的崇高道德品质""加强共产主义的思想教育"③。然而，1985年党内外发生的社会

① 中共中央文献研究室编：《十二大以来重要文献选编》（上），人民出版社1986年版，第32—33页。

②《坚决打击经济领域的犯罪活动》，《人民日报》1982年2月20日。《一起倒卖汽车案的教训》，《人民日报》1982年3月2日。《北京朝阳公安分局破获一起走私案》，《人民日报》1980年8月16日。

③《做清醒的马克思主义者》，《人民日报》1982年3月15日。《社会科学工作者要为建设社会主义精神文明服务（附编者）中国社会科学院就建设社会主义精神文问题举行座谈会》，《光明日报》1982年3月21日。

影响恶劣、危及“安定团结”的事件，使中共中央痛感精神文明建设的不受重视和效果甚微，直接催生了1986年《中共中央关于社会主义精神文明建设指导方针的决议》。

1985年初，海南地区发生了严重的群体性走私案件，福建晋江地区则出现了28个冒牌药厂。两起案件一经报道，引发了社会对不正之风的愤慨和讨论。

同年，中国居民消费价格指数同比增长9.3%，出现了改革开放以来的第二次通货膨胀。部分日本商人趁机向中国倾销劣质和老旧商品，导致人民对日不满情绪增长。适逢抗日战争胜利40周年，日本首相中曾根参拜靖国神社，引发北京大学生的强烈抗议。

面对经济上的不正之风以及学生问题，1985年9月召开的中国共产党全国代表会议重点讨论了精神文明建设问题，邓小平、陈云等先后发言。中国共产党认识到，社会主义精神文明提出了六年，“不过就全国来看，至今效果还不够理想。主要是全党没有认真重视”①，特别是各级领导干部没有真正将精神文明建设作为一项长期任务，没有对党风和社会风气问题给予足够重视。在中纪委第六次全体会议上，陈云列举了部分党政干部和干部子女蜂拥经商、钻改革空子、从事经济犯罪的现象，强调“必须在思想上纠正忽视精神文明建设的现象”②，要对资本主义腐朽思想渗入党和国家的问题高度重视。邓小平在政治局常委会上强调，对于高级干部及其子女陷入经济案件，甚至卷入情报网、丧失国格人格的问题，要抓紧查处。他严厉指出，抓党风和社会风气的好转，尤其要抓典型，“死刑不能废除，有些罪犯就是要判死刑……现在只杀两个起不了那么大作用了，要多杀几个，这

① 中共中央文献研究室编:《十二大以来重要文献选编》(中)，人民出版社1986年版，第838页。

②《陈云文选》第3卷，人民出版社1986年版，第354页。

才能真正表现我们的决心”[①]。凡此种种，足见中共中央对于扭转精神文明建设不力局面的决心。

通过处理1985年经济案件和学生游行示威，中共中央意识到精神文明建设需要做出进一步系统而明确的理论阐释和实践规划，同时要从实际出发、实事求是，适应改革开放大环境的变化。例如，随着经济改革与对外开放的不断深化，按劳分配原则、竞争观念等逐步深入人心，而党的十二大确定的“以共产主义思想为核心”的精神文明建设，聚焦于共产主义思想、道德和精神，便与经济建设形成“两张皮”现象。在实践上，由于缺乏长远规划、统一标准和督促检查，各地在精神文明建设上各行其是，十二大前后开展的“五讲四美三热爱”活动，中央曾设立“五讲四美三热爱活动委员会”加以指导。但由于成效不佳，于1986年撤销。尽管三明等地开展精神文明建设取得了一定成效，但总体来看不尽人意。有鉴于此，1985年9月25日的中央书记处会议决定，将讨论精神文明建设决议纳入明年十二届六中全会议程，由胡耀邦主持决议起草工作[②]。

总之，改革开放以来的党风社会风气问题，直接刺激中国共产党对既往的精神文明建设进行反思和总结，1986年精神文明决议正是中国共产党试图解决思想德道建设与经济建设不相适应的局面的结果。

（三）“四有”的概念提出及其演变

1986年的精神文明决议，正式提出了社会主义精神文明建设的根本任务是“适应社会主义现代化建设的需要，培育有理想、有道德、有文化、有纪律的社会主义公民，提高整个中华民族的思想道德

① 《邓小平文选》第3卷，人民出版社1993年版，第152—153页。
② 张黎群等主编：《胡耀邦（1915—1989）》第三卷，北京联合出版公司2015年版，第1165页。

素质和科学文化素质。”① 同时，文件对“有理想、有道德、有文化、有纪律”进行了总结和阐释，即“用共同理想动员和团结全国各族人民”“树立和发扬社会主义的道德风尚”“加强社会主义民主、法制、纪律的教育”“普及和提高教育科学文化”。从1982年中共十二大报告到1986年决议，中国共产党对于建设什么样的精神文明，进行了不懈的探索。

在1979年的第四次文代会上，邓小平就提到，我们的人民“有理想，热爱祖国、热爱社会主义……守纪律”②。可见，邓小平很早就将理想和纪律作为思想道德修养中的重要内容。1980年5月26日，邓小平给《中国少年报》和《辅导员》杂志题词：“希望全国的小朋友，立志做有理想、有道德、有知识、有体力的人”③。而后，他又在年底的中央工作会议上重申，“要努力使我们的青少年成为有理想、有道德、有知识、有体力的人”④。这个“四有”标准，一定程度上成为中国共产党乃至全社会对社会主义新人的期许⑤。在此后接见外宾时，邓小平又数次谈及该问题。1981年5月，在会见美日欧三边委员会时，邓小平将“四有”解释为“有理想、有纪律、有知识、有礼貌”。这个“四有”与1980年的题词相比，用纪律和礼貌替换了道德和体力。1982年2月，在会见摩洛哥首相时，邓小平又提出“有理

① 中共中央文献研究室编：《十二大以来重要文献选编》（下），人民出版社1988年版，第1176页。
②《邓小平文选》第2卷，人民出版社1994年版，第209页。
③《邓小平同志题词希望全国小朋友立志：做有理想有道德有知识有体力的人》，《人民日报》1980年5月28日。
④《邓小平文选》第2卷，人民出版社1994年版，第369页。
⑤《全国总工会、共青团中央、全国妇联等联合发出倡议　在全国开展文明礼貌活动》，《人民日报》1981年2月28日。《培养共产主义思想道德情操要从小抓起　教育部通知自今秋起小学各年级开设思想品德课》，《人民日报》1981年3月15日。

想、有道德、讲礼貌、守纪律”[①]的说法。

经过长期思考，邓小平在1982年4月3日与胡乔木和邓力群谈话时，对这一问题进行了总结，“社会主义精神文明建设，中心是三句话，有理想、有道德、有纪律。”[②]同时邓小平也让党内同志进行讨论。一些人建议加上文化方面的要求，得到邓小平同意。因而，在彭真阐述1982年宪法修改稿草案时，将精神文明建设归结为，使我们的国民“都成为有理想、有道德、守纪律和有文化的人”[③]，这一总结在十二大报告中得到重申，具体表述为“带动越来越多的社会成员成为有理想、有道德、有文化、守纪律的劳动者”[④]。

“有理想”，在1982年前年后人们普遍认为是共产主义理想，在1986年的精神文明决议中则明确为首要的是有中国特色的社会主义“共同理想”。理想信念是中国共产党一以贯之的坚持，对于要有什么样的理想，邓小平等老一辈革命家一直强调“要特别教育我们的下一代下两代，一定要树立共产主义的远大理想”[⑤]，“为人类实现共产主义理想做出我们应有的贡献”[⑥]。1981年解放军报社在编辑《建设社会主义精神文明问答》（浙江人民出版社）时，就将“树立共产主义远大理想”“用共产主义道德约束自己的言行”“发扬无产阶级的革命精神”“养成严守纪律的良好作风”“建立人与人的同志式关系”作为精神文明建设的五大目标。这是基于中国共产党的革命经验和“文化大

① 中共中央文献研究室编：《邓小平年谱（1975—1997）》下卷，中央文献出版社2004年版，第743、802页。

② 中共中央文献研究室编：《邓小平年谱（1975—1997）》下卷，中央文献出版社2004年版，第811页。

③《叶剑英主持五届人大常委会第二十三次会议 彭真就宪法修改草案的八个主要问题作说明》，《人民日报》1982年4月23日。

④ 中共中央文献研究室编：《十二大以来重要文献选编》（上），人民出版社1986年版，第30页。

⑤《邓小平文选》第3卷，人民出版社1993年版，第111页。

⑥《共青团十届三中全会和全国青联五届二次会议在京开幕 党中央老同志寄语青年树立革命理想》，《人民日报》1981年8月8日。

革命”前社会主义建设经验而得出的结论。但共产主义道德理想作为对共产党员和先进分子的要求之于非共产党员和非马克思主义者而言就显得强人所难。中国共产党历来擅长团结一切可能团结的力量，在以经济建设为中心的改革开放大背景下尤其要充分调动各方面的积极性。因此邓小平提出，有理想还要有爱国主义的内容，要引导我们的人民振兴中华民族，促进祖国兴旺发达。

综合几年来理想教育的实践经验，1986 年精神文明决议提出了共同理想的概念。共同理想是一个清晰目标，即“建设有中国特色的社会主义，把我国建设成为高度文明、高度民主的社会主义现代化国家”①。用中国特色社会主义共同理想团结全国各族人民，并不意味着中国共产党放弃了共产主义追求。对此，决议有清晰说明，共产主义作为最高理想依然是共产党人的长远奋斗目标，共同理想是最高理想在社会主义初级阶段的具体化，是实现共产主义理想的必经阶段和自觉表现。提倡共同理想目的是为了“使全体劳动者和爱国者，都紧密地团结起来”②。决议对共同理想及其与共产主义理想的关系的阐释，标志着中国共产党“对共产主义的理解、对社会主义的认识，更趋于科学，也更趋于实事求是”③“可以有力地纠正离开现实斗争的关于共产主义的空谈”④。

与“有理想”类似，“有道德”也有一个主要强调共产主义道德到转变为社会主义道德和共产主义道德相结合的过程。在改革开放之初，党内有两种观点，一种认为共产主义道德高于社会现阶段，容

① 中共中央文献研究室编:《十二大以来重要文献选编》(下)，人民出版社 1988 年版，第 1178 页。
② 中共中央统战部、中共中央文献研究室:《习仲勋论统一战线》，中央文献出版社 2013 年版，第 448 页。
③ 中共山东省纪律检查委员会研究室:《党的纪律检查工作手册》，山东人民出版社 1987 年版，第 290 页。
④ 于光远:《马克思主义和精神文明建设》,《人民日报》1986 年 10 月 17 日。

易引发“左”的错误，应当提倡社会主义道德[①]；一种认为提倡共产主义道德不存在超越现实的问题，反而能促进社会进步[②]。出现分歧的根源，在于对共产主义道德和社会主义道德的理解和定位。长期以来，党内外对共产主义道德和社会主义道德的概念是模糊不清的，二者时常混用。1955年，著名的马克思主义理论家李达发表了《谈共产主义道德》，他认为共产主义道德原则是“个人与社会的协调，即个人利益服从于社会利益，社会利益符合于个人利益”[③]。时任湖北省委第一书记的王任重也谈到“关心集体利益、关心公共利益、爱国家爱人民的思想和行动，就是共产主义道德品质的表现”[④]。到了改革开放后的1982年，已是中宣部部长的王任重在《人民日报》发文重提共产主义道德——“为人民服务，不计报酬的劳动，爱国主义和国际主义”[⑤]，主人翁意识和团结互助精神。然而，时代变了，新时代提出了新问题。计划经济体制时期忽略的分配关系在商品经济发展中凸显。人们意识到，现阶段按劳分配原则与共产主义道德中“不计报酬”的劳动态度存在矛盾。社会主义商品经济的发展，不能用共产主义道德去衡量，不能把“不计报酬的义务劳动作为现实的普遍的行为规范，而只能作为理想的道德准则”[⑥]。否则不仅会导致思想道德建设的混乱，还会再次导向平均主义的分配政策。

经过数年的探索，1986年的精神文明决议对社会主义道德基本要求作出明确界定：“爱祖国、爱人民、爱劳动、爱科学、爱社会主义”。决议用了很长篇幅说明“道德是经济基础的反映，而不是脱离

---

① 郑文林：《共产主义道德还是社会主义道德》，《光明日报》1980年9月18日。
② 周西：《提倡共产主义道德没有超越物质基础》，《光明日报》1981年7月9日。
③ 汪信砚主编：《李达全集》第17卷，人民出版社2016年版，第342页。
④《王任重文集》上卷，中央文献出版社1999年版，第118页。
⑤《王任重文集》下卷，中央文献出版社1999年版，第227页。另见胡鉴：《要提倡共产主义道德》，《人民日报》1982年6月21日。
⑥ 范胜：《为社会主义道德正名》，《光明日报》1980年7月27日。

历史发展的抽象观念”。我国还处在社会主义初级阶段，必须肯定按劳分配和商品经济，肯定竞争和合理的收入差距，“同时鼓励人们发扬国家利益、集体利益、个人利益相结合的社会主义集体主义精神，发扬顾全大局、诚实守信、互助友爱和扶贫济困的精神。社会主义道德所要反对的，是一切损人利己、损公肥私、金钱至上、以权谋私、欺诈勒索的思想和行为……决不能把平均主义当作我们社会的道德准则。”另一方面，决议也指出，共产党员和先进分子所体现的公而忘私、勇于献身的共产主义崇高道德也“应当在全社会认真提倡”。决议提出：“在道德建设上，一定要从实际出发，鼓励先进，照顾多数，把先进性的要求同广泛性的要求结合起来，这样才能连结和引导不同觉悟程度的人们一起向上，形成凝聚亿万人民的强大精神力量。”[①]

关于“有纪律”，中国共产党的认识始终是较为清晰的。但在具体范围上，1986年的精神文明决议将民主、法制教育也纳入其中。健全民主和法制，是十一届三中全会后党内外的一致呼声，一方面是鉴于“文化大革命”教训；另一方面，更重要的是抑制社会上的违法犯罪活动（尤其是经济犯罪）。将民主、法制内容纳入精神文明之中，是胡乔木参与起草十二大报告时坚持的观点。他认为，十二大报告可以按照物质文明与精神文明两分法，将政治文明纳入精神文明的范畴[②]。但当时许多人对这一结构并不支持，最终十二大报告单列了建设社会主义民主的题目，直至1986年“精神文明决议”起草过程中，邓小平提出要把法制问题说清楚，情况才有了改变。因此，决议重点论述了民主法制与纪律的密不可分的关系，将高度的民主视为“社会主义精神文明在国家和社会生活中的重要体现”[③]。纪律的重要意义不

① 中共中央文献研究室编：《十二大以来重要文献选编》（下），人民出版社1988年版，第1180—1181页。

② 龚育之：《党史札记（二集）》，人民出版社2014年版，第113页。

③ 中共中央文献研究室编：《十二大以来重要文献选编》（下），人民出版社1988年版，第1183页。

仅仅在于约束、服从、秩序，还在于以民主集中制为核心的民主作风，以及以法制观念为基础的良好的党风和社会风气，这两点关系到80年代政治生活的改革，关系到经济建设所需要的社会稳定。在90年代以江泽民为核心的中央领导集体提出“政治文明”并将民主法制划归其中前，社会主义精神文明建设始终强调纪律建设的民主法制内容。

“有文化”，能否作为“四有”之一，党内一直存在争论①。有人提出有文化不能与有理想、有道德、有纪律并列，这会削弱共产主义理想和共产主义道德的地位。但也有人提出，文化对于社会主义现代化不可或缺，文化是精神文明建设的重要组成部分，知识分子的作用有待充分发挥。“文化大革命”已经造成一代人没有得到良好教育，提高青年科学文化素养是经济建设的必然要求②。邓小平最终同意加上“有文化”。1986年精神文明决议将教育科学文化一并作为“有文化”的建设内容，视之为“提高人民群众思想道德觉悟水平的重要条件”③。这样以来，“四有”涵盖了社会主义精神文明建设的主要内容，“有理想、有道德、有文化、有纪律”形成一个互相关联的整体。

二、“二为”方向与“反资产阶级自由化”

“文化大革命”时期，极左集团长期把持文化领域的主要部门。“文化大革命”结束后，纠正文化领域内的错误思想路线和方针政策，探索改革开放新时期文化发展道路，成为摆在中国共产党面前的重要

① 中央宣传部办公厅编：《党的宣传工作会议概况和文献（1951—1992）》，中共中央党校出版社1994年版，第556页。

② 白彦山等编：《新时期基层思想政治工作手册》，长征出版社1986年版，第163页。

③ 中共中央文献研究室编：《十二大以来重要文献选编》（下），人民出版社1988年版，第1185页。

任务。

（一）“二为”方向的提出：文化与政治关系的新界定

“文化大革命”结束后，在揭批“四人帮”运动中，文化领域较早开始了拨乱反正。然而，同其他领域一样，如何区分林彪、“四人帮”的言行和毛泽东本人的关系很快成为一个棘手问题。“文化大革命”前毛泽东关于文艺问题的两个批示，“文化大革命”后对中宣部、文化部“阎王殿”“帝王将相部、才子佳人部”“死人部”的批评等等，人所共知。《林彪同志委托江青同志召开的部队文艺工作座谈会纪要》（其中提出了著名的“文艺黑线专政”论）也是经过毛泽东审定的。在“两个凡是”的束缚下，文化界的拨乱反正只能是戴着镣铐跳舞。真理标准问题大讨论后尤其是十一届三中全会后，拨乱反正方全面展开。极左的文化理论和实践被逐步否定，一个文化新时期徐徐降临。新时期需要新思想新道路新方针，1979 年 10 月召开的第四次文代会因此成为一个重要里程碑。

邓小平在第四次文代会上的祝词，标志着文艺并由此带动整个文化新方向新道路新时期的到来。祝词的主旨有三，首先，强调文艺要跟上时代、与时代同频共振，服务和促进社会主义现代化事业。邓小平指出：我们的国家已经进入社会主义现代化建设的新时期，“对实现四个现代化是有利还是有害，应当成为衡量一切工作的最根本的是非标准”。文艺“要塑造四个现代化建设的创业者，表现他们那种有革命理想和科学态度、有高尚情操和创造能力、有宽阔眼界和求实精神的崭新面貌”。文艺工作者要同其他文化领域的工作者一道，“同各种妨害四个现代化的思想习惯进行长期的、有效的斗争”“为建设高度发展的社会主义精神文明做出积极的贡献。”其次，祝词强调文艺为人民群众服务的方向，指出“人民是文艺工作者的母亲。一切进步文艺工作者的艺术生命，就在于他们同人民之间的血肉联系……人民需要艺术，艺术更需要人民。”再次，祝词强调贯彻落实“百花齐放、百家争鸣”方针，在文艺题材和表现形式、风格上鼓励丰富多彩、自由发展，在艺术理论上提倡不同观点和学派的自由讨论。鉴于历史教训，邓小平特别提出“党对文艺工作的领导，不是发号施令，不是要求文学艺术从属于临时的、具体的、直接的政治任务，而是根据文学艺术的特征和发展规律，帮助文艺工作者获得条件来不断繁荣文学艺术事业，提高文学艺术水平，创作出无愧于我们伟大人民、伟大时代的优秀的文学艺术作品和表演艺术成果。”“衙门作风必须抛弃”“行政命令必须废止”[1]。

邓小平的祝词，既有对毛泽东文艺思想的继承和重申，同时又极富时代气息，对于刚刚从“文化大革命”走出来“劫后余生”的文艺工作者而言，可谓如沾化雨、如沐春风。正因为此，邓小平的祝词数次为热烈的掌声所打断。

周扬作为长期以来党在文艺和文化领域的领导人，在大会上作了长篇报告。除了较详尽的历史回顾与成就总结、批判“四人帮”、部署工作之外，有关文艺路线方针方面的核心内容，与邓小平祝词主旨是一致的，只不过更展开更具理论性专业性而已。在第四次文代会上，阳翰笙、茅盾、黄镇、傅钟、夏衍等中宣部、文化部和文联领导人分别做了不同主题的报告，文联下属单位也做了工作汇报。作为十一届三中全会后文化领域的一次全国性会议，不管从那个角度讲，第四次文代会都是发扬学术艺术民主、推动文艺自由发展的一次盛会。

以第四次文代会为标志和重要开端，中国共产党在制约当代中国文化发展的核心理念——文化与政治的关系问题上，开始了具有深远意义的调整。事实上，无论是从文代会上的报告、发言和讨论看，

① 邓小平、张桂玉:《在中国文学艺术工作者第四次代表大会上的祝辞》,《人民日报》1979 年 10 月 31 日。

还是从中国共产党领导文化建设的历史看，文艺“为无产阶级政治服务”“从属于政治”这个文化界耳熟能详的口号和要求，都是一个必须正视的问题。这一要求在革命时期和建国初期的历史合理性、所发挥的巨大作用有目共睹，但带来的负面作用亦无法回避。许多无视文化特点和发展规律的要求和做法，正是在“为无产阶级政治服务”的口号下大行其道。

邓小平在第四次文代会上的祝词，虽然重申继续坚持毛泽东提出的文艺为最广大的人民群众、首先为工农兵服务的方向，坚持百花齐放、推陈出新、洋为中用、古为今用的方针，却没有提“为无产阶级政治服务”的口号、“文艺从属于政治”的要求[①]。周扬的报告则没有回避这个问题，他在回顾历史经验教训时谈到“要正确处理三个关系问题”：一个是文艺和政治的关系，一个文艺和人民生活的关系，一个是文艺上继承传统和革新的关系。在文艺与政治的关系问题上，他一方面指出文艺与政治“密切相连”，文艺“必然给予伟大的影响于政治”，批评“鼓吹脱离政治，只能使文艺走入歧途”。另一方面，他又努力说明社会主义现代化是无产阶级目前最大的政治，同时他提醒大家“不应该把文艺和政治的关系狭隘地理解为仅仅是要求文艺作品配合当时当地的某项具体政策和某项具体政治任务。政治不能代替艺术。政治不等于艺术。政策图解式的、说教式的、公式化概念化的、标语口号式的作品，由于缺乏生活的真实和艺术的力量，是不为人们所欢迎的，也不能很好地发挥文艺的政治作用”[②]。

---

① 邓小平放弃文化为政治服务的理念，在文教界尤其是文艺界曾引起热议，相当一批人感到不理解，有关争论至少持续到 1982 年夏。为了做通思想工作，胡乔木曾专门就此问题发表长篇讲话，从理论和历史两个方面加以说明。（参见中国社会科学院科研局编选：《胡乔木集》，中国社会科学出版社 2002 年版，第 396—407 页。）由此，亦可看出邓小平在该问题上的政治与理论勇气及其贡献。

② 周扬：《继往开来，繁荣社会主义新时期的文艺——一九七九年十一月一日在中国文学艺术工作者第四次代表大会上的报告》，《人民日报》1979 年 11 月 20 日。

无论是邓小平，还是周扬等文艺界文化界领导，他们在思考文艺与政治的关系问题时，一个重要出发点是党如何领导文艺工作。他们均明确批评了“发号施令的家长式领导”，提醒文化部门“不要用行政命令干涉文艺创作和文艺评论”[①]，要贯彻“双百”方针、发扬艺术民主。鉴于文艺“为无产阶级政治服务”“从属于政治”的口号由来已久，影响既广且深，邓小平经过一段时间的思考做出了明确回答。在1980年初的中央干部会议上，邓小平发表讲话指出：“文艺从属于政治”的口号“容易成为对文艺横加干涉的理论依据，长期的实践证明它对文艺的发展利少害多”。同时，他也明确，放弃“文艺从属于政治”的口号，并非意味着文艺可以脱离政治，“文艺是不可能脱离政治的”[②]。换个角度讲，一方面文艺不能从属于政治，要“百花齐放，百家争鸣”；另一方面文艺不能脱离政治，要坚持四项基本原则。“双百”是愿景，四项基本原则是政治底线。事实上，邓小平在文化与政治关系问题上的认识调整，其主要意义在于给文化“松绑”，即将文化从政治战车上解脱下来，给予其相对的独立性、自主性，从而为文化走向活跃和发展打开了大门。有了文化与政治关系方面的上述认识，我们不难发现，过去长期困扰文化发展的诸多老大难问题终于得到解决至少不再具有以往的严重意义，例如文艺创作的概念化、公式化、脸谱化问题，学术艺术问题与世界观问题、政治问题的常常混淆现象，行政机关粗暴干预文艺创作等等。这些问题在过去并非没有认识也并非没有试图加以解决，例如1956年“双百”时期，1960年代初纠“左”调整社会政治关系时期，但时间短、原则谈论多（虽具有针对性但多属常识甚至在正常社会条件下无须大费笔墨加以讨论）、具体办法少，而且之后是更猛烈的反弹直至“文化大革命”。那

① 中国文学艺术界联合会编：《中国文学艺术工作者第四次代表大会文集》，四川人民出版社1980年版，第33—34、86页。
②《邓小平文选》第2卷，人民出版社1994年版，第256页。

么，原因何在？除了政治大环境、制度体制原因外，从主观认识上讲，文化从属于政治的理念根深蒂固难辞其咎。进一步言之，这一理念、这一前提存在，问题就存在，而且尽可以从理论上设想如何做到辩证地加以解决，但实际上效果微乎其微。而前提一旦消失，问题也就不存在了。从这个意义上讲，邓小平在文化与政治关系上的认识对于当代中国文化发展的意义是巨大的。根据邓小平的讲话精神，1980年7月26日《人民日报》发表社论，提出“文艺为人民服务，为社会主义服务”的新“二为”方向，新“二为”方向实际上也是整个文化建设的指针，它的提出标志着中共中央在文化建设与发展指导思想上的重要调整。

（二）抵制资本主义与封建主义腐朽思想影响

在精神文明建设过程中，“立新”固然重要，但“除旧”“防异”同样不能忽视，否则难以“立新”。在80年代，“除旧”“防异”主要是“抵制和克服资本主义腐朽思想、封建主义残余思想和其他非无产阶级思想”①。这一主题不仅出现在中共十二大政治报告和党章中，也出现在1982年宪法中，并且始终被视为精神文明建设的重要手段。

在谈及资本主义腐朽思想时，需要在理论上将其与资产阶级自由化相区别。资本主义腐朽思想与资产阶级自由化既相互联系，又有所区别，但都是社会主义精神文明所批判和反对的对象。

就中国共产党而言，资产阶级自由化问题是在1959年刘少奇的《马克思列宁主义在中国的胜利》中第一次论及的，苏联认为“百花齐放，百家争鸣”的方针有放任资产阶级自由化之嫌，刘少奇予以批驳。改革开放后，中国共产党所反对的“资产阶级自由化”是有特定指向的。邓小平指出“资产阶级自由化的核心就是反对党的领导”，

① 中共中央文献研究室编：《十二大以来重要文献选编》（上），人民出版社1986年版，第65页。

具体表现为“崇拜西方资本主义国家的‘民主’、‘自由’，否定社会主义”等[①]。资产阶级自由化主要体现为一种政治主张，关系到走什么道路的问题。而“资本主义腐朽思想”这一用语，则主要用于描述国门打开和经济改革大背景下，部分人所沾染的资本主义不良作风和习气。资本主义腐朽思想的核心，就是“一切向钱看”的拜金主义和极端的个人主义等。在中国共产党的批判视野中，反对资产阶级自由化更多是在政治领域与文化领域，而抵制资本主义腐朽思想主要是在经济领域和道德领域。

资产阶级自由化与资本主义腐朽思想所呈现的问题并不完全一致，因而中国共产党对这两个问题的处理方式也有所差别。资产阶级自由化属于道路问题，因而必须在思想战线积极主动地批评批判这种倾向，加强共产主义、社会主义和爱国主义等相关政治教育。党的十二大报告指出，面对资产阶级自由化问题，我们不能搞“文化大革命”极左政治运动的老一套，但也要坚定马列主义和毛泽东思想的立场、观点和方法，“有系统地进行调查研究，并且善于针对错误倾向，正确地进行批评教育和必要的斗争”[②]。而资本主义腐朽思想主要属于党风和社会风气问题，需要严格执行党纪和法纪，加强道德和纪律教育。

尽管反对资产阶级自由化与抵制资本主义腐朽思想的重点有所不同，但它们都是社会主义精神文明建设过程中必须关注的重要问题。在社会主义精神文明建设的语境中，资产阶级自由化与资本主义腐朽思想经常被放在一起言说，例如1983年反对精神污染的过程中，邓小平对精神污染所下的定义是，“散布形形色色的资产阶级和其他剥削阶级腐朽没落的思想，散布对社会主义、共产主义事业和对

① 中共中央文献研究室编：《邓小平年谱（1975—1997）》下卷，中央文献出版社2004年版，第758、1047页。

② 中共中央文献研究室编：《十二大以来重要文献选编》（上），人民出版社1986年版，第60页。

于共产党领导的不信任情绪”①。由此可见，在广义上，资本主义腐朽思想也属于资产阶级自由化的范畴。尽管资产阶级自由化的能指有时过于宽泛，但其核心始终关涉社会主义道路与中国共产党的领导问题，因而需要保持高度警惕、始终不懈地反对。中共十二届六中全会讨论“精神文明决议”时，老革命家陆定一提出不要将“反对资产阶级自由化”写入决议。在他看来，“自由化”概念语意不明，太过宽泛，并且“这个提法把自由都归到资产阶级名下去了”②。但中共中央经过权衡，认为反对资产阶级自由化是近年来党中央一直强调的内容，也没有进行扩大化批判，决定仍然保留这一说法。邓小平就此指出：“管什么这里用过，那里用过，无关重要，现实政治要求我们在决议中写这个。我主张用。看来，反对自由化，不仅这次要讲，还要讲十年二十年。”③

1980年代，中国共产党对封建主义的批判，主要表现在政治和思想上肃清封建残余。批判封建主义在一定程度上诱发了知识界对于传统文化的过激反思，继而引发了中国共产党对传统文化本质上的态度转变。

批判封建主义、肃清封建残余源于揭批林彪、“四人帮”。在当时党内外有识之士看来，“文化大革命”的许多说法和做法是封建残余的沉渣泛起，“文化大革命”中声势浩大的反封建，实际上是把封建主义从前门赶走又从后门请回且登堂入室。“文化大革命”结束后，就不断有文章指出，“四人帮”所谓批判封建主义，实质是“妄图复辟封建主义、资本主义文化”④。1978年纪念五四运动的《人民日报》

① 中共中央文献研究室编：《邓小平年谱（1975—1997）》下卷，中央文献出版社2004年版，第939页。

②《党史札记（末编）》，人民出版社2014年版，第208页。

③《邓小平文选》第3卷，人民出版社1993年版，第182页。

④ 扈世纲：《评“四人帮”的影射史学》，《人民日报》1977年12月23日。另参见袁震宇：《古为今用，还是古为“帮”用？——批判“四人帮”对待文化遗产的修正主义谬论》，《人民日报》1977年7月14日，等等。

评论员文章中也指出，“‘四人帮’代表旧中国最腐朽、最反动的没落封建统治阶级和官僚买办资产阶级”。“四人帮”大搞个人崇拜、文化专制主义，以及对民主法制的破坏，内核都是封建主义[①]。一时间，从文化、历史与政治等各个层面批判封建主义残余的文章频频见刊于《人民日报》《光明日报》等报刊。1980年邓小平在论述党和国家领导制度改革的过程中，也谈到林彪、“四人帮”在“文化大革命”中大搞特权的问题，认为“这是封建主义残余影响尚未肃清的表现”[②]。

在探讨“文化大革命”发生的深层次原因上，党内许多人认同“如果不是我们党内存在着严重的封建主义遗毒，存在着党内民主生活的不正常，林彪、‘四人帮’能够那样顺利地进入政治局、进入中央常委，窃取那样大的权力吗？”也正因为党员和群众中还留有封建思想残余，才会有许多人支持和追随林彪、“四人帮”[③]。《关于建国以来党内若干历史问题的决议》也论及“长期封建专制主义在思想政治方面的遗毒仍然不是很容易肃清的，种种历史原因又使我们没有能把党内民主和国家政治社会生活的民主加以制度化、法律化……也就使党和国家难于防止和制止‘文化大革命’的发动和发展”[④]。在中国共产党的话语中，封建专制主义思想是党内个人专断、个人崇拜的思想根源，也是党内民主生活遭到破坏的重要原因。

历史学家和相关学者，还从历史和理论的角度分析了封建势力为何得以在社会主义社会继续存在，封建主义为何能够披上社会主义的外衣等问题。学者们普遍认为，中国封建社会历史长，中国共产党领导人民在短时间内实现了政治和经济上的革命，摧毁了封建专制主

① 《人民日报》特约评论员：《科学和民主（特约评论）》，《人民日报》1978年5月4日。

② 《邓小平文选》第2卷，人民出版社1994年版，第332页。

③ 姜思毅：《想起了“因袭的重担”》，《中共党史研究》1997年第6期。

④ 中共中央文献研究室编：《十一届三中全会以来党的历次全国代表大会中央全会重要文件选编》（上），中央文献出版社1997年版，第189页。

义的政治基础和物质基础，但农民出身为主的革命队伍受小生产者意识的影响，对封建主义糟粕的分辨能力不高。加上长期以来党和国家偏重于对资产阶级思想的批判，对封建思想的悄然复辟缺少警惕，进而封建残余潜滋暗长。“文化大革命”中许多人打着批判资本主义的旗号，喊着虚假的社会主义口号，其思想内核却是封建主义的。一些人热衷于个人崇拜，搞“三忠于”“四无限”，行“社会封建主义”之实，对整整一代人的思想品格造成极坏影响。在改革开放新时期，只有充分吸取教训，大力推进社会主义经济发展，提高中华民族的文化科学水平，才能从根本上肃清封建残余影响[①]。

对于封建主义的具体表现，邓小平、胡耀邦等领导人都有过描述，包括政治上的特权思想、专制作风、宗派主义、个人崇拜；经济上“小而全”“大而全”的自给自足的小农思想；思想观念上的等级观念、宗法观念、裙带之风、男尊女卑、封建迷信，等等[②]。1986 年的精神文明决议也强调了反对封建主义的意义。

在着力反对封建主义的背景下，中国共产党对传统文化的态度仍旧是以批判性的眼光为主。尽管结束了“文化大革命”那种对待传统文化（主要是儒学）的粗暴甚至谩骂态度，重申要辩证地看待传统文化，但在 80 年代，中国共产党从正面从积极意义上谈论传统文化主要限于外交场合和民族问题，用于描述国家层面和少数民族层面的文化遗产[③]，尽管有部分学者开始呼吁重视优秀传统文化[④]。

---

① 黎澍:《消灭封建残余影响是中国现代化的重要条件》,《历史研究》1979 年第 1 期。李银河、林春:《试论我国建设社会主义时期反封建残余的斗争》,《历史研究》1979 年第 9 期。马畏安:《用辩证的观点观察文艺现象》,《人民日报》1981 年 3 月 4 日。阮铭:《思想战线一个重要任务》,《光明日报》1980 年 8 月 28 日。

② 参见张家骏:《漫话封建专制主义》，福建人民出版社 1981 年版，第 130 页。

③ 例如《友谊花开更姣妍》,《人民日报》1979 年 5 月 19 日。王礼明、郑莉莉:《日本重视保护“文化财”》,《人民日报》1980 年 7 月 14 日。吕志先:《文化使者足迹遍天涯涯——新中国三十五年来的对外文化交流》,《人民日报》1984 年 9 月 19 日，等等。

④ 牟钟鉴:《发扬优秀文化传统与建设社会主义精神文明》,《光明日报》1985 年 7 月 1 日。

这一时期中国共产党领导人在谈及传统文化时有一个共同特点，就是通常在肯定传统文化有积极成分的同时，不忘重点指出其陈旧落后的一面。例如万里在1985年全国教育工作会议上的讲话中，在肯定传统文化也有珍宝后，接着又指陈传统文化不强调人对环境的改造，其中灌输式的教育和现代化与科学技术的发展要求格格不入[①]。在1996年的全国农村工作会议上他再次强调，“几千年来封建旧传统文化给予农民的毒害，也决不能低估”[②]。1987年党的十三大报告继续提醒人们“封建主义、资本主义腐朽思想和小生产习惯势力在社会上还有广泛影响”，精神文明建设的重要任务就是“克服小生产者的狭隘眼界和保守习气，抵制封建主义和资本主义的腐朽思想”[③]。

1988年电视纪录片《河殇》的播出和广泛影响在一定程度上反映着当年对待民族传统文化的比较普遍的心态。该片将中华文化定义为封闭的“黄河文明”，认为这片黄土与这条黄河无法孕育出现代文化，现代文明、现代科学精神和民主意识不可能从“黄河文明”中自发产生，变成了全盘否定中华民族文化传统，宣扬“全盘西化”的作品。这部作品之所以能够一时赢得众多赞赏，在很大程度是因为80年代“文化热”中营造出的传统文化落后和改造之难的镜像[④]。直到1989年3月，中共中央出台《关于进一步繁荣文艺的若干意见》，明确指出“对我国传统文化，不能采取鄙薄、否定的态度，必须坚持批判继承的方针，取其精华，弃其糟粕”。至此，传统文化在社会主义

① 万里：《在全国教育工作会议上的讲话（一九八五年五月十七日）》，《人民日报》1985年5月31日。

②《如何认识和对待农村社会主义精神文明建设——万里在中央农村工作会议上的讲话（一九八六年十一月八日）》，《人民日报》1986年11月27日。

③ 中共中央文献研究室编：《十三大以来重要文献选编》（上），人民出版社1991年版，第12、14页。

④ 孙立平：《改造传统文化的三个难点》，《人民日报》1988年6月5日。

精神文明建设中的战略意义开始得到重视。

从整个 80 年代历史来看，反对资产阶级自由化、抵制资本主义腐朽思想和封建残余思想，以落实社会主义精神文明，中国共产党的政策是一贯的。反对资产阶级自由化和抵制资本主义腐朽思想，主要是出于反右的考虑，防治伴随改革开放而来的消极因素。而反对封建主义残余思想，则更多是防止"左"的错误再次发生，扫除封建主义对经济发展和改革的阻碍。但历史的经验教训表明，批判封建主义把握不当，会诱发"全盘西化"的自由化风潮。

（三）文化冲击与应对

在长期以来对外面临封锁、对内思想压制的大背景下，思想骤然解放，国门豁然打开，中国社会各阶层民众第一次广泛接触西方的现代化经济社会和思想文化，所受冲击之巨可想而知。一时间，形形色色的观念、思想、思潮"你方唱罢我登场"。关于 1980 年代的社会思潮，学界已经进行了一定程度的研究①，但普遍关注的是思潮内容及其影响，关于中国共产党对待这些思潮的认识和态度，则关注不多。

改革开放初期蔚为壮观的"文化热"，本质上是长期幽闭的中国思想界在开放时代所面临的冲击。这些冲击大致可以分为三类，一类是革命传统与马克思主义面对的人道主义和人本主义哲学的冲击，一类是中华传统文化面对的西方主流文化的冲击，一类是国人尤其是青年人价值观政治观面对西方价值理念政治理念的冲击。在这些冲击交互作用下，思想文化界展开了对中国历史文化、马克思主义乃至思想政治教育的理论重构。中国共产党作为中国文化建设发展的领导者，

---

① 邹诗鹏:《三十年社会与文化思潮》，复旦大学出版社 2012 年版。史炳军:《二十世纪中国文化思潮史》，陕西人民出版社 2001 年版。樊星:《世纪末文化思潮史》，湖北教育出版社 1999 年版。

在面对这些冲击时所做出的回应及其经验和教训，是非常值得探讨的问题。

知识界对人性、人道、人的价值的思考，源于“文化大革命”刚刚结束后的“伤痕文学”。以《班主任》《蹉跎岁月》《伤痕》等一系列反思“文化大革命”的小说为代表的文学作品，深刻地揭露了“文化大革命”对人性的摧残与迫害，引起了读者强烈共鸣。当时也有人提出“伤痕文学”“暴露社会主义阴暗面”是“缺德”文学。“伤痕文学”作家是“善于在阴湿的血污中闻血腥的动物”[①]。但在揭批“四人帮”的大背景下，“伤痕文学”契合了时代需要与政治要求。在第四次文代会上，周扬代表官方评价道：“这些作品反映了林彪、‘四人帮’给人民生活上和心灵上所造成的巨大创伤，暴露了他们的滔天罪恶。决不能随便地指责它们是什么‘伤痕文学’、‘暴露文学’。”[②]尽管以今日的眼光看，“伤痕文学”的政治影响远远大于自身的艺术水准，但这些作品所表达的“作家的愤怒和忧虑，作家的欢乐和快慰集中反映了中国大多数人的普遍情绪”[③]。

在经历了一段时期内批判类文艺作品的“野蛮生长”后，中国共产党也进一步明确了文艺作品的政治边界。当然，中国共产党吸取过去文化批判无限上纲、围攻的经验教训，对事不对人，不搞运动。《苦恋》创作者白桦并未受到政治处分，此后仍旧活跃于文坛。在中央认定的四项基本原则内，文艺创作与思想研讨仍是相对自由的。80年代一个值得玩味的现象是，某个作品或某位人物一旦受到官方批评，很快会成为社会热捧的对象。其中原因很复杂，但从中国共产党角度看，对作品和观点的定性，引导舆论的方式方法等，都不同程度

① 杜书瀛：《按照生活的本来面目描写生活》，《人民日报》1979年12月3日。

② 周扬：《继往开来，繁荣社会主义新时期的文艺——一九七九年十一月一日在中国文学艺术工作者第四次代表大会上的报告》，《人民日报》1979年11月20日。

③ 白桦：《我们的自信》，《当代》1987年第1期。

地存在研判不足、方式陈旧、领导层认识不统一等问题。

围绕人展开的思考和探索，更大的冲击来自哲学领域。围绕人道主义和异化问题的讨论直接影响了人们对马克思主义的理解和阐释。

邓小平明确指出："有一些同志热衷于谈论人的价值、人道主义和所谓异化，他们的兴趣不在批评资本主义而在批评社会主义。""资产阶级常常标榜他们如何讲人道主义，攻击社会主义是反人道主义。我没有想到，我们党内有些同志也抽象地宣传起人道主义、人的价值等等来了。"[①] 至于异化，有些同志超出资本主义的范围，说社会主义存在异化，还用克服这种所谓异化的观点来解释改革。这样讲"实际上只会引导人们去批评、怀疑和否定社会主义，使人们对社会主义、共产主义的前途失去信心。"[②]

十二届二中全会闭幕后，在人道主义和异化问题上的观点交锋偃旗息鼓。1984 年 1 月 3 日，胡乔木在中央党校发表《关于人道主义和异化问题》的讲话，不久由人民出版社印成单行本发行。讲话把人道主义作了世界观和历史观的人道主义与伦理原则的人道主义的逻辑二分，认为作为世界观和历史观的人道主义是与马克思主义根本对立的，而作为伦理原则的人道主义在社会主义社会仍具有现实意义，异化概念的应用应严格限制在阶级社会特别是资本主义社会，如果把社会主义的种种消极现象也纳入异化公式，只能给社会主义本身带来破坏性的影响。讲话提出："宣传人道主义世界观、历史观和社会主义异化论的思潮，不是一般的学术理论问题，而是关系到是否坚持马克思主义的基本原理和能否正确认识社会主义实践的有重大现实政治

① 中共中央文献研究室编：《十二大以来重要文献选编》（上），人民出版社 1986 年版，第 415 页。

②《邓小平文选》第 3 卷，人民出版社 1993 年版，第 42 页。

意义的学术理论问题。”① 此后，虽然还有一些座谈会、讨论会和文章出台，但基本上是对胡乔木讲话的响应和贯彻。

哲学界对人的思考特别是人在马克思主义哲学中的地位和意义的思考并未停止。这场讨论带动了以后对人的本质、人的价值等问题的进一步研究。从历史长时段看，正因为有对“人学”的持续讨论和关注，逐步厘清了一些重大问题。

1980 年代，更具思想文化意义的是弥漫整个知识界的“文化热”与“新启蒙运动”。如果说到两者的关系，大体上，“新启蒙运动”以“文化热”为依托和外衣；“文化热”则以“新启蒙”为内核和旨归。以大规模译介西方思想、学术为重心的“文化热”和“新启蒙运动”，不可避免地要面对和重估中国传统文化。“新启蒙”的本意是要继承五四新文化运动的启蒙精神，继续高举科学与民主的旗帜，完成五四未完成的反封建任务，为中国现代化事业扫清思想障碍、进行“文化革命”。以“当代学术”“西方学术”“现代文化”等名义出版的译丛和丛书，囊括了哲学、社会学、政治学、法学、心理学、伦理学、文学理论等主要学科，西方文化作为与中国文化相比较而存在的一种文化形态骤然呈现在中国知识分子面前。中 / 西、古 / 今对比下的现代化诉求使国人对传统文化持否定性态度，而中 / 西、古 / 今对比下强化的民族主义情结，又使人们中对传统文化的态度呈现出错综的矛盾心理，既有《河殇》式的大批判，也有新儒学的悄然升温，但是，对传统文化的否定无疑构成强势。十分明显的是，“新启蒙运动”实际上把西方资本主义的价值观念、制度模式视为现代化的唯一样板。有学者指出，新启蒙主义对传统文化的批判“曾经是理性的，它分析论证了千百年来封建传统的虚伪、残暴等种种祸害；这批判更是激情的，它宣泄了巨大的愤恨。两方面比较起来激情为多。”② 尤其是新启

①《胡乔木文集》第 2 卷，人民出版社 2012 年版，第 661 页。

② 李泽厚:《启蒙的走向》,《瞭望》1989 年第 19 期。

蒙主义走向大众化时，直接引发了全盘否定传统文化、“全盘西化”等极端思潮。张岱年指出，“传统文化有消极的一面，对现代化是障碍、是阻力；但也有另一方面，可以作为现代化的动力”①。新中国成立40周年大会上，江泽民在讲话中指出“要特别注意反对那种全盘否定中国传统文化的民族虚无主义和崇洋媚外思想”②。在同月会见参加第三届儒学国际学术讨论会部分学者、嘉宾时，江泽民特别指出了儒家文化对“民族精神”“民族气节”的培养作用。他说，“对于孔子的思想，应该吸取精华，去其糟粕。特别是对于中国的下一代，许多民族优良传统，不仅是学术思想，还有许多其他优良传统，都需要继承、发扬。例如，孟子讲的‘富贵不能淫，贫贱不能移，威武不能屈’，这对于振奋民族精神，加强民族气节，是非常重要的”③。

1990年1月，在全国文化艺术工作情况交流座谈会上，中央政治局常委李瑞环发表长篇讲话，详细阐述了“弘扬民族优秀文化”的要求。他提出：“在当前的国际和国内形势下，弘扬民族文化不仅直接关系到我国文化的兴衰，而且在政治上具有重要意义。面对西方资产阶级和平演变的攻势，弘扬民族文化是振奋民族精神，提高民族自信心，发扬爱国主义精神，顶住一切外来压力的一个重要条件。”接着，讲话从源远流长、博大精深、影响深远三个方面展开阐述了“灿烂辉煌的中华民族文化”。讲话强调，在积极借鉴一切对我有用的外来文化的同时，必须认识到“吸收、借鉴外来文化的目的不是用它来取代本民族的文化，而是为了丰富和发展我国的民族文化。”“越是民族的，越是世界的。”讲话在重申对待传统文化之“取其精华，去其糟粕”“古为今用，推陈出新”等一贯立场的基础上，重点是阐述

① 费孝通、梁漱溟等：《传统文化与现代化》，《群言》1986年第11期。
② 中共中央文献研究室编：《十三大以来重要文献选编》（中），人民出版社1991年版，第627页。
③ 傅鸿泉：《谷牧与中国孔子基金会》（2014年9月10日），中国孔子网，网址：http://www.chinakongzi.org/zt/thirty/twbd/201409/t20140910_42754.htm。

对传统文化的理解和尊重态度，指出对待民族文化遗产，不能用今天的标准去苛求，苛求势必导致历史虚无主义；“还应当看到，文化遗产具有相对的稳定性，它的许多方面并不是为某一个阶级、某一个时代所独有的，也不只是为某一个阶级、某一个时代所利用的。我们既要看到文化遗产的阶级性、时代性，又要重视它的继承性和借鉴性。……有些东西一旦赋予新意，便可成为社会主义精神文明的组成部分。”[①] 对中国传统文化作出如此系统的高度评价，这在中国共产党历史上、在中央领导层还是首次。它标志着党对处理古今中外文化的关系尤其是古今文化的关系有了重大的实质性调整和进步。

以今日的观点评判中国共产党在社会主义精神文明建设过程中面临冲击与挑战时的应对及其成效，或许有些苛责。对于当时的中国共产党人而言，处理思想文化领域内的问题，老经验不灵，新经验不足，正处在“万事开头难”阶段。贫穷落后的现实又迫使各级党政机关将主要精力放在经济建设上，对精神文明建设缺乏应有的重视，“有的地方常常难以坚持，想到了抓一阵，事情出了抓一阵，多少年来不能持之以恒。”[②]

① 中共中央文献研究室编:《十三大以来重要文献选编》(中)，人民出版社 1991 年版，第 853、862—863、866 页。

② 中共三明市委精神文明建设委员会编印:《回顾与探索之二——三明市社会主义精神文明建设资料选编》，1993 年印，第 21 页。

第九章　中国特色社会主义文化思想

自党的十四大至十八大，中国特色社会主义文化建设处在一个深刻变革的时期。这一时期经济、政治、社会等领域的改革的基本路线日益清晰，对外开放的广度与深度不断拓展。在日新月异的变革、迅速提升的生产力与物质生活水平、愈来愈深地融入全球化的大背景下，民众的精神文化需求迅速增长并愈发体现出多层次、多样化的特点。从国际角度看，文化在综合国力竞争中的地位与作用越来越突出，文化与经济与科技的结合越来越显著。处在如此急剧变化的国际国内环境中，中国共产党领导文化建设的思想思路也产生了深刻转变。在中国特色社会主义文化理论的确立过程中，党对于文化的地位与功能、文化建设的目标与任务、文化发展的道路等问题，有了与时俱进的新认识，体现出鲜明的时代性。

一、市场经济条件下文化价值的话语更新

20 世纪 90 年代，中国逐步进入社会主义市场经济时代，资源配置市场化、经济关系国际化以及文化需求的多样化，使得中国共产党对文化建设有了新的认知。建设有中国特色社会主义文化成为中国共产党基本纲领的一部分，代表着文化建设在党的思想理论体系中的新地位新阐释。

（一）文化在综合国力竞争中的地位越发突出

"综合国力"的概念，是中共中央吸收20世纪80年代以来学术界研究成果而形成的。西方政治学一般用国家力量（National Power）来代指综合国力。1982年日本国际问题研究所撰写了一份题为《日本对苏联综合国力的评价》的报告，将经济、科技和外交因素纳入综合国力的考察范畴，对中国学界产生了影响[①]。黄硕风等为代表的学者，根据摩根索和日本学者对综合国力的定义，提出综合国力"是指一个主权国家生存与发展拥有全部实力（即物质力和精神力）及国际影响力的合力。"[②]其中，科技和文化教育是重要组成部分[③]。

学术界对于综合国力的广泛关注和研究，背景是1985—1986年的美苏军备控制谈判。从美苏斗争中人们看到双方"更强调经济科技的发展和综合国力的提高"这一新战略，而军备竞赛不利于这一战略的实施[④]。在东西方国家普遍重视科技发展的大背景下，中共中央将综合国力的理论运用到国家建设的规划与实践中。1989年，江泽民在国家科学技术奖励大会上的讲话中指出："世界范围的经济竞争、综合国力竞争，很大程度上表现为科学技术的竞争。"[⑤]1990年李鹏又对这一观点进行了补充，强调综合国力的强弱和经济发展的后劲，"越来越取决于科学技术和劳动者的素质。"[⑥]科学技术的发展和劳动

① ［日］加藤宽、蔡慧梅等：《日本对苏联综合国力的评价》，蔡慧梅摘译，《苏联东欧问题》1983年第2期。

② 黄硕风：《综合制胜——综合国力与国家战略》，广西人民出版社1993年版，第62页。

③ 黄硕风：《综合国力的未来研究》，《未来与发展》1988年第5期。

④《我国学者举行学术讨论会 广泛探讨裁军问题》，《人民日报》1986年10月28日。

⑤ 中共中央文献研究室编：《十三大以来重要文献选编》（中），人民出版社1991年版，第780页。

⑥ 中共中央文献研究室编：《十三大以来重要文献选编》（中），人民出版社1991年版，第1235页。

者素质的提高，都离不开教育事业的现代化，因而邓小平在南方谈话中强调“经济发展得快一点，必须依靠科技和教育”①。科技和教育本质上属于国家发展能力的重要组成部分。在综合国力理论逐步为中国共产党接受的过程中，“科教兴国”也逐步从口号变成中国共产党领导现代化建设的国家战略。

中共中央在 1995 年《关于加速科学技术进步的决定》中，第一次全面阐释了科教兴国战略及其重要意义。科教兴国战略，本质上是对邓小平“科技是第一生产力”的落实，“是保证国民经济持续、快速、健康发展的根本措施。”② 换言之，科教兴国战略是提高经济发展的质量和水平、引导经济建设转向依靠科技进步和劳动者素质提高的必由之路。科教兴国战略的重点，在于促进科技、教育与经济有机结合，推动科技发展面向经济建设。在此之前，中国共产党对于文化建设战略意义的认识，更多地集中于思想保证、精神动力方面，而科教兴国战略的提出表明党对文化为现代化建设提供“智力支持”有了更高也更具体的认识。科技和教育自改革开放以来就一直属于精神文明建设中文化建设的范畴。

在认识到“科技水平已经成为衡量综合国力的重要标志”③ 的基础上，党的十五大报告提出，“有中国特色社会主义的文化，是凝聚和激励全国各族人民的重要力量，是综合国力的重要标志。”④ 这一结论无疑发展了关于社会主义精神文明战略地位的认识。从智力支持的角度来看，党的十五大报告指出，社会主义现代化建设的开展，“在

①《邓小平文选》第 3 卷，人民出版社 1993 年版，第 377 页。
② 中共中央文献研究室编:《十四大以来重要文献选编》(中)，人民出版社 1997 年版，第 1344 页。
③ 李鹏:《在中国科学院第八次院士大会和中国工程院第三次院士大会开幕式上的讲话》,《人民日报》1996 年 6 月 4 日。
④ 中共中央文献研究室编:《十五大以来重要文献选编》(上)，人民出版社 2000 年版，第 35 页。

很大程度上取决于国民素质的提高和人才资源的开发。”① 文化建设的基础性工程，就是大力提升教育和科学技术水平，培养社会主义现代化需要的高素质劳动者和专门人才。从精神动力的角度来看，社会主义精神文明体现着社会主义制度的优越性，共同理想和精神支柱是一种无形的力量。有学者提出，文化本身就是一种精神生产力，“是一种造就生产力的生产力，是制造生产力的软件”②。

进入新世纪后，中国共产党进一步认识到，文化不仅仅是综合国力的重要标志，而且在综合国力竞争中发挥着越来越重要的作用。党的十六大报告指出：“当今世界，文化与经济和政治相互交融，在综合国力竞争中的地位和作用越来越突出。”③ 党的十七大报告再次强调文化“越来越成为综合国力竞争的重要因素”④。十七届六中全会通过的《中共中央关于深化文化体制改革推动社会主义文化大发展大繁荣若干重大问题的决定》进一步提出：“文化越来越成为民族凝聚力和创造力的重要源泉、越来越成为综合国力竞争的重要因素、越来越成为经济社会发展的重要支撑，丰富精神文化生活越来越成为我国人民的热切愿望。”⑤ 四个“越来越”集中表达了党对文化在综合国力各个层面战略作用的新认识，尤其是文化与经济社会的交融一体、你中有我、我中有你、相互渗透、相互促进的关系。

关于文化在综合国力竞争中的具体作用，综合学界已有研究，

① 中共中央文献研究室编：《十五大以来重要文献选编》（上），人民出版社 2000 年版，第 35 页。

② 董学文：《文化与经济、政治的协调发展》，《人民日报》1997 年 11 月 27 日。

③ 中共中央文献研究室编：《十六大以来重要文献选编》（上），中央文献出版社 2005 年版，第 29 页。

④ 中共中央文献研究室编：《十七大以来重要文献选编》（上），中央文献出版社 2009 年版，第 26 页。

⑤ 中共中央文献研究室编：《十七大以来重要文献选编》（下），中央文献出版社 2013 年版，第 560 页。

大致可以分为四个层面①。第一个层面是文化建设的基础工程，教育和科技对综合国力的决定性作用，即中国共产党所言的“智力支持”“科教兴国”。第二个层面是中共十六大报告所言的“中国特色社会主义文化的吸引力和感召力”②。换言之，就是为社会主义现代化提供精神动力，是文化对政治、经济产生影响的重要体现。第三个层面是文化产业对经济发展的推动作用，即文化与经济结合、文化的经济功能日益凸显，越来越成为经济社会发展的重要支撑。第四个层面，来自中国共产党对文化软实力理论的认知与运用。文化软实力概念，由 20 世纪 90 年代约瑟夫·奈提出的“软实力”概念衍生而来。中共中央第一次使用“文化软实力”术语是在 2007 年的十七大报告中。2008 年的全国宣传思想工作会议上，李长春提出要组织力量进行深入研究，探讨文化软实力的内涵与构成，探讨文化软实力与综合国力的关系，以及提升文化软实力的战略与方针③。党的十八大以后，中国共产党对于文化软实力的认识臻于成熟，认为“文化软实力集中体现了一个国家基于文化而具有的凝聚力和生命力，以及由此产生的吸引力和影响力。”

随着全球化与信息化时代的到来，文化作为区别于政治和经济的独特场域，涌现出全新的构成要素，其功能被更加便捷的沟通与爆炸式的信息传播无限放大。文化以更加深刻而又难以察觉的方式，发挥着对人的塑造和影响作用。文化作为理想信念、价值追求与思维方

---

① 杨凤城：《走中国特色社会主义文化发展道路 建设社会主义文化强国》，《河北师范大学学报（哲学社会科学版）》2013 年第 2 期。陈朝阳、俞志编著：《邓小平理论和“三个代表”重要思想概论》，海风出版社 2003 年版，第 262—264 页。张彬主编：《当代中国科学社会主义思想研究》，人民出版社 2005 年版，第 304—305 页。

② 中共中央文献研究室编：《十六大以来重要文献选编》（上），中央文献出版社 2005 年版，第 30 页。

③ 参见中共中央文献研究室编：《十七大以来重要文献选编》（上），中央文献出版社 2009 年版，第 188、189 页。

式的载体，成为了促进人的全面发展的关键因素。中国共产党认识到，综合国力的竞争归根到底是人的竞争，文化在综合国力竞争中的地位和作用必然会更加凸显。

（二）重新认识满足人民精神文化需求的时代意义

专注于文化的教化功能，并由统治者和精英决定教化的内容、方向和方式，是中国传统文化的一大特点。成长于中国历史文化土壤上的中国共产党同样重视文化“团结人民、教育人民”的作用。列宁提出的著名的思想灌输论似乎又为新的文化“教化论”提供了马克思主义的思想资源。改革开放到来后，文化泛政治化、泛意识形态化代替文化建设的做法很快被抑制和改变。但是，精神文明建设“最根本的是要使广大人民有共产主义的理想，有道德，有文化，守纪律”[①]，即培养社会主义接班人或“四有”新人，这一要求反映的则是深层理念和思维方式的一贯性承袭。作为一个执政党，如此定位文化功能并没有错，问题在于，随着时代和实践的发展，这一传统社会主义模式下形成的认识，需要更宽阔的视野和更立体的架构加以拓展、调整和深化。

事实上，随着改革开放的推进，以传统式教化为旨归的文化生产与传播日渐式微。源自西方的思想、学术、艺术，源自海外尤其是台港澳的流行文化，源自发达国家尤其美国、欧洲和日本的电影、电视剧等，或者在所谓高雅文化圈内，或者在俗文化领域，不断掀起一股股热浪。国内文艺创作、学术成果也偶有引起关注者，但无论声势还是数量都明显处于下风且呈江河日下之势，以至于一些文化名人发出“救救文学”“救救电影”一类的呼声，产生“你们（观众/读者）到底需要什么”的困惑。

① 中共中央宣传部编：《邓小平论社会主义精神文明建设》，学习出版社1996年版，第2页。

在社会基层，有条件的乡镇、企事业单位，开始自筹资金建设闭路电视，以满足娱乐需要。由于缺乏正规娱乐节目，有的地区甚至用播放色情片等低级趣味的录像来招揽顾客[①]。而经济落后的地区，则兴起公开化的赌博风气。1988年全国共查处赌博治安案件21.5万起，涉及80万人，许多党员干部甚至利用公款赌博。在分析原因时，河南省的调查报告指出，“夜生活单调、社交面狭窄、公共娱乐设施贫乏，已成为阻碍社会发展的一个潜在因素”[②]。

进入1990年代后，伴随市场经济改革的高歌猛进，伴随人民物质生活水平的提高，文化需求的新形势新样态更趋显著。市场经济带来了世俗化、多样化的精神需要，带来了文化消费的迅速增长。进而言之，市场经济和全球化，促使人们的价值观和审美日趋多元；生产力和现代化的迅速发展，促使人们在告别物质匮乏后精神需求空前强烈。计划经济体制下形成的文化观念，从执政党和国家的需要出发自上而下地看文化的方式，已经不能适应市场经济和全球化的时代。对文化的功能与作用需要更立体地多方面审视，执政党需要换位思考，即站在普通民众的立场上、从其内生性主体性出发看精神需求，尤其要正视那大量存在的并非高大上、并非阳春白雪的世俗化文化需求。否则，文化主导权只能拱手让人，甚至导致低俗庸俗媚俗的文化产品大行其道。这才是进入1990年代以后，中国共产党提出文化要满足人民日益增长的精神文化需要这一认识的时代背景和真正意义所在。

实际上，早在1993年的全国宣传部长座谈会上，江泽民就提出了“人民群众日益增长的精神文化需求”问题[③]。在1994年的全国宣传思想工作会议上，江泽民再次强调了精神文化需求“日益增长”的

① 林永祥：《应加强农村闭路电视管理》，《人民日报》1989年7月8日。
② 郑宏范、董清楚：《蔓延的赌风》，《人民日报》1989年5月10日。
③ 中共中央文献研究室编：《江泽民思想年编（1989—2008）》，中央文献出版社2010年版，第99页。

发展趋势，并且指出了人民群众精神文化需求“多方面、多层次”的重要特点。时任中宣部部长丁关根也在会议上指出要“满足人民群众多层次、多方面的精神文化需求。”同时，他提醒人们，“无害的东西是允许的，但它毕竟是低标准的要求……让无害的东西充斥市场，决不是文化市场真正的繁荣。对人们多层次、多方面的精神文化需求，我们要努力满足，同时也应当加以引导提高。”[①] 作为文化与意识形态主管，丁关根这样讲是职责所在，换言之，对于民众一般性或娱乐性精神需求要正视并加以满足，但同时也要引导民众，提高文化品位和审美格调。但问题是，长期以来根深蒂固的文化理念和做法，是忽视民众多层次多样化的精神文化需要尤其是世俗化娱乐需要，更排斥文化市场的作用，而实践表明，民众多层次多样化的精神文化需求，离开市场是不可能得到满足的。

1980年代中期，文化产业概念由日本传入中国[②]。同期也有中国学者提出了把文化艺术作为第三产业来发展的建议[③]。1989年，日本学者日下公人撰写的《新文化产业论》在中国翻译出版，国内思想界第一次接触到系统的文化产业理论。但2000年前，文化产业作为一类“迎合追求生活乐趣、生活方式的动机而出售的商品和服务行动”[④]，学术界对其市场化、大众化特征以及满足群众精神需求属性的研讨并不充分，中国共产党也一直没有采纳文化产业的概念。

直到文化市场的作用日趋显著，尚未形成规模的文化产业即将面临加入WTO后的严峻冲击，中共中央才逐步认识到支持和引导文化产业发展的意义。根据有关文化部门的数据，2000年国内居民的潜在文化消费能力为3000亿元，但实际文化产品消费总额仅为800

① 中共中央文献研究室编：《十四大以来重要文献选编》（上），人民出版社1996年版，第656、675页。

②《日本第三产业的最新分类》，《人民日报》1985年3月6日。

③ 李军：《把文化艺术当作第三产业来发展》，《光明日报》1986年11月16日。

④［日］日下公人：《新文化产业论》，范作申译，东方出版社1989年版，第39页。

亿元[①]。余下的消费潜力，很大程度受到现有文化产业难以满足人民文化需求的限制。一旦加入 WTO 后开放文化市场，“西方发达国家在文化产业方面具有经验、技术、资金方面的优势”[②]，其带来的冲击和挑战是不言而喻的。在此背景下，江泽民在 2000 年西部开发座谈会上第一次提出了“民族文化产业”的概念，同年“十五”计划提出要发展“文化产业”[③]。在 2002 年的党的十六大报告中，中共中央第一次区分了文化产业与文化事业，强调发展文化产业作为“市场经济条件下繁荣社会主义文化、满足人民群众精神文化需求的重要途径”[④]。

在 2003 年文化体制改革试点工作会议上，主管文化与意识形态工作的中央领导人李长春指出，“文化发展与人民群众日益增长的精神文化需求不相适应”，是当前文化建设亟待解决的重大问题。随着人民物质生活水平的提高，以及信息技术的不断发展，群众的精神文化需求迅速增长，鉴赏水平不断提升，消费能力也与日俱增，“越来越多的人不仅需要丰富充足的一般文化产品和服务，还希望高品位、高质量、个性化的文化生活”。而“我们能够提供的文化产品和文化服务，不论数量上还是质量上都还不能满足人民群众的需求。”[⑤] 党的十七大报告郑重提出：“丰富精神文化生活越来越成为我国人民的热切愿望”。其背后是正视人们精神需求的独立性、选择性、多变性、差异性明显增强。至此，中国共产党“在文化发展目的上，明确要坚持以人为本，满足人民群众日益增长的精神文化需求。”[⑥] 从而真正认

① 孟晓驷:《中外文化产业比较研究》,《光明日报》2003 年 8 月 20 日。

② 刘玉珠:《WTO 对文化产业的挑战（文艺广角）》,《人民日报》2000 年 2 月 25 日。

③ 中共中央文献研究室编:《十五大以来重要文献选编》(中)，人民出版社 2001 年版，第 1306、1377 页。

④ 中共中央文献研究室编:《十六大以来重要文献选编》(上)，中央文献出版社 2005 年版，第 31 页。

⑤ 中共中央文献研究室编:《十六大以来重要文献选编》(上)，中央文献出版社 2005 年版，第 338 页。

⑥ 中共中央文献研究室编:《十七大以来重要文献选编》(上)，中央文献出版社 2009 年版，第 11、174、181 页。

识到文化的最本质功能。

历史地看，对文化满足人民精神文化需求的认识缺位，一个重要原因是长期以来中国共产党以及整个中国学界，过于强调文化教化功能与娱乐功能的区隔，而忽视了文化产品本身的复杂属性。在20世纪八九十年代，许多文化理论工作者倾向于将普通民众的精神需求定位在娱乐性文化上，且人为地将娱乐文化与主旋律文化对立起来。实际上，现代文化已经不再是精英主义孤芳自赏的狭小造物，而是一个社会化的场域。文化产品的消费和接受过程本质上是一个意义生成的过程，但其中的意义并不是简单地生产者与接受者直接单向的传递过程，文化产品的意义是由接受者根据自身社会环境而生产的。这即是说，在文化场域中，机械地分隔文化产品的教化功能、艺术功能与娱乐功能既不现实也不策略。从中国共产党领导文化建设的角度而言，无论是哪个层次的文化，主导意识形态都可以发挥作用，或主导或钳制或融入或渗入；主旋律文化也可以而且应当以更富时代感的形式为人们喜闻乐见。满足人民群众复杂的精神文化需求与文化领导权与意识形态引领之间可以而且应当实现有机统一。

（三）"以德治国"：社会主义精神文明的新定位

在2001年的全国宣传部长会议上，江泽民提出："要坚持不懈地加强社会主义道德建设，以德治国……我们要把法制建设与道德建设紧密结合起来，把依法治国与以德治国紧密结合起来。"[①] 第一次将以德治国的战略思想提升到与依法治国并列的高度，表明中国共产党对社会主义精神文明建设的新认知。

以德治国方略提出后，学术界理论界对其内涵、意义以及与依法治国的关系等进行了较为详尽的探讨。研究认为，以德治国可以追

① 中共中央文献研究室编：《十五大以来重要文献选编》（中），人民出版社2001年版，第1587页。

溯到古代中国的“德治”思想，但又与之存在根本区别。古代的“德治”和“为政以德”是要求统治者用高尚的道德约束自身，引导民众。而以德治国的实际内涵是“以德育人”，根本目的是提升人民群众的思想道德素质。并且以德治国的“德”是社会主义道德，传承于中国传统道德，但又结合了无产阶级道德和共产主义道德先进成分。以德治国的重要意义也体现在政党建设和文化建设上，是坚持和发展中国特色社会主义的实践要求。以德治国不能影响依法治国基本方略的实施，不能演变为“人治”；同样，推进以德治国，也有赖于法律制度的相应保障机制。以德治国是依法治国的基础，依法治国是以德治国的保障。以德治国与依法治国相结合，是将硬性的强制规范和软性的社会规训结合起来，相互促进[①]。

从当今的视角回看，以德治国概念的提出及其与社会主义精神文明的关联，其中所展现的精神文明新定位，仍旧值得学术界进一步评判和研讨。

以德治国既是一个政治概念，又是一个文化概念，是与依法治国相匹配的。党在1980年代提出的精神文明是与物质文明相对应的范畴。直至1990年代初，“两手抓”的表述仍旧是“一手抓物质文明，一手抓精神文明；一手抓建设，一手抓法制”[②]。党的十五大提出依法治国基本方略后，一方面，将民主法制建设从精神文明的大范畴中剥离出来；另一方面，精神文明中与依法治国相对应的内容又显得尤为重要，中央提出“要把普法和依法治理工作作为社会主义精神文

① 参见《“依法治国”与“以德治国”学习问答》，中共中央党校出版社2001年版，第14—27页。齐鹏飞、杨凤城主编：《当代中国编年史（1949.10—2004.10）》，人民出版社2007年版，第807—810页。王宗礼主编：《四个全面战略布局之全面推进依法治国》，人民出版社2017年版，第84—86页。张学博：《历史法学视野中的转型中国社会治理》，中国政法大学出版社2018年版，第21—25页，等等。

② 中共中央文献研究室编：《十四大以来重要文献选编》（上），人民出版社1996年版，第795页。

明建设和民主法制建设的重要组成部分”[①]。在这一理论逻辑中，法制建设与社会主义精神文明既有区别，又有紧密关联；法制建设的理论教育属于社会主义精神文明当属无疑。

在2000年的两次讲话中，江泽民先后指出：“要把严格执纪执法和加强思想教育结合起来，建立并完善思想道德建设和党纪国法约束两道防线”“法律和道德作为上层建筑的组成部分，都是维护社会秩序、规范人们思想和行为的重要手段……道德规范和法律规范应该相互结合，统一发挥作用”[②]。在此基础上，江泽民提出了以德治国理念，强调“法治属于政治建设、属于政治文明，德治属于思想建设、属于精神文明”[③]。党的十六大报告进一步将政治文明与物质文明、精神文明并列，形成了三大文明的发展布局。政治文明的提出，进一步明确了精神文明的边界，也明确了以德治国与依法治国各自的战略地位。

总之，以德治国的提出，意味着思想道德建设不再仅仅是维护党风和社会风气的手段，也是促进法治社会建设的重要途径，社会主义精神文明建设的地位因此进一步提升。在新的定位中，社会主义精神文明的战略内涵，已经接近于现代国家国民意识的塑造和教育。在2011年的省部级干部研讨班上的讲话中，胡锦涛指出，持之以恒地加强精神文明建设，目的就是“使全体人民不断提高思想道德素质、牢固树立法制意识、端正社会心态、自觉抵御各种消极思想侵蚀”[④]。从这一点来看，经过改革开放30多年的探索与实践，党对于社会主义精神文明建设作用的认识更加具体、更加本土化，也更贴近市场经济条件下现代国家的社会实践。

---

① 中共中央文献研究室编：《十五大以来重要文献选编》（下），人民出版社2003年版，第1175页。

②《江泽民文选》第3卷，人民出版社2006年版，第29、91页。

③《江泽民文选》第3卷，人民出版社2006年版，第200页。

④ 中共中央文献研究室编：《十七大以来重要文献选编》（下），中央文献出版社2013年版，第154页。

（四）文化是民族凝聚力和创造力的重要源泉

“文化越来越成为民族凝聚力和创造力的重要源泉”这一认识，可以说是中国共产党乃至中华民族文化自觉的重要标志。这个观点的背后，是中国共产党逐步认识到，文化作为“一个民族的精神和灵魂”[①]，体现着国家和民族的性格。文化作为一种精神力量，熔铸于民族的历史和血脉之中，是国家繁荣发展和民族兴亡存续的重要精神支持。

民族凝聚力作为一个具有时代意义的新概念主要是在1980年代中后期被提出和发掘的。一般认为，民族凝聚力是促进民族团结、生存和发展的情感、心理和价值观的精神纽带[②]。从已有资料来看，民族凝聚力最早在民族团结和祖国统一的层面出现。1980年，《光明日报》发表《一支歌唱民族凝聚力的回归曲——看话剧〈天涯望归人〉有感》的文章，强调“伟大中华民族的凝聚力”是两岸统一的坚实精神基础[③]。民族凝聚力本身的内涵并不复杂，但一直到1980年代中后期的传统文化危机中，这一概念才为人所熟知，理论工作者才开始思考民族凝聚力与文化的复杂关系。1989年后，各级党团组织相继召开“中华文化的认同与建设”“增强中华民族凝聚力”等官方学术研讨会，邀请了季羡林、张岱年、戴逸等各领域学者探讨民族文化与民族团结以及民族凝聚力的关系[④]。1990年1月，主管文化与意识形态

① 中共中央文献研究室编:《十七大以来重要文献选编》(中)，中央文献出版社2011年版，第992页。

② 孔庆榕、张磊等编:《中华民族凝聚力学》，中国社会科学出版社2008年版，第12页。

③ 刘绍棠:《一支歌唱民族凝聚力的回归曲——看话剧〈天涯望归人〉有感》，《光明日报》1980年6月25日。

④ 文华:《“中华文化的认同与建设”学术研讨会将于今秋召开》，《人民日报》1989年5月6日。王志光:《增强中华民族凝聚力学术讨论会在穗举行》，《人民日报》1992年1月20日。

工作的中央领导人李瑞环发表《关于弘扬民族优秀文化的若干问题》的讲话，提出“面对西方垄断资产阶级和平演变的攻势，弘扬民族文化是振奋民族精神，提高民族自尊心和自信心，发扬爱国主义精神，顶住一切外来压力的一个重要条件。”① 他还指出，民族文化在祖国统一大业上，也是增强民族凝聚力的重要力量。中国共产党意识到，中华文化作为几千年积累下来的结构复杂、博大精深的精神产物，在面对西方文化冲击时，不但不应被简单地视为落伍，反而是中华民族的独特财富。进入 1990 年代后，在市场化、全球化、多极化的时代潮流中，中国共产党越来越深刻地认识到文化对于民族认同、民族团结、民族精神的重要黏合作用。1996 年颁布的《中共中央关于加强社会主义精神文明若干重要问题的决议》就将增强民族凝聚力，作为思想道德建设的重要目标。1998 年，江泽民在全国抗洪抢险总结表彰大会上指出，综合国力“离不开民族精神、民族凝聚力，精神力量也是综合国力的重要组成部分”②。

如何增强民族凝聚力？教育被寄予厚望。1994 年的《爱国主义教育实施纲要》指出，加强爱国主义教育对于“增强民族凝聚力，团结全国各族人民自力更生，艰苦创业……具有重要的现实意义和深远的历史意义”③。在 1999 年的第三次全国教育工作会议上，江泽民“特别提醒同志们，必须高度重视教育在增强民族凝聚力方面的重大作用。”在他看来，民族凝聚力“来自中华民族的优良传统，来自我们共产党人的崇高理想和社会主义制度的优越性，来自爱国主义、集体主义、社会主义和马克思主义教育”④。党的十六大报告进一步提出

① 李瑞环：《关于弘扬民族优秀文化的若干问题——在全国文化艺术工作情况交流座谈会上的讲话（1990 年 1 月 10 日）》，《人民日报》1990 年 5 月 15 日。

②《江泽民文选》第 2 卷，人民出版社 2006 年版，第 231 页。

③ 中共中央文献研究室编：《十四大以来重要文献选编》（上），人民出版社 1996 年版，第 919 页。

④《江泽民文选》第 2 卷，人民出版社 2006 年版，第 331 页。

“文化的力量，深深熔铸在民族的生命力、创造力和凝聚力之中”，表明党对于文化与民族凝聚力、创造力关系的认识达到一个新的高度。就此，李长春进一步解释说：“文化哺育和传承了民族精神，滋养着民族的生命力，激发着民族的创造力，铸造着民族的凝聚力。”[①] 显然，在上述语境中，民族性是核心词汇，表明中国共产党对文化与民族性关联的高度重视，这和把民族精神的核心定位于爱国主义是一致的。2007 年 10 月，党的十七大用三个“越来越”表达对文化战略地位与作用的认识，即“文化越来越成为民族凝聚力和创造力的重要源泉、越来越成为综合国力竞争的重要因素，丰富精神文化生活越来越成为我国人民的热切愿望”[②]。

从历史演进与具体语境的角度不难发现，在中国共产党的话语体系中，文化作为民族凝聚力和创造力重要源泉的作用，与文化在综合国力竞争中的作用以及文化满足人民精神需求的作用是有所区别的。中国共产党认识到，时代发展使得文化作为一个整体具有更加广泛而深入的影响。这与一些学者提出的“文化整合”理论有一定的交集。本尼迪克特认为，文化整合不是各个部分的简单相加，文化整合的过程类似于一种艺术风格的形成，可以理解为“所有导向谋生、婚配、战争、崇拜神灵等五花八门的行为，根据文化内部发展起来的无疑是选择原则，转化为一致的模式。”[③] 有国内学者指出，“整合意味着文化不是各种构成元素的单纯的机械的总和，而是作为有机体的相互关联的基本的整体。”[④] 二者的观点实际上都在强调文化内部各个元

① 中共中央文献研究室编：《十六大以来重要文献选编》（上），中央文献出版社 2005 年版，第 29、341 页。

② 中共中央文献研究室编：《十七大以来重要文献选编》（上），中央文献出版社 2009 年版，第 26 页。

③［美］露丝·本尼迪克特：《文化模式》，何锡章、黄欢译，华夏出版社 1987 年版，第 37 页。

④ 王世达、陶亚舒：《中国当代文化理论的多维建构》，华龄出版社 2007 年版，第 16 页。

素和构成之间相互影响，依据特定原则相互渗透和组织的过程。但也有一些学者将文化整合视为“文化涵化”，用以指代孤立的、冲突的、不同特质的文化相互吸收融合趋于一体化的过程[①]，这种过程也是指一种文化内部激荡、调和而逐步形成新的文化共同体的过程。从中国共产党的话语演变可以看出，作为民族凝聚力和创造力重要源泉的文化，是整合了文学、艺术、思想、风俗、教育、传统等各个要素的文化，但这个文化应当是突出民族特质的文化。这种整合的趋势，在经济全球化时代必然会不断凸显。一方面文化的各个要素之间相互影响的深度与广度不断拓展，使得文化的单个要素在发挥影响时越来越依靠文化环境的作用，文化对民族和国家的影响越来越多地来自各个要素交互影响而形成的文化氛围。另一方面，在文化涵化不可避免、传统与现代相互碰撞的时代中，世界范围内的跨族群文化整合尚不现实，文化的民族特质不仅不会消弭，反而越发成为民族认同的基底和渊薮。在这种情况下，文化作为一个整体对民族凝聚力和创造力的正向影响，也随着时代发展而越发凸显。

站在时代的角度来看，单纯的教育或者狭义的意识形态工作（例如主义和理论的宣教）难以涵盖整个社会价值塑造与习性生成的过程，也难以应对当下更为复杂的社会思潮，相反人们日常生活接触到的图文、习性、器物等方方面面，都可能或多或少地渗透着文化的某些要素。现代文化的渗透力越强，则越需要保存文化的民族性，强化民族认同感。而增强民族凝聚力，则需要从更为宏观和系统的角度重视民族文化在社会生活中的发展。这也是为何胡锦涛多次提出只有“大力弘扬中华文化，建设中华民族共有精神家园”[②]，才能够更好地坚持中国特色社会主义文化发展道路。

---

① 尹继佐主编：《当代文化论稿》，上海社会科学院出版社2006年版，第7页。

②《胡锦涛文选》第3卷，人民出版社2016年版，第565页。

二、中国特色社会主义文化建设目标与任务

“中国特色社会主义文化”的提出及其内涵的充实、完善，是中国共产党在新时期新形势下对文化再认识再研判的结果。从 1990 年代开始，中国特色社会主义文化逐步取代社会主义精神文明，成为文化建设目标与任务的官方表达。

（一）“中国特色社会主义文化”概念的提出与确立

党的十五大报告郑重提出“建设有中国特色社会主义的文化”的目标和任务，即“以马克思主义为指导，以培育有理想、有道德、有文化、有纪律的公民为目标，发展面向现代化、面向世界、面向未来的，民族的科学的大众的社会主义文化。”① 在这里，中国共产党用“有中国特色社会主义的文化”代替人们熟悉的“社会主义精神文明”来指称总体性文化建设。虽然十五大报告指出“有中国特色社会主义的文化”建设与社会主义精神文明建设，在指导思想、主要原则、目标任务等方面是一致的，但是，不同的命题也反映了时代变化和认识的深化。

社会主义精神文明在中国共产党的话语体系中是一个宏大的概念，在提出时与物质文明相对应，包含了思想道德建设与文化建设（科教文卫体等）两个方面。但在言说和实践中，社会主义精神文明通常又集中在思想道德建设上，目的在于营造团结一致、道德高尚的社会氛围，以服务于经济建设。但改革开放后民众思想的解放，使得传统的灌输式思想教育客观上难以奏效，加上一些主观失误，导致物质文明与精神文明在一段时期内存在一手硬、一手软的问题。1996

① 中共中央文献研究室编:《十五大以来重要文献选编》（上），人民出版社 2000 年版，第 19 页。

年中共十四届六中全会讨论通过的《中共中央关于加强社会主义精神文明建设若干重要问题的决议》，对于市场化改革和全方位对外开放条件下如何加强精神文明建设作出了阐述和部署。这个决议依然以思想道德建设和文化建设的二分布局精神文明建设。有意思的是，这个决议在讲到文化建设时只点到“文学艺术、新闻出版、哲学社会科学等文化事业”[①]，而以往包含的科技和教育被“等”掉了，这可能和1990年代中期提出的“科教兴国”战略有关，也就是说“中共中央越来越将它们作为专门的问题来对待”[②]。另外，卫生、体育也被“等”掉了。虽然如此，这个决议同1986年的精神文明建设决议一样，主要关注思想道德建设，指出“思想政治工作是我们党的优良传统和政治优势，是精神文明建设一项基础性工作和搞好两个文明建设的基本保证。”[③]在此后的语境下，“社会主义精神文明”也就越来越用于强调思想道德建设。

“中国特色社会主义文化”最早提法为“有中国特色的社会主义新文化”。中国共产党提出这一概念的初衷，是为了探讨“究竟怎样实现民族形式与社会主义内容的有机结合”。李瑞环在1990年1月首次提出“要建设有中国特色的社会主义新文化”时，针对的是社会上全盘否定民族传统文化的现象。李瑞环认为，符合现代化要求的社会主义新文化，一定要植根于民族文化的土壤，一定要体现中国的民族特色。既有的社会主义精神文明概念，一定程度上难以凸显重视民族文化的现实需要，而“有中国特色的社会主义新文化”，则充分体现

① 中共中央文献研究室编：《十四大以来重要文献选编》（下），人民出版社1999年版，第2058页。

② 杨凤城：《从“建设社会主义精神文明”到“建设社会主义文化强国”——改革开放以来中国共产党文化建设战略思想的与时俱进》，《高校理论战线》2012年第3期。

③ 中共中央文献研究室编：《十四大以来重要文献选编》（下），人民出版社1999年版，第2066页。

了“继承发扬民族优秀传统文化而又充分体现社会主义时代精神，立足本国而又充分吸收世界文化优秀成果”的两方面要求[①]。从这个角度来看，外来文化的冲击造成的传统文化危机，催生了中国特色社会主义文化这一概念。但这种语境下的中国特色社会主义文化，尽管能够涵盖民族文化现代化的过程和结果，但仍旧仅仅是社会主义精神文明中文化建设的一部分。

1991年，在庆祝中国共产党成立70周年大会上的讲话中，江泽民明确提出了建设“有中国特色社会主义的文化”，1996年江泽民在《宣传思想战线的主要任务》中再次提到，1997年“有中国特色社会主义的文化”写入十五大报告，用以承继社会主义精神文明，这不仅仅是文字表达上的更迭，而是具有里程碑意义的认识转进。相较于此前的表述，十五大报告中的有中国特色社会主义的文化，范围和边界都是大大拓展的。此前提到有中国特色社会主义的新文化，是民族文化与社会主义现代化融合的产物，属于文化建设的一部分。而十五大报告则将其内容大幅扩充，强调与“改革开放以来我们一贯倡导的社会主义精神文明是一致的”[②]。这里的精神文明是指1980年代的宏大范畴，与1996年精神文明决议中所讲的精神文明有所差别。从报告的具体表述来看，有中国特色社会主义的文化是与政治、经济相对应的一个方面，包含了思想道德、教育、科学、文艺、新闻出版、广播影视以及群众性精神文明创建活动等内容。从民族文化的现代化代名词，到与政治、经济相对应的大文化概念，中国共产党赋予了有中国特色社会主义的文化以更宏阔的内涵。

按照十五大报告对中国特色社会主义文化的界定，可以看到其

---

① 李瑞环:《关于弘扬民族优秀文化的若干问题——在全国文化艺术工作情况交流座谈会上的讲话（1990年1月10日）》,《人民日报》1990年5月15日。

② 中共中央文献研究室编:《十五大以来重要文献选编》（上），人民出版社2000年版，第35页。

与社会主义精神文明的继承性、一贯性，这既体现在以马克思主义为指导、以培育“四有”公民为目标的一致性方面，也体现在思想道德建设和文化建设的二维架构方面。同时，中国特色社会主义文化建设提出了“面向现代化、面向世界、面向未来”“民族的科学的大众的”要求。众所周知，“三个面向”是邓小平为景山学校的题词，“民族的科学的大众的”是毛泽东对新民主主义文化的界定。从中国特色社会主义文化这一命题出发，中国共产党使它们超越了原来的具体指向和特定历史年代，具有了更宏大更具普遍性意义的新时代内涵和要求。显而易见，“三个面向”更关注时代关注发展关注全球大势，而“民族的科学的大众的”更关注根基关注本土。在时代性与继承性、整体性与民族性的辩证统一中推进文化建设，这是“有中国特色社会主义的文化”这一命题提出的真谛。

这种认识的提升和演进背后，是1990年代以来中国共产党越来越强调的两个社会变化，一是精神文明中的“文化建设”对于思想道德建设以及社会发展的重要性越来越突出，二是国内外大环境的变化使得文化的民族特色以及国民的民族认同越发重要。

在1980年代，中国共产党人重视思想道德工作，实质是重视理想、纪律和信念的灌输，因而精神文明建设的核心任务就是培育“四有”青年，重要手段就是思想教育。而进入1990年代后，中国共产党认识到“营造良好的文化环境”本身也是“提高社会文明程度”、开展思想道德教育的“重要条件”[①]。所谓“观乎人文，以化成天下”，在当代就是文化对人的思想的潜移默化的影响，这种影响比单纯的灌输教育更有效。李瑞环在谈到青少年民族意识教育时提出，要“使青少年从小就在民族文化环境和氛围之中耳濡目染，受到熏陶和教

① 中共中央文献研究室编：《十五大以来重要文献选编》（上），人民出版社2000年版，第37页。

育”[①]。胡锦涛也指出，要“建立有利于推动精神文明建设的社会文化环境”[②]。而要营造这样的环境，就需要让文化理念回归文化本体。在这种情况下，有中国特色社会主义的文化的提出，某种程度上可以说是文化理念“回归文化本身”的一种体现。从文件的篇幅编排也可以看出，十五大报告中有关教育、科学、文艺、新闻出版等属于1980年代“文化建设”范畴的内容，所占的篇幅比例要远远高于十四大报告和两个精神文明决议中的同类内容。

另外，从概念用语来看，社会主义精神文明更多地强调社会主义属性，而有中国特色社会主义的文化，在坚持社会主义原则的前提下更突出本土性或民族特色，更能适应时代发展的新要求。1990年代以来，在西方和平演变和外来文化的冲击下，中国共产党对爱国主义和民族认同的重视与日俱增。中共中央强调爱国主义教育“要贯穿社会主义现代化建设的整个过程”[③]，而“不了解、不懂得祖国的历史文化，爱国主义观念和民族精神是很难自觉、牢固地树立起来的”[④]。这就需要一个能够体现民族性、突出民族特色的概念来统合新形势下的文化发展。江泽民在1996年提及有中国特色社会主义的文化时就曾指出：“一个民族只有在努力发展经济的同时，保持和发扬自己的民族文化特色，才能真正自立于世界民族之林。”[⑤]显而易见，时代呼唤着中国特色社会主义文化这一概念。

“有中国特色社会主义的文化”被提出后，世纪之交，江泽民又提出“先进文化”的概念。在庆祝建党80周年的讲话中，江泽民指

---

① 李瑞环:《关于弘扬民族优秀文化的若干问题——在全国文化艺术工作情况交流座谈会上的讲话（1990年1月10日）》,《人民日报》1990年5月15日。

② 中共中央文献研究室编:《十六大以来重要文献选编》(下)，中央文献出版社2008年版，第29页。

③ 中共中央文献研究室编:《十四大以来重要文献选编》(下)，人民出版社1999年版，第2083页。

④《江泽民文选》第2卷，人民出版社2006年版，第302页。

⑤《江泽民文选》第1卷，人民出版社2006年版，第507页。

出："在当代中国，发展先进文化，就是发展有中国特色社会主义的文化，就是建设社会主义精神文明。"① 十六大报告再次指出："在当代中国，发展先进文化，就是发展面向现代化、面向世界、面向未来的，民族的科学的大众的社会主义文化"②。两次阐释都强调了当代中国这一时间概念，也强调了先进文化与中国特色社会主义文化的一致性，这从原则和方向上讲，没有问题。但如果进一步具体化，实际上，先进文化（后来经常使用"社会主义先进文化"）与当代中国文化不同、与中国特色社会主义文化也并非完全等同，而是各有侧重和不同视角。当代中国文化涵盖最广、构成最复杂，先进文化在"当代中国"语境中的优秀性和引领意义较容易理解，它与当代中国文化的不同也比较清楚。中国特色社会主义文化与当代中国文化也不同，社会主义这一界定说明它虽然构成当代中国文化的主导、主体，但不能和当代中国文化画等号。从这个意义上讲，江泽民强调发展先进文化就是发展中国特色社会主义文化是符合逻辑的。问题是，我们仅仅停留于这一认识上是不够的。在描述发展先进文化的目标和任务时，江泽民曾指出"加强社会主义思想道德建设，是发展先进文化的重要内容和中心环节"；他还曾指出，建设先进文化就是要"使它在全国人民乃至世界人民中间具有强大的吸引力和感召力"，建设先进文化"一项极为重要的任务，就是要使我们的民族和人民在建设有中国特色社会主义事业的征程上，始终保持奋发有为、昂扬向上的精神状态。"③ 由此不难看出，先进文化主要指向比较维度下的先进思想、精神、价值，进一步言之，即以马克思主义为指导，集中体现时代精神，弘扬社会主义价值理念的文化。此外，先进文化或社会主义先进文化的提出，是和"三个代表"重要思想密切联系在一起的，中国共

①《江泽民文选》第 3 卷，人民出版社 2006 年版，第 276 页。
②《江泽民文选》第 3 卷，人民出版社 2006 年版，第 559 页。
③《江泽民文选》第 3 卷，人民出版社 2006 年版，第 278、400 页。

产党代表先进文化的发展方向是“三个代表”命题中的重要一维。江泽民所言先进文化是先进政党的一面旗帜，其意义就在于此。尽管先进文化这一概念具有浓厚的党建色彩，但仍然是社会主义文化建设的方向和指引。

随着实践的推进，社会主义先进文化和中国特色社会主义文化[①]实质上也不可能等而论之。正如胡锦涛在2011年中共十七届六中全会上的讲话中所说，“坚持以马克思主义为指导、以社会主义先进文化为引领，是中国特色社会主义文化最鲜明的特征。”[②]从这个角度来看，先进文化不仅仅是政党的旗帜，也是中国特色社会主义文化的旗帜。先进文化的重点在于代表文化的发展方向，在中国共产党的话语体系中，“坚持社会主义先进文化前进方向”[③]是一句常见的表述。社会主义先进文化实际上更多地是指代中国特色社会主义文化中的当代优秀部分。党的十九大报告阐述的中国特色社会主义文化源于中华优秀传统文化、革命文化、社会主义先进文化也许更能够说明这个问题。

伴随中国特色社会主义文化命题的提出和阐释，中国共产党对与思想道德建设相对应的文化建设的内容与边界不断作出调整，总的趋势是越来越聚焦、越来越科学。在党的十六大报告中，教育、科学、卫生、体育同属于文化建设的内容[④]。日后，随着社会建设作为一个独立的领域纳入党中央治国理政战略布局，科学、教育、卫生、体育被分别归入经济建设与社会建设中（当然，它们依然与文化建设联系密切，也可以说是大文化的组成部分，但从执政党领导文化建设

---

① 在2010年的《中央宣传部关于党的十六大以来文化体制改革及文化事业文化产业发展情况下一步工作意见》中，中共中央不再使用“有中国特色社会主义（的）文化”这一话语，改用中国特色社会主义文化。

②《胡锦涛文选》第3卷，人民出版社2016年版，第563页。

③ 例如《胡锦涛文选》第3卷，人民出版社2016年版，第112、164、429、566页等。

④ 参见中共中央文献研究室编:《十六大以来重要文献选编》（上），中央文献出版社2005年版，第3、15、23页。

的角度讲，不再是重要对象或构成要件），党的十七大报告就是如此。这说明中国共产党对文化的理解更加聚焦，当代中国文化建设的重心与着力点更加清晰。换言之，十七大报告中所讲的文化，是将人的精神需求的产物作为主要内容的文化，无论是从“民族凝聚力和创造力的源泉”角度讲文化，还是从“文化软实力”角度讲文化，抑或直接从“满足人们精神文化需求”角度讲文化，其核心与要义均围绕着人的精神活动展开。综观十七大报告以及2011年《中共中央关于深化文化体制改革推动社会主义文化大发展大繁荣若干重大问题的决定》等中央文件，可以看到中国共产党定义的文化基本包括以下三个大的方面：以社会主义核心价值体系为代表的意识形态建设和思想道德建设，以文学艺术、哲学社会科学、新闻出版等为代表的满足人们主体性精神需求的文化生产与传播，从文化事业、文化产业等折射出来的文化整体实力和竞争力。

（二）构建社会主义核心价值体系

进入改革开放新时期后，在致力于现代化建设的过程中，中国共产党对于思想道德建设尤其是社会主义核心价值追求问题，一直在探索和阐述。社会主义精神文明提出之初，高扬的依然是革命战争年代或战时共产主义所体现出来的道德理想主义旗帜，实际上也是新中国前30年价值追求和道德建设的延续。这一点，邓小平表达得很清楚，他多次讲到要教育青年发扬光大革命战争年代那种大公无私、公而忘私、严守纪律、严于律己的精神；认为没有共产主义远大目标，没有革命的理想、道德、纪律，还叫什么社会主义精神文明。用十二大报告的语言就是“以共产主义思想为核心的社会主义精神文明”。到1986年，中共十二届六中全会确立了在思想道德建设方面将先进性要求和广泛性要求结合起来的既积极而又务实的指导思想。《决议》肯定“我们社会的先进分子”的共产主义崇高道德应当在全社会提倡；但是，面对所有社会成员的道德要求必须从实际出发，那就是“爱祖国、爱人民、爱劳动、爱科学、爱社会主义”[1]。

市场经济改革狂飙突起后，中共中央也在关注道德建设的与时俱进问题。从1996年中共十四届六中全会通过的精神文明建设决议、2001年江泽民提出的把依法治国与以德治国紧密结合起来的论述、2001年中共中央颁布的《公民道德建设实施纲要》和十六大报告的相关内容看，其时代意识和问题意识很强，道德建设的基本框架和要求已经系统、清晰起来。所谓时代意识和问题意识是指，始终围绕着如何在市场经济大潮中防止价值失落、道德失范、物欲无限膨胀，如何在全方位对外开放的同时防止腐朽、没落的思想观念的侵袭，如何在建设现代化国家的同时，在民主、法治等现代公民素质养成的同时更好地继承中华优秀传统美德等，党的十六大报告概括为“要建立与社会主义市场经济相适应、与社会主义法律规范相协调、与中华民族传统美德相承接的社会主义思想道德体系。”[2] 如果说80年代以党的十二大报告和十二届六中全会决议为代表的道德建设思想还是草图、素描，还在“摸着石头过河”，那么世纪之交已经明晰、充实和完整了，有了某种顶层设计。2001年9月颁布的《公民道德建设实施纲要》就是标志，“纲要”概括了二十字的“基本道德规范”——“爱国守法、明礼诚信、团结友善、勤俭自强、敬业奉献”[3]；总结了道德建设的基本内容：坚持以为人民服务为核心，以集体主义为原则，以爱祖国、爱人民、爱劳动、爱科学、爱社会主义为基本要求，以社会公德、职业道德、家庭美德为着力点；阐述了道德建设的基本方针，

① 中共中央文献研究室编:《十二大以来重要文献选编》(下)，人民出版社1988年版，第1180、1181页。

② 中共中央文献研究室编:《十六大以来重要文献选编》(上)，中央文献出版社2005年版，第30页。

③ 中共中央文献研究室编:《十五大以来重要文献选编》(下)，人民出版社2003年版，第1982页。

包括与市场经济、与民主法治、优良传统与时代精神、个人权益与社会责任等六个方面的关系处理的基本原则，提出了道德建设的具体要求、各有关方面的责任与义务，等等。可以说，该“纲要”是改革开放20多年道德建设实践和理论探索的集大成。

进入新世纪后，一方面是经济建设、物质现代化发展迅速，成就骄人；另一方面是中国加入WTO后对外开放在深度和广度上迅速拓展，思想文化遭遇越来越严峻的挑战。此外，随着国内市场经济的发展，在价值观选择多元化的同时，在思想文化迸发活力的同时，在尊重差异、包容多样、寻求共识的时代意识下，也存在价值严重失落和混乱、共识达成难等困局。更令人焦虑的是社会诚信缺失、突破道德底线的行为一时大有愈演愈烈之势。在此背景下，中共中央提出了构建社会主义核心价值体系的任务。

每一种文化形态，都有其灵魂——价值观。价值观居于深层，是核心也是基石，更具稳定性和根本性，对于文化创造与传播、道德规范和道德建设起引领作用。中共十六届六中全会提出的构建社会主义核心价值体系的任务，在这个意义上反映了文化建设问题上认识的深化。依据全会的界定，“马克思主义指导思想，中国特色社会主义共同理想，以爱国主义为核心的民族精神和以改革创新为核心的时代精神，社会主义荣辱观，构成社会主义核心价值体系的基本内容。”[①]实际上，关于民族精神党的十六大报告已有解释：“民族精神是一个民族赖以生存和发展的精神支撑”，在五千多年的历史发展中，中华民族形成了以爱国主义为核心的伟大民族精神[②]。2004年12月，李长春在全国宣传部长会议上的讲话中依据十六大报告精神进一步提

① 中共中央文献研究室编：《十六大以来重要文献选编》（下），中央文献出版社2008年版，第661页。

② 中共中央文献研究室编：《十六大以来重要文献选编》（上），中央文献出版社2005年版，第30页。

出：要“弘扬以爱国主义为核心的民族精神和以改革创新为核心的时代精神”①。这一概括在日后得到不断重申。2006年3月，胡锦涛提出和阐述了“八荣八耻”的社会主义荣辱观。是年10月，《中共中央关于构建社会主义和谐社会若干重大问题的决定》明确阐述了构建社会主义核心价值体系的任务②。2011年，中共十七届六中全会通过的《中共中央关于深化文化体制改革推动社会主义文化大发展大繁荣若干重大问题的决定》，专节阐述“推进社会主义核心价值体系建设”，指出“社会主义核心价值体系是兴国之魂，是社会主义先进文化的精髓，决定中国特色社会主义发展方向”。要求将之“融入国民教育、精神文明建设和党的建设的全过程，贯穿改革开放和社会主义现代化建设各领域，体现到精神文化产品创作生产传播各方面”③。

需要强调的是，构建或建设社会主义核心价值体系，是针对整个文化建设的。它要解决整个文化背后的价值基石、核心价值追求问题。当然，价值观与道德规范联系更为直接更为明显。在改革开放最初的20多年间，中共中央在指导道德建设的过程中始终是将价值观和道德规范放在一起言说的，“思想道德建设”这一常用语就很能说明问题。将道德规范、道德建设与核心价值体系、核心价值观加以适当区分，提出构建社会主义核心价值体系，表明中共中央在文化建设

① 中共中央文献研究室编：《十六大以来重要文献选编》(中)，中央文献出版社2006年版，第496页。

② 从文化建设的角度而言，中共十六届六中全会讨论通过的决定，除了提出构建社会主义核心价值体系以外，还提出了建设和谐文化的任务。胡锦涛指出和谐文化“既是和谐社会的重要特征，也是实现社会和谐的精神动力。”(《胡锦涛文选》第2卷，人民出版社2016年版，第539页)但是，关于和谐文化的具体内容，中共中央和胡锦涛并未给出明确的定义，学界和理论界倒是发表了一些文章进行探讨，但也未形成深刻的重大的共识。党的十七大报告谈到和谐文化建设时所讲内容和中国特色社会主义文化建设几乎没有区别。中共十七届六中全会通过的关于推动文化大发展大繁荣的决定也没有突出“和谐文化”思想。之后，在党的文献中，“和谐文化”也越来越少使用。

③《中共中央关于深化文化体制改革 推动社会主义文化大发展大繁荣若干重大问题的决定》，人民出版社2011年版，第11—12页。

的指导思想方面进一步深化和聚焦，即为整个社会主义文化包括道德建设构建更完整更稳定的价值体系支撑、确立价值核心或曰深层因而稳定的主要价值导向。从这个意义上讲，构建社会主义核心价值体系的提出，是中国共产党“在思想文化建设上的重大理论创新和重大战略任务”[①]，是构建具有强大凝聚力和统合作用的意识形态的里程碑式努力。

从中共十六届六中全会到十七届六中全会的十年间，社会主义核心价值体系的研究和阐释颇为热烈，目的就是想尽快为社会主义文化建设构建起有深厚理论支撑、有科学的框架结构、有内在的逻辑层次、有核心价值追求的稳固体系，赢得社会主义意识形态主动权，引领社会思潮和文化发展方向。

（三）提升国家文化软实力

党的十七大报告明确提出了“提高国家文化软实力”的要求。这一认识是和 2001 年中国加入 WTO 后深度融入经济全球化进程密切关联在一起的。文化在综合国力竞争中愈加凸显的作用、文化作为无形的力量所发挥的潜移默化的深层与持久的影响力、国际话语权对于国家形象塑造的极端重要性等等，对于这些，中国共产党随着国际交往的广度与深度的拓展，感受越来越深切。当然，从概念史角度看，“文化软实力”一词显然受到约瑟夫·奈“软实力”概念的影响。不过，“软实力”（soft power）虽然包括文化但并不限定于文化。所以，中国共产党提出的“文化软实力”指向更明确、内涵更聚焦。

从逻辑上讲，文化软实力包括内在力量和外在影响力两个方面，但是，正如前述，中国共产党提出这一概念是国际交往中文化与话语权竞争的结果。十七大以后，在中央相关文件和领导人讲话中频繁出

① 李长春:《文化强国之路：文化体制改革的探索与实践》上册，人民出版社 2013 年版，第 96 页。

现的“提高国家文化软实力、增强中华文化国际影响力”的连用语就是很好的证明。因此，从中国共产党的对外文化交流和对外宣传溯源“提高国家文化软实力”的思想是符合历史逻辑的。

党的十一届三中全会后，在继续传统的对外文化交流的同时，向国际社会宣传中国改革开放的新政策新举措成为重要任务。1983年，胡乔木在致中央对外宣传小组的信中谈到，要改变外国友人对中国的态度，重点宣传国家的农村政策、城市政策和其他方面的政策①。1985年，《人民日报》设立海外版，成为传媒行业对外宣传的重要里程碑。2001年中国加入世界贸易组织后，中国与其他国家经济与文化交流骤然增长。2003年中国暴发非典疫情，引发国际社会广泛关注和国际舆论的议论纷纷，这让中共中央深切体会到全球化带来的“地球村”意蕴、体会到“西强我弱”的国际舆论格局带来的严峻挑战、体会到对外宣传与文化竞争的重要性。以此为契机，2003年7月胡锦涛在全国防治非典工作会议上发表的讲话中，提出“要加强和改进对外宣传，进一步提高工作成效，增进国际社会对我国各方面情况的了解，努力营造良好国际舆论环境”②。同年12月，李长春在全国宣传思想工作会议上的讲话中专节阐述“加强对外宣传、扩大对外文化交流，让世界更好地了解中国”。讲话明确对外宣传和文化交流的任务是“充分展示中华民族的凝聚力和中华文化的亲和力，展示我国经济发展、政治稳定、民族团结、社会进步、人民生活水平不断提高的新面貌，阐明我国政府对国际重大问题的原则立场，继续在重大热点问题上积极有效地开展舆论斗争”。达成这一任务的总体战略和实施路径是，“统筹文化艺术、广播影视、新闻出版等多种资源和手段，大力实施‘走出去’战略，”“努力构建全方位、多层次、宽领域对外宣传和对外文化工作的新格局”，包括扩大我国广播电视在

①《胡乔木书信集》，人民出版社2015年版，第439—440页。
②《胡锦涛文选》第2卷，人民出版社2016年版，第74页。

全球的覆盖率，充分利用互联网等信息新技术，支持和鼓励文化产品出口并形成品牌，在发挥政府主导作用的同时积极拓宽对外文化交流渠道，逐步形成政府交流与民间交流并举，积极引入商业运作机制的新局面，等等[①]。从公开的资料看，中共中央如此系统地阐述和部署对外宣传和文化交流工作在改革开放后还是第一次。

20世纪中国的对外宣传和文化交流，往往围绕着华人华侨，关心中国的政府、团体以及各类国际友人，以定向宣传来赢得这类群体的肯定和二次宣传。但这样的宣传和交流方式覆盖面窄，效率不高，难以适应21世纪信息时代的国际环境和中国深度融入国际社会的现实。面对世纪之交中美之间的几次重大摩擦，以及国际上的“中国威胁论”或“中国崩溃论”等负面舆论，中国政府越来越认识到文化竞争力和国际话语权的重要性。在国内文化生产与传播能力都还没有达到自主“走出去”的情况下，发挥政府的主导作用来筹划对外宣传和文化交流便成为必然选择。

党的十七大报告提出文化软实力的概念后，学界与理论界展开了探讨，但一时难有共识。在2008年1月的宣传思想工作会议上，李长春要求“组织专门力量集中攻关，深入研究”并相继出台提高国家软实力的指导性文件。在此次会议上，李长春用了1500字左右的篇幅更加展开地阐述和部署了“积极推进对外宣传和文化‘走出去’”工作。首先，“围绕重大活动和重大问题”，以奥运会、改革开放30周年等重大活动为契机，宣介中国的发展成就与发展理念，针对涉疆、涉藏、涉台和人权、宗教等问题开展舆论斗争。其次，“大力实施文化‘走出去’战略，积极参与国际文化竞争”。在该方面，尤其要重视通过市场化和产业化手段努力扩大我国文化产品和服务在国际市场上的份额；重视通过组织开展具有中国特色的“文化年”“文化

---

① 中共中央文献研究室编:《十六大以来重要文献选编》(上)，中央文献出版社2005年版，第542—543页。

周”等大型文化交流活动，健全对外文化交流合作机制。再次，着力推进主要对外媒体建设，建立健全多媒体、跨平台、广覆盖的对外传播媒介网络；加大资源整合力度，树立大外宣理念，建立健全统一领导、统筹规划、协调一致、各负其责、有关方面积极参与的大外宣领导体制和工作机制[①]。与2003年全国宣传思想工作会议相比，经过五年实践经验的积累，可以看到，对外舆论宣传与文化交流，无论是视野、思路、战略、布局，还是具体举措、实用性与针对性等均有了明显进步。

随着实践经验的积累，随着学界与理论界探讨的逐步深入，中国共产党对文化软实力的内涵有了更加清晰的认识。2009年，李长春在参加首届中国动漫艺术大展时，谈到了文化软实力的三个层面：一是中国发展道路、经验的生命力和吸引力；二是中国独立自主和平外交政策的感召力和感染力；三是中华文化的亲和力和影响力[②]。这个界定与约瑟夫·奈的“软实力”概念十分接近，涵盖较广。2011年在中央党校的讲话中，李长春将其界定为广义上的文化软实力，并重新解释了狭义上的文化软实力，即“社会主义意识形态、核心价值体系、社会主义先进文化、中华民族传统文化、全民族思想道德素质和现代文明程度、创新精神、传播能力等展示出的精神力量，其中包括文化产业的竞争力以及文化产业承载的精神价值的影响力”[③]。从这一界定可以看出，文化软实力主要指向无形的精神力量。从学界和理论界的研究看也是如此，无论是“文化权力说”“文化实力说”“文化

① 中共中央文献研究室编：《十七大以来重要文献选编》（上），中央文献出版社2005年版，第188、189页。

② 李长春：《文化强国之路：文化体制改革的探索与实践》下册，人民出版社2013年版，第592页。

③ 李长春：《文化强国之路：文化体制改革的探索与实践》上册，人民出版社2013年版，第202—203页。

引导力/控制力说”①，还是“文化吸引力（感召力）说”②，文化软实力都是一种柔性而非刚性的符号力量，包含了国家内部与国际社会两个方面的意义③。

从中国共产党的思想认识来看，有两个问题还需要进一步说明。一是，文化软实力首先强调的是打铁还需自身硬，即通过自身文化综合实力的增长来发挥国际影响。进一步言之，文化软实力包含对内与对外两个层面。对内主要是以社会主义核心价值体系为代表的意识形态凝聚力。在中共十七届六中全会上，胡锦涛谈及文化软实力时指出，国外敌对势力始终在对中国实施西化和分化的图谋，“思想文化领域是他们进行长期渗透的重点领域”，意识形态斗争越发复杂严峻④。构筑具有强大感召力和凝聚力的意识形态思想体系，保证国家和民族的精神独立，是文化软实力的内在要求。曾培炎在论述如何提高文化软实力时，第一个方面讲的就是要增强社会主义核心价值体系的认同，凝聚民族的精神力量⑤。二是，文化软实力的对外表现是强大的文化竞争力和国际话语主动权。“积极开展对外宣传和对外文化交流，努力提升我国文化软实力”这一表达经常出现在党的文献中就是很好的说明。这里就涉及对外宣传、对外文化交流的关系，实际上还有一个文化产品的市场竞争力问题。这二者当然有着密不可分的关系，往往是你中有我、我中有你，但又不完全相同。对外宣传的政治性、时效性更强，侧重话语权竞争；而文化交流则主要展示的是历史

① 刘佳：《中国文化软实力战略转向研究》，中国法制出版社2017年版，第32—36页。
② 王一川等：《中国文化软实力发展战略综论》，商务印书馆2015年版，第49—50页。
③ 许正林等：《当代中国文化国际影响力的生成研究》，上海交通大学出版社2018年版，第24—25页。
④ 中共中央文献研究室编：《十七大以来重要文献选编》（下），中央文献出版社2013年版，第585页。
⑤《曾培炎论发展与改革》上卷，人民出版社2014年版，第185页。

悠久、思想深度、民族特色，更强调平和讨论、相互欣赏与借鉴、和而不同等；至于文化产品的市场竞争，则既是硬实力的博弈也是软实力的较量。总之，文化软实力的对外展示和提升是一个多结构的复合体。

实际上，文化软实力无论就内向还是外向而言，都是应对外来愈行愈强的文化冲击的战略回应。改革开放以来，中国共产党一直高度重视意识形态安全问题，强调反资产阶级自由化反和平演变，抵制资本主义腐朽思想侵蚀。伴随着加入 WTO 和步入信息时代，外来文化以更加复杂的形式、更能满足市场需求的艺术水平，迅速挤占了市场空间。经济学研究表明，2002 年至 2012 年，国内文化产业中具有国际竞争力的主要是手工艺品（包括玩具、饰品等），而真正体现文化竞争力和意识形态的影视媒介、新媒体、表演艺术、出版物等，国内文化产业的竞争力和国际市场占有率都明显不足①。在这种情况下，文化软实力的提出，从意识形态内核到文化产品外在，从价值体系到市场竞争力，全面迎接外来文化的冲击与挑战，同时不再是单纯的被动防守，而是主动“打出去”，攻防结合，全方位布局。提升国家文化软实力，即是中国共产党全面巩固意识形态领导权、增强中华文化国际影响力和中国国际话语权的战略目标。

（四）大力发展文化产业与文化事业

中国共产党对文化建设与发展作出文化事业和文化产业的明确二分，是在党的十六大的报告中。这一认识，经历了漫长的孕育和调整过程。在计划经济时期，文化事业就等于文化建设，且由政府包

① 周宏燕：《中国文化产品贸易：特征、地位与趋势》，《宏观经济研究》2016 年第 6 期。罗立彬、孙俊新：《中国文化产品贸易与文化服务贸易竞争力：对比与趋势》，《财贸经济》2013 年第 2 期。闫丽君：《中国文化产品贸易发展现状及竞争力研究》，《经济论坛》2017 年第 6 期。

办。无论是经营性文化单位还是公益性文化单位，无论从人员编制还是生产方式、服务方式来看，都是政府部门的附属机构。文化产品的整个生命周期都是由政府主导的，文化生产、传播单位和群众的选择权力极为有限。进入1980年代，以经济体制改革为龙头的教育、科技、政治等领域的体制改革“你方唱罢我登场”，但是，文化领域的改革却因为意识形态复杂性而始终零打碎敲、“边缘革命”。

1985年3月6日，《人民日报》转载了一篇题为《日本第三产业的最新分类》的短讯，介绍了日本将文化艺术活动（音乐、电影、图书等）、教养学习活动和体育活动归类为文化产业的最新管理学分类，将文化产业的概念引入中国公众视野①。但产业作为经济名词，是和商品和逐利联系在一起的，与中国传统的文化观念格格不入，因而即使有人提出应重视发展文化产业②，也难以获得广泛认同。

1980年代中后期至1990年代前期，党内外对文化产业的理解还较为粗浅，顾虑彷徨、欲迎还拒，一方面肯定文化产品市场化和商品化是必然趋势③；另一方面又认为，文化的娱乐化、市场化倾向，会进一步导致文化产品庸俗化，丧失思想性和艺术性④。数据显示，1983年至1989年，中国城镇居民人均书报杂志和其他非商品性文化娱乐的支出比例，从1.42%下降至1.17%，由此有学者认为中国的“文化消费”观念出现了问题：追求享乐的倾向日趋明显，知识性、发展

---

①《日本第三产业的最新分类》，《人民日报》1985年3月6日。

② 华年轮、秦杰：《文化需求已成为消费的重要部分——上海市文化需求状况调查》，《人民日报》1986年5月26日。李军：《正确认识文化市场中出现的一些问题》，《光明日报》1987年1月18日。李军：《试论文化艺术的商品性质及其调节机制》，《求索》1987年第6期。高冠钢：《大众文化：当代文化的主角》，《复旦学报（社会科学版）》1988年第3期。李建中：《论社会主义的文化产业》，《人文杂志》1988年第3期。

③ 孟晓驷：《我国文化市场发展现状扫描》，《人民日报》1993年4月1日。薛福康：《澳大利亚文化产业在国民经济中占重要地位》，《光明日报》1991年2月3日。

④ 张晓林：《文化经济政策漫议》，《人民日报》1990年7月19日。

性文化消费备受冷落[①]。与此类似，在1990年代至新世纪初，文化产品的经济效益与社会效益能否相提并论，党和政府对于“艺术文化”（雅文化）与娱乐文化（俗文化）应当采取何种态度和政策，有过激烈争论。针对“艺术文化”少人问津，文化生产单位被推入市场后亏损严重的问题，有论者指出，不能完全将“艺术文化”交给市场，政府应予扶持和保护；对娱乐文化应征收特种税，加以管理和调控，“一个国家的广大人民群众总不能成天就是娱乐，而不接受艺术文化的思想教育和审美熏陶”[②]。以今日的眼光来看，以书报杂志为主体的传统文化消费，在新兴的影视、音乐、大众娱乐等文化形态的冲击下，呈现颓势是必然的。同时，人们的文化消费观念和审美情趣需要一个不断提高的过程，文化产业也同样有从低端产业野蛮生长到逐步雅俗兼具多样发展的过程。在群众文化消费观念初起之际，文化产业发展呈现“偏科”之时，社会各界对文化产业的不同认识带有一定的历史必然性。

中共中央对文化产业的理解和体认，可以追溯到对文化产品的社会效益与经济效益的认识上。在计划经济体制下，它不会成为一个真正有意义的问题，只有在市场经济体制下它才会凸显出来。1988年3月，李鹏在政府工作报告中提出，“以生产和传播精神产品为主要任务的新闻、出版和各种文化事业，应当积极改善经营管理，提高经济效益，但一定要使经济效益和社会效益统一起来，坚持把社会效益放在首位。”[③]这种将经济效益作为目的之一的文化部门和单位，实际上就是文化产业的一分子。1990年代初，受政治风波与社会治安问题的影响，中央文件一度不再提文化事业的经济效益。1991年《中

---

① 杜长胜:《重视社会“文化消费”问题》,《光明日报》1991年6月9日。
② 杨运泰:《对文化市场几种发展态势的思考》,《光明日报》1993年3月18日。
③ 中共中央文献研究室编:《十三大以来重要文献选编》(上)，人民出版社1991年版，第171—172页。

共中央、国务院关于加强社会治安综合治理的决定》要求各类文化部门和单位“要把社会效益放在第一位，多出健康有益的精神产品，剔除文化垃圾”[①]。1992 年市场经济大潮涌起后，文化产品市场化、商品化发展迅速，中共中央开始高度重视文化市场的培育和健康发展，1996 年十四届六中全会讨论通过的精神文明建设决议，有专门的段落阐述“一手抓繁荣、一手抓管理，促进文化市场健康发展”。既然承认文化市场与文化商品的存在，那么经济效益问题就存在，经济效益与社会效益的关系问题就存在。但有意思的是，在进入新世纪前，中央文件和领导人讲话却很少在文化建设与发展上使用“经济效益”一词，相反，不断提醒的是反对“唯利是图、见利忘义”。就现有材料看，仅是 1999 年 9 月《中共中央关于改进和加强思想政治工作的若干意见》等少数文献提出，精神产品“要坚持把社会效益放在首位，力求社会效益与经济效益相统一”[②]。进入新世纪后尤其是全面文化体制改革启动后，这一原则得到突出而高频率的重申。

2000 年 6 月，江泽民在西北五省区党建工作和西部开发座谈会上，提出“积极发展民族文化产业”的要求。随后，在同年 11 月中共十五届五中全会通过的“十五”计划建议中，正式提出了“推动文化产业发展”的任务[③]。党的十六大报告郑重提出“增强我国文化产业的整体实力和竞争力”的目标[④]。2005 年《中共中央、国务院关于深化文化体制改革的若干意见》和《国务院关于非公有资本进入文化产业的若干决定》，进一步明确了文化产业“规模化、集约化、专业

① 中共中央文献研究室编:《十三大以来重要文献选编》(下)，人民出版社 1993 年版，第 1447 页。

② 中共中央文献研究室编:《十四大以来重要文献选编》(中)，人民出版社 1997 年版，第 1043—1044 页。

③ 中共中央文献研究室编:《十五大以来重要文献选编》(中)，人民出版社 2001 年版，第 1306、1395 页。

④ 中共中央文献研究室编:《十六大以来重要文献选编》(上)，中央文献出版社 2005 年版，第 32 页。

化”的发展目标和多种所有制共同发展的产业格局。

进入新世纪后，党中央之所以将发展文化产业迅速提到议事日程上来，是和时代要求密切关联在一起的。从国内看，随着中国总体上迈入小康和市场经济体制的基本确立，民众的精神文化需求和文化消费与日俱增，各类国营、私营文化企业的蓬勃发展已经展现出文化产业的良好前景，如深圳以“世界之窗”为代表的三个文化旅游景区的年产值就达到10亿元左右[①]。另外，不能忽视的是文化产业对于党的十七大提出的转变经济发展方式的意义。对此，李长春曾有专门阐述，指出文化产业具有优结构、扩消费、增就业、促跨越、可持续的独特优势。具体而言，优结构，就是发展文化产业有利于优化经济结构和产业结构，推动第三产业尤其是现代服务业发展壮大。扩消费，就是发展文化产业有利于拉动内需和居民消费结构升级。国际经验表明，在人均国内生产总值达到3000美元之后，民众精神文化需求会呈“井喷”之势。增就业，就是发展文化产业有利于增加就业、带动创业。文化产业投入的是智力资源，产出的是知识产权，不需要更多厂房和土地就能创造很多就业机会，而且文化创意是推动相关产业发展的重要动力。促跨越，就是文化产业有利于实现跨越式发展，对欠发达地区更有意义。因为文化产业与一个地区原来的工业发展水平等基础条件关系不大；中西部地区恰好普遍拥有丰富的文化资源可以开发利用。可持续，就是发展文化产业有利于实现可持续发展。中国经济发展面临的资源、能源、环境等瓶颈制约越来越突出，而文化产业恰是资源消耗低、环境污染少的新兴绿色产业。综合以上优势和特点，完全可以说文化产业是战略性、先导性产业，必将成为新的经济增长点[②]。由此中共十七届五中全会提出了推动文化产业成为国民经

① 张振江:《积极促进文化产业发展》,《光明日报》1999年4月19日。

② 参见中共中央文献研究室编:《十七大以来重要文献选编》(中)，中央文献出版社2011年版，第774—776页。

济支柱性产业的目标要求。从国际上看，随着经济全球化进程的加快、新技术革命和知识经济的崛起，经济与文化日益融合，文化的经济功能明显增强，文化产业已经成为美、英、日、德、法等西方大国的支柱性产业。美国的电影产业、英国的文化创意产业、德国的出版产业、日本的动漫产业、韩国的影视产业，不仅成为创造利润和财富的重要来源，而且也是实现产业全球扩张的利器。西方发达国家的文化传媒集团，如美国时代华纳、迪士尼，德国贝塔斯曼等，依托其创意研发和传媒网络优势，迅速成长为跨国运营的国际文化传媒巨头，占有全球70%左右的文化贸易份额。而2001年中国加入WTO之际，“文化产业尚未形成、文化市场机制不健全”[①]，一旦开放文化市场其面临的冲击可想而知。在这样的背景下，2001年“两会”期间，就有与会代表提出要制定完善的文化产业政策法规，九届全国人大四次会议通过的《中华人民共和国国民经济和社会发展第十个五年计划纲要》也将“完善文化产业政策”作为未来五年重要工作任务[②]。

在总结党的十六大以来发展文化产业的实践与认识的基础上，2011年中共十七届六中全会通过的《中共中央关于深化文化体制改革推动社会主义文化大发展大繁荣若干重大问题的决定》指出：发展文化产业是满足人民多样化精神文化需要的重要途径，要在坚持社会效益首位、社会效益与经济效益相统一的原则下，推动文化产业跨越式发展，使之成为国民经济支柱性产业，成为新的经济增长点、经济结构战略性调整的重要支点、转变经济发展方式的重要着力点，为科学发展提供重要支撑。决定对文化产业的发展提出了四个方面的目标。第一，构建门类齐全、结构合理，富有创新能力和竞争能力的现

① 刘玉珠：《WTO对文化产业的挑战（文艺广角）》，《人民日报》2000年2月25日。
②《中华人民共和国国民经济和社会发展第十个五年计划纲要》，《人民日报》2001年3月18日。叶朗、徐烨：《全国政协九届四次会议大会发言摘编 充分重视文化产业地位》，《人民日报》2001年3月9日。

代文化产业体系。既要壮大出版印刷、影视音乐、演艺娱乐、广告会展等传统文化产业，也要加快发展创意、数字、多媒体、动漫、游戏等新兴文化产业，提升文化产业规模化、集约化、专业化水平，形成产业集群和特色产业。第二，形成公有制为主体、多种所有制共同发展的文化产业格局。培育一批具有核心竞争力的国有或国有控股的大型文化企业，在发展产业和繁荣市场方面发挥主导作用；同时营造公平竞争的法治市场环境，鼓励和引导社会资本以多种形式投资文化产业。第三，推进文化科技创新。把核心技术、关键技术的攻关和自主发展作为传统文化产业和新兴文化产业的突破点与创新点，目标是形成产学研相结合的文化技术创新体系。第四，扩大文化消费。拓展大众文化消费市场，提高基层文化消费水平，发展文化旅游等，以为文化产业发展的提供内生动力[①]。由此来看，中国共产党对于文化产业的战略地位、发展方向、布局与重点等已经有了比较清晰的认识。

在厘清有关文化产业的认识过程中，新的有关市场经济环境中文化事业的认识亦逐步到位。改革开放初期，由于没有文化事业与文化产业的二分认识，加之缺乏实践经验，因而对于经营性和公益性文化单位没有做政策对象上的严格区分，均需不同程度地面向市场“创收”。于是，众多的非经营性文化单位被迫从事经营性文化生产与服务，以弥补政府财政支持下降带来的困境。1987 年文化部、财政部和国家工商局出台了《文化事业单位开展有偿服务和经营活动的暂行办法》，以规范和支持文化经济的发展，这即是 1980 年代开始的“以文补文”模式[②]。在这种模式下，从事有偿服务和经营活动的文化单位，其公益性文化工作必然受到影响，正如李长春所言，“长期以来，

① 参见中共中央文献研究室编：《十七大以来重要文献选编》（下），中央文献出版社 2013 年版，第 573—575 页。

② 张铭清：《文化经济面面观——文化事业“以文补文”活动述评》，《人民日报》1993 年 2 月 22 日。

制约文化发展的体制弊端的一个重要表现，就是把公益性文化事业和经营性文化产业的性质相混淆，事业的职能和企业的功能相混淆。”[①]为此，1997年《中共中央关于进一步做好文艺工作的若干意见》提出了公益性文化事业的概念[②]。党的十六大明确了文化事业和文化产业的二分，标志着中国共产党将公益性文化事业与经营性文化产业郑重区分开来，确立了“一手抓公益性文化事业，一手抓经营性文化产业”的文化发展思路。

以政府为主导发展公益性文化事业，可以说是自党的十六大开始就十分明确的指导思想。当然，随着实践的发展和经验的积累，认识是逐步深化的。中共十六大的报告讲：国家支持和保障文化公益事业，扶持党和国家重要的新闻媒体和社会科学研究机构，扶持体现民族特色和国家水准的重大文化项目和艺术院团，扶持对重要文化遗产和优秀民间艺术的保护工作，扶持老少边穷地区和中西部地区的文化发展等[③]。2005年10月召开的中共十六届五中全会强调要加大政府对文化事业的投入，逐步形成覆盖全社会的比较完备的公共文化服务体系。2006年3月，李长春在全国文化体制改革工作会议上的讲话中提出：“公益性文化事业的根本任务是为人民群众提供基本的公共文化服务……不断满足人民群众最基本的文化需求。”[④]党的十七大进一步提出：“坚持把发展公益性文化事业作为保障人民基本文化权益的主要途径。”[⑤]那么，何为人民群众基本文化权益？回答是，读书看

① 李长春：《文化强国之路：文化体制改革的探索与实践》上册，人民出版社2013年版，第71页。

②《中共中央关于进一步做好文艺工作的若干意见（一九九七年一月十一日）》，《人民日报》1997年5月23日。

③ 参见中共中央文献研究室编：《十六大以来重要文献选编》（上），中央文献出版社2005年版，第31页。

④ 中共中央文献研究室编：《十六大以来重要文献选编》（下），中央文献出版社2008年版，第380页。

⑤ 中共中央文献研究室编：《十七大以来重要文献选编》（上），中央文献出版社2009年版，第28页。

报、听广播看电视、进行公共文化鉴赏、参加公共文化活动。依据中央有关文件规定，文化事业单位主要包括两类：国家兴办的图书馆、博物馆、文化馆（站）、科技馆、群众艺术馆、美术馆等为公益性文化事业单位。另一类是党报、党刊、电台、电视台、通讯社、时政类报刊，少数承担政治性、公益性出版任务的出版单位，重要社会科学研究机构，体现民族特色和国家水准的艺术院团，实行事业体制，由国家重点扶持。政府在加大公共财政对文化事业的支持力度的同时，也在改革和完善国家扶持方式，如引入竞争机制，实行服务外包，对重要公共文化产品、重大公共文化项目和公益性文化活动，采取建立基金、政府采购、定向资助等手段，以增强公共文化服务的活力等。

特别需要指出的是，由发展公益性文化事业出发，中国共产党很快提出了建设公共文化服务体系的任务并付诸实施。2003 年 9 月，时任文化部长孙家正在《光明日报》撰文提出“加强面向全社会的公共文化服务体系的建设”[①]。同年 12 月，李长春在湖南、江西考察时，也提出要“把政府为全社会提供的公共文化服务大大加强起来”[②]。2005 年中共十六届五中全会上，胡锦涛正式提出公共文化服务体系的建设目标，并将其纳入“十一五”规划建议中。2007 年中共中央出台《关于加强公共文化服务体系建设的若干意见》，系统规划了公共文化服务体系建设的目标与路径，以公共文化工程保障公民基本文化权益，以公益性文化事业单位改革增强公共文化产品的生产供给能

① 此前仅有 1996 年《光明日报》刊发的一篇题为《公共文化事业 你还姓“公”吗？》（尹权宇，1996 年 7 月 21 日）的文章，提出“少花钱或不花钱享受公共文化服务，是群众的基本文化权利”，其他少数文章提及公共文化基础设施，但并无公共文化服务的相关概念。孙家正:《关于文化创新问题》,《光明日报》2003 年 9 月 3 日。

② 焦然、陈澎:《李长春在湖南和江西考察时强调 继续发扬优良传统 深入贯彻“三个代表”努力开创宣传思想工作新局面》,《人民日报》2003 年 12 月 19 日。

力，以政府职能转变改善对文化事业的领导[①]。在总结已有实践经验的基础上，中共十七届六中全会通过的《中共中央关于深化文化体制改革推动社会主义文化大发展大繁荣若干重大问题的决定》专节阐述和部署"大力发展公益性文化事业，保障人民基本文化权益"，共有四个方面：第一，构建公共文化服务体系。按照公益性、基本性、均等性、便利性的原则，以公共财政为支撑，以公益性文化单位为骨干，以保障全体人民基本文化权益为主要任务，构建覆盖城乡、结构合理、功能健全、实用高效的公共文化服务体系。第二，发展现代传播体系。提升党报党媒、通讯社、电台电视台等的国内国际传播能力，建设现代高效的国家媒体播控平台。第三，构建优秀传统文化传承体系。保护、传承和弘扬中华优秀传统文化，加大各类历史遗产的保护力度，做好非物质遗产传承工作，加强少数民族特色文化保护等。第四，促进城乡文化一体化发展。重点是通过建设农村文化基础设施和文化服务体系，促进文化下乡和文化惠民，保障农民享有基本文化权益[②]。

总之，伴随新世纪文化体制改革的全面推进，中国共产党形成了公益性文化事业、人民基本文化权益、公共文化服务体系等一系列具有时代特色和内涵的新认识，这些认识对于中国特色社会主义文化建设具有重要的指导意义。

三、坚持中国特色社会主义文化发展道路

改革开放最重要的成果是走出了一条中国特色社会主义发展道

① 参见中共中央文献研究室编：《十六大以来重要文献选编》（下），中央文献出版社2008年版，第1132—1142页。

② 中共中央文献研究室编：《十七大以来重要文献选编》（下），中央文献出版社2013年版，第571—573页。

路。从逻辑上讲，这条道路理所应当地包括中国特色社会主义文化发展道路。但实际上，明确而郑重地提出“中国特色社会主义文化发展道路”要晚得多。2011 年 10 月召开的中共十七届六中全会肯定改革开放特别是党的十六大以来，我们已经“走出了中国特色社会主义文化发展道路”，要求继续“坚持中国特色社会主义文化发展道路”“推动社会主义文化大发展大繁荣”“努力建设社会主义文化强国”[①]。从党中央及其领导人的相关文献看，所谓道路，就是回答怎样建设与发展中国特色社会主义文化的问题尤其是涉及重要关系的处理原则。下面，我们尝试以道路问题为导向，对有“思想意义”的有关认识、原则和方针作一概括。

(一) 精神文明重在建设，以立为本

党的十四大报告提出“精神文明重在建设”。此后，这一方针得到多次重申和解释。所谓“重在建设，就是要以立为本，持之以恒，贵在落实，务求实效”。换言之，就是集中力量抓繁荣，促发展，以高质量的文化产品满足民众不断增长的精神需要；“团结鼓劲，正面引导，不搞‘大批判’，不搞无谓争论。”当然，“在事关政治方向和根本原则的问题上”“要旗帜鲜明，理直气壮，毫不含糊”，不能听之任之。对思想认识问题，则慎重对待，讲究方式方法[②]。这些认识，可以说是在反思历史经验教训的基础上得出的。且不说计划经济时期频繁的文化批判留下的沉痛教训，就是改革开放以后，党在处理思想文化领域的一些争论时，也还不能完全摆脱过去的思维和行为习惯，这表现在，一方面对于具体文化作品和思想观点的直接干预和过度反

① 中共中央文献研究室编:《十七大以来重要文献选编》(下)，中央文献出版社 2013 年版，第 559、560、562 页。

② 中共中央文献研究室编:《十四大以来重要文献选编》(中)，人民出版社 1997 年版，第 1534 页;《江泽民文选》第 3 卷，人民出版社 2006 年版，第 88 页。

应仍不时出现，虽然与此同时避免搞批判运动、避免整人；另一方面对于一些思潮性、方向性的问题的判断和处理或者显得迟钝或者态度不明朗。进入 90 年代以后，在深刻总结历史经验教训的基础上，中共中央明确提出并反复强调，精神文明重在建设、以立为本；党在领导文化建设的过程中，要把主要精力放在具有全局性、导向性的问题上，抓大事，抓方针政策，未雨绸缪、因势利导，不纠缠于具体作品和具体观点，把握好度[①]。1994 年江泽民在全国宣传思想工作会议上，提出宣传思想战线要以科学的理论武装人，以正确的舆论引导人，以高尚的精神塑造人，以优秀的作品鼓舞人。1996 年 1 月，在全国宣传部长会议上江泽民发表讲话，展开阐述了这一思想。实际上，这一思想或方针在很大程度上也适用于整个文化建设。

精神文明“重在建设”“以立为本”，首先要“建”要“立”的是马克思主义；“以科学的理论武装人”首先要以马克思主义理论武装人，这是由马克思主义作为党和国家的指导思想、作为文化建设的指导思想决定的。这里的“建”和“立”包括坚持马克思主义基本原理和发展马克思主义、不断推进马克思主义中国化时代化大众化两个方面。在改革开放最初的十几年中，一方面长期“左”的思想影响导致对待马克思主义的教条主义态度难以短时期内消除，理论阐释严重滞后于实践发展；另一方面国门初开，西方各种现代思潮蜂拥而入，“乱花渐欲迷人眼”。复杂的时代因素综合在一起，导致马克思主义在诸多领域诸多问题上失语。进入 90 年代后，用发展着的马克思主义指导实践、创新马克思主义逐渐成为时代最强音，其中当然蕴含着通过增强马克思主义的理论解释力来改变与作为指

① 参见中共中央文献研究室编：《十四大以来重要文献选编》（上），人民出版社 1996 年版，第 673 页；中共中央文献研究室编：《十四大以来重要文献选编》（中），人民出版社 1997 年版，第 1705 页；中共中央文献研究室编：《十五大以来重要文献选编》（上），人民出版社 2000 年版，第 756 页。

导思想地位不相称的被动境况的目标追求。中共中央决定自2004年开始实施的马克思主义理论研究和建设工程，可以说是里程碑式的举动。实施该工程的指导思想和目标要求十分明确，即立足新的实践，加强马克思主义经典著作的编译和研究工作，准确阐述经典著作中的基本观点，深入研究马克思主义与时俱进的理论品质，破除对马克思主义的教条式理解，澄清附加在马克思主义名下的错误观点；加强对马克思主义中国化理论成果尤其是最新成果的研究和阐释、教育和宣传；等等。

坚持并发展马克思主义是文化建设“以立为本”的首要，但不是唯一。马克思主义是指导文化建设与发展的思想，不是也不可能取代一切文化成果。“重在建设”“以立为本”包括丰富的内涵和广阔的领域，既有严肃深刻“百家争鸣”的哲学社会科学创新，又有多姿多彩“百花齐放”的文学艺术创新，既有现代而繁荣的新闻出版，也有朴实而活泼的群众文化活动，既有阳春白雪的雅文化，也有面向市场消费的大众文化。总之，“内容为王”“创新为要”是“重在建设”和“以立为本”的真谛，目标是确立与社会主义与市场经济与现代化与时代相适应的思想观念、价值取向、道德规范、文化条件和社会风尚。下面，我们以哲学社会科学为例做进一步分析。

自然科学在物质生产和经济发展中的作用显而易见。改革开放后，以经济建设为中心，科技是第一生产力的共识确立后，自然科学受到高度重视亦属合乎逻辑的结果。与自然科学相比，哲学社会科学在很长时期内没有得到应有重视。新中国成立后不断进行的文化批判运动和“左”倾错误思想干扰下的哲学社会科学的扭曲样态，也容易使人们对其产生轻视和误解。进入90年代以后，情况逐步改观。1990年12月，中共十三届七中全会讨论通过的关于经济社会发展十年规划和“八五”计划的建议中，第33条专门讲加强社会科学研究，提出重点加强对建设有中国特色社会主义重大理论问题和实际问题的研究，特别要加强对 90 年代我国经济和社会发展以及改革开放中重大问题的研究；加强对马克思主义基本理论的研究和宣传；加强社会科学研究规划，切实注意社会科学研究队伍的培养和提高。1992 年 9 月，《中共中央关于加强和改进宣传思想工作更好地为经济建设和改革开放服务的意见》，其中第五项内容专门讲“面向实际，加强社会科学理论研究”，指出：“当今世界所有重大问题和复杂问题，都与哲学社会科学有着直接或间接联系。要重视和加强社会科学研究，使之活跃起来、繁荣起来。”《意见》强调社会科学要面向中国改革开放的实际，研究新情况、新问题。同时，要加强对当代资本主义以及西方各种理论和思潮的研究[①]。1996 年中共中央颁布的关于精神文明建设的决议，其中第 17 条专门讲哲学社会科学，要求哲学社会科学“把改革开放和现代化建设的重大理论和实践问题的研究作为主攻方向，积极探索有中国特色社会主义经济、政治、文化的发展规律。要重视基础理论研究，加强重点学科建设。对当代世界的新变化和各种思潮，要注意研究，科学分析，正确认识。认真做好哲学社会科学研究的规划工作，对重大课题要组织力量攻关，多出有价值的研究成果。”[②] 这里特别提出“重视基础理论研究”，显然与此前一直突出强调面向现实的应用研究，导致基础理论研究遭受不同程度的冷遇这一背景密切相关。2001 年 8 月 7 日，江泽民在北戴河同部分国防科技专家和社会科学专家座谈时提出了四个“同样重要”，他说，哲学社会科学的研究能力和成果，也是综合国力的重要组成部分。在认识和改造世界的过程中，哲学社会科学与自然科学同样重要；培养高水平的哲学社会科学家，与培养高水平的自然科学家同样重要；提高全民

---

① 中共中央文献研究室编：《十三大以来重要文献选编》（下），人民出版社 1993 年版，第 2178—2179 页。

② 中共中央文献研究室编：《十四大以来重要文献选编》（下），人民出版社 1999 年版，第 2060 页。

族的哲学社会科学素质，与提高全民族的自然科学素质同样重要；任用好哲学社会科学人才并充分发挥他们的作用，与任用好自然科学人才并发挥他们的作用同样重要。2002 年 7 月，在中国社会科学院建院 20 周年座谈会上，江泽民发表讲话集中阐述了“必须高度重视哲学社会科学的发展”。讲话指出：哲学社会科学是社会主义精神文明的重要组成部分，对于全面提高公民的思想道德素质和科学文化素质不可或缺。“在改革开放和现代化建设的进程中，我们会遇到各种新的重大课题，需要哲学社会科学来研究和回答”，因此，“要努力使我国哲学社会科学的发展，成为我们正确认识世界和改造世界，推动理论创新和先进文化发展，促进党和国家决策的科学化、民主化，推进改革开放和现代化建设的重要力量。我国哲学社会科学界要努力担负起认识世界、传承文明、创新理论、咨政育人、服务社会的职责。”① 对哲学社会科学的地位和作用、对哲学社会科学的研究和建设给予如此高度关注、专门阐述和评价，在中国共产党的历史上是空前的。

在已有认识的基础上，2004 年 1 月，中共中央专门作出《关于进一步繁荣发展哲学社会科学的意见》，这是中国共产党历史也是新中国历史上第一个全面审视哲学社会科学地位、规划哲学社会科学发展的中央文件，具有标志性意义。《意见》对哲学社会科学在中国特色社会主义建设中的地位与作用，繁荣发展哲学社会科学的指导方针、目标任务，实施马克思主义理论研究和建设工程，改革哲学社会科学管理体制，人才队伍建设以及加强党的领导等作出了系统阐述和部署。决定提出了三大努力方向，即力争用十年左右的时间，形成全面反映马克思列宁主义及其中国化理论成果的教材体系，形成具有时代特点、中国特色、中国风格、中国气派、结构合理、门类齐全的

①《江泽民文选》第 3 卷，人民出版社 2006 年版，第 491—492、495—496 页。

哲学社会科学体系，形成人尽其才、人才辈出的人才培养选拔和管理机制。

进入新世纪以后，中国共产党空前重视哲学社会科学，其原因和背景主要在于：一是，随着改革开放和经济社会发展，随着物质文明的迅速进步，一些复杂的社会问题、一些深层次的社会矛盾亟须作出科学的分析和说明，而单靠技术的进步解决不了这些问题，于是，哲学社会科学作为经济与社会发展的思想库，愈来愈受到重视。二是，哲学社会科学在民族国家的文化发展中具有基础性地位。一个国家哲学社会科学的水平，在很大程度上反映着国家的文化积累和文化实力，决定着国民的文化素质和思想水准，是综合国力的重要体现和组成部分。当中国经过几十年的改革开放国家经济实力得到巨大提升后，当物质现代化的饥渴得到初步缓解后，当国民素质在诸多方面落后于物质进步后，当中国在日益频繁的国际文化交往中深感哲学社会科学的滞后甚至失语后，从执政党到一般知识分子对哲学社会科学的作用便有了不同以往的体认，重视并采取有效手段促进哲学社会科学的繁荣，便是合乎历史和逻辑的举动了。“重在建设”“以立为本”也有了牢固抓手和具体体现。

（二）“弘扬主旋律，提倡多样化”

弘扬主旋律，提倡多样化，是在进入1990年代后，中国共产党面对市场经济和全方位对外开放条件下人们精神文化需求的多样性多变性迅速发展、文化创造与传播的新形态新方式迅速发展、各种价值观的竞争日趋激烈等时代特点而提出的文化建设与发展方针。实际上，早在1991年庆祝中国共产党成立70周年的讲话中，江泽民就提出：“要鼓励深入研究我国建设和改革的现实问题，鼓励创作更多健康文明、积极向上、为人民大众喜闻乐见的作品。在这些作品中，反映社会主义时代精神应该成为主旋律。”[①] 1994年1月《在全国宣传思想工作会议上的讲话》中，江泽民展开阐述了“弘扬主旋律，提倡多样化”的方针，他说：“弘扬主旋律，就是要在建设有中国特色社会主义的理论和党的基本路线的指导下，大力倡导一切有利于发扬爱国主义、集体主义、社会主义的思想和精神，大力倡导一切有利于改革开放和现代化建设的思想和精神，大力倡导一切有利于民族团结、社会进步、人民幸福的思想和精神，大力倡导一切用诚实劳动争取美好生活的思想和精神。”与此同时，“社会生活是丰富多彩的，人民群众的精神文化需求也是多方面、多层次的。只要是能够使人民得到教育和启发、得到娱乐和美的享受的精神产品，都应受到欢迎和鼓励。”[②] 可以说，弘扬主旋律，提倡多样化，是“二为”方向和“双百”方针在历史发展新阶段的具体体现。

1992年9月《中共中央关于加强和改进宣传思想工作更好地为经济建设和改革开放服务的意见》指出：“由于‘左’的思想影响，长期以来，在对文艺功能、文艺目的和文艺标准的认识上，存在着片面性。文艺有娱乐、审美、认识、教育等多方面的作用。我们应当十分重视和努力发挥文艺的思想教育作用，同时要充分发挥文艺的认识、审美、娱乐作用。我们要提倡多创作政治思想上有益、群众喜闻乐见的作品，也不反对政治思想上无害、艺术上较好、群众喜闻乐见的作品。”[③] 有了这一认识基础，弘扬主旋律，提倡多样化的方针也就能够概括出来了。从吸取80年代和市场经济大潮涌起后文艺工作的经验教训出发，1996年中共中央关于精神文明建设的决议有针对性地指出：“对文艺工作的领导，既要防止横加干涉，又要防止疏于引

①《江泽民文选》第1卷，人民出版社2006年版，第159页。
② 中共中央文献研究室编：《十四大以来重要文献选编》（上），人民出版社1996年版，第656页。
③ 中共中央文献研究室编：《十三大以来重要文献选编》（下），人民出版社1993年版，第2180页。

导。”一方面要尊重文艺创作的规律，“使文艺工作者的创造精神得以充分发挥，艺术风格和艺术形式得以自由发展”；另一方面，“那种淡漠‘二为’方向、远离群众实践的倾向，那种迎合低级趣味、‘一切向钱看’的倾向，那种鄙薄革命文艺传统、推崇腐朽文艺思潮的倾向，都是错误的，应该坚决反对。”①

“文艺是民族精神的火炬，是人民奋进的号角”，文艺唱响主旋律，就必须弘扬民族精神，讴歌英雄的时代，讴歌波澜壮阔的现实，“给人民以信心和向上的力量”，实现以优秀作品鼓舞人的目的，“使弘扬主旋律与提倡多样化完满地统一起来”②。在1996年12月第六次文代会上江泽民发表讲话，展开阐述了“中国社会主义文艺发展和繁荣的最深刻根源，在中国人民的历史创造活动之中”。他有针对性地指出：在不断扩大开放的环境中发展和繁荣的当代中国文艺，“如果丧失自己的创造能力，盲目崇拜、照搬西方资本主义的价值观念，结果只能是亦步亦趋，变成人家的附庸。历史和现实都告诉我们，国家要独立，不仅政治上、经济上要独立，思想文化上也要独立。植根中国社会主义现代化建设的实践，反映中国人民创造自己新生活的进程和中华民族自强不息的精神，是中国社会主义文艺的立身之本。”③2001年12月，在第七次文代会上，江泽民的讲话进一步阐述了“文艺是民族精神的火炬”这一思想。他从当今世界激烈的综合国力竞争包括文化竞争的时代背景出发来论证这一问题，指出“一个民族，没有振奋的民族精神，没有高尚的民族品格，没有坚定的民族志向，不可能自立于世界先进民族之林。”中国在悠久的历史进程中，不断培

① 中共中央文献研究室编:《十四大以来重要文献选编》（下），人民出版社1999年版，第2059页。

② 中共中央文献研究室编:《十四大以来重要文献选编》（下），人民出版社1999年版，第2151—2152页。

③ 中共中央文献研究室编:《十四大以来重要文献选编》（下），人民出版社1999年版，第2151—2152、2155页。

育和发展着中华民族精神，“最突出的就是团结统一、独立自主、爱好和平、自强不息的精神。”“文艺是民族精神的火炬，是人民奋进的号角。在培育和弘扬民族精神方面，文艺可以发挥独特的重要作用。”讲话希望当代中国的文艺工作者“努力创作出弘扬中华民族的民族精神和我们时代的进步精神的作品”①。

胡锦涛继续坚持弘扬主旋律、提倡多样化的文艺方针，同时结合新世纪新阶段的特点加以发展，这突出表现在强调文艺要讴歌时代和人民，鼓励文艺创新两个方面。在2006年第八次文代会、2011年第九次文代会上的讲话，胡锦涛均着重提出文艺工作者要担当起时代赋予的神圣使命，积极投身讴歌时代的文艺创造活动。只有与时代同步伐，踏准时代前进的鼓点，回应时代风云的激荡，领会时代精神的本质，文艺才能具有蓬勃的生命力，才能产生巨大的感召力。文艺工作者要“始终坚持以人为本，更加自觉、更加主动地承担起为人民抒写、为人民放歌的历史责任。”要把人民满意作为最高标准，不断创作出思想性艺术性观赏性相统一、人民喜闻乐见的优秀作品，把更好更多的精神食粮奉献给人民。与此同时，在强调改革创新的总体国家发展战略背景下，胡锦涛提出了文艺创新问题，要求“一切有理想有抱负的文艺工作者，都要大力发扬创新精神，积极开拓文艺的新天地。大力推进文艺观念、内容、风格、流派的积极创新，大力推进文艺体裁、题材、形式、手段的充分发展”，创作出更多具有中国特色、中国风格、中国气派的优秀作品②。

进入新世纪后，弘扬或高扬主旋律言说频率日益增高，而“提倡多样化”相比之下则逊色得多。原因很简单，在市场经济、多元社会、全球化、信息化的时代，多元与多样是文化发展内在趋势，无须

①《江泽民文选》第3卷，人民出版社2006年版，第399—402页。
② 中共中央文献研究室编:《十六大以来重要文献选编》(下)，中央文献出版社2008年版，第754、756页。

提倡。对于中国共产党而言，这种多样和多元是客观存在，需要容纳和正视。但同时，如果任其发展不加引导，就会危及指导思想的一元和社会主义核心价值观的主导地位。如何引导？如何对冲文化多元发展可能带来的不利影响？弘扬主旋律的作用由此凸显。

在弘扬主旋律、提倡多样化的总方针下，中共中央还相继提出了“唱响主旋律、不要搞‘噪音’”“唱响主旋律、打好主动仗”“弘扬主旋律、传播正能量”等要求，主要用在舆论传播领域，强调新闻舆论要以正面宣传为主，把握正确的舆论导向。由此，弘扬主旋律，又成为塑造主流舆论、营造社会健康舆论环境的重要手段。

改革开放以来，在解放思想的大氛围中，如何看待新闻舆论的功能和作用一直是摆在中国共产党面前的重大课题。不搞西方式的新闻自由，坚持新闻的党性原则，坚持正面报道为主，应该说是中共中央一直都很明确且三令五申的立场。然而，在80年代反“自由化”特别是1989年政治风波期间，舆论宣传的无力甚至失控的教训，促使中共中央深刻反思。在政治风波刚刚过去的1989年11月，中宣部举办新闻研讨班，新任总书记江泽民和主管意识形态工作的中央领导人李瑞环均发表长篇讲话，集中阐述“坚持正面宣传为主的方针”，要求新闻报道“有利稳定，有力鼓劲，只能帮忙，不能添乱”。讲话重申“我们的新闻工作是党的整个事业的一个重要组成部分。因此不言而喻，必须坚持党性原则。”“新闻的党性同新闻的人民性，两者是统一的。”将党性与人民性对立起来，主张人民性高于党性、主张新闻自由是错误的。所谓“正面”所谓“为主”，概言之，就是“一切鼓舞和启迪人们为国家的富强、人民的幸福和社会的进步而奋斗的新闻舆论”。“批评与揭露性的报道只能占次要位置，并且要十分注意把握分寸。”“无论是表扬还是批评，最后都要给人以力量，给人以信心，给人以勇气，给人以希望。”只有如此，新闻报道才能正确地、充分地发挥舆论导向作用[1]。1992年1月，李瑞环在全国宣传部长会议上发表讲话，提出："团结、稳定、鼓劲"，以正面宣传为主，是宣传思想工作必须长期坚持的方针[2]。日后，江泽民在许多场合均反复提出"舆论导向"问题，指出"舆论导向正确，是党和人民之福；舆论导向错误，是党和人民之祸"；强调"坚持正确的舆论导向，首先要把握好报刊、通讯社、广播电台、电视台、出版社的宣传方向，把这些阵地牢牢地掌握在我们党手里，掌握在马克思主义者手里""新闻舆论工作要紧紧围绕经济建设这个中心，服从和服务于全党全国工作的大局"[3]，等等。进入新世纪后，在坚持上述指导思想和原则的基础上，胡锦涛进一步提出围绕中心，服务大局，贴近实际、贴近生活、贴近群众的要求。在上述方针的指导下，自1990年代起尤其是进入新世纪后，新闻舆论在重大政治与社会活动、突发性公共事件、日常新闻报道中均愈来愈充分地"高扬主旋律"，起到了团结鼓劲、提供正能量的作用。

进入新世纪后，弘扬主旋律的另一个作用场域是新兴的网络文化空间。互联网的迅猛发展，带来了传播手段的深刻变革，催生了新的文化生产和传播方式，形成了特色鲜明的网络文化，这对传统主流媒体的影响力提出了新挑战，成为摆在执政党面前的重大课题。面对这一课题，中共中央制定了"积极利用、科学发展、依法管理、确保

---

① 中共中央文献研究室编：《十三大以来重要文献选编》（下），人民出版社1993年版，第730、769、733—735、740—741、771、776页。实际上，1980年代后期，在反对资产阶级自由化的过程中，中共中央已经认识到"必须紧紧抓住正面教育这个环节"，要求通过十一届三中全会以来建设和改革的实际成果，使四项基本原则和改革开放深入人心。参见中共中央文献研究室编：《十二大以来重要文献选编》（下），人民出版社1988年版，第1404页。

② 中共中央文献研究室编：《十三大以来重要文献选编》（下），人民出版社1993年版，第1896、1898页。

③ 中共中央文献研究室编：《十四大以来重要文献选编》（上），人民出版社1996年版，第653页；《江泽民文选》第1卷，人民出版社2006年版，第501—502、564、565页。

安全”的方针，抓住建设和管理两个关键环节发力，提出唱响网络空间主旋律、形成网上正面舆论强势、保证网络文化健康发展的任务。为此，支持重点新闻网站的建设与发展，努力打造一批在国内外有较强影响力的综合性网站和特色网站，不断扩大主流媒体的辐射力和影响力；加强网络传播内容建设，推动优秀传统文化和当代文化精品的网络传播，鼓励网民创作格调健康的网络文化作品；加强网络法制建设，加快形成法律规范、行政监管、行业自律、技术保障、公众监督、社会教育相结合的互联网管理体系；等等。

从文化建设的总体来看，弘扬主旋律、提倡多样化，重点是要解决社会主义市场经济条件下，如何认识和处理主流文化与亚文化、主导意识形态与大众文化的关系问题。这一思想背后折射的是中国共产党引领文化发展之方式的与时俱进。进而言之，过去简单的机械的意识形态刚性约束已难以为继，在尊重文化特点和发展规律、准确研判时代特点的基础上，党需要以更柔性更深潜更理性但更有效的途径和符合市场经济、法治社会、现代化要求的方式，通过资金支持、项目引导、政策倾斜、制度支撑等引领文化发展，做到多样而有序，繁荣而不失主导。

（三）以文化体制改革推动文化发展

改革为中国特色社会主义事业注入强大动力，这一结论同样适用于中国特色社会主义文化建设与发展。不过，由于文化的意识形态属性，人们的认识和实践均落后于其他领域。1980 年代后期至 1990 年代初期，在经济、政治、科技、教育等领域的改革已经陆续展开且有声有色地推进的情况下，文化领域的改革亦悄悄启动。1988 年，时任文化部长王蒙在全国文化厅（局）长电话会议上，曾将文化体制改革作为当年文化工作的中心任务①。1992年党的十四大正式提出了推进文化体制改革的要求。1996年中共十四届六中全会确认“改革文化体制是文化事业繁荣和发展的根本出路”②。但是，如何改革尚不清楚。在1990年代，中共中央文件偶尔提及的文化体制改革，基本停留在“完善文化经济政策，依法加强文化市场管理”上③。文化体制改革更多是市场经济在文化领域的应有表达，本质上还是附属于经济体制改革。其主要举措是学习经济体制改革的经验和做法，鼓励文化单位搞经营“以文补文”。其次是允许非公有制经营性文化实体的存在等。这些改革冲破了单纯从意识形态角度看待文化和文化资源国家化的既有理念与做法，拉开了文化体制改革的序幕。但改革缺乏总体规划，只能是零敲碎打，而且带来一系列问题，特别是“以文补文”的改革举措，使得“应该由政府保障的公益性文化单位挤占公共文化资源去搞本单位创收，应该走向市场的国有经营性文化单位游离于市场之外”④。

进入新世纪后，中国总体上实现小康，人民精神文化需要空前增长；市场经济体制基本确立并加速向各个领域扩展，文化市场与文化消费已经成为必须重视的现实；文化与经济与科技结合，带来的巨大经济效益越来越显著；中国加入WTO后面对的发达国家文化产业与文化产品的冲击需要正视。所有这一切，均要求中国共产党把文化体制改革提到议事日程上来，尽快形成明确的认识和方案。2002年党的十六大要求尽快制定文化体制改革总体方案，2003年6月文化

① 陈原:《王蒙提出当前文化工作中心任务 今年要加快深化文化体制改革》,《人民日报》1988年1月9日。
② 中共中央文献研究室编:《十四大以来重要文献选编》(下)，人民出版社1999年版，第2061页。
③ 中共中央文献研究室编:《十四大以来重要文献选编》(上)，人民出版社1996年版，第547页。
④ 李长春:《文化强国之路：文化体制改革的探索与实践》上册，人民出版社2013年版，第255页。

体制改革试点工作会议召开，部署试点单位和试点地区。十六届三中全会进一步确定了深化文化体制改革的总体思路和目标要求。十六届四中全会提出要深化文化体制改革，解放和发展生产力。2005 年 12 月《中共中央、国务院关于深化文化体制改革的若干意见》出台，对文化体制改革作出总体性系统性部署。2011 年十七届六中全会通过的《中共中央关于深化文化体制改革推动社会主义文化大发展大繁荣若干重大问题的决定》，在总结改革实践经验的基础上，对推进文化改革发展的重要性和紧迫性、指导思想、目标任务、重要方针、重大举措等作出了全面阐述，可以说集中国共产党文化体制改革思想之大成。

从思想史的角度看，就中国共产党而言，科学认识文化产品的意识形态属性与商品属性、社会效益与经济效益，对于文化改革发展至关重要。在 1990 年代，党内外在这个问题上进行了长时间且较为深入地探讨。文化产品具有商品属性、存在经济效益，文化产品市场化趋势难以避免等结论，几乎无人否认。但是，另一方面，由于传统观念的制约，由于文化市场早期出现的不同程度的低俗、无序甚至野蛮状态，导致人们对文化市场化前景忧心忡忡。一些文艺工作者指出，“精神生产有自己的独特规律，文艺创作不能完全市场化，搞市场经济要防止‘见物不见人’的偏向”[①]。还有学者指出，大多数文化产品具备的意识形态属性，“决定了它们绝不能简单地、消极地去适应市场运行的一般法则形式”[②]，不能听任市场竞争、供求关系以及商业利益决定其升降沉浮，国家应当以各种手段实行调控。实际上，这些意见有许多是合理的，在忧虑中起到未雨绸缪的作用；但同时，也有些意见字里行间或隐或现地存在把文化产品的意识形态属性与商品

①《一些艺术家学者实际工作者认为 加强精神文明建设必须深化改革》，《光明日报》1993 年 6 月 11 日。

② 丰聚、于峰、恒杰：《文化市场建设需要理论》，《光明日报》1996 年 12 月 18 日。

属性、社会效益与经济效益对立起来的倾向。

在长期实践探索和已经达成的基本共识的基础上，李长春在2003年召开的文化体制改革试点工作会议上发表长篇讲话，其中就讨论了对于文化体制改革而言具有思想前提意义的问题。他指出，我国已实现由计划经济体制向社会主义市场经济体制的转变，而“我们在许多方面还习惯于用计划经济的手段管文化、办文化”，游离于市场经济之外，因此，首要的是“要从计划经济体制下形成的传统文化发展观中解放出来，树立与社会主义市场经济体制相适应的新的文化发展观。”要在思想上明确，市场经济条件下，“文化特别是经营性文化产业必须面向市场”。而树立新的文化发展观的关键，是正确认识文化产品的意识形态属性和产业属性。一方面，注重意识形态属性，把社会效益放在首位；另一方面也注重产业属性。“在社会主义市场经济条件下，文化产品的生产和传播，绝大部分都要进入市场，遵循市场规则，通过商品交换，转化为群众的消费。也就是说，只有把文化产品变为商品，变为广大群众的消费，才能最大限度地实现文化的宣传教育功能，强化它的意识形态属性，达到以优秀作品鼓舞人的目的。就这个意义上讲，文化产品的意识形态属性与产业属性是紧密相连的，占领市场和占领意识形态阵地是统一的，社会效益和经济效益是一致的。只有更好地占领市场，才能更多地占领阵地。”“经济效益越好，社会效益就越实在”[①]。在党的历史上，如此展开地为文化产品的商品属性、产业属性和市场化正名尚属首次。也是在这个讲话中，李长春提出了“文化生产力是社会生产力的重要组成部分”，通过改革“解放文化生产力”等新论断，以为文化体制改革寻求更有力的支持[②]。翌年

① 中共中央文献研究室编:《十六大以来重要文献选编》(上)，中央文献出版社2005年版，第342—343页。
② 中共中央文献研究室编:《十六大以来重要文献选编》(上)，中央文献出版社2005年版，第341、346页。

召开的中共十六届四中全会将“深化文化体制改革，解放和发展文化生产力”写入《中共中央关于加强党的执政能力建设的决定》中，并在日后不断加以强调，集中反映了党对文化体制改革之必要性和重要性的认识。

就文化体制改革本身而言，经过试点、探索，到2005年12月，其基本思路与主要举措已经清晰，此后又进一步完善，到2011年十七届六中全会达到成熟。大体说来，按照“区别对待、分类指导，循序渐进、逐步推开”的工作原则，文化体制改革主要围绕以下几个方面展开：首先，重塑市场主体，国有经营性文化单位转企改制，面向市场，发展文化产业，以满足民众多方面、多层次、多样化的精神需求；以文化事业单位为骨干、国家财政为支撑，构建公共文化服务体系，以保障民众基本文化权益，其中包括文化事业单位内部在人事、财务、社会保障等方面的改革，以提高公共文化产品与服务的供给质量。关于文化产业与文化事业的改革发展前文已有了论及，此处不赘。

其次，建立健全现代文化市场体系。打破按地区、部门和行政级次分配文化资源与产品的传统体制，打破条块、地区、城乡之间的分割、封锁、隔离，形成统一、开放、竞争、有序的现代文化市场体系，促进文化产品与文化生产要素在全国范围内合理流动。再次，加快转变政府职能，创新文化管理体制。总的要求是：推进政企分开、政资分开、政事分开、政府与市场中介组织分开，强化政策调解、市场监管、社会管理和公共服务职能，实现由办文化为主向管文化为主转变，由管微观向管宏观转变。最终目标是健全科学高效的党委领导、政府管理、行业自律、企事业单位依法运营的文化管理体制。

复次，把体制机制创新与文化创新特别是文化科技创新结合起来，以创新促发展。十七大的报告便突出了文化创新包括内容形式、体制机制、传播手段、生产方式等创新之于增强文化发展活力、实现文化繁荣的意义。十七届六中全会通过的“决定”更专节阐述了“推进文化科技创新”。在信息技术高度发达的当今时代，谁的传播手段先进、传播能力强大，谁的思想文化和价值观念就能更广泛地流传，谁的文化产品就能更有力地影响世界。数字技术的迅猛发展和广泛应用，极大地增强了文化的创造力和传播力，催生了一系列新的文化业态和新的表现形式。可以说，科技创新与体制机制创新一样是加快文化发展的强大动力。正是基于上述认识，中共中央明确提出：抓住信息化深入发展的历史机遇，加快文化与科技融合，包括积极利用高新技术改造传统文化产业，大力发展战略性新兴文化产业；建立健全以企业为主体、市场为导向、产学研相结合的文化创新体系，加强核心技术、关键技术、共性技术的攻关，增强文化产业核心竞争力；充分运用高新技术加快构建覆盖广泛、技术先进的文化传播体系，切实增强文化传播力和文化感染力；等等[①]。

文化体制改革极大地释放和激发了文化创造与传播的活力，这表现在方方面面，在此仅举出最宏观的数据，资料显示，自 2003 年至 2012 年的 10 年间，文化产业增加值年均在 15% 以上，超过同期 GDP 平均值 6%—7%；截至党的十八大，从国家到行政村的六级公共文化服务网络已经建立，广播电视覆盖率达 97%[②]。短时期内取得

① 参见中共中央文献研究室编:《十七大以来重要文献选编》(中)，中央文献出版社 2011 年版，第 780—781 页；中共中央文献研究室编:《十七大以来重要文献选编》(下)，中央文献出版社 2013 年版，第 575 页。

② 参见蔡武:《国务院关于文化产业发展工作情况的报告——2010 年 4 月 28 日在第十二届全国人代表大会常务委员会第十四会议上》(2010 年 4 月 28 日)，中国人大网，网址：http:/www.npc.gov.cn/npc/c12491/201004/855231888db549b4876646c73aa28747.shtml；张贺:《文化体制改革 造福文化民生》,《人民日报》2012 年 4 月 20 日;《十七大以来文化建设成就系列——公共文化服务体系建设专题新闻发布会主报告（全文）》(2012 年 6 月 13 日)，央视网，网址：http://news.cntv.cn/china/20120613/112752.shtml。

如此巨大的成就得益于文化体制改革的大刀阔斧。中共十七届六中全会提出“以改革创新为动力”“以改革促繁荣、促发展”，这一结论既是对未来的期许，也是历史经验的总结。

第十章　坚定文化自信、建设社会主义文化强国

从党的十八大开始，中国特色社会主义新时代帷幕徐徐拉开。党的十八大以来，习近平作为总书记高度重视文化建设，发表一系列讲话，提出文化建设与发展的一系列新思想新理念新战略，形成富有新时代特点的理论创新，构成习近平新时代中国特色社会主义思想的重要组成部分。可以说，习近平是改革开放以来讲文化频率最高、篇幅最长的党和国家领导人，从世界文明、全球视野和中国历史“长时段”审视文化，对文化的地位与作用做出具有鲜明时代内涵的新论述，是其文化思想的突出特征；中国本位，即植根于源远流长的中华优秀传统文化、立足于中国特色社会主义伟大实践，发展创新当代中国文化，发扬光大中华文化，构成其文化建设思想的重要内容；问题导向是习近平治国理政的特点，这在他新时代文化建设思想中亦体现于各个方面。下面，我们尝试做一归纳和分析。

一、文化自信是更基础更广泛更深厚的自信

从世界文明、全球视野和中国历史“长时段”审视文化，对文化的地位与作用做出具有鲜明时代特点的新言说新评价，是习近平看当代中国文化的突出特征之一。

2014 年 10 月，在文艺工作座谈会上习近平指出，为什么要高度重视文艺和文艺工作？这个问题，首先要放在我国和世界发展大势中

来审视。因为“人类社会每一次跃进，人类文明每一次升华，无不伴随着文化的历史性进步。”“每到重大历史关头，文化都能感国运之变化、立时代之潮头、发时代之先声，为亿万人民、为伟大祖国鼓与呼。”[①] 2016年5月，在哲学社会科学座谈会上他再次论及“观察当代中国哲学社会科学，需要有一个宽广的视角，需要放到世界和我国发展大历史中去看。人类社会每一次重大跃进，人类文明每一次重大发展，都离不开哲学社会科学的知识变革和思想先导。”[②] 在上述两个座谈会上，他列举了古今中外曾产生过广泛影响的文学家、思想家，谈到人类历史上曾产生过深远影响的几大文明。在出访国外发表的演讲和文章中，他也经常谈及受访国或地区的历史与文化，有时还要浓墨重彩地加以描绘。作为一个政治领袖，这绝不仅仅是抒发个人的历史幽思、文化情怀，而是内含着深刻的社会与政治意义。

从人类历史特别是第二次世界大战后的国际经验看，对人类影响最深远的是文化。无论是古希腊文明，还是中华文明，其一直影响至今的还是作为精神文明的文化，是苏格拉底、柏拉图，是孔子、孟子等作为表征的思想。就人类现代史而言，一个国家的强盛，首先是经济实力的迅速增长，接着是军事实力的壮大，最后是文化影响力的持续。一个不争的事实是，在经济实力、科技实力与军事实力相当的情况下，比拼的恐怕就是文化影响力了。一些著名学者对此有深刻论述，丹尼尔·帕特里克·莫伊尼汉提出，“对一个社会的成功起决定作用的，是文化，而不是政治。”[③] “软实力”概念提出者约瑟夫·奈指出：“软实力是一种依靠吸引力而非通过威逼或利诱的手段来实现

① 中共中央文献研究室编：《十八大以来重要文献选编》（中），中央文献出版社2016年版，第119、121页。

② 习近平：《在哲学社会科学工作座谈会上的讲话》（2016年5月17日），《人民日报》2016年5月19日。

③［美］塞缪尔·亨廷顿、［美］劳伦斯·哈里森主编：《文化的重要作用——价值观如何影响人类进步》，程克雄译，新华出版社2002年版，第3页。

目标的能力。一个国家的软实力主要来源于其文化、价值观和政策（包括对内政策和对外政策两个方面）。”[①]

新时代的中国正迎来从站起来、富起来到强起来的伟大历史性飞跃，正日益走近世界舞台中央。中国的经济实力、科技实力、军事实力和由此构成的综合国力已经居于世界前列。中华民族比任何时候都更接近也更有能力和信心实现伟大复兴的中国梦。这是一个需要用宏阔的国际视野审视当代中国文化发展的时代，中国也有资格和实力以全球视野谋划当代中国文化建设与发展。“中国人民不仅将为人类贡献新的发展模式、发展道路，而且将把自己在文化创新创造中取得的成果奉献给世界。”[②] 这也是大国担当、大国影响力的重要体现。

2015 年 9 月，习近平在纽约联合国总部出席第七十届联合国大会一般性辩论时发表演讲，提出构建人类命运共同体的主张。此后，在一些重要场合他不断重申这一主张并获得国际社会越来越广泛的响应。命运共同体当然要基于共同的利益，但是仅有利益联结无疑是脆弱的，真正的命运共同体需要共同的价值追求。而“和平、发展、公平、正义、民主、自由”，是全人类的共同价值。让文化和共同的价值观成为世界和平与发展的深层支撑、成为构建人类命运共同体的牢固人文基础，是习近平从国际宽视野审视文化的另一时代内涵。

贯通历史与现实，在宏阔的历史纵深与历史比较中分析、说明问题，是习近平新时代中国特色社会主义思想的一个鲜明理论品格，这同样体现在文化方面。在大历史观中、在中国历史“长时段”中审视中国特色社会主义文化，是习近平看文化的重要特点。他经常谈及中华文明五千年的悠久历史和源远流长的传统文化，把五千年的中华

---

① 约瑟夫·奈:《提升国家软实力是中国的明智战略（大家手笔）》,《人民日报》2015 年 2 月 16 日。

② 习近平:《在中国文联十大、中国作协九大开幕式上的讲话（2016 年 11 月 30 日）》,《人民日报》2016 年 12 月 1 日。

文明史和近代以来中国人民为民族复兴而艰辛探索而努力奋斗的历史——鸦片战争以来的历史、中国共产党历史、新中国历史、改革开放历史——贯通起来，把中华五千年文明史和中华民族伟大复兴的前景贯通起来，高屋建瓴，纵论古今，提升对文化重要性的认识，激发文化自豪感，砥砺文化发展与创新的时代感、责任感。

正是在国际宽视野和中国历史“长镜头”中，习近平对文化的地位与作用有了中国共产党历史上没有过或没有如此明确过的创新性认识和论断。这突出表现在对文化于民族和国家的根基、灵魂、标识、于经济社会的引领性作用等认识上。他在不同场合不断论及，文化是民族生存和发展的重要力量，是一个国家、一个民族的灵魂；无论哪一个国家、哪一个民族，如果不珍惜自己的思想文化，丢掉了思想文化这个灵魂，不仅不可能发展起来，而且很可能上演一幕幕历史悲剧；一个没有精神力量的民族难以自立自强，一项没有文化支撑的事业难以持续长久；一个国家、一个民族的强盛，总是以文化兴盛为支撑的，没有先进文化的积极引领，没有人民精神世界的极大丰富，没有民族精神力量的不断增强，一个国家、一个民族不可能屹立于世界民族之林；植根于五千多年文明沃土的中华文化，积淀着中华民族最深沉的精神追求，代表着中华民族独特的精神标识，是中国人民胜利前行的强大精神力量；等等[①]。

西方马克思主义法兰克福学派的代表人物尤尔根·哈贝马斯提

① 参见中共中央文献研究室编：《十八大以来重要文献选编》（上），中央文献出版社 2014 年版，第 280 页；习近平：《在纪念孔子诞辰 2565 周年国际学术研讨会暨国际儒学联合会第五届会员大会开幕会上的讲话（2014 年 9 月 24 日）》，《人民日报》2014 年 9 月 25 日；中共中央文献研究室编：《十八大以来重要文献选编》（中），中央文献出版社 2016 年版，第 121 页；《习近平：在纪念红军长征胜利 80 周年大会上的讲话》（2016 年 10 月 21 日），新华网，网址：http://www.xinhuanet.com/politics/2016-10/21/c_1119765804.htm；谢环驰：《习近平在山东考察强调 认真贯彻党的十八届三中全会精神 汇聚起全面深化改革的强大正能量》，《人民日报》2013 年 11 月 29 日。

出："每一个政治共同体都必须依靠一种共同的政治文化的整合力量，否则它就会分崩离析。"① 从民族国家这一最重要的政治共同体看，文化的整合与凝聚作用在中国表现得尤为突出。中华民族生生不息、饱受挫折又不断浴火重生，都离不开中华文化的有力支撑。换言之，中华文明从远古一直延续发展到今天"很重要的一个原因，是我们民族有一脉相承的精神追求、精神特质、精神脉络""培育和发展了独具特色、博大精深的中华文化"。古往今来，中华民族之所以在世界有地位、有影响，不是靠穷兵黩武，不是靠对外扩张，而是靠中华文化的强大感召力和吸引力。"中华文化既坚守本根又不断与时俱进，使中华民族保持了坚定的民族自信和强大的修复能力，培育了共同的情感和价值、共同的理想和精神。"展望未来，中华民族伟大复兴当然包括中华文化的复兴，"没有中华文化繁荣兴盛，就没有中华民族伟大复兴。一个民族的复兴需要强大的物质力量，也需要强大的精神力量。"② "没有文明的继承和发展，没有文化的弘扬和繁荣，就没有中国梦的实现""实现中国梦，是物质文明和精神文明比翼双飞的发展过程""是物质文明和精神文明均衡发展、相互促进的结果。"③

回顾党的历史，可以看到，习近平对于文化地位与作用的论述有着明显的时代创新性。以往，无论是搞革命、建设，还是搞改革开放，中国共产党对于文化乃民族之根之纽带的作用不能说没有认识，但并未突出言说和强调。相反，无论是回看历史还是展望未来，均突出的是经济基础的决定性作用，或者说在生产力与生产关系、经济基础与上层建筑、经济与政治的关系中审视和言说民族与国家的发展。

---

① ［德］尤尔根·哈贝马斯：《后民族结构》，曹卫东译，上海人民出版社 2002 年版，第 251 页。

② 中共中央文献研究室编：《十八大以来重要文献选编》（中），中央文献出版社 2016 年版，第 119—121 页。

③ 习近平：《在联合国教科文组织总部的演讲（2014 年 3 月 27 日，巴黎）》，《人民日报》2014 年 3 月 28 日。

这当然是对的，既符合马克思主义基本原理，也是革命、建设、改革实践的需要。但是，这也往往导致程度不同地对文化地位与功能的某种忽视或认识不到位。与此相关，长期以来，中国共产党从决定论和能动论出发，强调的是文化对于革命与建设的配合作用在很多时候实际上是配角地位。改革开放后，亦复如此，只不过是由过去从属于政治转变为服务于经济建设中心而已。及至科学发展观提出后，在以人为本的理念下，开始突出文化对于满足人民日益增长的复杂精神需要的意义。文化是民族血脉、人民精神家园等词汇的出现，表征着对文化地位与作用认识的积极调整。上述认识都有历史、理论、实践的合理性和必然性，也是党的十八大以后，习近平提出创新性见解的基础。由此出发，习近平进一步从国家与民族的悠久历史传承与文明根基、从兴国强国之魂的高度认识文化，这一创新并不是否定过去的认识，而是同向而行，使之更丰富更具时代性。

在中国特色社会主义新时代，对文化战略地位与作用之新认识的另一重要表征是文化自信命题的提出和阐释。在国际与国内、历史与现实的宽视野、大历史观中，习近平将文化自信提升到与道路自信、理论自信、制度自信并列的地位，并进一步指出“文化自信，是更基础、更广泛、更深厚的自信”[①]。实际上，早在2014年10月召开的文艺工作座谈会上，习近平就论及“增强文化自觉和文化自信，是坚定道路自信、理论自信、制度自信的题中应有之义。”[②] 2016年5月在哲学社会科学工作座谈会上，习近平进一步提出，“我们说要坚定中国特色社会主义道路自信、理论自信、制度自信，说到底是要坚定文化自信。”[③] 同年7月1日，在庆祝中国共产党成立90周年大会

① 习近平：《在庆祝中国共产党成立95周年大会上的讲话（2016年7月1日）》，《人民日报》2016年7月2日。

② 中共中央文献研究室编：《十八大以来重要文献选编》（中），中央文献出版社2016年版，第135页。

③ 习近平：《在哲学社会科学工作座谈会上的讲话（2016年5月17日）》，《人民日报》2016年5月19日。

上，习近平明确提出了坚定中国特色社会主义道路自信、理论自信、制度自信、文化自信，引起广泛关注。此前，在党的文件和领导人讲话中一般是讲“三个自信”，如今正式加上“文化自信”，“四个自信”成为此后的固定说法。

文化自信的提出彰显了中国共产党对文化战略地位与作用之认识的新时代站位。回顾历史，1949 年中华人民共和国成立，翻开了中国历史新的一页，其中包括文化转型与重建。然而，近代以来中国积贫积弱、任人欺凌的历史刚刚终结，长期战乱留下来的是一个满目疮痍、贫困落后的农业国度。中国人民在 1949 年站起来了，但要站稳、不再倒下仍需奋斗。通过走上社会主义道路，把一个落后的农业国建成一个工业国，并在此基础上建立强大国防，是压倒一切的优先任务。文化在这个过程中的作用，就是配合和促进社会主义革命与建设事业。经过 30 年努力，中国终于建立起一个比较完整的工业体系和巩固的国防，从而有尊严地矗立于世界民族之林。但是，与发达国家相比，中国依然贫困落后。为了赶上时代，通过改革开放加快现代化成为必须的选择。以经济建设为中心，发展才是硬道理，成为党内外共识。社会主义精神文明或中国特色社会主义文化，要围绕中心、服务大局，为改革开放和现代化建设提供思想保证、精神动力和智力支持。又经过 30 多年心无旁骛、埋头苦干，中国成为世界第二大经济体，进入中高等收入国家行列，综合国力居于世界前列，成功迎来从站起来、富起来到强起来的历史性飞跃。中国特色社会主义巨大成功带来的道路、理论、制度自信为文化自信提供了坚实基础，催生着文化自信。可以说，文化自信是新中国历史发展逻辑的结果。

当然，一个核心观念的形成有一个渐进过程。事实上，2011 年 10 月中共十七届六中全会通过的关于深化文化体制改革、推动社会主义文化大发展大繁荣的决定和胡锦涛在全会上的讲话都提到“培养高度的文化自觉和文化自信”，但由于是一带而过，没有展开，所以并未引起人们关注。2012 年 7 月 23 日，胡锦涛在中央党校的讲话再次提出树立高度的文化自觉与文化自信问题，引起了理论界关注。党的十八大报告重申："我们一定要坚持社会主义先进文化前进方向，树立高度的文化自觉和文化自信，向着建设社会主义文化强国宏伟目标阔步前进。"[①] 正是在已有思想积累的基础上，站在中国特色社会主义新时代高度，习近平提出了与中国特色社会主义道路自信、理论自信、制度自信并列并有机融为一体的文化自信新理念，并指出文化是更基本、更深沉、更持久的力量，文化自信是更基础、更广泛、更深厚的自信；坚定文化自信事关国运兴衰；历史和现实都表明，一个抛弃了或者背叛了自己历史文化的民族，不仅不可能发展起来，而且很可能上演一场历史悲剧；没有高度的文化自信，没有文化的繁荣兴盛，就没有中华民族伟大复兴。

总之，文化是民族的根和魂，是民族的基因和标识，是民族复兴的动力，文化自信是更基本的自信等，构成中国共产党在中国特色社会主义新时代对文化地位与作用的核心认知。

二、立足中国，发扬光大中华文化

党的十九大报告指出："中国特色社会主义文化，源自于中华民族五千多年文明历史所孕育的中华优秀传统文化，熔铸于党领导人民在革命、建设、改革中创造的革命文化和社会主义先进文化，植根于中国特色社会主义伟大实践。发展中国特色社会主义文化，就是以马克思主义为指导，坚守中华文化立场，立足当代中国现实，结合当今时代条件，发展面向现代化、面向世界、面向未来的，民族的科学的大众的社会主义文化，推动社会主义精神文明和物质文明协调发展。

①《胡锦涛文选》第 3 卷，人民出版社 2016 年版，第 640 页。

要坚持为人民服务、为社会主义服务，坚持百花齐放、百家争鸣，坚持创造性转化、创新性发展，不断铸就中华文化新辉煌。”[①] 党的二十大报告中重申了上述原则，并进一步明确了“发展社会主义先进文化、弘扬革命文化、传承中华优秀传统文化”的结构性任务。

党代会报告的重要论述，从文化的来源、结构、方向、特征和文化发展的基本立场、原则等方面概括了中国特色社会主义文化。其中，既有历史继承，又有新时代创新。就历史继承而言，以马克思主义为指导，发展面向现代化、面向世界、面向未来的，民族的科学的大众的社会主义文化，推动社会主义精神文明和物质文明协调发展，坚持“二为”方向，“双百”方针等，可以说是改革开放以来党的一贯立场。习近平新时代中国特色社会主义文化建设思想当然包含着这些被历史和实践证明为正确的思想理论成果。然而，时代在进步，实践在发展，新时代需要新思想新理论，从时代创新的角度看，习近平新时代中国特色社会主义思想在文化方面的新理念新阐释明确而系统。立足中国或曰中国本位，即植根于源远流长的中华优秀传统文化、立足于中国特色社会主义伟大实践，传承革命文化、发展社会主义先进文化，创新当代中国文化，发扬光大中华文化，构成习近平文化建设思想的重要内容、重要创新，同时也是重要特征。

（一）创造性转化、创新性发展中华优秀传统文化，弘扬革命文化

首先，全方位高度评价中华优秀传统文化。对于传统文化尤其是其主体儒学的评价，中国共产党的认识历经时代变迁。革命时期的中国共产党人主要关注传统文化的封建性、落后性和保守性一面，因

① 习近平：《决胜全面建成小康社会 夺取新时代中国特色社会主义伟大胜利——在中国共产党第十九次全国代表大会上的报告（2017 年 10 月 18 日）》，《人民日报》2017 年 10 月 28 日。

而主要持批判和警惕态度。这一方面和当年从事反封建民主革命密切相关（儒学讲仁爱、中庸、上下尊卑有序之“礼”与阶级斗争、暴力革命实践无疑存在扞格）；另一方面也和当年中国共产党人主要是在反传统的新文化运动背景中成长起来密切相关。当然，以毛泽东为代表的中国共产党人也承认传统文化中有革命性民主性精华，尤其对老庄辩证思想、墨家、法家思想多有肯定。改革开放后，党中央领导人从正面论及传统文化时一般是讲“源远流长、博大精深、影响深远”，评价高但也宽泛。习近平对传统文化的评价，一是全面高度评价，二是深入的实质性评价。例如，他指出：中国优秀传统文化含有的“丰富哲学思想、人文精神、教化思想、道德理念等，可以为人们认识和改造世界提供有益启迪，可以为治国理政提供有益启示，也可以为道德建设提供有益启发”①；是文艺和哲学社会科学“萃取精华、汲取能量”，彰显中华文化理想、文化价值、文化生命力与创造力的文化宝库、思想宝库、文化根基②。这些评价体现了“全覆盖”特征。又如，习近平在不同场合不断论及，中华优秀传统文化是中国立于当今激荡世界的根基，是中华民族的文化基因、精神血脉，体现了中国人几千年来积累的知识智慧和理性思辨，积淀着中华民族最深层的精神追求，代表着中华民族独特的精神标识，是我们最重要的文化软实力。他说：“优秀传统文化是一个国家、一个民族传承和发展的根本，如果丢掉了，就割断了精神命脉。”“中华文化独一无二的理念、智慧、气度、神韵，增添了中国人民和中华民族内心深处的自信和自豪。”③更重要

① 习近平:《在纪念孔子诞辰2565周年国际学术研讨会暨国际儒学联合会第五届会员大会开幕会上的讲话（2014年9月24日）》,《人民日报》2014年9月25日。

② 习近平:《在中国文联十大、中国作协九大开幕式上的讲话（2016年11月30日）》,《人民日报》2016年12月1日；习近平:《在哲学社会科学工作座谈会上的讲话（2016年5月17日）》,《人民日报》2016年5月19日。

③ 习近平:《在纪念孔子诞辰2565周年国际学术研讨会暨国际儒学联合会第五届会员大会开幕会上的讲话（2014年9月24日）》,《人民日报》2015年9月25日；习近平《在中国文联十大、中国作协九大开幕式上的讲话（2016年11月30日）》,《人民日报》2016年12月1日。

的是，习近平总书记在庆祝中国共产党成立100周年大会上的讲话和党的十九届六中全会决议均提出一个重要论断，即中国共产党坚持把马克思主义基本原理同中国具体实际相结合、同中华优秀传统文化相结合，不断推动马克思主义中国化时代化。虽然，中华优秀传统文化实际上在马克思主义中国化历程中一直起着重要作用，但在党的重要文献中一般只强调马克思主义与中国实际相结合。显然，新的论断和新的评价背后是对优秀传统文化的充分尊重、礼敬、珍惜和自豪。

其次，明确提出对中华优秀传统文化进行创造性转化、创新性发展的总方针。可以说“创造性转化、创新性发展”是习近平在论及传统文化时使用最频繁的语汇之一。改革开放以来，中国共产党对传统文化之时代价值的认识有一个渐进的过程。改革开放之初，“文化大革命”时期对待传统文化的那种粗鄙态度和做法尤其是对儒家的谩骂和对法家的现代化被否定，但同时，在反思“文化大革命”的过程中，一些极左思想和做法尤其是个人专断和个人崇拜等现象，被人们较普遍地认为是封建传统的沉滓泛起，因而中国依然面临严重的反封建思想任务。这个时期中共中央领导人不时提及反封建思想，而少有对传统文化的肯定，也能反映这个问题。

进入1990年代以后，有两个方面的因素，促使中国共产党对传统文化的态度发生了明显调整或改变，一是1989年政治风波促使中共中央高度警惕西方和平演变中国，如何有效地抵御“西化”成为执政的重要课题；二是随着市场经济的发展，面对人们的利益和价值观多样化的现实，拿什么和如何才能最有效地凝聚人心亟待答案。正是在此背景下，1990年1月主管文化与意识形态工作的中央领导人李瑞环在全国文化艺术工作情况交流座谈会上发表长篇讲话，集中阐述“关于弘扬民族优秀文化的若干问题”，这在改革开放后还是第一次。讲话突出强调了对待传统文化要采取理解和尊重的态度，指出“我们的民族文化是随着中华民族的发展而发展起来的，它对于中华民族的形成、繁衍、统一、稳定和自立于世界民族之林，都起了不可取代的巨大作用，有着超越时代的深远影响”①。1994年10月李瑞环又在“纪念孔子诞辰2545周年国际儒学研讨会”上指出，“孔子是中国伟大的思想家、教育家，他所创立的儒学是中国传统文化的支柱，是中华民族的骄傲”②。

随着经济全球化的迅速推进，随着国际文化交流交融交锋的不断拓展，随着中国在国际舞台上的影响与日俱增，也随着中国国内市场经济和社会多元化的发展，对中国传统文化的价值重估，无论在民间、知识界还是在政界均呈现蒸蒸日上之势。逐步弥漫全国的“国学热”、政府主导的海外孔子学院的普遍建立等等，每一个中国人都能感受到传统文化回归的强烈信息和气息。2006年出台的《国家“十一五”时期文化发展规划纲要》，其中第七部分“民族文化保护”中专门有一条讲“重视中华优秀传统文化教育和传统经典、技艺的传承”，并提出了具体措施。2007年党的十七大提出“弘扬中华文化，建设中华民族共有精神家园”的任务，要求“全面认识祖国传统文化，取其精华，去其糟粕，使之与当代社会相适应、与现代文明相协调，保持民族性，体现时代性”③。中共十七届六中全会通过的关于文化改革与发展的决议评价“源远流长、博大精深的中华文化，为中华民族发展壮大提供了强大精神力量，为人类文明进步作出了不可磨灭的重大贡献”。还提出“中国共产党从成立之日起”，就“是中华优秀传统文化的忠实传承者和弘扬者”④。如此定位，在中国共产党历史

① 中共中央文献研究室编：《十三大以来重要文献选编》（中），人民出版社1991年版，第852、853、856页。

② 杨国钧：《李瑞环在孔子诞辰2545周年纪念会上指出 用科学方法总结儒学为现实服务》，《人民日报》1994年10月6日。

③ 中共中央文献研究室编：《十七大以来重要文献选编》（上），中央文献出版社2009年版，第27页。

④ 中共中央文献研究室编：《十七大以来重要文献选编》（下），中央文献出版社2013年版，第558页。

上是首次。自90年代开始，江泽民、胡锦涛等中央领导人在外交场合、文化建设、党的建设等问题上偶尔也会联系中国历史文化传统进行言说。

在已有思想基础上，党的十八大以后，习近平明确提出并反复重申对中华优秀传统文化进行创造性转化、创新性发展的方针。需要指出的是，这一方针的思想前提是对优秀传统文化的礼敬立场和兼收并蓄的胸怀。基于此，习近平经常讲，中华文明既需要薪火相传、代代守护，也需要与时俱进、推陈出新。要加强对中华优秀传统文化的挖掘和阐发，使中华民族最基本的文化基因与当代文化相适应、与现代社会相协调，把跨越时空、超越国界、富有永恒魅力、具有当代价值的文化精神弘扬起来，激活其生命力，让中华文明同世界其他文明一道，为人类前进和发展提供正确精神指引[①]。在孔子诞辰2565周年纪念之际，习近平对包括儒家思想在内的中国优秀传统文化中蕴藏的“解决当代人类面临的难题的重要启示”做过较系统的归纳，计有“关于道法自然、天人合一的思想，关于天下为公、大同世界的思想，关于自强不息、厚德载物的思想，关于以民为本、安民富民乐民的思想，关于为政以德、政者正也的思想，关于苟日新日日新又日新、革故鼎新、与时俱进的思想，关于脚踏实地、实事求是的思想，关于经世致用、知行合一、躬行实践的思想，关于集思广益、博施众利、群策群力的思想，关于仁者爱人、以德立人的思想，关于以诚待人、讲信修睦的思想，关于清廉从政、勤勉奉公的思想，关于俭约自守、力戒奢华的思想，关于中和、泰和、求同存异、和而不同、和谐相处的思想，关于安不忘危、存不忘亡、治不忘乱、居安思危的思想，等等。”它们“可以为人们认识和改造世界提供有益启迪，可以为治国

① 参见习近平:《在哲学社会科学工作座谈会上的讲话（2016年5月17日）》,《人民日报》2016年5月19日等。

理政提供有益启示，也可以为道德建设提供有益启发”[1]。

再次，高度重视传统文化内涵的价值追求和中华美德。文化的核心与灵魂是价值观。作为革命家的毛泽东也肯定过孔孟之道有真理，他本人传统文化修养很深，涉猎广且见解精辟，但客观地讲，涉及儒学道德伦理则很谨慎（依据现有资料，毛泽东一生推荐给人阅读的书单里，包罗古今中外，其中也有被认为是西方资产阶级学者的著作，唯独没有四书五经等儒学著作，这一现象耐人寻味）。其原因前面已有分析，此处不赘。不仅如此，“文化大革命”时期还一度走向极端，要把儒家及其仁义道德“扫进历史垃圾堆”。改革开放后，西方各种思想文化体系、学说包括流行的价值观念洪水般涌入中国，国内市场化改革又带来社会阶层、利益、价值观的多样化复杂化，这些促使中国共产党将民族凝聚力与向心力的重要源泉——民族精神与价值理念的重塑提到议事日程上来。在此背景下，对传统文化的正面评价在党和政府文件中逐渐多起来，中华传统文化的民族精神纽带作用、中华文化的源泉意义、光大优秀传统文化的现实意义不断被论及，保护、传承和弘扬优秀传统文化不仅出现在言说中，而且落实在行动中，一些重大文化传承和保护项目开始实施，官方和非官方的传统文化活动愈来愈多，学校教育中的传统文化内容亦在增加。这些言说和活动当然离不开对传统文化内含的价值观和道德伦理的肯定（儒学伦理中心主义本就是其突出特征），但是，这种肯定在党和国家领导人的言谈中尚处在较为笼统、模糊、不确定、顾虑多、偶有提及的状态。

党的十八大之后，在习近平这里出现了巨大变化。他论及传统文化，最重视的就是其内含的价值观和中华美德，最强调的就是在去粗取精、去伪存真的基础上采取兼收并蓄的态度，坚持古为今用、推

① 习近平:《在纪念孔子诞辰2565周年国际学术研讨会暨国际儒学联合会第五届会员大会开幕会上的讲话（2014年9月24日）》,《人民日报》2015年9月25日。

陈出新的方法，有鉴别地加以对待，有扬弃地予以继承。在他看来，中华文明绵延数千年，有其独特价值体系、独特精神世界、独特思想理念，有百姓日用而不觉的价值观。中华民族在长期实践中培育和形成的一整套传统美德规范，不论过去还是现在，都有其永不褪色的价值。他经常提及中国古代崇仁爱、重民本、守诚信、讲辩证、尚和合、求大同等思想，认为其中有很多具有永恒价值的内容。2019 年 5 月 15 日，他在亚洲文明对话大会开幕式上发表主旨演讲，指出："亲仁善邻、协和万邦是中华文明一贯的处世之道，惠民利民、安民富民是中华文明鲜明的价值导向，革故鼎新、与时俱进是中华文明永恒的精神气质，道法自然、天人合一是中华文明内在的生存理念。"① 在一些讲话中，他时常长篇幅汇引中国经典尤其是儒学经典中的名言名句，从"民惟邦本""天人合一""仁者爱人""和而不同"到"修身齐家治国平天下""大道之行也，天下为公""德不孤，必有邻"再到"君子喻于义""己所不欲，勿施于人"直至"不患寡而患不均"等等，信手拈来，要求利用好中华优秀传统文化中蕴含的这些宝贵的思想道德资源，增强人们的价值判断力和道德责任感。他多次强调，培育和弘扬社会主义核心价值观必须立足中华优秀传统文化这一中华民族的精神命脉。因为牢固的核心价值观，都有其固有的根本。要让中华优秀传统文化的思想精华和道德精髓成为涵养社会主义核心价值观的重要源泉②。

2017 年 1 月，由中共中央办公厅和国务院办公厅颁布的《关于实施中华优秀传统文化传承发展工程的意见》，依据习近平的有关讲

---

① 习近平：《深化文明交流互鉴 共建亚洲命运共同体——在亚洲文明对话大会开幕式上的主旨演讲（2019 年 5 月 15 日，北京）》，《人民日报》2019 年 5 月 16 日。

② 参见中共中央文献研究室编：《习近平关于社会主义文化建设论述摘编》，中央文献出版社 2017 年版，第 107—108、139、143—145、147—149 页；中共中央文献研究室编：《十八大以来重要文献选编》（中），中央文献出版社 2016 年版，第 5、136 页。

话精神对中华传统文化的核心思想理念、中华传统美德、中华人文精神做了系统概括。

《意见》提出，“中华民族和中国人民在修齐治平、尊时守位、知常达变、开物成务、建功立业过程中培育和形成的基本思想理念，如革故鼎新、与时俱进的思想，脚踏实地、实事求是的思想，惠民利民、安民富民的思想，道法自然、天人合一的思想等，可以为人们认识和改造世界提供有益启迪，可以为治国理政提供有益借鉴。传承发展中华优秀传统文化，就要大力弘扬讲仁爱、重民本、守诚信、崇正义、尚和合、求大同等核心思想理念。”

《意见》指出，“中华优秀传统文化蕴含着丰富的道德理念和规范，如天下兴亡、匹夫有责的担当意识，精忠报国、振兴中华的爱国情怀，崇德向善、见贤思齐的社会风尚，孝悌忠信、礼义廉耻的荣辱观念”“传承发展中华优秀传统文化，就要大力弘扬自强不息、敬业乐群、扶危济困、见义勇为、孝老爱亲等中华传统美德”。

《意见》将中华人文精神概括为“求同存异、和而不同的处世方法，文以载道、以文化人的教化思想，形神兼备、情景交融的美学追求，俭约自守、中和泰和的生活理念等”。指出“传承发展中华优秀传统文化，就要大力弘扬有利于促进社会和谐、鼓励人们向上向善的思想文化内容”。

《意见》对中华传统文化精华的系统概括，在中国共产党历史上是首次，标志着党对传统文化的认识提升到一个新的时代高度。不仅如此，《意见》还提出，要加强中华文化研究阐释工作，包括讲清中华文化的历史渊源、发展脉络、基本走向，阐明中华优秀传统文化是发展当代中国马克思主义的丰厚滋养，是中华文化的基本构成；要把中华优秀传统文化贯穿国民教育始终，全方位融入思想道德教育、文化知识教育、艺术体育教育、社会实践教育各环节，贯穿于启蒙教育、基础教育、职业教育、高等教育、继续教育各领域；要把中华优秀传统文化内涵融入生产生活各个方面；等等。

2019 年 10 月颁布的《新时代公民道德建设实施纲要》进一步指出，“中华传统美德是中华文化精髓，是道德建设的不竭源泉。要以礼敬自豪的态度对待中华优秀传统文化，充分发掘文化经典、历史遗存、文物古迹承载的丰厚道德资源，弘扬古圣先贤、民族英雄、志士仁人的嘉言懿行，让中华文化基因更好植根于人们的思想意识和道德观念……成为全体人民精神生活、道德实践的鲜明标识。”这充分体现了在文化建设实践中实现中华优秀传统文化创造性转化与创新性发展的努力。

实际上，党的十八大之后，以习近平同志为核心的党中央不仅关注中华优秀传统文化对于社会主义文化建设、道德建设的意义，而且更进一步从中国特色社会主义来源的角度、从马克思主义中国化的角度阐释其价值，即中国特色社会主义不仅是在改革开放 40 年、新中国成立 70 年、党成立 100 年、近代以来 170 多年的奋斗实践中走出来的，也“是对中华文明 5000 多年的传承发展中得来的”①。“中国特色社会主义道路是中华民族悠久历史的延续。马克思主义中国化的过程，就是同中华传统文化精华相融合、与中国具体实践相结合的过程。”② 在 2021 年庆祝中国共产党成立一百周年大会上的讲话中，习近平提出：“坚持把马克思主义基本原理同中国具体实际相结合、同中华优秀传统文化相结合。”③

党的二十大报告进一步指出：“坚持和发展马克思主义，必须同

① 鞠鹏：《习近平在学习贯彻党的十九大精神研讨班开班式上发表重要讲话强调 以时不我待只争朝夕的精神投入工作 开创新时代中国特色社会主义事业新局面》，《人民日报》2018 年 1 月 6 日。

② 中共中央党史和文献研究院编：《十九大以来重要文献选编》（上），中央文献出版社 2019 年版，第 76 页。

③ 习近平：《在庆祝中国共产党成立 100 周年大会上的讲话（2021 年 7 月 1 日）》，《人民日报》2021 年 7 月 2 日。

中华优秀传统文化相结合。只有植根本国、本民族历史文化沃土，马克思主义真理之树才能根深叶茂。”[①]睽诸历史，马克思主义之所以在中国广泛传播，并很快为先进知识分子所信奉、被中国共产党人确立为指导思想，原因之一是它和中国传统文化有诸多相通之处。一个源于西方的思想体系如果和本土文化、思想无任何相通之处，是不可能得到传播和尊奉的。换言之，中国传统文化起着马克思主义在中国得以广泛传播并本土化的介质作用。中国传统文化中朴素的唯物论、辩证法思想、民本思想、大同理想等等，均构成中国人理解和阐释马克思主义的中介或桥梁。中国共产党是以改造中国、复兴民族、最后实现共产主义为使命的政党，马克思主义对其而言不是书斋里的学问，而是行动的指南，中华传统文化里“蕴含的天下为公、民为邦本、为政以德、革故鼎新、任人唯贤、天人合一、自强不息、厚德载物、讲信修睦、亲仁善邻等，是中国人民在长期生产生活中积累的宇宙观、天下观、社会观、道德观的重要体现，同科学社会主义价值观主张具有高度契合性。”[②]于是，我们看到，中国共产党自成立以来，无论是作为革命者还是执政者，始终坚定马克思主义信仰不动摇，咬定社会主义、共产主义目标不放松，其中，马克思主义的真理性科学性是决定性因素，而中国优秀传统文化则是深厚土壤或基础。

当然，中国共产党对于中华优秀传统文化与马克思主义的关系，经历了从日用而不觉到高度自觉的过程，既有显性层面上的结合，也有隐性意义上的潜在影响。受五四新文化运动的影响，党在接受马克思主义之际并没意识到传统文化的潜在介质作用，相反还会运用马克思主义批判传统文化（这种批判在很多时候很多问题上是合理的也是

---

①《中国共产党第二十次全国代表大会文件汇编》，人民出版社 2022 年版，第 15 页。

②《中国共产党第二十次全国代表大会文件汇编》，人民出版社 2022 年版，第 15 页。

深刻的），凸显两种文化系统的性质不同、诸种对立。延安时期，毛泽东提出“马克思主义中国化”任务，从而为马克思主义与中国优秀传统文化相结合提供了“许可证”。但实际上，马克思主义中国化主要指向中国革命实际，而少有中国文化意蕴，强调的是“民族形式”意义上的中国风格、中国气派，简言之，即马克思主义内容、中国形式。这个民族形式即是中国人喜闻乐见的语言话语、表达方式、思维习惯等。尽管如此，“中国化”一旦提出便不可能仅仅停留在形式上。事实上，作为马克思主义中国化第一大理论成果的毛泽东思想，充满中国传统智慧，开启了马克思主义与中华优秀传统文化相结合的进程，尤其在哲学思想、党建思想、军事思想等方面，对此，学界已有充分研究。改革开放后，中国共产党对马克思主义与中国传统文化的结合问题持开放态度，鼓励学界就此开展深入而广泛地探讨。基于长期的历史经验和学界的有益探索，进入中国特色社会主义新时代，习近平明确提出马克思主义与中华优秀传统文化相结合的命题，这无论对于马克思主义而言，还是对中华传统文化而言，意义都是空前的。有学者指出：“一种外来的文明倘若仅仅停留在富强、救世的工具主义之‘好’，其依然是外在的、异己之‘好’，意味着尚未在民族文化的土壤里扎根，随时有被清除的可能。一旦其融入了民族的历史传统、成为中国人的内在生命所在，那么它就从外在的客体转变为内在的主体，成为‘我们的’身心不可分离的一部分，那么，外来的普世文明便转化为民族的自身文化，具有了家园感、根源感和归属感。”① 党的二十大报告提出，“我们必须坚定历史自信、文化自信，坚持古为今用、推陈出新，把马克思主义思想精髓同中华优秀传统文化精华贯通起来、同人民群众日用而不觉的共同价值观念融通起来，不断赋予科学理论鲜明的中国特色，不断夯实马克思主

① 许纪霖：《脉动中国》，上海三联书店 2021 年版，第 8 页。

义中国化时代化的历史基础和群众基础，让马克思主义在中国牢牢扎根。”[①] 换言之，中华优秀传统文化在创新发展当代中国马克思主义、21 世纪马克思主义的时代使命中，将焕发新的生命力、闪烁新的价值光芒。

正是在中国特色社会主义来源于五千年文明传承的大历史视野下，在马克思主义与中华优秀传统文化相结合的思想指导下，以习近平同志为核心的党中央以更自信、更从容的态度看待中华优秀传统文化，并将其价值提升至治国理政的高度。2014 年习近平在中央政治局集体学习时指出，“一个国家的治理体系和治理能力是与这个国家的历史传承和文化传统密切相关的。解决中国的问题只能在中国大地上探寻适合自己的道路和办法”；“中华民族创造了独树一帜的灿烂文化，积累了丰富的治国理政经验”。他在讲话中还特别提到了儒家的民惟邦本、政得其民，礼法合治、德主刑辅，为政之要莫先于得人、治国先治吏，为政以德、正己修身，居安思危、改易更化等思想，认为“这些都能给人们以重要启示”[②]。

党的十八大以来，以习近平同志为核心的党中央将中华优秀传统文化创造性转化、创新性发展地运用到了治国理政的各个方面。例如，在社会主义核心价值观的培育和弘扬上，高度重视传统文化的涵养与借鉴作用，这一点后文将展开论述。再如，在党员干部的党性修养和道德修养方面，习近平高频率强调党员干部尤其是各级领导干部，要明大德、守公德、严私德，做社会公德、职业道德、家庭美德、个人品德的先锋模范，指出以德修身、以德服众，修身立德是为

①《中国共产党第二十次全国代表大会文件汇编》，人民出版社 2022 年版，第 15 页。

②《习近平在中共中央政治局第十八次集体学习时强调 牢记历史经验历史教训历史警示 为国家治理能力现代化提供有益借鉴》，《人民日报》2014 年 10 月 14 日。

政之基。[1] 由此，他非常重视中华优秀传统文化尤其是儒学内含的价值理念和道德精髓对于党员干部修身立德的滋养、涵化作用，指出中国传统文化博大精深，学习和掌握其中的思想精华，对树立正确的世界观、人生观、价值观很有益处。他经常提醒干部做到修身慎行、怀德自重、清廉自守，慎独慎初慎微慎欲，讲良知、守信用等等，从中不难看出对传统价值理念、道德理念的创新性弘扬。又如，在生态文明建设上，习近平亦高度重视从中国传统文化中汲取智慧。他曾援引孔子的“子钓而不纲，弋不射宿”，孟子的“不违农时，谷不可胜食也；数罟不入洿池，鱼鳖不可胜食也；斧斤以时入山林，材木不可胜用也”等，来阐释新时代生态文明思想。此外，在社会建设、政治建设等方面，习近平也不时运用中华优秀传统文化中的名言、理念来说明问题。

实际上，不仅在治党治国问题上，而且在全球治理问题上，中华优秀传统文化内涵的人文思想、价值理念也得到创造性转化与运用。如果说，江泽民和胡锦涛已经开始运用中华传统价值理念来阐释中国的和平发展方针，那么，习近平在继承这一路径的同时，又进一步主动地将之运用于国际问题治理。在世界面临百年未有之大变局，国际秩序不稳定性不确定性增强，经济增长动能不足，包括重大传染性疾病、气候变化在内的非传统安全威胁持续蔓延等挑战和难题面前，习近平不止一次地指出，中国优秀传统文化中蕴藏着解决当代人类面临的难题的重要启示。在深刻研判世界格局变化、洞察人类文明演进历史、科学判断全球发展趋势的基础上，从中华传统文化的天人合一、天下为公、大同世界、中和、泰和、求同存异、和而不同、和

①《习近平在中共中央政治局第二十六次集体学习时强调 时时铭记事事坚持处处上心 以严和实的精神做好各项工作》，《人民日报》2015 年 9 月 13 日；姜洁、李涛：《习近平在十八届中央纪委七次全会上发表重要讲话强调 全面贯彻落实党的十八届六中全会精神 增强全面从严治党系统性创造性实效性》，《人民日报》2017 年 1 月 7 日。

谐相处等思想中汲取有益启迪，习近平提出了“构建人类命运共同体”的倡议，并指出这“符合中华民族历来秉持的天下大同理念，符合中国人怀柔远人、和谐万邦的天下观，占据了国际道义制高点”[①]。

中国特色社会主义文化的另一源泉和基因是革命文化，即中国共产党在革命历程中形成并在执政全国后以不同形式延续和发展的文化。改革开放以来，中国共产党对革命文化传统一直是礼敬和珍惜的，但是，革命文化作为一个重要概念在党的领导人那里郑重使用并旗帜鲜明地要求继承和弘扬，还主要是在十八大以后。习近平对革命文化的重视可以说达到了改革开放以来的最高点。革命文化在中国革命建设改革事业中的地位与作用、革命文化的内在结构与层次、革命文化的形式与特征、革命文化与其他类型文化的关系等，虽然在中共中央领导人和相关文件中有所论及，但没有正面和系统的阐述。作为革命文化内核与灵魂的革命精神则是经常被提及和有明确论述的。不过，对它们的论述一般是从党史从继承党的优良传统和作风角度讲的。

大体上是从1990年代开始，中共中央领导人在一些党史重大事件的纪念或者考察革命老区工作时愈来愈重视各种革命精神。例如，江泽民在1996年10月22日纪念红军长征胜利60周年大会上的讲话中提出：“伟大的长征给党和人民留下了伟大的长征精神。这种精神，就是把全国人民和中华民族的根本利益看得高于一切，坚定革命的理想和信念，坚信正义事业必然胜利的精神；就是为了救国救民，不怕任何艰难险阻，不惜付出一切牺牲的精神；就是坚持独立自主、实事求是，一切从实际出发的精神；就是顾全大局、严守纪律、紧密团结的精神；就是紧紧依靠人民群众，同人民群众生死相依、患难与共，

① 赵超、安蓓、黄敬文：《习近平在推动“一带一路”建设工作5周年座谈会上强调 坚持对话协商共建共享合作共赢交流互鉴 推动共建“一带一路”走深走实造福人民》，《人民日报》2018年8月28日。

艰苦奋斗的精神。长征精神，是中华民族百折不挠、自强不息的民族精神的最高体现，是保证我们革命和建设事业从胜利走向胜利的强大精神力量。”① 2001 年 6 月，江泽民在江西考察工作时，把井冈山精神概括为“坚定信念、艰苦奋斗，实事求是、敢闯新路，依靠群众、勇于胜利”。江泽民、胡锦涛还不断提及延安精神、西柏坡精神等。

习近平对革命精神尤其重视，早在浙江省委书记任内便在《光明日报》上发文阐述红船精神，将之概括为开天辟地、敢为人先的首创精神，坚定理想、百折不挠的奋斗精神，立党为公、忠诚为民的奉献精神。上任总书记后，他更是经常强调要传承革命精神和红色基因。在纪念毛泽东、邓小平、周恩来、刘少奇、朱德、陈云乃至胡耀邦、万里、刘华清等已故领导人诞辰以及中国共产党成立 95 周年、抗战胜利 69 周年、长征胜利 80 周年等座谈会和大会上，习近平必讲的内容是继承和弘扬在这些历史人物和事件中所体现的信仰坚定、献身理想的精神境界和价值追求，指出这些是弥足珍贵的精神财富、价值遗产。在纪念中国人民抗日战争暨世界反法西斯战争胜利 69 周年座谈会上，他首次概括了抗战精神，指出“在中国人民抗日战争的壮阔进程中，形成了伟大的抗战精神，中国人民向世界展示了天下兴亡、匹夫有责的爱国情怀，视死如归、宁死不屈的民族气节，不畏强暴、血战到底的英雄气概，百折不挠、坚忍不拔的必胜信念。伟大的抗战精神，是中国人民弥足珍贵的精神财富，永远是激励中国人民克服一切艰难险阻、为实现中华民族伟大复兴而奋斗的强大精神动力。”② 在视察革命老区或参观革命遗址、革命博物馆的过程中，习近平无不大谈特谈要继承和弘扬革命精神。在他看来，中国共产党历经

① 江泽民：《在纪念红军长征胜利六十周年大会上的讲话》，《人民日报》1996 年 10 月 23 日。

② 习近平：《在纪念中国人民抗日战争暨世界反法西斯战争胜利 69 周年座谈会上的讲话（2014 年 9 月 3 日）》，《人民日报》2014 年 9 月 4 日。

革命建设改革近百年的奋斗，已经形成了一个红色精神谱系，它既是中国共产党的宝贵精神财富，也是中国人民和中华民族的宝贵精神财富，是中国精神、中国价值、中国力量的重要来源和组成部分，是社会主义核心价值观的丰富滋养。

2021年2月，在《在党史学习教育动员大会上的讲话》中，习近平提出："在一百年的非凡奋斗历程中，一代又一代中国共产党人顽强拼搏、不懈奋斗，涌现了一大批视死如归的革命烈士、一大批顽强奋斗的英雄人物、一大批忘我奉献的先进模范，形成了井冈山精神、长征精神、遵义会议精神、延安精神、西柏坡精神、红岩精神、抗美援朝精神、"两弹一星"精神、特区精神、抗洪精神、抗震救灾精神、抗疫精神等伟大精神，构筑起了中国共产党人的精神谱系。"[①]

在庆祝中国共产党成立100周年大会上，习近平首次概括了"伟大建党精神"，即坚持真理、坚守理想，践行初心、担当使命，不怕牺牲、英勇斗争，对党忠诚、不负人民。这32个字可以从四个层面来理解，坚持真理、坚守理想，讲的是信仰；践行初心、担当使命，讲的是立足实际、躬身实践的精神；不怕牺牲、英勇奋斗，讲的是品格；对党忠诚、不负人民，讲的是情怀。人无精神不立、国无精神不兴。历史最持久最深沉的影响力在于价值追求、精神品格、道德理念。中国共产党的建党精神为中华民族复兴提供了弥足珍贵的精神动力，它不仅体现于建党之初，而且贯穿百年，不仅激励着全体党员，而且影响着全国人民，民主革命时期的浴血奋战、百折不挠，社会主义革命和建设时期的自力更生、奋发图强，改革开放时期的解放思想、锐意进取，中国特色社会主义新时代的自信自强、守正创新，乃至整个中国共产党的精神谱系，在某种程度上说都是建党精神的具体呈现、丰富发展。党的二十大报告要求"弘扬以伟大建党精神为源

① 习近平：《在党史学习教育动员大会上的讲话（2021年2月20日）》，《求是》2021年第7期。

头的精神谱系，用好红色资源”，“弘扬革命文化”。[①]

（二）发展社会主义先进文化，构建中国特色哲学社会科学体系

中国特色社会主义文化的主体是社会主义先进文化引领的当代中国文化，传统文化、革命文化在这里汇聚、转化，在这里与时代和实践结合、融合获得新生。传统文化构成中华文化的根基和母体，革命文化为中华文化提供丰厚滋养，而时代则是中华文化创新发展的源泉和动力。改革开放和中国特色社会主义事业带来了中国历史上最为广泛而深刻的社会变革，实践着人类历史上最为宏大而独特的创新，从而为当代中国文化发展提供了前所未有的机遇。就此，习近平指出，“当代中国的伟大社会变革，不是简单延续我国历史文化的母版，不是简单套用马克思主义经典作家设想的模板，不是其他国家社会主义实践的再版，也不是国外现代化发展的翻版，不可能找到现成的教科书。”[②] 这一前无古人的伟大实践必将给文化创新创造、给理论创新创造、给学术艺术繁荣提供强大动力、广泛题材或课题和广阔空间。历史表明，社会大变革的时代，一定是文化大发展大繁荣的时代，一定是需要理论而且能够产生理论的时代，一定是需要思想而且能够产生思想的时代。

就社会主义先进文化而言，马克思主义及其中国化的理论成果尤其是当代中国马克思主义、21世纪马克思主义，既是指导思想又是最重要组成部分。恩格斯讲过，一个民族要想站在科学的最高峰，就一刻也不能没有理论思维。马克思主义深刻揭示了自然界、人类

---

① 习近平：《高举中国特色社会主义伟大旗帜，为全面建设社会主义现代化国家而团结奋斗——在中国共产党第二十次全国代表大会上的报告》（2022年10月16日），人民出版社2022年版，第43、44页。

② 习近平：《在中国文联十大、中国作协九大开幕式上的讲话（2016年11月30日）》，《人民日报》2016年12月1日。

社会、人类思维发展的普遍规律，为人们认识世界和改造世界提供了立场、观点和方法。中国共产党坚持马克思主义基本原理同中国具体实际相结合，不断推进马克思主义中国化，形成了毛泽东思想、邓小平理论、“三个代表”重要思想、科学发展观、习近平新时代中国特色社会主义思想等重大理论成果，指导党和人民取得了革命建设改革的伟大成就。历史和现实表明，马克思主义中国化的理论成果是解答近代以来尤其是当代中国经济社会发展中重大理论和实践问题的思想结晶，也是指导包括文化建设在内的整个国家建设的理论体系。事实上，坚持以马克思主义为指导是当代中国文化区别于其他文化的根本标志，这特别突出地表现在当代中国哲学社会科学方面。

哲学社会科学在文化的诸种存在形式中居于重要地位，代表着一个国家文化发展的思想成就，反映着一个民族的思维能力、精神品格，影响着一个国家的制度规范，体现着一个国家的综合国力和国际竞争力。改革开放以来，中共中央及其领导人在哲学社会科学工作方面形成了一系列明确认识，主要包括坚持马克思主义指导地位不动摇，同时立足中国、围绕正在做的事情为中心推进马克思主义中国化时代化大众化；哲学社会科学是人们认识世界、改造世界的重要工具，是推动历史发展和社会进步的重要力量；哲学社会科学同自然科学同样重要；哲学社会科学要围绕中国特色社会主义事业聚焦中国经济社会发展重大问题攻关；等等。在坚持上述原则的基础上，习近平从现实问题出发，提出或进一步明确了反映新时代要求的新思想新方针。

首先，“坚持以马克思主义为指导，是当代中国哲学社会科学区别于其他哲学社会科学的根本标志，必须旗帜鲜明加以坚持。”[①] 自市场化改革以来尤其随着经济全球化和信息化的迅速发展，对马克思主

① 习近平：《在哲学社会科学工作座谈会上的讲话（2016年5月17日）》，《人民日报》2016年5月19日。

义的质疑始终不绝于耳。有的认为马克思主义已经过时，中国现在搞的不是马克思主义；有的说马克思主义只是一种意识形态说教，没有学术上的学理性和系统性。实际工作中，在有的领域马克思主义被边缘化、空泛化、标签化，在一些学科中“失语”、教材中“失踪”、论坛上“失声”。针对这一问题，习近平总书记强调要高扬马克思主义旗帜，重申马克思主义基本原理是普遍真理，具有永恒的思想价值；无论时代如何变迁、科学如何进步，马克思主义依然显示出科学思想的伟力，依然占据着真理和道义的制高点；从社会主义五百年的大视野来看，我们依然处在马克思所指明的历史时代；等等。改革开放以来，反对教条主义地对待马克思主义一直是最强音且深入人心，在这个问题上习近平一如既往。但是，自中央实施马克思主义理论与建设工程以来，在高扬马克思主义旗帜的同时，也出现了一种对待马克思主义的实用主义态度，即根据需要找一大堆语录，什么事都说成是马克思、恩格斯当年说过了，生硬裁剪活生生的实践发展和创新。对此，习近平明确批评“这也不是马克思主义的态度”[①]。

更重要的是，从中国特色社会主义的巨大成功，从中国正在强起来、正在日益走近世界舞台中央的时代特点出发，习近平不断提出发展“21世纪马克思主义”“当代中国马克思主义”的任务。在他看来，马克思主义中国化取得了重大成果，但还远未结束。“我国哲学社会科学的一项重要任务就是继续推进马克思主义中国化、时代化、大众化，继续发展21世纪马克思主义、当代中国马克思主义。”[②]改革开放以来，中国共产党提及当代中国马克思主义时总是和某个具体的理论创新成果关联在一起，例如讲邓小平理论等是当代中国的马克思主义，很少将之作为一个单独命题提出并强调。回看历史，当一个

① 习近平：《在哲学社会科学工作座谈会上的讲话（2016年5月17日）》，《人民日报》2016年5月19日。

② 习近平：《在哲学社会科学工作座谈会上的讲话（2016年5月17日）》，《人民日报》2016年5月19日。

国家集中精力于满足民众温饱和实现小康之际，其思考与思想的深度与高度是受限的，所谓“贫穷限制着想象力”。时代是理论之母，实践是理论之源。时代和实践不仅仅提供内容，还提供高度和视野。站在今天的历史与时代交汇点上，以中国特色社会主义的巨大成功为后盾，以构建人类命运共同体、“大道之行也，天下为公”为胸怀，中国比以往任何时候都更有底气和信心坚持以马克思主义为指导，更有底气和信心创新理论、为世界问题的解决提供思想借鉴，为马克思主义发展作出时代性原创性贡献，这就是习近平新时代中国特色社会主义思想，是当代中国马克思主义、21 世纪马克思主义。可以说这是时代赋予中国哲学社会科学最重要的任务。

从时代要求和中国实践出发，习近平对我国哲学社会科学构建体现中国特色的学科体系、学术体系、话语体系的突出重视构成一大亮点和重点。中国现代哲学社会科学体系主要是近代以来西学东渐的结果。改革开放到来后，西方哲学社会科学又一次如潮水般涌入中国，一度形成不亚于五四新文化运动的西学引进潮，构成 1980 年代“文化热”的主体。进入 21 世纪后，虽然西学引进的规模与声势不再，但是，源自西方的新思潮新学术新方法却从未中断输入，而且常常成为学术创新的风向标。不能否认，西学引进潮对于当代中国哲学社会科学现代化、国际化的意义。但是，同样不能否认的是，对国外主要是西方的理论、概念、话语、方法存在生搬硬套甚至奉为圭臬、趋之若鹜、唯其马首是瞻的情况。西方的学术才是真学术真学问，西方流行的概念和方法才是学术前沿等观念颇有市场。过于沉迷于自我名利、沉迷于概念游戏、崇洋跟风求新在学界并不鲜见，而立足于中国国情和实践、体现学术自信的研究常常得不到应有尊重和重视甚至被嘲讽。正因为此，习近平在论及中国哲学社会科学时突出强调立足中国、中国本位。他指出：“对人类创造的有益的理论观点和学术成果，我们应该吸收借鉴，但不能把一种理论观点和学术成果当成‘唯一准则’，不能企图用一种模式来改造整个世界，否则就容易滑入机械论的泥坑。一些理论观点和学术成果可以用来说明一些国家和民族的发展历程，在一定地域和历史文化中具有合理性，但如果硬要把它们套在各国各民族头上、用它们来对人类生活进行格式化，并以此为裁判，那就是荒谬的了。”跟在别人后面亦步亦趋，不仅难以形成中国特色哲学社会科学，而且解决不了我国的实际问题。解决中国的问题，提出解决人类问题的中国方案，要坚持中国人的世界观、方法论，提出具有主体性、原创性的理论观点，构建具有自身特质的学科体系、学术体系、话语体系①。

实际上，哲学社会科学的中国特色归根到底是看有没有主体性、原创性，而这又取决于两个重要因素，一是，要以中国正在做的事情为中心，加强对改革开放和社会主义现代化建设实践经验的系统总结，加强对发展社会主义市场经济、民主政治、先进文化、和谐社会、生态文明以及党的建设等领域的分析研究，加强对党中央治国理政新理念新思想新战略的研究阐释，提炼出有学理性的新理论，概括出体现规律性的新结论。二是，创新。创新是哲学社会科学发展的永恒主题，也是社会发展、历史前进对哲学社会科学的必然要求。哲学社会科学需要融汇贯通古今中外一切有益的文化资源，同时聆听时代的声音，不断推进知识创新、理论创新。总之，中国特色社会主义伟大实践及其举世瞩目的成就为哲学社会科学的自主性、原创性提供了广阔空间和丰富素材，正如习近平所言：“哲学社会科学的特色、风格、气派，是发展到一定阶段的产物，是成熟的标志，是实力的象征，也是自信的体现。”②

① 习近平:《在哲学社会科学工作座谈会上的讲话（2016 年 5 月 17 日）》,《人民日报》2016 年 5 月 19 日。

② 习近平:《在哲学社会科学工作座谈会上的讲话（2016 年 5 月 17 日）》,《人民日报》2016 年 5 月 19 日。

当然，立足中国，提升自主性、注重原创性，并非意味着封闭意味着拒斥外来思想文化，相反，以海纳百川的胸怀吸收一切外来优秀思想文化成果恰恰是文化发展进步的需要，也是文化自信的表现。马克思、恩格斯在建立自己理论体系的过程中就大量吸收借鉴了前人创造的成果，其中既有古典哲学、经济学，也有空想社会主义学说，既有德国哲学家，也有英国经济学家、法国思想家。中华文化之所以博大精深、源远流长，也和其不断吸纳、融汇外来文化成果密切相关。毛泽东曾用“洋为中用”来表达科学对待外来文化的态度。改革开放以后，大胆吸收人类创造的一切有益的文明和知识成果，成为时代共识也是时代特征。这一点在习近平这里并没有改变，他经常讲，对一切有益的知识体系和研究方法，对国外的理论、概念、话语、方法，我们都要研究借鉴，海纳百川、善于融通，不能采取不加分析、一概排斥的态度；同时要有批判精神，适用的就拿来用，不适用的不要生搬硬套。不过，出于纠偏的需要、更重要的是时代呼唤，习近平更强调在学习、借鉴国外尤其是西方国家思想文化成果时，不能忘记了老祖宗，失去了科学判断力。由此，他反复重申，立足本来、吸收外来、面向未来的文化建设方针，要求按照立足中国、借鉴国外，挖掘历史、把握当代，关怀人类、面向未来的思路，体现继承性、民族性，原创性、时代性，系统性、专业性，努力构建全方位、全领域、全要素的哲学社会科学体系，在学科体系、学术体系、话语体系等方面体现中国特色、中国风格、中国气派；要求努力创作同我们这个文明古国、我们这个蓬勃发展的国家相匹配的优秀文化作品[①]。

① 参见中共中央文献研究室编：《习近平关于社会主义文化建设论述摘编》，中央文献出版社 2017 年版，第 101 页；习近平：《在哲学社会科学工作座谈会上的讲话（2016 年 5 月 17 日）》，《人民日报》2016 年 5 月 19 日；习近平：《在中国文联十大、中国作协九大开幕式上的讲话（2016 年 11 月 30 日）》，《人民日报》2016 年 12 月 1 日。

（三）创作无愧于时代和人民的文化精品

如果说哲学社会科学是文化的重镇，那么文艺则是另一重镇。文化离不开哲学社会科学做根基，更离不开文艺做代表。如果说哲学社会科学构成文化的基石，展现的是文化的厚重与深度，那么文艺则是文化的灯塔，展示的是文化的色彩、灵气、犀利和敏锐。文艺是时代号角，最能反映时代风貌、体现时代风气。改革开放以来，中国文艺百花齐放，无论题材、内容，还是创作手法、表现方式，均有了历史性长足进步。但不能否认，文艺创作也存在着有数量缺质量、有“高原”缺“高峰”的现象，存在着抄袭模仿、千篇一律的问题，存在着机械化生产、快餐式消费的问题。不仅如此，在市场经济大潮中，浮躁、拜金、迷失成为愈行愈显的痼疾，于是“在有些作品中，有的调侃崇高、扭曲经典、颠覆历史，丑化人民群众和英雄人物；有的是非不分、善恶不辨、以丑为美，过度渲染社会阴暗面；有的搜奇猎艳、一味媚俗、低级趣味，把作品当作追逐利益的‘摇钱树’，当作感官刺激的‘摇头丸’；有的胡编乱写、粗制滥造、牵强附会，制造了一些文化‘垃圾’；有的追求奢华、过度包装、炫富摆阔，形式大于内容；还有的热衷于所谓‘为艺术而艺术’，只写一己悲欢、杯水风波，脱离大众、脱离现实。”① 直面上述问题，习近平总书记有针对性地阐述了下述指导方针和要求。

首先，文艺不能在市场经济大潮中迷失方向，不能在为什么人的问题上发生偏差，必须牢固树立以人民为中心的创作导向，把为人民服务作为文艺工作者的天职。实际上，在 2016 年 5 月哲学社会科学工作座谈会上，习近平总书记也对学界提出了这样的要求，简言之，就是为人民做学问。他说：“为什么人的问题是哲学社会科学

① 中共中央文献研究室编：《十八大以来重要文献选编》（中），中央文献出版社 2016 年版，第 124 页。

研究的根本性、原则性问题。”“我国哲学社会科学要有所作为，就必须坚持以人民为中心的研究导向。”“树立为人民做学问的理想”[①]。2019年3月4日，在参加全国政协十三届二次会议文化艺术界、社会科学界委员联组会时，习近平总书记发表讲话，重申“文学艺术创造、哲学社会科学研究首先要搞清楚为谁创作、为谁立言的问题，这是一个根本问题。”他希望文艺工作者用心用情用功抒写人民、描绘人民、歌唱人民。“哲学社会科学工作者要走出象牙塔，多到实地调查研究……着眼群众需要解疑释惑、阐明道理，把学问写进群众心坎里。”[②]

人民是历史的创造者，是文艺创作的源头活水；文艺只有扎根人民，服务于人民，才能获得生命力和吸引力。这一理念在中国共产党领导人那里应该说是一以贯之的。毛泽东在延安整风时期，便把文艺为什么人的问题置于首位，确立了文艺为工农兵服务、为无产阶级政治服务的总方针。邓小平在改革开放新时期提出了文艺为人民服务、为社会主义服务的“二为”方向。此后，江泽民、胡锦涛无不强调文艺为人民书写、为人民放歌的要求。在2011年11月第九次文代会上，胡锦涛的讲话已经提出“坚持以人民为中心的创作导向”[③]。

习近平讲的“以人民为中心”的创作导向、研究导向，其继承性显而易见。那么，为什么在他提出后引发广泛关注？一个比较容易的解释是，习近平将之摆在更加突出的位置来讲而且讲的篇幅更长频率更高。还有就是不仅在文化领域讲，而且在治国理政的全局问题和其他具体问题上也讲，从而给受众留下深刻印象。这样的分析符合实际，但还远远不够。要深刻理解习近平讲“以人民为中心”的创作导

① 习近平:《在哲学社会科学工作座谈会上的讲话（2016年5月17日）》,《人民日报》2016年5月19日。

② 习近平:《一个国家、一个民族不能没有灵魂》,《求是》2019年第8期。

③ 中共中央文献研究室编:《十七大以来重要文献选编》（下），中央文献出版社2013年版，第618页。

向的意义，需要联系文艺界、文化界的实际，联系习近平的问题意识。改革开放以来，文艺创作的活跃和成就有目共睹。但是，如果从存在的问题看，也是显而易见的，特别是随着市场经济的狂飙突进，有些问题大有愈演愈烈之势。这些问题的实质是过度的市场导向与经济效益追求，过度的个人本位考量。对于这些问题，党、政府和社会均已感受到、认识到，文化界自身也不满意。但是，苦于拿不出有效的办法，也缺乏解决问题的决心和力度。中央领导人和有关部门对于文艺工作主要还是正面鼓励和引导，对存在的问题没有集中、系统的研判，谈及时大多一带而过。习近平的不同和贡献在于，不是回避而是正视问题的存在，在 2014 年文艺工作座谈会上，他集中概括和分析了文艺界在市场经济中迷失的主要表现，分析其症结所在，提出有针对性的解决方案，其中之一是牢固树立“以人民为中心”的思想理念，以增强抵制市场带来的拜金主义、低俗庸俗媚俗等不良现象的自觉性，讲品位、讲格调、讲责任。只有从这一现实出发才能理解习近平的时代贡献。在 2021 年 12 月召开的中国文联十一大、中国作协十大开幕式上的讲话中，他又进一步阐释道：“源于人民、为了人民、属于人民，是社会主义文艺的根本立场，也是社会主义文艺繁荣发展的动力所在。广大文艺工作者要坚持以人民为中心的创作导向，把人民放在心中最高位置，把人民满意不满意作为检验艺术的最高标准，创作更多满足人民文化需求和增强人民精神力量的优秀作品，让文艺的百花园永远为人民绽放。”①

其次，文艺要与时代同频共振，发时代之先声、开社会之先风、启智慧之先河，成为时代变迁和社会变革的先导。文艺要反映时代潮流，与党领导的革命建设改革事业同步起舞，是中国共产党一以贯之的文艺理念和成功经验。改革开放初期，邓小平在第四次文代会上的

① 习近平：《在中国文联十一大、中国作协十大开幕式上的讲话（2021 年 12 月 14 日）》，《人民日报》2021 年 12 月 15 日。

祝词便强调文艺要反映现代化建设新时期新风貌。江泽民、胡锦涛提出文艺是时代的号角、民族精神和时代精神的旗帜，其主旨均在此。习近平在中国特色社会主义新时代继承这一思想，提出了同样要求，不过时代内涵已经不同了，他指出："新时代呼唤着杰出的文学家、艺术家、理论家，文艺创作、学术创新拥有无比广阔的空间。希望大家坚定文化自信，把握时代脉搏，聆听时代声音，承担记录新时代、书写新时代、讴歌新时代的使命，勇于回答时代课题，从当代中国的伟大创造中发现创作的主题、捕捉创新的灵感，深刻反映我们这个时代的历史巨变，描绘我们这个时代的精神图谱，为时代画像、为时代立传、为时代明德"①，"全方位全景式展现新时代的精神气象"。②

实际上，不仅如此，习近平在阐述文艺与时代同频共振的问题时，还有针对性地提出了一些人们久违了的要求，那就是讴歌党和祖国、礼赞英雄，歌颂光明、彰显正义和善良。歌颂和批判历来是中国共产党人和革命文艺队伍所认定的文艺功能，虽然诸多文艺作品并非如此简单和可以类型化。歌颂什么、批判什么，怎样歌颂和批判，一直是革命文艺热议和实践的问题，并因此产生了一批政治性与艺术性兼备的红色经典，也因此带来了文艺创作的政治化、概念化、公式化问题。改革开放以后，文艺题材、形式与内容迅速多元化，尤其是反映世俗化生活的作品、反映个人情感与命运的作品、揭露社会阴暗面的作品、为艺术而艺术的作品等过去为革命文艺所不屑所批判的题材大量涌现，自然主义、魔幻现实主义、意识流以及其他各种现代与后现代派创作理念与手法争奇斗艳。在这个过程中，中国共产党一直提倡和赞赏的以浪漫主义与现实主义结合为显著特征的文艺创作则相对低迷甚至遭到讥讽。在鼓励文化创新和市场带来的多元化社会中，如

① 习近平：《一个国家、一个民族不能没有灵魂（2019 年 3 月 4 日）》，《求是》2019 年第 8 期。

② 习近平：《在中国文联十一大、中国作协十大开幕式上的讲话（2021 年 12 月 14 日）》，《人民日报》2021 年 12 月 15 日。

何处理主导和多元的关系以及以什么为主导，确实属于一个需要探索和思考的重大问题。正是面对这个问题，习近平鲜明地提出，歌唱祖国、礼赞英雄从来都是文艺创作的永恒主题，也是最动人的篇章。我们绝不做亵渎祖先、亵渎经典、亵渎英雄的事情。相反，要不断推出讴歌党、讴歌祖国、讴歌人民、讴歌英雄的精品力作；清泉永远比淤泥更值得拥有，光明永远比黑暗更值得歌颂。文艺工作者要善于在幽微处发现美善、在阴影中看取光明，要用有筋骨、有道德、有温度的作品，鼓舞人们在黑暗面前不气馁、在困难面前不低头，用理性之光、正义之光、善良之光照亮生活①。这些掷地有声、导向鲜明的话语，清楚地告诉文艺界党需要的文艺正能量是什么，即使是在市场经济和信息化时代，历史形成的并为实践证明为正确的文艺创作原则也必须坚持和弘扬，它们在市场经济和多元社会中甚至更具意义。

最后，推动文艺繁荣发展，最根本的是要创作出无愧于民族和时代的优秀作品、艺术精品，把最好的精神食粮奉献给人民②。优秀文艺作品反映一个国家、一个民族的文化创造能力和水平。创作思想性与艺术性兼备的优秀作品一直是中国共产党对文艺界的期盼，在中国成功实现站起来、富起来之后，在经济上取得骄人成就之后，在强起来包括建设文化强国的新时代，对文艺精品的需求显得更为迫切。习近平在文艺工作座谈会上明确提出，我们必须把创作生产优秀作品作为文艺工作的中心环节。那么，什么才是优秀作品或精品？从作

① 参见中共中央文献研究室编：《十八大以来重要文献选编》（中），中央文献出版社 2016 年版，第 122—132 页；习近平：《在中国文联十大、中国作协九大开幕式上的讲话（2016 年 11 月 30 日）》，《人民日报》2016 年 12 月 1 日。

② 参见中共中央文献研究室编：《十八大以来重要文献选编》（中），中央文献出版社 2016 年版，第 124 页；习近平：《在中国文联十大、中国作协九大开幕式上的讲话（2016 年 11 月 30 日）》，《人民日报》2016 年 12 月 1 日；习近平：《决胜全面建成小康社会 夺取新时代中国特色社会主义伟大胜利——在中国共产党第十九次全国代表大会上的报告（2017 年 10 月 18 日）》，《人民日报》2017 年 10 月 28 日。

品的内在构成看，精品之所以“精”，就在于其思想精深、艺术精湛、制作精良。习近平有一段论经典的话颇能说明问题，在他看来，“经典之所以能够成为经典，其中必然含有隽永的美、永恒的情、浩荡的气。经典通过主题内蕴、人物塑造、情感建构、意境营造、语言修辞等，容纳了深刻流动的心灵世界和鲜活丰满的本真生命，包含了历史、文化、人性的内涵，具有思想的穿透力、审美的洞察力、形式的创造力，因此才能成为不会过时的作品。”① 从作品的外部评价讲，一部优秀作品应该是经得起人民评价、专家评价、市场检验的作品，应该是把社会效益放在首位，同时也应该是社会效益和经济效益相统一的作品。从作品的创作角度说，一部优秀作品必将是反映时代精神的原创性作品。文艺是时代的号角，文艺精品一定是具有强烈时代意识、与时代共鸣的优秀作品。文艺是铸造灵魂的工程，对文艺来讲，思想和价值观是灵魂，离开了它再丰富多样的表现形式也是苍白无力的。文艺的性质决定了它必须以反映时代精神为神圣使命。就此，习近平指出：“社会主义核心价值观是当代中国精神的集中体现，是凝聚中国力量的思想道德基础。广大文艺工作者要把培育和弘扬社会主义核心价值观作为根本任务，坚定不移用中国人独特的思想、情感、审美去创作属于这个时代、又有鲜明中国风格的优秀作品。”② 优秀作品必定是原创性作品，改革开放以来，中国历史变化如此深刻，社会进步如此巨大，人们的精神世界如此活跃，为文艺发展提供了无尽的矿藏；全球化的迅速推进与信息化的迅猛发展，为文艺家提供了前所未有的眼界和舞台。中国大地，世界天空，给文艺创新带来广袤空间，习近平殷切希望中国文艺工作者加倍努力创作出传播当代中国

---

① 习近平：《在中国文联十大、中国作协九大开幕式上的讲话（2016 年 11 月 30 日）》，《人民日报》2016 年 12 月 1 日。

② 习近平：《在中国文联十大、中国作协九大开幕式上的讲话（2016 年 11 月 30 日）》，《人民日报》2016 年 12 月 1 日。

价值观念、体现中华文化精神、反映中国人审美追求，思想性、艺术性、观赏性有机统一的原创性作品。

三、建设具有强大凝聚力和引领力的意识形态，培育和践行社会主义核心价值观

意识形态关系国家安全、文化安全，关系文化发展方向和文化发展道路，是为国家立心、为民族立魂的工作。社会主义核心价值观是当代中国文化的灵魂，以文化人、以文育人的核心要义即在此。综观以习近平同志为核心的党中央尤其是作为总书记的习近平本人的文化论述，意识形态和核心价值观构成重中之重。

（一）意识形态关系当代中国文化发展方向和发展道路，关系全党全国人民团结奋斗的共同思想基础

对于意识形态问题中国共产党是高度重视的。党的意识形态观来源于马克思主义，其核心思想是，意识形态作为“思想的上层建筑”是统治阶级意志的体现，为统治阶级夺取和巩固政权服务，是国家权力的重要构成要素；其主要功能在于以系统完整的理论、价值和目标阐释，整合社会思想、凝聚社会共识，为现存国家社会制度提供合法性论证和思想动力。不过，根据多数学者的观点，马克思主要是在否定意义上使用意识形态一词的，重在揭露资产阶级意识形态的虚假性。毛泽东为代表的那代中国共产党人也主要是在批判意义上使用，当然，在中性意义上也使用过，例如经常被引用的毛泽东在中共八届十二中全会上讲的话——“凡是要推翻一个政权，总要先造成舆论，总要先做意识形态领域方面的工作。革命的阶级是这样，反革命的阶级也是这样。”①

①《建国以来毛泽东文稿》第10册，中央文献出版社1996年版，第149页。

党的十一届三中全会后，一方面鉴于“文化大革命”极左意识形态的教训，另一方面担忧意识形态争论不利于改革开放，因而中央领导层基本上不使用意识形态这个词，一些时候一些问题上还有意无意淡化意识形态。当然，这并非意味着不进行意识形态领域的实际斗争，1980年代不断进行的反资产阶级自由化就是明证。苏联东欧剧变，促使中国共产党深刻认识到“意识形态领域是和平演变与反和平演变斗争的重要领域”，江泽民开始从正面提出社会主义意识形态建设任务，指出意识形态工作“直接关系社会主义事业的成败”①，并进而提出“任何一个国家的统治阶级，为了巩固其政治统治，都要维护和发展自己占统治地位的意识形态。这是一条普遍的社会规律”②。进入21世纪后，在经济全球化进程中，在综合国力的较量中，包括意识形态在内的“软实力”竞争日趋凸显，中国共产党也更加深刻地认识到，资本主义与社会主义的意识形态较量是长期的、复杂的、尖锐的，由此党的十七大报告郑重提出了“增强社会主义意识形态的吸引力和凝聚力”这一命题。

党的十八大以后，以习近平为核心的党中央将意识形态工作推进到一个新阶段，其中包括对意识形态重要性、工作方针、布局等的认识。2013年8月，在全国宣传思想工作会议上的讲话中，习近平指出：“我们在集中精力进行经济建设的同时，一刻也不能放松和削弱意识形态工作。”③在同年11月党的十八届三中全会第一次全体会议上，他又提出：“经济建设是党的中心工作，意识形态工作是党的一项极端重要的工作。”④在他看来，中国共产党人能不能打仗，中华

① 江泽民：《在庆祝中国共产党成立七十周年大会上的讲话（一九九年七月一日）》，《人民日报》1991年7月2日。

②《江泽民文选》第3卷，人民出版社2006年版，第228页。

③ 中共中央文献研究室编：《习近平关于社会主义文化建设论述摘编》，中央文献出版社2017年版，第21页。

④ 中共中央文献研究室编：《习近平关于社会主义文化建设论述摘编》，中央文献出版社2017年版，第33—34页。

人民共和国的成立已经说明了，能不能搞建设搞发展，改革开放的推进已经说明了，但是，能不能在日益复杂的国际国内环境下坚持住党的领导、坚持和发展中国特色社会主义，还需要一代一代共产党人继续作出回答。做好意识形态工作，做好宣传思想工作，要放到这个大背景下来认识。意识形态关乎旗帜、关乎道路、关乎国家政治安全，因此，“必须把意识形态工作的领导权、管理权、话语权牢牢掌握在手中，任何时候都不能旁落，否则就要犯无可挽回的历史性错误。”[①] 由此，他提出了建设具有强大引领力和凝聚力的社会主义意识形态的任务。

从思想文化角度看，一方面意识形态决定文化前进方向和发展道路；另一方面，思想文化对于建设具有强大引领力、凝聚力和吸引力的意识形态不可或缺。在 2013 年 8 月的全国宣传思想工作会议上，习近平提出宣传思想工作的根本任务就是要巩固马克思主义在意识形态领域的指导地位，巩固全党全国人民团结奋斗的共同思想基础。此后，他不断重申这一要求。进一步言之，必须毫不动摇地坚持马克思主义的指导思想地位，同时不断推进马克思主义中国化时代化大众化；要坚持不懈地用马克思主义及其中国化的理论成果尤其是最新成果武装全党、教育人民；要持续深入地开展建设中国特色社会主义宣传教育、理念信念教育，不断增强人民群众的道路自信、理论自信、制度自信和文化自信，使全体人民在理想信念、价值理念、道德观念上紧紧团结在一起；要加快构建以马克思主义为指导的中国特色哲学社会科学，为意识形态提供学理支持和基础性体系性支撑；要高度重视传播手段建设和创新，提高新闻舆论传播力、引导力、影响力、公信力；等等。

新闻舆论是意识形态工作的前沿阵地，党的十八大以后，习近

---

① 中共中央文献研究室编:《习近平关于社会主义文化建设论述摘编》，中央文献出版社 2017 年版，第 31—32 页。

平作为总书记对新闻舆论工作高度重视，他在2013年和2018年两次全国宣传思想工作会议上的讲话，在新闻工作座谈会上的讲话，在网络安全和信息化工作座谈会上的讲话，以及其他相关场合的讲话，系统地有针对性地提出了他对舆论宣传工作的新要求，阐述了他在该方面的新思想新理念新战略。概括言之，主要有以下方面。

首先，党性原则是党的新闻舆论工作的根本原则。党管新闻宣传，坚持党性和人民性的辩证统一，可以说是中共中央的一贯原则立场，这在解放思想、改革开放的背景下从未放弃，有时候面对质疑和挑战还要加以强调。但不能否认的是，市场经济改革以来尤其是进入新世纪后，在新闻舆论问题上，对于党性与人民性的关系问题，始终存在突出二者之间的紧张、矛盾方面甚至将二者对立起来的看法和行为。一些单位和个人党性原则淡漠，甚至对党的政治纪律、宣传纪律置若罔闻。针对这一严重问题，习近平在坚持党性与人民性辩证统一的原则基础上，突出强调坚持党性原则，指出宣传舆论坚持什么、反对什么，说什么话、做什么事，都要符合党的要求；党性原则是党的新闻舆论工作的根本原则；党性原则不仅要讲，而且要大张旗鼓讲、理直气壮讲、坚持不懈讲[①]。

随着现代传媒特别是互联网的发展，党管新闻党管媒体原则遭受质疑或者存在一些模糊认识。有人认为，当今是“资本为王”的“资本媒体”“商业媒体”时代，是“人人都有麦克风”的自媒体时代，再提坚持党管媒体没有意义。也有人提出，当下中国存在“两个舆论场”，一个是以党报党刊党台、通讯社为主体的传统媒体舆论场，一个是以互联网为基础的新媒体舆论场。党管媒体，主要是对党和政府主办的重点新闻媒体而言的，对其他媒体并不适用。针对这些问题，习近平旗帜鲜明地提出，无论时代如何发展、媒体格局如何变

① 参见中共中央文献研究室编：《习近平关于社会主义文化建设论述摘编》，中央文献出版社2017年版，第23—30、42—43、46、55页。

化，党管媒体的原则和制度不能变；党管宣传、党管意识形态、党管媒体是坚持党的领导的重要方面；报刊、通讯社、电台、电视台、新闻网站的所有工作都必须体现党的意志、反映党的主张；党的新闻舆论工作，讲政治是第一位的，党和政府主办的媒体是党和政府的宣传阵地，必须姓党；党管媒体，不能说只管党直接掌握的媒体，党管媒体是把各级各类媒体都置于党的领导之下[①]。

习近平对于党管媒体、新闻舆论工作党性原则的突出强调，固然出于对新闻媒体存在的问题的认识和校正的要求，但同时也要看到这和他的整个治国理政理念是联系在一起的。党的十八大以后，习近平反复强调，党的领导是全面领导；东西南北中、党政军民学，党是领导一切的；坚持中国共产党的领导是中国特色社会主义最本质的特征。新闻舆论工作自然不能例外，如果考虑到西方"新闻自由"根深蒂固的影响力，考虑到新闻舆论在意识形态工作中的特殊重要性，那么新闻舆论就更不能例外了。

其次，新闻舆论工作要牢牢把握正确导向，唱响主旋律，提供正能量，同时要敢于亮剑，破立并举。舆论导向正确是党和人民之福，舆论导向错误是党和人民之祸，这一认识在江泽民任总书记期间已经很明确地加以强调了。新闻舆论以正面宣传为主、团结稳定鼓劲，是 1990 年代伴随市场化改革党中央提出的重要方针。这一方针的初衷是不搞无谓的争论、不搞大批判，以便为改革提供良好的舆论氛围，当然，这一方针也是有前提的，即在大是大非问题上必须立场鲜明。在贯彻落实这一方针的过程中也出现了一些问题，即一些负面甚至反动的思想言论得不到有力批驳和制止，如贬低中华文化，否定近代以来中国人民的奋斗史，歪曲中国共产党的历史、中华人民共和国的历史，歪曲改革开放的历史等等不一而足。正因为此，习近平尖

① 参见中共中央文献研究室编：《习近平关于社会主义文化建设论述摘编》，中央文献出版社 2017 年版，第 23—25、42—43、46、47 页。

锐地指出，好的舆论可以成为发展的“推进器”、民意的“晴雨表”、社会的“黏合剂”、道德的“风向标”，不好的舆论可以成为民众的“迷魂汤”、社会的“分离器”、杀人的“软刀子”、动乱的“催化剂”。舆论导向正确，就能凝聚人心、汇聚力量，推动事业发展；舆论导向错误，就会动摇人心、瓦解斗志，危害党和人民事业[①]。由此，他在大力倡导强化正面引导，壮大主流声音，唱响主旋律，提供正能量的同时，突出强调舆论斗争的必要性和重要性，提出宣传思想战线的干部对各种错误思想要敢抓敢管，敢于亮剑，有理有利有节地开展舆论斗争，要当战士、不当绅士，不搞爱惜羽毛那一套，要强化阵地意识，守土有责、守土负责、守土尽责。对中国人民和中华民族的优秀文化和光荣历史，要加大正面宣传力度，而且要经常讲、反复讲。要通过学校教育、理论研究、历史研究、影视作品、文学作品等多种方式，加强爱国主义、集体主义、社会主义教育，引导人民树立正确的历史观、民族观、国家观、文化观[②]。

再次，科学认识网络传播规律，掌控网络意识形态主导权。进入新世纪后，互联网迅猛发展并逐渐成为舆论斗争的主战场、意识形态斗争的最前沿。2019 年 2 月 28 日，中国互联网络信息中心发布第 43 次《中国互联网络发展状况统计报告》。报告显示，截至 2018 年 12 月，我国网民规模为 8.29 亿，其中手机网民占比达 98.6%，互联网普及率达 59.6%。伴随着信息社会不断发展，以网络为平台的各种新兴媒体越来越多、影响越来越大，国际国内、线上线下、虚拟现实、体制外体制内等界限愈益模糊，一个全媒体的时代已经降临，一个信息无处不在、无所不及、无人不用，更具自发性、突发性、公开

① 参见中共中央文献研究室编：《习近平关于社会主义文化建设论述摘编》，中央文献出版社 2017 年版，第 38 页。
② 参见中共中央文献研究室编：《习近平关于社会主义文化建设论述摘编》，中央文献出版社 2017 年版，第 36、45 页。

性、多元性、冲突性、匿名性、无界性、难控性的大舆论场已经形成，从而导致舆论生态、媒体格局、传播方式发生深刻变化，新闻舆论工作面临前所未有的挑战。一些西方政要声称“社会主义国家投入西方怀抱，将从互联网开始”。事实上，互联网确实成为中国共产党进入新世纪后执政中国的最大变量。面对新挑战，习近平指出，过不了互联网这一关就过不了长期执政这一关。在互联网这个战场上，我们能否顶得住、打得赢，直接关系我国意识形态安全和政权安全；掌控网络意识形态主导权，就是守护国家的主权和政权；我们必须科学认识网络传播规律，提高用网治网水平，使互联网这个最大变量变成事业发展的最大增量①。

由此，加快媒体融合发展，建设全媒体传播体系成为当务之急。进一步言之，舆论宣传要适应社会信息化持续推进的新情况抓好理念创新和手段创新，充分运用新技术创新媒体传播方式，统筹处理好传统媒体和新兴媒体、中央媒体和地方媒体、主流媒体和商业平台、大众化媒体和专业性媒体的关系，加快媒体融合发展，构建融为一体、资源集约、结构合理、协同高效的全媒体传播体系。与此同时，加强网络内容建设，做强网上正面宣传，培育积极健康、向上向善的网络文化，用社会主义核心价值观和人类优秀文明成果滋养人心、滋养社会，做到正能量充沛、主旋律高昂。习近平指出：“内容永远是根本，融合发展必须坚持内容为王，以内容优势赢得发展优势。”②在这方面，主流媒体要发挥导向作用，在加快推动媒体融合发展过程中，要使主流媒体具有强大传播力、引导力、影响力、公信力，形成网上网下同心圆，营造一个风清气正的网络空间。

---

① 参见中共中央文献研究室编：《习近平关于社会主义文化建设论述摘编》，中央文献出版社 2017 年版，第 36、46、47 页。

② 中共中央文献研究室编：《习近平关于社会主义文化建设论述摘编》，中央文献出版社 2017 年版，第 36、45 页；习近平：《加快推动媒体融合发展 构建全媒体传播格局》，《求是》2019 年第 6 期。

历史和现实证明，新闻舆论是影响社会发展的重要力量，而在当今的信息化社会，网络舆论的重要性远超此前的所有传统媒体。中国特色社会主义新时代，包括网络媒体在内的新闻舆论工作的职责和使命是“高举旗帜、引领导向，围绕中心、服务大局，团结人民、鼓舞士气，成风化人、凝心聚力，澄清谬误、明辨是非，联接中外、沟通世界”；总原则是“导向为魂、移动为先、内容为王、创新为要”[①]。正因为以习近平同志为核心的党中央准确把握世界范围内思想文化相互激荡、中国社会思想观念深刻变化的趋势，在意识形态领域许多方向性、战略性问题上明确认识、部署得当，因而“党的十八大以来，我国意识形态领域形势发生全局性、根本性转变，全党全国各族人民文化自信明显增强，全社会凝聚力和向心力极大提升，为新时代开创党和国家事业新局面提供了坚强思想保证和强大精神力量。”[②]

（二）培育和弘扬社会主义核心价值观

文化的中轴与灵魂是价值观。以毛泽东为代表的经历过战争的那代中国共产党人，高扬共产主义精神旗帜，执着于道德理想主义追求，期望“六亿神州尽舜尧”。改革开放启动后，邓小平经常讲一靠理想二靠纪律凝聚力量。1986年和1996年，中共中央先后有两个关于社会主义精神文明建设的决议出台，其中思想道德建设是重中之重。从社会主义市场经济和全方位对外开放的时代背景出发，构建符合时代要求的共同理想、价值观念和道德规范始终是党中央的努力目标。实际上，在邓小平理论中，很多时候精神文明建设就是思想道德建设的代名词。世纪之交，中国共产党在确立依法治国方略的同时，

① 习近平：《加快推动媒体融合发展 构建全媒体传播格局》，《求是》2019年第6期。

②《中共中央关于党的百年奋斗重大成就和历史经验的决议》，人民出版社2021年版，第46页。

亦明确“坚持不懈地加强社会主义道德建设，以德治国”。2002年党的十六大提出建立“社会主义思想道德体系”的任务。2006年中共十六届六中全会阐述了构建社会主义核心价值体系的任务。2011年，中共十七届六中全会通过的关于深化文化体制改革、推动文化大发展大繁荣的决定，专节阐述“推进社会主义核心价值体系建设”，指出核心价值体系是兴国之魂，决定中国特色社会主义发展方向①。必须肯定，在党中央的高度重视下，价值体系和道德建设所取得的成就和国民文明素质的提高。但同样不能否认的是，在经济实现壮美腾飞，人民生活越来越富裕的同时，在社会思想大活跃、文化大交融的同时，也出现了一些长期存在也长期想解决但实践效果并不理想甚至愈演愈烈的问题，例如“一些人价值观缺失，观念没有善恶，行为没有底线，什么违反党纪国法的事情都敢干，什么缺德的勾当都敢做，没有国家观念、集体观念、家庭观念，不讲对错，不问是非，不知美丑，不辨香臭，浑浑噩噩，穷奢极欲。”②价值观和道德领域的这些问题如果得不到有效解决，改革开放和现代化建设就难以顺利推进。人类社会历史表明，对一个国家和民族来说，最持久、最深层的力量，决定文化性质和发展方向的深层次因素，是全社会共同认可的核心价值观。否则，魂无定所，行无依归，难以前行。这对于一个拥有14亿人口、56个民族、正在实现民族复兴伟大梦想的中国来讲，意义尤其重大。

正因为此，习近平在党的十八大后空前重视社会主义核心价值观的培育、弘扬和践行，讲文化必讲核心价值观。他反复强调，核心价值观是一个民族赖以维系的精神纽带，是一个国家共同的思想道德

---

①《中共中央关于深化文化体制改革 推动社会主义文化大发展大繁荣若干重大问题的决定》，人民出版社2011年版，第11—12页。

② 中共中央文献研究室编:《十八大以来重要文献选编》(中)，中央文献出版社2016年版，第133—134页。

基础，是一个国家的重要稳定器，是社会系统得以正常运转、社会秩序得以有效维护的重要途径，也是国家治理体系和治理能力的重要方面；一个社会存在多元价值观是正常的，但必须有形成广泛社会共识的核心价值观，即全民认同的价值观“最大公约数”，这样才能凝聚全社会意志和力量，实现国家长治久安，社会和谐稳定，人民安康幸福；社会主义核心价值观是凝聚人心、汇聚民力的强大力量，要把培育和弘扬社会主义核心价值观作为凝魂聚气、强基固本的基础工程，作为一项根本任务，抓紧抓好。

党的十八大概括了社会主义核心价值观的内涵，对此习近平总书记做过多次阐释，指出富强、民主、文明、和谐是国家层面的价值要求，自由、平等、公正、法治是社会层面的价值要求，爱国、敬业、诚信、友善是公民层面的价值要求。社会主义核心价值观的24字概括，实际上回答了我们要建设什么样的国家、建设什么样的社会、培育什么样的公民的重大问题，只要是中国人，就应该自觉培育和践行社会主义核心价值观。

习近平提出，培育和践行社会主义核心价值观，必须大力弘扬以爱国主义为核心的民族精神和以改革创新为核心的时代精神，他尤为强调，爱国主义是中华民族精神的核心；在社会主义核心价值观中，最深层、最根本、最永恒的是爱国主义；爱国主义是中华民族的精神基因，维系着华夏大地上各个民族的团结统一，激励着一代又一代中华儿女为祖国发展繁荣而不懈奋斗。他要求把爱国主义教育作为永恒主题，贯穿国民教育和精神文明建设全过程，不断丰富教育内容、创新教育载体、增强教育效果。坚持爱国主义和社会主义相统一、爱国和爱党相统一，在习近平新时代中国特色社会主义思想中得到鲜明表达，习近平指出，在中国，爱国主义始终围绕着实现民族富强、人民幸福而发展，最终汇流于中国特色社会主义，祖国的命运和党的命运、社会主义的命运是密不可分的，只有坚持爱国和爱党、爱社会主义相统一，爱国主义才是鲜活的、真实的。

习近平号召全社会行动起来，通过教育引导、舆论宣传、文化熏陶、实践养成、制度保障等，使社会主义核心价值观内化为人们的精神追求、外化为人们的自觉行动。教育引导是培育和弘扬社会主义核心价值观的基础性工作，习近平强调要以青少年为重点，“从娃娃抓起”，从小抓起，从学校抓起，“少成若天性，习惯之为常”。他指出精神文化产品潜移默化地影响着人们的思想观念、价值判断、道德情操，对培育和弘扬社会主义核心价值观具有不可替代的作用，因而要充分运用各类文化形式尤其是文艺形式，通过栩栩如生的作品形象，既春风化雨、润物无声又生动活泼、活灵活现地告诉人们什么是真善美，什么是假恶丑。在习近平看来，一种价值观要真正发挥作用，必须融入社会生活，让人们在实践中感知它、领悟它，达到“日用而不知”的程度，这就需要在落细、落小、落实上下功夫。他特别指出，礼仪是宣示价值观、教化人民的有效方式，要有计划地建立和规范一些礼仪制度，组织开展形式多样的纪念庆典活动，传播主流价值，增强人们的认同感和归属感。他还强调，培育和弘扬社会主义核心价值观，不仅要靠思想教育、实践养成，而且要用体制机制来保障。要把社会主义核心价值观的要求转化为具有刚性约束力的法律规定，用法律来推动其建设。要发挥政策导向作用，使经济、政治、文化、社会等各方面政策都有利于核心价值观的培育，等等。总之，要使社会主义价值观的影响像空气一样无所不在、无时不有①。

国无德不兴，人无德不立。一个国家的道德状况和文明水准反映这个国家以文育人、以文化人的水平，也体现国家的文化软实力。因此，习近平经常强调，加强全社会的思想道德建设，激发人们形成善良的道德意愿、道德情感，培育正确的道德判断和道德责任，提高

---

① 参见中共中央文献研究室编：《习近平关于社会主义文化建设论述摘编》，中央文献出版社2017年版，第105—111页。

道德实践能力尤其是自觉践行能力，引导人们向往和追求讲道德、尊道德、守道德的生活，形成向上的力量、向善的力量。

依法治国与以德治国相结合，实现法律和道德相辅相成、法治和德治相得益彰，是中国共产党在进入新世纪之初就明确下来的方针，习近平在继承这一思想的基础上进一步指出，要注意把一些基本道德规范转化为法律规范，使法律法规更多体现道德理念和人文关怀，通过法律的强制力来强化道德作用、确保道德底线，推动全社会道德素质提升；同时，发挥好道德的教化作用，以道德滋养法治精神、强化道德对法治文化的支撑作用。没有道德滋养，法治文化就缺乏源头活水，法律实施就缺乏坚实社会基础。因此，必须大力弘扬社会主义核心价值观，培育社会公德、职业道德、家庭美德、个人品德，提高全民族思想道德水平，为依法治国创造良好人文环境。

2019 年 10 月，《新时代公民道德建设实施纲要》颁布，对新时代公民道德建设的总体要求、重点任务、深化道德教育引领、推动道德实践养成、抓好网络空间道德建设、发挥制度保障作用以及加强组织领导等作了全面阐述和部署，充分体现了习近平新时代中国特色社会主义思想的有关要求，体现了中共中央对新时代思想道德建设的高度重视。

无论是培育和弘扬社会主义核心价值观，还是加强全社会思想道德建设，习近平都非常重视从中华优秀传统文化和中华传统美德中汲取营养、非常重视创造性转化和创新性发展优秀的中华传统价值理念、道德规范。他经常论述，牢固的核心价值观，都有其固有的根本，抛弃传统、丢掉根本，就等于割断了自己的精神命脉。中华民族有着 5000 多年的悠久历史和灿烂文化，而且中华文明从远古一直延续发展到今天，很重要的一个原因，是我们民族有一脉相承的精神追求。今天，我们提倡和弘扬社会主义核心价值观，必须从中汲取丰富营养，否则就不会有生命力和影响力；反过来讲，我们提倡的社会主义核心价值观，也充分体现了对中华优秀传统文化的传承和升华。中华传统美德是中华文化精髓，要理直气壮继承和弘扬中华民族传统美德，在去粗取精、去伪存真的基础上，采取兼收并蓄的态度，坚持古为今用、推陈出新的方法，有鉴别地加以对待，有扬弃地予以继承。

2014 年 2 月，在十八届中央政治局第十三次集体学习时的讲话中，习近平指出中华优秀传统文化，蕴含着丰富的思想道德资源。比如，在坚守道德底线方面，强调“己所不欲，勿施于人”“与人为善”“以己度人”“推己及人”“君子忧道不忧贫”，要恪守“良知”，做到“俯仰无愧”。再比如，在树立道德理想方面，强调“大道之行也，天下为公”，人要“止于至善”，有社会责任感，追求崇高理想和完美人格，倡导“兼善天下”“利济苍生”“修身齐家治国平天下”“见贤思齐焉，见不贤而内自省也”，做君子、成圣贤。他提醒大家要利用好中华优秀传统文化中的这些宝贵资源，增强人们的价值判断力和道德责任感，不断提高人们道德水平，提升人们道德境界[①]。在同年 5 月同北京大学师生的座谈中，他又较长篇幅地列举了中华传统文化典籍特别是儒家经典中反映价值追求和道德理念的名言名句，并指出像这样的思想和理念，不论过去还是现在，都有其鲜明的民族特色，有其自身的连续性和稳定性，有其永不褪色的时代价值。“我们生而为中国人，最根本的是我们有中国人的独特精神世界，有百姓日用而不觉的价值观。”[②] 实际上，在很多场合的讲话尤其是有关精神文明建设和党的建设的讲话中，习近平经常引用和列举中华传统文化中关于道德伦理方面的名人名言名论，在他那里，弘扬中华传统美德不是空言、不是停留在一般性的号召上，而是具体、实在、落地，他

---

① 中共中央文献研究室编：《习近平关于社会主义文化建设论述摘编》，中央文献出版社 2017 年版，第 141 页。

② 习近平：《青年要自觉践行社会主义核心价值观——在北京大学师生座谈会上的讲话（2014 年 5 月 4 日）》，《人民日报》2014 年 5 月 5 日。

热切希望14亿中国人的每一分子都成为传播中华美德、中华文化的主体。

在培育和弘扬社会主义核心价值观、加强社会道德建设的问题上，习近平还十分重视榜样的作用。树立榜样，学习榜样，认为榜样的力量是无穷的，应该说是中国共产党的一大历史传统，即使在改革开放到来后，也一直没有中断，只不过随着市场经济和全球化进展，党内外不乏质疑甚至轻视的言行。习近平在党的十八大后坚定不移地继承党的这一传统，高度重视榜样的树立及其示范引领作用。他所说的榜样，一是指先进人物、道德模范；二是指党员、干部要做践行社会主义核心价值观、明大德、守公德、严私德的模范。他经常强调，执政党在弘扬社会主义核心价值观上做得如何，道德情操状况如何，对社会有着很强的示范作用。广大党员、干部必须带头践行社会主义核心价值观，用自己的模范行为和高尚人格感召群众、带动群众，引导全体人民树立文明观念、争当文明公民、展示文明形象。进入新时代以来，党和国家充分发挥功勋荣誉表彰的精神引领、典型示范作用，推动全社会见贤思齐、崇尚英雄、争做先锋的实践，便是上述思想的生动诠释。

习近平对家庭在培育社会主义核心价值观、养成良好道德观念、促进社会文明风尚等方面的作用高度重视。本来，传承家风、家训，讲究"忠厚传家"，是中国传统文化的特色之一。老一辈革命家也很重视家风，尤其注重传承甘于奉献、艰苦朴素等革命传统。但是，从整个社会道德建设的战略高度大力提倡还主要始于习近平。他既从现实出发，又联系历史，来说明家庭在思想道德建设和树立社会新风方面的重要性，希望广大家庭都要重言传、重身教，教知识、育品德，身体力行、耳濡目染，帮助孩子扣好人生的第一粒扣子，迈好人生的第一个台阶。他指出尊老爱幼、妻贤夫安，母慈子孝、兄友弟恭，耕读传家、勤俭持家，知书达礼、遵纪守法，家和万事兴等中华民族传统家庭美德，铭记在中国人的心灵中，融入中国人的血脉中，是支撑中华民族生生不息、薪火相传的重要精神力量，是家庭文明建设的宝贵精神财富①。他尤其重视领导干部的家教与家风建设，一方面这是出于党建抓“关键少数”的考虑；另一方面也是希望领导干部在社会思想道德建设方面能够体现政党先进性，起示范作用。2016 年 12 月，他会见了第一届全国文明家庭代表并发表讲话，充分体现了中国特色社会主义新时代党对家庭建设在精神文明建设中地位与作用的肯定。

四、建设社会主义文化强国

党的十七届六中全会正式提出了建设社会主义文化强国的目标，此后，党的十八大、十九大和二十大均重申了这一目标追求，《中华人民共和国国民经济和社会发展第十四个五年规划和 2035 年远景目标纲要》明确为，到 2035 年“建成文化强国、教育强国、人才强国、体育强国、健康中国，国民素质和社会文明程度达到新高度，国家文化软实力显著增强”。

（一）深化文化体制改革，推进社会主义文化强国建设

文化强国的内涵和标志何在，或者说文化强国的指标体系有哪些？对此，中共中央没有专门的文件进行论述。不过，依照中央文件和领导人讲话，参照发达国家的一些特征，我们可以对文化强国的构成要素进行归纳和分析。

首先，文化创造的源泉充分涌流，文化创造的活力持续迸发。道理很清楚，没有充沛可持续的源泉和动力，不可能建成文化强国，也不可能保持文化强国地位。根据改革开放以来的经验，文化发展繁

① 习近平:《在会见第一届全国文明家庭代表时的讲话（2016 年 12 月 12 日）》,《人民日报》2016 年 12 月 16 日。

荣的根本出路在于改革创新。进入新世纪后，以改革文化管理体制、建立现代文化市场体系、国有经营性文化单位转企改制、构建公共文化服务体系为主要内容的改革，极大地促进了文化创造创新、极大地解放了文化生产力，就是明证。基于历史和实践经验，习近平强调要继续大胆推进改革、推动文化事业全面繁荣和文化产业快速发展、建设社会主义文化强国。他指出，全面深化文化体制改革要正确处理党委、政府、市场、社会之间的关系，建立健全党委领导、政府管理、行业自律、社会监督、企事业单位依法运营的文化体制机制；加快完善遵循社会主义先进文化发展规律、体现社会主义市场经济要求、有利于激发文化创新创造活力的文化管理体制和生产经营机制；加大供给侧结构性改革力度，增强文化产品和服务的有效供给等。党的十八届三中全会通过的关于全面深化改革的决定，专节提出“推进文化体制机制创新”要求。由此可见，文化体制改革对于文化强国建设的动力意义。

一个文化强国最具说服力和标志性的是文化作品的丰富多彩和享誉世界，拥有一批国际认可、世界一流的原创性文艺作品、思想成果，一批国际闻名的文学家、艺术家、思想家、学者。否则，文化强国就容易成为空谈甚至笑谈。在当今世界文化评价标准依然掌控在西方发达国家手中、文化格局依然是西强我弱的背景下，一方面中国要积极参与蜚声文坛的国际文化评价与交流平台的活动，发出中国声音、展示中国创造创作，并努力争取认可和荣誉；另一方面，不能唯其马首是瞻，甚至投其所好、为得奖而创作。要有自主性、重原创、“保持对自身文化的自信、耐力、定力”①；同时努力打造基于中国、面向世界、以文明平等交流互鉴互赏为宗旨、主动设置主题和话题的文化评价平台，这也是一个文化强国应有的作为和标志。当然，归根

① 杜尚泽、郑红、鞠鹏：《习近平同德国汉学家、孔子学院教师代表和学习汉语的学生代表座谈》，《人民日报》2014年3月30日。

结底，文化强国还是要靠一流的文化精品、原创性成果说话。

在文化强国的构成要素中，显见的、可比较性强甚至可以进行数据比较的是文化产业与公共文化服务体系，进入新世纪后，中国文化体制改革和发展的主要内容和亮点即在此。在文化体制改革的重要性、基本思路和方向均已确定的情况下，习近平对文化产业发展与公共文化服务体系建设的论述基本上是原则性的重申和进一步强调。

关于文化产业，一方面，习近平强调要深化改革，健全现代文化产业体系和市场体系，完善以高质量发展为导向的文化经济政策。加快发展文化产业，促进产业结构优化升级，提高规模化集约化专业化水平。推动国有文化企业加快完善文化生产经营机制，提高市场开发和营销能力，做优做强做大一批文化企业和文化品牌。引导非公有资本有序进入、规范经营，鼓励社会各方面参与文化创业。加快文化产品市场建设，发展基于互联网的新型文化市场业态，健全文化要素市场，促进文化资源与文化产业有机融合，创新文化投融资体制，等等。另一方面，鉴于文化产业和文化市场迅速发展的同时，存在过于看重市场和经济效益的偏向，习近平不断强调，要把握好意识形态属性和产业属性、社会效益和经济效益的关系，始终坚持社会主义先进文化前进方向，始终把社会效益放在首位，建立健全把社会效益放在首位、社会效益和经济效益相统一的文化创作生产体制机制。

鉴于党的十八大之前从国家到乡村的六级公共文化服务体系已经基本建立，所以，习近平在这个问题上主要强调加快健全和完善，强调加强重大公共文化工程和文化项目建设，强调向基层向农村向贫困地区倾斜。他指出，要完善城乡公共文化服务体系，优化城乡文化资源配置，制定国家公共文化服务标准和指标体系，促进基本公共文化服务标准化、均等化。实施重点文化惠民工程，引导公共文化资源向城乡基层倾斜、扩大覆盖面、增强实效性，尤其要深入推进广播电视村村通、农家书屋、乡镇综合文化站等重点文化惠民工程。推动革命老区、民族地区、边疆地区、贫困地区公共文化建设实现跨越式发展。健全支持开展群众性文化活动机制，开展多种形式的面向基层的文化活动和全民健身运动，着力丰富群众文化生活。深化公益性文化事业单位改革。建立健全政府向社会力量购买公共文化服务机制，加大公共文化设施免费开放力度。增加优质文化产品和服务供给。鼓励社会力量参与公共文化服务体系建设等[①]。概言之，就是"坚持政府主导、社会参与、重心下移、共建共享，坚持缺什么补什么，注重有用、适用、综合、配套，统筹建设、使用与管理，加快构建普惠性、保基本、均等化、可持续的现代公共文化服务体系"[②]。

依据中央确定的"到2020年，基本建成覆盖城乡、便捷高效、保基本、促公平的现代公共文化服务体系"的目标[③]，应该说已经实现了。下一步就是与十九大确定的中国现代化建设两步走战略同步，进一步现代化、标准化、均等化，进一步健全完善了。

党的二十大报告基于全面建设社会主义现代化国家新征程和文化建设已经取得的显著成就，提出"实施国家文化数字化战略，健全现代公共文化体系服务体系，创新实施文化惠民工程。健全现代文化产业体系和市场体系，实施重大文化产业项目带动战略"等时代新任务[④]。伴随这些任务逐步完成，文化强国的目标将会如期实现。

---

① 中共中央文献研究室编:《习近平关于社会主义文化建设论述摘编》，中央文献出版社2017年版，第185—188、191—192页。

② 新华社:《中共中央办公厅、国务院办公厅印发〈国家"十三五"时期文化发展改革规划纲要〉》（2017年5月17日），新华网，网址：http://www.xinhuanet.com//politics/2017-05/07/c_1120931794.htm；张洋、鞠鹏:《习近平在全国宣传思想工作会议上强调 举旗帜聚民心育新人兴文化展形象 更好完成新形势下宣传思想工作使命任务》,《人民日报》2018年8月23日。

③《中共中央办公厅、国务院办公厅印发〈关于加快构建现代公共文化服务体系的意见〉》,《人民日报》2015年1月15日。

④ 习近平:《高举中国特色社会主义伟大旗帜，为全面建设社会主义现代化国家而团结奋斗——在中国共产党第二十次全国代表大会上的报告》（2022年10月16日），人民出版社2022年版，第43、44页。

（二）增强文化软实力，扩大中华文化国际影响力

从一定意义上讲，文化强国是一个国际比较的概念，换言之，只有在国际比较中才能真正看出强弱。当今时代是不同文明相互激荡的时代，也是文化交流交融交锋日趋频繁的时代。文化越来越成为综合国力的重要组成部分，越来越成为一个国家和民族国际影响力的重要来源。伴随中国由大国向强国迈进的历程，如何扩展中华文化的国际影响力，如何借助文化交流讲好中国故事、展现当代中国国家形象，成为亟待解决的历史性课题。

改革开放初期，通过对外文化交流，促进与对象国的相互了解、增进友谊，服务于我国改革开放和现代化建设，是对外文化工作的主导思想，所谓“文化搭台、经济唱戏”。进入新世纪后，随着国家实力的增长和经济“走出去”步伐的加快，随着对世界误读中国甚至污名化中国的日益增多的了解，中共中央逐渐认识到增强国际话语权的问题，认识到借助文化交流、现代传媒塑造国家形象的重要性，提出讲好中国故事，展示当代中国富裕进步民主和谐风貌的要求，为此努力构建“大外宣”格局，并取得了显著进步，这主要表现在政府主导的对外文化交流和富有民族特色的文化展示之频次和规模空前增多增大。但是，从总体上看，西方掌控“话语霸权”、西强我弱的国际舆论格局没有变，中国往往处于有理说不出，或者说了也传不开的被动境地。如何破解这一困境，成为党的十八大以来以习近平同志为核心的党中央所面临的重要课题。由此，习近平提出和阐释了以文明共存互鉴为胸怀，以增强国际话语权为首要，以提升文化软实力为后盾，以塑造良好国家形象和扩大中华文化影响力为目标的对外文化战略。

进入新世纪，世界多极化、经济全球化、文化多样化、社会信息化深入发展，综合国力竞争日趋激烈，这就需要中国进一步提高文化开放水平，广泛参与世界文明对话。在这个问题上，习近平首先强

调文明的多样性是多彩世界的根基和体现，“物之不齐，物之情也”。人类各种文明，各有千秋，也各有不足。“如果人类文明变得只有一个色调、一个模式了，那这个世界就太单调了，也太无趣了！”① 其次，文明是平等的。每一种文明都扎根于自己的生存土壤，凝聚着一个国家、一个民族的非凡智慧和精神追求，都有自己存在的价值。文明只有姹紫嫣红之别，无高低优劣之分。再次，文明因多样而交流，因交流而互鉴，因交流互鉴而更加丰富多彩。各民族国家应该秉持相互尊重、平等相待，开放包容、互学互鉴，取长补短、有容乃大的理念，摒弃傲慢和偏见、封闭和自大、单一和单向的理念与做法，让文明交流互鉴，成为推动人类文明进步和世界和平发展的重要动力，夯实共建人类命运共同体的人文基础②。

在中华民族实现伟大复兴的历程中，复兴中华文化是题中应有之义；在社会主义现代化强国建设中，提升国家形象和中华文化国际影响力是应有之举。习近平曾形象地指出，落后就要挨打，贫穷就要挨饿，失语就要挨骂。长期以来，我们党带领人民就是要不断解决“挨打”“挨饿”“挨骂”这三大问题。经过几代人不懈奋斗，前两个问题基本得到解决，但“挨骂”问题还没有得到根本解决③。中华人民共和国成立以来尤其是改革开放以来，党带领人民成功开创和拓展了中国特色社会主义道路，取得举世瞩目的辉煌成就，创造了一个又一个举世瞩目的中国奇迹，综合国力大幅增强。同欧美一些国家受困于金融危机、债务危机相比，同一些发展中国家陷入发展陷阱相比，同西亚北非一些国家政治动荡、社会混乱相比，中国发展可以说是风

① 习近平：《深化文明交流互鉴 共建亚洲命运共同体——在亚洲文明对话大会开幕式上的主旨演讲（2019 年 5 月 15 日，北京）》，《人民日报》2019 年 5 月 16 日。

② 习近平：《文明交流互鉴是推动人类文明进步和世界和平发展的重要动力》，《求是》2019 年第 9 期。

③ 中共中央文献研究室编：《习近平关于社会主义文化建设论述摘编》，中央文献出版社 2017 年版，第 211 页。

景这边独好。中国为什么能？中国共产党为什么能？成为很多人感兴趣的问题。国际社会对中国的关注在加深，中国道路愈来愈成为人们研究的对象，这为中国提升国家形象、扩展文化影响力提供了重要机遇，要求我们必须因时而动、顺势而为，增强国际话语权。没有话语权，所谓国家形象和文化影响力就会成为空谈。

提高国际话语权，需要文化软实力。从人类历史看尤其是战后历史看，任何一个大国的发展进程，既是经济总量、军事力量等硬实力提高的进程，也是价值观念、思想文化等软实力提高的进程。文化软实力包括方方面面，但其灵魂和核心是什么？就此，习近平明确回答："一个国家的文化软实力，从根本上说，取决于其核心价值观的生命力、凝聚力、感召力""文化的影响力首先是价值观念的影响力。世界上各种文化之争，本质上是价值观念之争。"而现实是当代中国价值观念存在太多被扭曲的解释、被屏蔽的真相、被颠倒的事实。这个问题必须解决，当代中国价值观念，就是中国特色社会主义价值观念，代表了中国先进文化的前进方向，要"把当代中国价值观念贯穿于国际交流和传播方方面面"，使当代中国价值观念走向世界[①]。

提高文化软实力，就要塑造好当代中国的国家形象。就此，习近平总书记提出，要讲好中国故事、传播好中国声音，向世界展现真实、立体、全面的中国。要重点展示中国历史底蕴深厚、各民族多元一体、文化多样和谐的文明大国形象，政治清明、经济发展、文化繁荣、社会稳定、人民团结、山河秀美的东方大国形象，坚持和平发展、促进共同发展、维护国际公平正义、为人类作出贡献的负责任

① 中共中央文献研究室编：《习近平关于社会主义文化建设论述摘编》，中央文献出版社 2017 年版，第 105—111、198、200、203—204、211 页；习近平：《在哲学社会科学工作座谈会上的讲话（2016 年 5 月 17 日）》，《人民日报》2016 年 5 月 19 日。

大国形象，对外更加开放、更加具有亲和力、充满希望、充满活力的社会主义大国形象。要把我国的发展道路、发展理念、发展方式宣传好，把我国发展为世界发展所作的贡献宣传好，批驳各种针对我国的无端质疑和不实攻击。要主动宣介新时代中国特色社会主义思想，主动讲好中国共产党治国理政的故事、中国人民奋斗圆梦的故事、中国坚持和平发展合作共赢的故事，让世界更好了解中国[①]。

拥有源远流长、博大精深、从未中断的传统文化，是其他国家不具备的文化软实力根基，提高国家文化软实力，就要努力展示中华文化的独特魅力。在五千多年文明发展进程中形成的灿烂的中华文化，其蕴含的思想观念、人文精神、道德规范，不仅是中国人思想和精神的内核，对解决人类问题也有重要价值。习近平强调，要把优秀传统文化的精神标识提炼出来、展示出来，把优秀传统文化中具有当代价值、世界意义的文化精髓提炼出来、展示出来。把继承传统优秀文化又弘扬时代精神、立足本国又面向世界的当代中国文化创新成果传播出去。让中华文明同世界各国人民创造的丰富多彩的文明一道，为人类提供正确的精神指引和强大的精神动力[②]。

塑造良好国家形象、增强国际话语权，需要加强对外话语体系和国际传播能力建设。就此，习近平比较强调如下几点：一是，在讲好中国故事，传播好中国声音，阐释好中国特色的过程中，善于提炼标识性概念，提高阐释技巧，打造易于为国际社会所理解和接受的新概念、新范畴、新表述，增强对外话语的创造力、感召力、公信

① 参见中共中央文献研究室编：《习近平关于社会主义文化建设论述摘编》，中央文献出版社2017年版，第202页；张洋、鞠鹏：《习近平在全国宣传思想工作会议上强调 举旗帜聚民心育新人兴文化展形象 更好完成新形势下宣传思想工作使命任务》，《人民日报》2018年8月23日。

② 参见中共中央文献研究室编：《习近平关于社会主义文化建设论述摘编》，中央文献出版社2017年版，第201页；张洋、鞠鹏：《习近平在全国宣传思想工作会议上强调 举旗帜聚民心育新人兴文化展形象 更好完成新形势下宣传思想工作使命任务》，《人民日报》2018年8月23日。

力。二是，完善人文交流机制，创新人文交流方式，主动设置议题引导讨论，综合运用大众传播、群体传播、人际传播等多种方式展示中华文化魅力，尤其要发挥好新兴媒体作用。三是，坚持政府主导、企业主体、市场运作、社会参与，完善国际传播工作格局，创新理念和机制，汇聚更多资源力量，特别是鼓励社会组织、中资机构等参与孔子学院和海外文化中心建设，承担人文交流项目。国际经验表明，通过市场化运作，充分发挥文化企业的作用，是扩展文化影响力的最佳途径和手段，因此，以习近平同志为核心的党中央在有关文化产业发展的设想和规划中，高度重视培育外向型文化企业，支持文化企业到境外开拓市场。四是，重视文艺在中华文化国际传播中的独特作用。文艺是讲故事、展形象、显精神的最佳方式，也是最好的文化交流方式，具有不可替代的作用，"一部小说，一篇散文，一首诗，一幅画，一张照片，一部电影，一部电视剧，一曲音乐，都能给外国人了解中国提供一个独特的视角，都能以各自的魅力去吸引人、感染人、打动人。"① 文艺工作者有责任让外国民众通过欣赏中国作家艺术家的作品来深化对中国的认识、增进对中国的了解、感受中华文化的魅力。习近平希望"广大文艺工作者要立足中国大地，讲好中国故事，以更为深邃的视野、更为博大的胸怀、更为自信的态度，择取最能代表中国变革和中国精神的题材，进行艺术表现，塑造更多为世界所认知的中华文化形象，努力展示一个生动立体的中国，为推动构建人类命运共同体谱写新篇章。"②

最后，需要指出的是，扩展中华文化国际影响力，并不意味着中国谋求新的"文化霸权"，中国历来尊重文明与文化的多样性，欣

① 习近平：《在文艺工作座谈会上的讲话（2014 年 10 月 15 日）》，《人民日报》2015 年 10 月 15 日。

② 习近平：《在中国文联十一大、中国作协十大开幕式上的讲话（2021 年 12 月 14 日）》，《人民日报》2021 年 12 月 15 日。

赏“一花独放不是春，百花齐放春满园”的境界，用党的十九大报告的语言讲，就是“以文明交流超越文明隔阂、文明互鉴超越文明冲突、文明共存超越文明优越”[①]。党的二十大报告重申“深化文明交流互鉴，推动中华文化更好走向世界”[②]。

结　语

邓小平讲过，改革开放是为了赶上时代。习近平在庆祝改革开放40周年大会上指出，改革开放“是我们党和人民大踏步赶上时代前进步伐的重要法宝”。

综观改革开放40余年中国共产党的文化思想，可以看到其显著的与时俱进特征。改革开放与中国共产党实事求是地认识国情世情密切关联、相互促进。不戴有色眼镜地客观看待时代变化和实践发展，敏锐感知和及时研判世界发展大势，包括全球性文化思潮、文化创新趋势、文明之间的交流样态、意识形态之间的争锋状况等等，深刻认识改革开放给中国社会带来的巨大变化，正视这种变化给文化建设与发展带来的新考验新挑战，尊重人民群众的主体性精神文化需求，因势利导，顺势而为，让当代中国文化与改革开放与现代化进程同步共舞，让精神文明与物质文明协调发展，中国特色社会主义经济、政治、文化共同进步，这就是中国共产党文化思想与时俱进的真谛和表征。

无论是关于文化地位与功能的认识，还是关于文化发展目标与

① 习近平：《决胜全面建成小康社会 夺取新时代中国特色社会主义伟大胜利——在中国共产党第十九次全国代表大会上的报告（2017年10月18日）》，《人民日报》2017年10月28日。

② 习近平：《高举中国特色社会主义伟大旗帜，为全面建设社会主义现代化国家而团结奋斗——在中国共产党第二十次全国代表大会上的报告》（2022年10月16日），人民出版社2022年版，第46页。

任务的确定、文化建设原则的阐释，中国共产党均鲜明地体现着与时代同频共振、一起前行的精神追求。改革开放带来了经济快速发展和人民生活水平的不断提高，尤其是在总体上实现小康并迈入全面建设小康社会的新阶段后，人民群众的精神文化需求迅速增长。中国共产党认识到，仅从为改革开放和现代化事业提供思想保证、精神动力和智力支持的角度看文化已经不够，必须把满足人民群众的精神需求作为文化创造与传播的根本目的，“以人为本”才是社会发展的主旨。更重要的是，在市场经济、全球化和信息化时代，人民群众的精神文化需求是多样化、多层次的，尤其是世俗化需求、娱乐需要必须被正视。这就带来，中国共产党一方面需要调整传统的文化教化理念、改变机械刻板的宣教方式；另一方面，必须承认多样化多层次的精神需求不可能靠统一的计划来完成，而必须交给市场，必须承认文化产品的商品属性、承认经济效益的正当性、在经济效益与社会效益的有机统一中推进文化发展繁荣。由此文化体制改革登台亮相，面向市场，发展文化产业；政府主导，构建公共文化服务体系；建立统一、开放、竞争、有序的现代文化市场体系；转变政府职能，健全宏观管理体制等一系列新理念新思想逐步萌生并不断清晰化。

从放眼看世界的角度说，文化在综合国力竞争中的作用越来越突出，文化越来越成为民族凝聚力和创造力的重要源泉，文化越来越成为经济社会发展的重要支撑，要一手抓文化产业发展、一手抓文化事业发展，要着力提高国家文化软实力，增强国际话语权、扩大中华文化国际影响力，要建设社会主义文化强国等等，这一系列认识和结论，可以说在很大程度上均是中国共产党洞察全球文化发展动态和大势的结果。伴随全方位对外开放的发展，伴随中国深度融入全球化进程，中国对世界的了解尤其是对发达国家最新发展动向的了解与日俱增。在国际竞争中，文化竞争日趋显著，无论是作为硬实力的文化产业，还是作为软实力的价值观、话语权、文化吸引力，无论是作为有形的力量，还是作为无形的潜移默化的力量，文化都越来越明显地成为发达国家全球扩张的利器。中国必须审时度势、积极应对，方能立于不败之地。吊诡的是，伴随全球化浪潮，在世界很多方面趋同的同时，“我是谁”的问题、如何保持自主性与独立性的问题，愈来愈为众多的民族国家所关注所看重，不在全球化中迷失自我成为世界性思潮。中国也不例外，对文化之民族凝聚力作用的高度重视，对民族精神家园的强调，对文化作为民族基因与血脉、根基与标识的阐释等等，就是明证。

如果说与时俱进构成改革开放以来中国共产党文化思想的一大特征，那么，与此密切相关、但同时更重要的是基于实践经验之上的关于文化建设与发展中几对重要关系的认识日趋成熟，则构成另一大特征。

文化建设与发展需要与时俱进，但同时，有些问题则具有长时段的延续性，起码是资本主义开启经济全球化进程以来一直存在的问题，特别是一元与多元、古与今、中与外的关系，在很大程度上讲，它们构成了中国共产党认识和处理文化问题的核心内容。

纵观改革开放 40 多年的思想认识和实践，不搞指导思想的多元化，唱响社会主义主旋律，是历届中共中央领导集体的鲜明立场。马克思主义作为党和国家的主导意识形态，也是文化建设发展的唯一具有合法性的指导思想。弘扬社会主义核心价值观、反映改革开放和现代化建设时代特征与要求的文化作品构成主旋律、提供正能量。正因为如此，中国特色社会主义文化，才起到了举旗帜、聚民心、引风尚、展形象、促发展的作用。与此同时，以马克思主义为指导、高扬主旋律，并不意味着否定和排斥其他类型的能给人以审美、知识和娱乐享受的文化作品，也不是要把马克思主义、社会主义核心价值观等变成标签和公式到处套或者以之取代一切。一元主导与多元共存，主旋律高扬与尊重差异、包容多样，无论从历史经验还是从理论逻辑上讲都是更稳定更可取的支撑文化发展繁荣的理性结构。

改革开放以来，以海纳百川的胸怀吸收古今中外一切有益的人类文明成果是中国共产党一以贯之的立场。当然，随着时代的发展，不同阶段侧重有所不同，但总的趋势是愈来愈成熟。改革开放初期，由于历史原因和加速推进现代化建设事业的需要，对于中国传统文化尤其是其主体儒学，中国共产党采取了比较审慎的态度，实际上是，一方面改变“文化大革命”期间过于简单粗暴的立场；另一方面继承五四新文化运动以来反传统文化的衣钵，取以警惕和理性批判为主的立场。对于外来文化主要是西方文化，除了保持必要的政治警惕外，基本上持或赞赏或包容或不干预的立场。正因为此，才有了在 1980 年代达到高峰并持续 20 年左右的堪比五四时期的大规模文化引进潮。伴随改革开放带来的中国经济社会的快速发展，尤其是现代化的巨大成功，伴随各国各民族文明间的相互激荡，伴随文化竞争和意识形态交锋的持续，中国共产党对民族传统文化的立场自 1990 年代开始悄然变化，礼敬、尊重、自豪的态度与日俱增，尤其是党的十八大以来，弘扬中华优秀传统文化更成为党的文化建设思想中的重点和亮点。与此同时，对待外来文化尤其是西方文化更持一种从容、批判的立场，更鲜明地倡导有分析有鉴别地吸纳，更尖锐地指陈照抄照搬的危害性，更突出地强调立足中国历史与现实、汲取中国传统与实践源泉，创造创新富有中国特色的文化、发扬光大中华文化。实际上，如果我们放宽视野，会看到很多国家在现代化进程中发生的类似的文化立场的调整，例如同属东亚国家的日本、韩国。如此看来，中国共产党在处理古今中外文化关系问题上的思想演进，既符合本国国情、历史逻辑，也反映了世界文化发展的普遍规律和实践逻辑。

文化建设与发展中几对重要关系的处理，说到底是文化发展道路问题。道路决定命运。经过长期实践和理论探索，中国特色社会主义文化发展道路必将越走越宽、越走越明朗，沿着这条道路走下去，中国一定会在全面建设社会主义现代化国家新征程中建成社会主义文化强国。

主要参考文献

一、文献资料

《马克思恩格斯选集》第1—4卷，人民出版社1995年版。

《列宁选集》第1—4卷，人民出版社1995年版。

《毛泽东选集》第1—4卷，人民出版社1991年版。

《毛泽东文集》第1—8卷，人民出版社1993、1996、1999年版。

《毛泽东哲学批注集》，中央文献出版社1988年版。

《毛泽东农村调查文集》，人民出版社1982年版。

《毛泽东文艺论集》，中央文献出版社2002年版。

《建国以来毛泽东文稿》第1—13册，中央文献出版社1987、1988、1989、1990、1991、1992、1993、1996、1998年版。

《刘少奇选集》上、下卷，人民出版社1981年版。

《建国以来刘少奇文稿》第1—7册，中央文献出版社2005、2008年版。

《周恩来选集》上、下卷，人民出版社1980、1984年版。

《周恩来文化文选》，中央文献出版社1998年版。

《建国以来周恩来文稿》第1—13册，中央文献出版社2008、2018年版。

《邓小平文选》第1—3卷，人民出版社1993、1994年版。

《邓小平文集》上、中、下卷，人民出版社2014年版。

《江泽民文选》第1—3卷，人民出版社2006年版。

《胡锦涛文选》第 1—3 卷，人民出版社 2016 年版。

《习近平谈治国理政》第 1—3 卷，外文出版社 2017、2018、2020 年版。

中共中央文献研究室编:《习近平关于社会主义文化建设论述摘编》，中央文献出版社 2017 年版。

中共中央宣传部编:《习近平新时代中国特色社会主义思想学习纲要》，学习出版社、人民出版社 2019 年版。

《李大钊全集》第 1—5 卷，人民出版社 2006 年版。

《陈独秀著作选编》第 1—6 卷，上海人民出版社 2014 年版。

《恽代英全集》第 1—9 卷，人民出版社 2014 年版。

《蔡和森文集》上、下册，人民出版社 2013 年版。

《瞿秋白文集·政治理论编》1—8 卷，人民出版社 2013 年版。

《张闻天文集》第 1—4 卷，中共党史资料出版社 1990 年版，中共党史出版社 1993、1994、1995 年版。

《胡乔木文集》第 1—3 卷，人民出版社 2012 年版。

《陆定一文集》上、下卷，人民出版社 1992 年版。

中央档案馆编:《中共中央文件选集》第 1—18 册，中共中央党校出版社 1989—1992 年版。

中央档案馆、中共中央文献研究室编:《中共中央文件选集（1949.10—1966.5）》第 1—50 册，人民出版社 2013 年版。

中共中央文献研究室、中央档案馆编:《建党以来重要文献选编（1921—1949）》第 1—26 册，中央文献出版社 2011 年版。

中共中央文献研究室编:《建国以来重要文献选编》第 1—20 册，中央文献出版社 1992—1998 年版。

中共中央宣传部办公厅、中央档案馆编研部编:《中国共产党宣传工作文献选编》第 1—4 册，学习出版社 1996 年版。

中共中央文献研究室编:《三中全会以来重要文献选编》上、下册，人民出版社 1982 年版。

中共中央文献研究室编:《十一届三中全会以来重要文献选读》上、下册，人民出版社 1987 年版。

中共中央文献研究室编:《十二大以来重要文献选编》上、中、下册，人民出版社 1986、1988 年版。

中共中央文献研究室编:《十三大以来重要文献选编》上、中、下册，人民出版社 1991、1993 年版。

中共中央文献研究室编:《十四大以来重要文献选编》上、中、下册，人民出版社 1996、1997、1999 年版。

中共中央文献研究室编:《十五大以来重要文献选编》上、中、下册，人民出版社 2000、2001、2003 年版。

中共中央文献研究室编:《十六大以来重要文献选编》上、中、下册，中央文献出版社 2005、2006、2008 年版。

中共中央文献研究室编:《十七大以来重要文献选编》上、中、下册，中央文献出版社 2009、2011、2013 年版。

中共中央文献研究室编:《十八大以来重要文献选编》上、中册，中央文献出版社 2014、2016 年版。

中共中央党史和文献研究院编:《十八大以来重要文献选编》下册，中央文献出版社 2018 年版。

中共中央党史和文献研究院编:《十九大以来重要文献选编》上册，中央文献出版社 2019 年版。

习近平:《高举中国特色社会主义伟大旗帜 为全面建设社会主义现代化国家而团结奋斗——在中国共产党第二十次全国代表大会上的报告》(2022 年 10 月 16 日)，人民出版社 2022 年版。

张允侯等:《五四时期的社团》第 1—4 册，生活·读书·新知三联书店 1979 年版。

林代昭、潘国华编:《马克思主义在中国——从影响的传入到传播》上、下册，清华大学出版社 1983 年版。

姜义华编:《社会主义学说在中国的初期传播》，复旦大学出版社 1984 年版。

杨明斋:《评中西文化观》，黄山书社 2008 年版。

文振庭编:《文艺大众化问题讨论资料》，上海文艺出版社 1987 年版。

史先民编著:《中国社会科学家联盟资料选编》，中国展望出版社 1986 年版。

江西省文化厅革命文化史料征集工作委员会、福建省文化厅革命文化史料征集工作委员会编:《中央苏区革命文化史料汇编》，江西人民出版社 1994 年版。

张挚、张玉龙主编:《中央苏区教育史料汇编》上、下册，南京大学出版社 2016 年版。

文天行等编:《中华全国文艺界抗敌协会资料汇编》，四川省社会科学院出版社 1983 年版。

甘肃省社会科学院历史研究室编:《陕甘宁革命根据地史料选辑》第 1—5 辑，甘肃人民出版社 1981、1983、1985、1986 年版。

陕西省档案馆、陕西省社会科学院编:《陕甘宁边区政府文件选编》第 1—14 辑，档案出版社 1986—1991 年版。

河南省文化厅文化志编辑室编:《冀鲁豫边区文艺资料选编》第 1—5 辑，河南省文化厅印刷厂 1988—1990 年印。

中央档案馆编:《共和国雏形——华北人民政府》，西苑出版社 2000 年版。

中华全国文学艺术工作者代表大会宣传处编:《中华全国文学艺术工作者代表大会纪念文集》，新华书店 1950 年版。

中国文学艺术界联合会编:《中国文学艺术工作者第二次代表大会资料》，中国文学艺术界联合会 1953 年印。

中华人民共和国文化部办公厅编:《文化工作文件资料汇编》第1—4册，1982、1988年印。

《中国文学艺术工作者第三次代表大会文件》，人民文学出版社1960年版。

中国人民解放军国防大学党史党建政工教研室:《“文化大革命”研究资料》上、中、下册，1988年印。

中国文学艺术界联合会编:《中国文学艺术工作者第四次代表大会文集》，四川人民出版社 1980年版。

二、参考著作

中共中央文献研究室编:《毛泽东年谱（1893—1949）》上、中、下卷，中央文献出版社2013年版。

中共中央文献研究室编:《毛泽东年谱（1949—1976）》第1—6卷，中央文献出版社2013年版。

中共中央文献研究室编:《毛泽东传（1893—1949）》，中央文献出版社1996年版。

中共中央文献研究室编:《毛泽东传（1949—1976）》上、下册，中央文献出版社2003年版。

中共中央文献研究室编:《刘少奇年谱（1898—1969）》上、下卷，中央文献出版社1996年版。

中共中央文献研究室编:《邓小平年谱（1904—1974）》上、中、下册，中央文献出版社2009年版。

中共中央文献研究室编:《邓小平年谱（1975—1997）》上、下卷，中央文献出版社2004年版。

中共中央文献研究室编:《邓小平思想年编（1975—1997）》，中央文献出版社2011 年版。

中共中央文献研究室编:《江泽民思想年编（1989—2008）》，中央文献出版社2010年版。

丁守和、殷叙彝:《从五四启蒙运动到马克思主义的传播》，生活·读书·新知三联书店1963年版。

李维汉:《回忆与研究》上、下册，中共党史资料出版社1986年版。

李泽厚:《中国现代思想史论》，东方出版社1987年版。

薄一波:《若干重大决策与事件的回顾》上、下册，中共党史出版社2008年版。

姜义华等编:《港台及海外学者论近代中国文化》，重庆出版社1987年版。

刘小枫:《现代性社会理论绪论——现代性与现代中国》，上海三联书店1998年版。

彭明、程歗主编:《近代中国的思想历程》，中国人民大学出版社1999年版。

陈清泉、宋广渭:《陆定一传》，中共党史出版社1999年版。

朱正:《1957年的夏季：从百家争鸣到两家争鸣》，河南人民出版社1998年版。

萧功秦:《知识分子与观念人》，天津人民出版社2002年版。

干春松:《制度化儒家及其解体》，中国人民大学出版社2003年版。

陈平原:《触摸历史与进入五四》，北京大学出版社2005年版。

杨凤城:《中国共产党的知识分子理论与政策研究》，中共党史出版社2005年版。

黄见德:《西方哲学东渐史》上、下册，人民出版社2006年版。

郑师渠主编:《中国共产党文化思想史研究》，中共中央党校出版社2007年版。

刘辉:《中国共产党人的文化自觉——新民主主义文化思想再研

究》，中共党史出版社 2008 年版。

汪晖：《现代中国思想的兴起》上、下卷第 1、2 部，生活·读书·新知三联书店 2008 年版。

郑谦：《中国：从“文革”走向改革》，人民出版社 2008 年版。

杨凤城主编：《20 世纪的中国——走向现代化的历程（思想文化卷 1949—2000）》，人民出版社 2010 年版。

陈峰：《民国史学的转折——中国社会史论战研究（1927—1937）》，山东大学出版社 2010 年版。

陈始发：《多维视野下的中央苏区文化建设研究》，中共中央党校出版社 2010 年版。

陈旭麓：《近代中国社会的新陈代谢》，中国人民大学出版社 2012 年版。

杨凤城：《中国共产党与当代中国文化发展研究》，中共党史出版社 2013 年版。

郑师渠：《欧战前后：国人的现代性反省》，北京师范大学出版社 2013 年版。

袁立莉：《“东方文化派”思想研究》，黑龙江大学出版社 2013 年版。

李长春：《文化强国之路：文化体制改革的探索与实践》上、下册，人民出版社 2013 年版。

吕厚轩：《接续“道统”——国民党实权派对儒家思想的改造与利用（1927—1949）》，山东人民出版社 2013 年版。

黄延敏：《黄土与红旗：延安时期中国共产党与传统文化研究》，学习出版社 2014 年版。

郑立柱：《华北抗日根据地农民精神生活研究》，人民出版社 2014 年版。

赵理文主编：《中国共产党党校教育史》，中共中央党校出版社

2014 年版。

夏文先:《四十年代文学争论与当代文学规范建构》，安徽大学出版社 2015 年版。

席富群:《中国共产党文化思想创新史论》，苏州大学出版社 2017 年版。

耿化敏、夏璐:《改革开放 40 年的中国文化》，中共党史出版社 2018 年版。

尹继佐主编:《当代文化论稿》，上海社会科学院出版社 2006 年版。

[美]露丝·本尼迪克:《文化模式》，何锡章、黄欢译，华夏出版社 1987 年版。

[日]藏原惟人:《文化革命论》，林焕平译，人民书店 1950 年版。

[美]林毓生:《中国意识的危机——“五四”时期激烈的反传统主义》，穆善培译，贵州人民出版社 1988 年版。

[美]周策纵:《五四运动史》，陈永明等译，岳麓书社 1999 年版。

[美]列文森:《儒教中国及其现代命运》，郑大华、任菁译，中国社会科学出版社 2000 年版。

[美]本杰明·史华慈:《寻求富强：严复与西方》，叶凤美译，江苏人民出版社 1996 年版。

[日]石川祯浩:《中国共产党成立史》，袁广泉译，中国社会科学出版社 2006 年版。

[美]孔飞力:《中国现代国家的起源》，陈兼、陈之宏译，生活·读书·新知三联书店 2013 年版。

[美]塞缪尔·亨廷顿、[美]劳伦斯·哈里森主编:《文化的重要作用——价值观如何影响人类进步》，程克雄译，新华出版社 2002

年版。

［英］托尼·本尼特:《本尼特：文化与社会》，王杰等译，广西师范大学出版社 2007 年版。

三、报刊杂志

《东方杂志》
《新青年》
《斗争》
《红色中华》
《新中华报》
《中国文化》
《解放日报》
《人民日报》
《光明日报》
《学习》
《红旗》
《求是》

后　记

本书是合作的结晶。上中下三编，既相互连贯，又各自成篇。进一步言之，整部书的提纲是经过大家反复讨论确定的，每一编和每一章的主题与结构须体现阶段性和连续性的原则，凸显中国共产党在文化问题上“为什么、是什么、怎样做”的认识演进和思想结构。与此同时，允许每编在具体写法上有自己的特点和创新。例如，上编显然是在探索一种思想史研究的新思路新写法。宽视野，不是就文化思想谈文化思想，而是将之置于中国革命的整体性中看；重实证，注重从革命实践、从政策制定与落实中看思想，做“实证的思想史”。当然，新写法新思路也带来了问题，这就是主干思想不凸显；经典原始资料文本未浓墨重彩。既然是创新，总带有这样那样的缺憾，这是正常的。

在整部书稿的写作中，我们感到比较难处理的问题有三个。一是，如何写出一部内在有机统一的整体性很强的文化思想史，而不是文化各个组成部分建设发展思想的简单相加。由于文化的构成极为复杂，思想道德、文学艺术、哲学社会科学、新闻出版、文化事业与文化产业等等，各有各的特殊性，如何从中提炼有共性的思想，同时避免重要遗漏，这对写作无疑构成挑战。二是，如何在思想与方针政策之间画出合适的边界。思想支配方针政策制定，方针政策反映思想。弃方针政策于不顾，无疑不可取；但是过多关注方针政策很容易变成方针政策史，而离开深挖、揭示深层持续性理念的思想史。三是，如何准确完整呈现研究对象的思想而又避免连篇累牍的文献引用。中共党史领域从文献到文献的研究方法历来为学界所诟病，如何恰如其分地将原始文献征引和实事求是的分析结合起来，尤其是在一些重要而敏感的问题上有科学的分析评价，做起来并不容易。不管怎样，我们努力在上述问题上尽己所能，但由于水平所限，难以达致理想程度，聊可欣慰的是，起码我们意识到这些问题。

本书导论由杨凤城撰写，上编由吴起民撰写，中编由耿化敏撰写，下编由杨凤城、谢春涛撰写，杨凤城负责统改、定稿。书中不当和错误之处，敬请读者不吝赐教。

2020 年 8 月 26 日

杨凤城

法学博士，中国人民大学中共党史党建学院院长、教授、博士生导师，教育部长江学者特聘教授，兼任中国中共党史学会副会长、中国人民大学中共党史党建研究院院长。主要研究领域为中国共产党历史、中华人民共和国史、马克思主义中国化等。

耿化敏

历史学博士，中国人民大学中共党史党建学院副院长、教授，国家级人才称号获得者，主要从事中共历史与理论的教学研究。

吴起民

法学博士，清华大学马克思主义学院副教授，主要从事中共历史与理论的教学研究。

谢春涛

法学博士，中共中央党校（国家行政学院）中共党史教研部讲师，主要从事中国共产党历史的教学研究。